国家出版基金项目
NATIONAL PUBLICATION FOUNDATION

"十三五"国家重点图书

网络信息服务与安全保障研究丛书

丛书主编 胡昌平

国家社会科学基金重大项目（14ZDB168）成果

云环境下
国家数字学术信息资源安全保障

Security Guarantee of National Digital Academic Information Resources
in Cloud Environment

胡昌平 林鑫 曹鹏 万莉 查梦娟 吕美娇 著

WUHAN UNIVERSITY PRESS
武汉大学出版社

图书在版编目(CIP)数据

云环境下国家数字学术信息资源安全保障/胡昌平等著.—武汉：
武汉大学出版社,2022.1
"十三五"国家重点图书　国家出版基金项目
网络信息服务与安全保障研究丛书/胡昌平主编
ISBN 978-7-307-22900-6

Ⅰ.云…　Ⅱ.胡…　Ⅲ.数字信息—信息安全—研究　Ⅳ.G203

中国版本图书馆 CIP 数据核字(2022)第 019698 号

责任编辑:徐胡乡　　　责任校对:李孟潇　　　版式设计:马　佳

出版发行：**武汉大学出版社**　(430072　武昌　珞珈山)
　　　　　(电子邮箱:cbs22@whu.edu.cn　网址：www.wdp.com.cn)
印刷:武汉中远印务有限公司
开本:720×1000　1/16　印张:27.25　字数:502 千字　插页:5
版次:2022 年 1 月第 1 版　　2022 年 1 月第 1 次印刷
ISBN 978-7-307-22900-6　　定价:98.00 元

作者简介

胡昌平，武汉大学教授、博士生导师，1946年2月出生，武汉大学人文社会科学研究院驻院研究员，曾任武汉大学信息管理学院副院长、教育部重点基地武汉大学信息资源研究中心常务副主任、院学术委员会主任等职，国家"985工程"哲学社会科学创新基地——武汉大学信息资源研究创新基地负责人；社会任职包括国家社会科学基金学科评审组成员等；被评为湖北名师、武汉大学杰出学者，为国务院政府特殊津贴获得者、湖北省有突出贡献中青年专家。在信息管理与信息服务领域，出版著作20余部，发表学术论文300余篇；所提出的"面向用户的信息管理理论"被认为是一种新的学科理论取向；《信息服务与用户》等教材多次再版，《创新型国家的信息服务与保障研究》入选国家社科文库，所取得的教学、科研成果获国家和省、部级成果奖20余项（其中一等奖3项）。

网络信息服务与安全保障研究丛书

主　编：胡昌平

副主编：曾建勋　胡　潜　邓胜利

著　者：胡昌平　贾君枝　曾建勋

　　　　　胡　潜　陈　果　曾子明

　　　　　胡吉明　严炜炜　林　鑫

　　　　　邓胜利　赵雪芹　邰杨芳

　　　　　周　知　李　静　胡　媛

　　　　　余世英　曹　鹏　万　莉

　　　　　查梦娟　吕美娇　梁孟华

　　　　　石　宇　李枫林　森维哈

　　　　　赵　杨　杨艳妮　仇蓉蓉

总　序

　　"互联网+"背景下的国家创新和社会发展需要充分而完善的信息服务与信息安全保障。云环境下基于大数据和智能技术的信息服务业已成为先导性行业。一方面，从知识创新的社会化推进，到全球化中的创新型国家建设，都需要进行数字网络技术的持续发展和信息服务业务的全面拓展；另一方面，在世界范围内网络安全威胁和风险日益突出。基于此，习近平总书记在重要讲话中指出，"网络安全和信息化是一体之两翼、驱动之双轮，必须统一谋划、统一部署、统一推进、统一实施"。① 鉴于网络信息服务及其带来的科技、经济和社会发展效应，"网络信息服务与安全保障研究丛书"按数字信息服务与网络安全的内在关系，进行大数据智能环境下信息服务组织与安全保障理论研究和实践探索，从信息服务与网络安全整体构架出发，面对理论前沿问题和我国的现实问题，通过数字信息资源平台建设、跨行业服务融合、知识聚合组织和智能化交互，以及云环境下的国家信息安全机制、协同安全保障、大数据安全管控和网络安全治理等专题研究，在基于安全链的数字化信息服务实施中，形成具有反映学科前沿的理论成果和应用成果。

　　云计算和大数据智能技术的发展是数字信息服务与网络安全保障所必须面对的，"互联网+"背景下的大数据应用改变了信息资源存储、组织与开发利用形态，从而提出了网络信息服务组织模式创新的要求。与此同时，云计算和智能交互中的安全问题日益突出，服务稳定性和安全性已成为其中的关键。基于这一现实，本丛书在网络信息服务与安全保障研究中，强调机制体制创新，着重于全球化环境下的网络信息服务与安全保障战略规划、政策制定、体制变革和信息安全与服务融合体系建设。从这一基点出发，网络信息服务与安全保障

---

　　① 习近平. 习近平谈治国理政[M]. 北京：外文出版社，2017：197-198.

作为一个整体，以国家战略和发展需求为导向，在大数据智能技术环境下进行。因此，本丛书的研究旨在服务于国家战略实施和网络信息服务行业发展。

大数据智能环境下的网络信息服务与安全保障研究，在理论上将网络信息服务与安全融为一体，围绕发展战略、组织机制、技术支持和整体化实施进行组织。面向这一重大问题，在国家社会科学基金重大项目"创新型国家的信息服务体制与信息保障体系""云环境下国家数字学术信息资源安全保障体系研究"，以及国家自然科学基金项目、教育部重大课题攻关项目和部委项目研究成果的基础上，以胡昌平教授为责任人的研究团队在进一步深化和拓展应用中，申请并获批国家出版基金资助项目所形成的丛书成果，同时作为国家"十三五"重点图书由武汉大学出版社出版。

"网络信息服务与安全保障丛书"包括12部专著：《数字信息服务与网络安全保障一体化组织研究》《国家创新发展中的信息资源服务平台建设》《面向产业链的跨行业信息服务融合》《数字智能背景下的用户信息交互与服务研究》《网络社区知识聚合与服务研究》《公共安全大数据智能化管理与服务》《云环境下国家数字学术信息资源安全保障》《协同构架下网络信息安全全面保障研究》《国家安全体制下的网络化信息服务标准体系建设》《云服务安全风险识别与管理》《信息服务的战略管理与社会监督》《网络信息环境治理与安全的法律保障》。该系列专著围绕网络信息服务与安全保障问题，在战略层面、组织层面、技术层面和实施层面上的研究具有系统性，在内容上形成了一个完整的体系。

本丛书的12部专著由项目团队撰写完成，由武汉大学、华中师范大学、中国科学技术信息研究所、中国人民大学、南京理工大学、上海师范大学、湖北大学等高校和研究机构的相关教师及研究人员承担，其著述皆以相应的研究成果为基础，从而保证了理论研究的深度和著作的社会价值。在丛书选题论证和项目申报中，原国家自然科学基金委员会管理科学部主任陈晓田研究员，国家社会科学基金图书馆、情报与文献学学科评审组组长黄长著研究员，武汉大学彭斐章教授、严怡民教授给予了学术研究上的指导，提出了项目申报的意见。丛书项目推进中，贺德方、沈壮海、马费成、倪晓建、赖茂生等教授给予了多方面支持。在丛书编审中，丛书学术委员会的学术指导是丛书按计划出版的重要保证，武汉大学出版社作为出版责任单位，组织了出版基金项目和国家重点图书的论证和申报，为丛书出版提供了全程保障。对于合作单位的人员、学术委员会专家和出版社领导及詹蜜团队的工作，表示深切的感谢。

丛书所涉及的问题不仅具有前沿性，而且具有应用拓展的现实性，虽然在专项研究中丛书已较完整地反映了作者团队所承担的包括国家社会科学基金重大项目以及政府和行业应用项目在内的成果，然而对于迅速发展的互联网服务而言，始终存在着研究上的深化和拓展问题。对此，本丛书团队将进行持续性探索和进一步研究。

胡昌平
于武汉大学

前　　言

　　云环境下国家数字学术信息资源安全保障直接关系到面向知识创新的信息服务组织和全球化背景下的科技、经济与社会发展，需要从国家层面构建高度可靠、跨系统的全程安全保障体系。因此云环境下国家学术信息资源安全保障研究，旨在为安全保障体系构建和全面安全保障的实施提供参考依据和应用成果。

　　围绕这一重大问题，2014年我们在前期研究的基础上申请并获准承担了国家社会科学基金重大项目"云环境下国家数字学术资源信息安全保障体系研究"。在该项目的研究中，我们围绕社会化、全方位安全保障体系构建和安全保障的全程化组织实现，从全球化背景下的学术信息资源组织与利用形态变化和安全体制变革出发，探索面向安全链和学术信息资源组织与服务环节的安全保障实施，立足于现实问题的解决，进行合规安全保障技术支持与法制化监管体系的完善。

　　本专著在项目理论成果和应用成果基础上完成。在研究中：一是将数字学术信息资源安全保障作为一个整体对待，而不限于对数据库安全、学术信息资源网络安全、云计算安全和数字信息服务安全环节进行综合，从而形成了国家信息安全体制框架下的学术信息资源安全保障的系统组织理论，继而进行云环境下的国家学术信息资源全面安全保障体系构架；二是通过云环境下的信息安全内在机制演化研究，按安全形态、安全体制和安全体系的关联关系，进行社会化、制度化安全保障体系构建和基于全面防御体系的学术信息资源安全管控的实现；三是在云环境下的学术信息资源服务安全保障实施中，通过信息安全要素分析，进行社会化安全监管和信息环境治理理论与实践探索，明确了理论模型的应用构架。

　　本书在项目成果基础上进行提炼，其内容包括：基于大数据网络的云服务环境对国家数字学术信息资源安全的影响；云环境下国家数字学术信息资源安全保障机制及其演化；网络安全与信息化整体框架下的数字学术信息资源安全体制；国家数字学术信息资源安全保障体系构建；基于流程的数字学术信息资源安全保障实施体系；数字学术信息资源存储安全保障；云环境下数字学术信息资源服务组织安全保障；云环境下数字学术信息资源利用安全保障；云环境下数字学术信息资源风险管控与安全测评；学术信息资源安全监管制度建设与法制化管理推进。

全球化背景下的国家学术信息资源安全保障，随着大数据技术、云服务智能技术和数字网络技术的发展，处于不断变革和完善之中，因此需要按信息服务与安全保障同步发展原则，进行动态环境下的体系化安全保障的适时优化和拓展。本书所进行的研究，也在于提出面向未来的发展思路和依据。本书由项目组成员合作完成，胡昌平负责全书的统稿和 1~6 章的撰写，林鑫、曹鹏、万莉、查梦娟、吕美娇负责 7~11 章的撰写，石宇承担了网络信息服务与安全保障研究的资料搜集、整理工作。除执笔者和项目组成员外，还得到了有关部门、单位和学者的大力支持，在此特致谢意。

胡昌平

目　录

3

1 引　论

随着云服务的应用发展，一方面，国家数字学术信息资源系统组织模式正发生新的变化，信息的跨系统利用对资源安全提出了新的要求；另一方面，全球化背景下的国家数字学术资源信息服务在为知识创新提供支撑的同时，也带来新的安全保障的问题。这说明，围绕云服务进行的数字信息资源安全保障，已成为当前国内外关注的重要问题。

1.1　云环境下数字学术信息资源安全状况与安全保障问题

随着云计算和面向用户的交互服务发展，其信息资源组织、开发和利用形式已发生根本变化，从而提出了国家数字学术信息资源安全保障体系重构问题。因此需要针对图书馆、各类数字信息中心、数据库服务机构及服务商、相关部门和用户所面临的信息安全问题，进行保障体系构建研究和国家安全保障体制下的数字学术信息资源安全保障实施研究；在面向现实问题的研究中进行数字信息资源安全保障理论创新，推进云环境下学术信息资源安全标准建设和基于标准的全方位信息安全保障的实施。

云环境下国家数字学术信息资源组织与利用形态的变化和全球化背景下国家创新发展需求，提出了全方位、深层次的信息保障问题。面对这一现实问题，有必要围绕信息安全保障体系问题，从形态和制度变革所引发的信息安全保障机制演化出发，进行国家数字学术信息资源安全保障体系构建；在我国信息服务与安全保障战略原则框架下，面向国家数字学术信息资源组织、开发、利用和服务中的安全保障需求，进行全方位、全程化信息安全保障实施研究。基于这一认识，研究重点围绕云环境下学术信息资源组织和创新服务中的安全展开，进行信息资源安全法制化管理机制和法律体系的完善，构建基于安全法

1

律的环境治理和安全监管体系，为学术信息资源全面安全保障的实现提供应用成果和决策依据。

云计算的出现，为国家学术信息资源的管理提供了便利。通过《中国云科技发展"十二五"专项规划》的实施和"十三五"期间大数据与智能技术的广泛应用，我国学术信息资源建设与服务已进入一个新的发展阶段。① 全球化背景下，学术信息资源的跨系统共享和面向多元主体的学术信息服务的拓展，需要构建与此相适应的安全保障体系，实现服务组织与安全保障的同步发展。

云计算环境下国家学术信息资源安全涉及云计算服务模式所引发的安全问题，以及云计算中计算资源虚拟化和多租用户资源共享所引发的安全问题。同时，学术信息资源服务链中涉及多元服务主体安全，因此有必要在全球化背景下分析学术信息资源安全保障的影响因素，构建云计算生态环境，完善学术信息资源安全体系，为国家学术信息资源全面安全保障的实现提供依据。

1.2　相关研究与实践

国内外与数字学术信息资源安全保障有关的研究主要包括云计算安全与云环境下信息安全战略，基于云计算的信息资源安全政策与法律，数字资源长期保存安全，以及数字资源共享与利用安全等。

对于云环境下的信息安全，2009 年 5 月，美国联邦政府发布了《网络空间政策评估——保障可信和强健的信息和通信基础设施》报告，提出了网络空间安全问题;② 2011 年 5 月 16 日，美国司法部、国土安全部等六部门颁布了《网络空间国际战略》。③ 同年，美国国家标准与技术研究院发布了关于公

---

① 中国信息安全研究院有限公司等 . GB/T 31168—2014. 信息安全技术 云计算服务安全能力要求［S］. 北京：中国标准出版社，2014.

② Pfaltzgraff R L J. The Space and U. S. Security Net Assessment［EB/OL］.［2015-03-12］. http：//www.ifpa.org/pdf/Space_and_U_S_Security_Net_Assessment_Final_Dec15_08. pdf.

③ The Whitehouse. International Strategy for Cyberspace［EB/OL］.［2015-03-12］. https：//www.whitehouse.gov/sites/default/files/rss_viewer/international_strategy_for_cyberspace. pdf.

共云计算和虚拟化安全技术标准指南。① 同时，联邦预算管理局按信息系统安全授权，启动了云计算《联邦风险及授权管理计划》（FedRAMP），对通过审查的云计算服务给予初始授权。②③④

2009 年，欧洲网络及信息安全局（ENISA）制定了"云计算风险评估"规范。按数字议程计划，欧盟委员会在 2012 年发布的战略计划中明确提出了精简技术标准和保证云计算的互操作安全问题；⑤ 通过制定安全标准规范，欧盟建立了云服务认证体系。

2010 年，我国国家发改委和工信部联合下发了《关于做好云计算服务创新发展试点示范工作的通知》（发改高技〔2010〕2480 号），将云计算技术标准、服务标准和有关安全管理规范作为一个整体来对待。在国家战略发展中，与云计算发展相适应的信息安全保障研究以多种形式启动。2012 年，科技部编制了《中国云科技发展"十二五"专项规划》，提出了建立云计算的技术体系和标准体系的任务，强调服务与安全的同步，要求突破运行监控与安全保障等重大关键技术。此外，我国还将研制与各类云平台相适应的安全管理系统列为网络安全与信息化的主要发展目标。2015 年，国务院进行了促进云计算创新发展的战略推进，提出了完善信息安全制度、强化安全管理和数据隐私保护的要求。2016 年，中央办公厅发布了《国家信息化发展战略纲要》，指出要着力构筑在移动互联网、云计算等领域在全球范围内的比较优势，同时在云计算、大数据、网络安全等关键技术及重要领域积极参与国际标准制定。

信息安全法规方面的相关研究，主要集中在国家信息安全、信息资源长期安全保存和隐私保护等问题上。国家信息安全方面，2009 年，王谦承担了国家社科基金项目"网络架构下的国家安全走向及对策研究"，对互联网迅速发

---

① 中华人民共和国国家互联网信息办公室. 网络空间安全战略思考与启示 [EB/OL]. [2015-06-01]. http：//www. cac. gov. cn/2015-06/01/c_1115472703. htm.

② Vivek Kundra. Federal Cloud Computing Strategy [EB/OL]. [2015-05-10]. https：//www. whitehouse. gov/sites/default/files/omb/assets/egov _ docs/federal-cloud-computing-strategy. pdf.

③ Jansen W, Grance T. SP 800-144. Guidelines on Security and Privacy in Public Cloud Computing [S]. America：Computer Security Resource Center, 2011.

④ Scarfone K. Guide to Security for Full Virtualization Technologies [M]. DIANE Publishing, 2011：9-10.

⑤ ENISA. Cloud computing：Benefits, Risks and Recommendations for Information Security [EB/OL]. [2016-04-23]. https：//www. enisa. europa. eu/activities/risk-management/files/deliverables/cloud-computing-risk-assessment/at_download/fullReport.

展背景下带来的国家信息安全问题进行了分析，通过对国外信息安全保障政策法规的比较分析，提出了我国国家信息安全保障政策建议。2011 年，何德全在所承担国家社科基金项目"网络空间的国家安全战略研究"中，对互联网发展和应用带来的安全问题进行了分析，对国家信息安全保障战略制定提出了对策建议。王世伟等在 2013 年承担的社会科学基金重大项目"大数据与云环境下国家信息安全管理范式及政策路径研究"中，对大数据与云环境下国家信息安全环境变革进行了分析，以此构建了大数据与云环境下信息安全管理新范式，提出了国家信息安全保障政策制定路径建议。①②③ 余丽在 2016 年承担的国家社会科学基金项目"网络空间国家大数据主权安全保障和治理机制研究"中，分析了互联网国家安全与全球网络空间安全的关系，为网络谣言治理、地方政府主导的大数据治理提出了建议。④

在信息资源长期安全保存方面，王爱霞等于 2013 年承担的国家社会科学基金项目"数字信息资源长期保存机制及法律保障研究"，从法律保障的角度对数字信息资源长期保存中的安全问题进行了研究。⑤ 刘万国等在 2014 年承担的国家社会科学基金项目"基于云计算的国家数字学术信息资源安全保障体系"中，对国内外数字学术信息资源的安全风险及数字信息资源安全保障的政策体系进行了研究。⑥ 在云环境下的隐私保护方面，黄国彬等在国家社会科学基金项目"云计算环境下图书馆信息资源安全政策法律研究"中，认为制定政策法律是解决云计算环境下图书馆信息资源安全问题的有效途径。⑦ 蒋洁等对云数据隐私侵权问题的研究，着重于云计算环境下用户隐私侵权的形

---

① 王世伟，曹磊，罗天雨 . 再论信息安全、网络安全、网络空间安全 [J]. 中国图书馆学报，2016，42（5）：4-28.

② 范佳佳 . 论大数据时代的威胁情报 [J]. 图书情报工作，2016，60（6）：15-20.

③ 王世伟 . 论大数据时代信息安全的新特点与新要求 [J]. 图书情报工作，2016，60（6）：5-14.

④ 余丽 . 关于互联网国家安全的理论探讨 [J]. 国际观察，2018（3）：16-32.

⑤ 王爱霞，王鸿信，申贵珍 . 试论我国数字图书馆侵权责任法律制度的完善——以《侵权责任法》第三十六条为核心的探讨 [J]. 情报理论与实践，2017，40（9）：29-32.

⑥ 董雪迪，刘万国，周秀霞 . 基于云计算的国家数字学术资源多元保存模型构建研究 [J]. 情报科学，2018，36（6）：35-39.

⑦ 黄国彬，郑琳 . 基于服务协议的云服务提供商信息安全责任剖析 [J]. 图书馆，2015（7）：61-65.

式、特征及国内外的应对措施。① 2015 年，马海群等在国家社会科学基金项目"开放数据与数据安全的政策协同研究"中，从国内外数据开放政策分析入手，探讨了开放环境下的数据安全问题。②

在数据安全技术方面，早期的研究如：Giuseppe Ateniese 等针对云环境下的远程数据完整性验证协议，提出了完整性验证的技术方案。③ 美国伊利诺理工大学 Jin Li 等对云存储安全中的关键技术进行了研究。④ Yasmina Bensitel 等针对云计算及其在不同领域的应用，描述了同态加密方案在保护数据安全方面的作用，提出了一种利用部分同态加密算法保证数据机密性的方案。⑤

安全监测技术方面，埃森哲技术实验室 Huan Liu 提出了一种面向拒绝服务攻击的监测技术方案。⑥ Wenjun Yang 等提出了一种基于流量熵和朴素贝叶斯的 ddos 攻击检测方法，该方法可以从潜在流量中识别攻击流量并根据云环境的特点定位攻击源虚拟机。⑦ Zhangjie Fu 等提出了一种高效多关键字模糊排序搜索方案，为云计算中基于关键字的加密外包数据搜索提供支持。⑧ Xiaofeng Ding 等针对隐私泄露的大数据加密多关键字 top-k 搜索问题，构造了

---

① 蒋洁，王思义，何亮亮. 云端鉴识取证的障碍分析与应对策略 [J]. 图书与情报，2015（1）：72-76.

② 马海群，蒲攀. 国内外开放数据政策研究现状分析及我国研究动向研判 [J]. 中国图书馆学报，2015，41（5）：76-86.

③ Ateniese G, Burns R, Curtmola R, et al. Provable Data Possession at Untrusted Stores [C] //Proceedings of the 14th ACM Conference on Computer and Communications Security. Acm, 2007：598-609.

④ Li J, Wang Q, Wang C, et al. Fuzzy Keyword Search over Encrypted Data in Cloud Computing [C] //2010 Proceedings IEEE INFOCOM. IEEE, 2010：1-5.

⑤ Bensitel Y, Romadi R. Secure Data Storage in the Cloud with Homomorphic Encryption [C] //2016 2nd International Conference on Cloud Computing Technologies and Applications (CloudTech). IEEE, 2016：1-6.

⑥ Liu H. A New Form of DOS Attack in a Cloud and Its Avoidance Mechanism [C] //Proceedings of the 2010 ACM Workshop on Cloud Computing Security Workshop. ACM, 2010：65-76.

⑦ Yang W, Wei D. A Distributed Denial of Service Attack Sources Detection Technology for Cloud Computing [C] //2017 4th International Conference on Systems and Informatics (ICSAI). IEEE, 2017：660-664.

⑧ Fu Z, Wu X, Guan C, et al. Toward Efficient Multi-keyword Fuzzy Search over Encrypted Outsourced Data with Accuracy Improvement [J]. IEEE Transactions on Information Forensics and Security, 2016, 11（12）：2706-2716.

一种树索引结构，设计了一种针对不同的访问路径的随机遍历算法。①

王焘等在 2014 年立项的国家自然科学基金项目"基于统计学习的云计算系统故障检测与诊断方法研究"中，对云计算系统的动态监测、故障检测与诊断方法进行了系统探索，旨在为实现高可靠的云计算系统提供理论依据和技术支撑。② 付伟等在 2016 年立项的"基于远程验证的云存储安全模型与方法研究"中，围绕云存储数据安全加密问题进行研究，提出了系列云存储安全加密及密文检索方案。③④

在数字信息服务的安全保障方面，我国主要从图书馆服务组织角度进行研究，其中：2010 年，上海图书馆主持编写的《数字图书馆安全管理指南》经全国数字图书馆建设与服务联席会议审议并发布。⑤⑥ 黄水清在项目基础上出版的专著中，进行了数字图书馆信息安全管理的体系构建。⑦ 邓仲华等在"基于 SLA 的图书馆云服务参与方的信任管理"中，从图书馆信息服务参与方的角度对由安全问题引发的信任问题进行了分析，提出了基于服务等级协议（SLA）的解决方案。⑧ 吴坤等在"云图书馆虚拟环境可信验证过程的设计与实现"中，通过构建基于可信第三方的验证模型，对用户和云图书馆平台进行了可信分析，进而完成云图书馆虚拟环境的可信验证。⑨ 杨丽丽在《云计算环境下数字艺术类图书馆面临的信息安全及知识产权保护》一文中，分析了

---

① Ding X, Liu P, Jin H. Privacy-Preserving Multi-Keyword Top- k Similarity Search Over Encrypted Data [J]. IEEE Transactions on Dependable and Secure Computing, 2017, 16 (2): 344-357.

② 王焘, 张文博, 徐继伟, 魏峻, 钟华. 云环境下基于统计监测的分布式软件系统故障检测技术研究 [J]. 计算机学报, 2017, 40 (2): 397-413.

③ 付伟, 李墨泚, 赵华容, 吴勇. CRSHE：基于同态加密的新型密文检索方案 [J]. 计算机工程与科学, 2018, 40 (9): 1540-1545.

④ 陈元, 张昌宏, 付伟, 赵华容. 基于云存储的安全密文区间检索方案 [J]. 计算机工程, 2018, 44 (3): 13-18.

⑤ 上海图书馆. 数字图书馆安全管理指南 [R]. 2010.

⑥ 丁柯允, 宋歌笙. 《数字图书馆安全管理指南》修订解读 [J]. 图书情报工作, 2016, 60 (S2): 1-3, 8.

⑦ 黄水清. 数字图书馆信息安全管理 [M]. 南京：南京大学出版社, 2011.

⑧ 邓仲华, 涂海燕, 李志芳. 基于 SLA 的图书馆云服务参与方的信任管理 [J]. 图书与情报, 2012 (4): 22-26.

⑨ 吴坤, 颉夏青, 吴旭. 云图书馆虚拟环境可信验证过程的设计与实现 [J]. 数据分析与知识发现, 2014, 30 (3): 35-41.

图书馆云服务利用过程中存在的信息安全问题隐患，提出了从信息安全标准化、全程化出发进行安全保障的建议。①

从所发表的研究论文看，数字学术信息资源服务安全是学术研究和业界长期关注的问题，近 10 年来不断取得进展。随着数字网络技术的发展，安全保障研究将同步深化和拓展。

1.3　研究思路与框架

综上所述，国内外对云环境下学术信息资源安全问题的研究，可以归纳为体系构架、安全机制、安全技术和安全保障组织等方面，其研究以社会化学术信息资源共享利用安全为出发点，对云环境下的国家安全保障体系层面的研究却显得滞后。

数字学术信息资源安全保障体系研究，立足于学术信息资源共享和跨系统资源建设需求，在数字网络环境下展开。同时，全球化所带来的跨国数据流和开放创新发展需求，决定了我国的信息安全保障对策和政策法规体系建设对这些关键问题的研究和突破，须在云环境下数字学术信息资源安全机制研究基础上进行，通过国家学术信息资源安全保障社会化体系的确立，改变目前处于分离状态的安全保障实施局面。

在体系研究中，通过云环境下数字学术资源组织、利用形态变化所引发的信息安全机制变革，研究国家数字学术资源信息安全体制，在体制变革中确立信息安全保障体系构建基础；着重于风险识别、控制和防范，其突破点在于将安全风险管理作为全面安全保障的关键；数字学术信息资源安全保障法制管理与法规研究，在安全治理和服务权益保障中取得突破，其研究在于适应全球化发展中知识创新的国际环境，在跨国数据交流和网络合作安全保障中取得进展。

数字学术信息资源安全保障体系研究，在面向实际问题的解决中进行系统的理论探索，在理论问题研究基础上，实现与法学、计算机科学技术面向社会实践问题的理论交叉。基于此，课题在学科建设方面，预期取得图书馆、情报与文献学研究上的突破，同时在跨学科研究中取得实质性成果。

---

① 杨丽丽. 云计算环境下数字艺术类图书馆面临的信息安全及知识产权保护 [J]. 情报科学，2019，37（10）：114-119.

信息化背景下，图书馆、情报与文献学必须面对现实的社会问题，在泛在信息环境下进行信息资源管理、服务组织理论上的突破，其中的云环境下信息安全问题的专门研究因而具有普遍意义。

国家数字学术信息资源安全保障体系研究框架，按机制体制、体系构建、保障实施、法制管理方面进行架构。其中，机制体制研究强调安全形态问题，安全体系构建基于国家安全体制进行，数字学术资源信息安全保障实施按主体对象和基本环节进行，法制管理突出现实问题的解决。课题总体框架如图1-1所示。

云环境下国家数字学术信息资源安全保障体系研究，从国内外信息安全保障现状、问题与发展趋势分析出发，研究基于信息形态和制度变迁影响下的数字资源信息保障机制；按云环境下信息安全保障需求、条件和关联机制，研究国家安全体制下的我国数字学术信息资源安全保障体系结构，进行以安全认证、安全监督、安全组织、系统实施和技术支持为核心的安全保障体系构建；在数字资源信息安全保障体系基础上，从数字学术信息资源组织与开发、服务与利用出发，进行数字学术信息资源全面安全保障实现和安全保障标准框架研究；围绕安全风险问题进行识别、管控与响应研究；在国家数字信息资源安全保障法律建设和法制化管理推进中，进行基于法制化治理的定位和相关法律的完善研究。

云环境下国家数字学术信息资源安全保障体系研究，围绕以下问题展开：

（1）云环境下国家数字学术信息资源安全机制与安全保障体制

云环境下国家数字学术信息资源按数字学术信息资源服务与安全保障一体化发展理论，通过各国数字学术信息资源安全保障体制比较分析，进行我国数字学术信息资源安全保障体制模型研究；在数字信息服务与信息安全保障整体化发展战略框架下，进行云环境下信息安全保障体制的影响因素分析；通过对现实问题的分析，根据云环境下数字学术信息资源安全保障的目标实现原则和社会基础，在数字学术资源信息安全保障体制改革推进中进行战略构架和政策研究。

数字信息资源组织与利用的社会形态是决定国家数字学术资源信息安全保障体制的根本原因，而各国数字学术资源信息组织与利用形态既具有共性，又受不同制度因素的影响，各有其特点。由此出发，通过国内外现实问题的调查和分析，揭示二者的内在关联关系；根据机制形成的客观性，分析国家数字学术资源信息创新服务与信息安全保障的融合，以及融合发展中的体制变革要

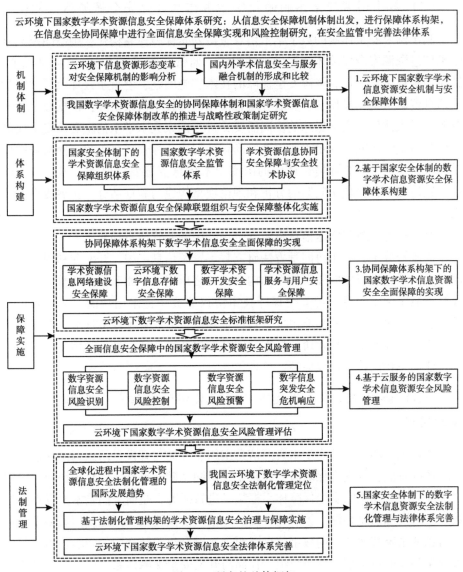

图 1-1 研究的总体框架

素，在国际化背景下研究我国数字学术资源信息全方位安全保障的制度基础和国家信息安全框架下的改革发展对策，为数字学术资源信息安全保障战略制定和实施提供理论与实践依据。

（2）基于国家安全体制的数字学术信息资源安全保障体系构建

基于国家安全体制的数字学术信息资源安全保障体系构建，围绕国家数字学术信息资源安全保障体系建设中的组织、监管问题展开研究；在此基础上，针对国家数字学术信息资源安全保障的技术实施问题，着重于云环境下数字学术信息资源系统互操作安全和服务融合安全保障技术协议研究；根据数字学术资源多元主体信息安全保障的协同需要，进行国家数字学术信息资源安全保障机构联盟组织研究；立足于我国现实问题的解决，探索适合于我国网络强国建设需求，且与云计算环境相适应的国家学术信息资源安全保障一体化实施路径。在研究中，将现实问题的分析和理论模型构建与验证结合，拓展成果的应用。

对云环境下数字学术信息资源安全保障中的监管体系构建研究，针对多元主体的监管分工，利用协同学方法研究数字资源信息组织、开发和利用中的不同权益关系，进行协同监管体系的构架，使之形成一个相互配合的整体。在云环境下数字学术信息资源安全保障技术协议研究中，采用功能—结构分析方法，从安全协议的技术功能出发进行技术规范，形成技术规范标准；在安全协议使用中，强调安全技术协议标准对网络发展环境的适应性，利用动态规划法则构建动态化的技术协议体系。

（3）协同保障体系构架下的国家数字学术信息资源安全全面保障的实现

云环境下的国家数字学术资源信息组织、存储与开发是信息资源共建共享的跨系统发展，其安全保障需要在跨系统协同基础上进行。立足于协同建设安全保障需求，在国家安全保障体系框架下进行研究，是研究的基本出发点。按数字学术资源信息存储、组织与开发的跨系统协同构架，围绕我国数字学术资源信息从系统共建共享向数字信息资源多元融合组织转变中的问题，确立基于大数据共享的数字信息资源组织、存储与开发安全保障体系。按数字信息资源建设的基本环节，集中研究资源组织安全、存储安全和开发安全，进而研究跨系统资源信息平台运行安全；推进服务组织与用户安全保障的融合，以及数字信息安全标准建设和应用。

云环境下学术资源信息的跨系统共享是网络数字学术信息共建共享的进一步发展，而机构之间的资源共享又是学术资源信息跨系统开发的前提。数字学术资源信息的共享，需要基于网络的合作组织与开发，其中所涉及的安全问题需要通过云端的开放共享规则和协议来解决。在研究中，突出跨系统数据转换安全、学术资源信息开放传播安全以及提供学术资源信息共享的机构安全问题，进行安全模式、技术和规范研究，确定共享安全规则，在技术上进行示范实现。在基于云共享的数字学术资源信息组织安全研究中，利用多因素动态协同方法进行基于云环境资源共享安全的协同保障要素影响分析，按数字信息资源组织的基本环节进行跨系统安全保障规范，通过多维安全保障模型进行资源组织安全保障体系构建。

（4）基于云服务的国家数字学术信息资源安全风险管理

国家数字学术信息资源安全保障的全面实现，不仅需要进行学术信息资源组织与服务融合的全程化实施，推进多元主体的安全保障协同，而且需要应对安全风险，面对突发安全风险，寻求有效的风险管控办法。研究着重于风险过程管控和突发安全风险的应对，旨在保证信息资源与服务系统运行的安全稳定性。对于基于云服务的信息安全而言，云计算的高智能化发展和功能扩展，带来了风险预测与控制上的困难。面对信息安全风险机制的变化，从基于云服务中的数字信息资源安全风险识别、控制、预警和突发风险响应研究出发，按风险控制机制进行风险防范体系构架，在全程风险控制与预警响应中，进行信息安全风险管控。

基于云服务的国家数字学术资源信息安全风险管理的重要环节是风险识别、控制预警和突发安全风险响应。对于可识别和可预测的风险进行有效控制，对难以预测的突发风险进行预警响应，是研究的重点。在研究中，通过风险形成因素和影响分析，建立风险防范模型；继而从服务方、用户方和第三方安全影响关系出发，以有效的管理和控制为目标进行国家数字资源信息安全风险管理评估研究，使之适应云环境下面向用户的学术资源信息服务发展需要。在研究中，围绕核心研究问题，采用控制论、系统论和社会管理结合的方法进行。

（5）国家安全体制下的数字学术信息资源安全法制化管理与法律体系完善

在国家安全和网络安全法制化管理原则基础上，分析全球化对各国的影响。在基于权益保障的框架下，针对数字学术信息资源环境安全、主体权益安全和运行安全问题，从云环境下的信息治理层面、技术管控层面、网络监控层面确立法制化管理目标、结构和体系，探索有利于云服务发展和各方面权益维护的保障机制；同时，在国家科技、经济、国防和社会发展中的安全保障总体框架下，进行国家学术信息资源安全保障法律与相关法律的关联研究和法制体系建设与完善研究。

全球化进程中国家数字学术资源法制化管理的国际发展趋势。经济全球化和创新国际化是各国所面临的共同问题，我国建设创新型国家需要实现信息化与网络安全保障的发展同步，这就要求在国家数字学术资源信息安全保障中确立顺应国际发展趋势的法制化管理体系。以此出发，集中研究各国法制化管理所面临的新问题，在国际法律体系环境下进行我国的法制化管理基本构架和实施体系研究。云环境下数字学术资源信息安全保障涉及云服务、云存储、云技术平台和多方面信息的利用，其全方位信息安全保障需要从技术层面、管理监控层面进行法制化管理定位。围绕这一问题的研究在于，突出多层面保障融合、法制化保障基础构建和法制化管理的实现。从学术资源云网络安全保障与信息服务组织角度所进行的研究，包括相关权益主体的构成、权益维护，以及云网络安全维护法制原则基础上的安全保障推进。

2 基于大数据网络的云服务环境对国家 数字学术信息资源安全的影响

在创新型国家建设中，学术信息服务在信息化进程中展开，基于云服务的大数据网络建设，在提供服务升级支持的同时也带来了相应的安全隐患。这意味着数字学术信息资源的组织和利用形态正发生显著变化，因而需要在进行服务拓展的同时，同步进行信息安全保障机制变革，实现安全保障的协同化、安全边界的动态化和安全保障的集中化。

2.1 基于大数据网络的云服务环境变革及其影响

随着资源环境、技术环境和用户环境的变化，国家数字学术信息资源已呈现出明显的大数据特征。为推进海量数字学术资源的社会化利用，云计算的应用成为其中的一个关键问题。基于大数据网络的国家数字学术资源云服务环境的形成，进一步影响到国家数字学术信息资源形态的变化。

2.1.1 第四科研范式驱动下国家学术信息资源的大数据化

2007 年美国国家科学基金会在报告中指出，数字化科学数据及其组织、分析与利用能力建设已成为美国自然科学与工程优势领域保持领先的关键。[1]针对这一问题，Jim Grey 提出了科学研究的第四范式概念，即基于数据密集型

---

[1] NSF. Cyberinfrastructure Vision for 21st Century Discovery [EB/OL]. [2019-08-15]. http：//www. nsf. gov/attachments/102806/public/NSFCyberinfrastructureVisionDraft-4. 0. pdf.

计算的科研创新范式。① 该理论的提出，在全球得到了广泛关注。美国国家技术理事会于 2009 年发布了《为 21 世纪而驾驭科学数据潜力》的报告，呼吁重视科学数据的建设与利用;② 随后，欧盟委员会科学数据高级专家组也发布了类似的《驾驭趋势：欧洲如何从科学数据的迅速涨潮中获益》报告。③ 2010年，美国总统科技顾问委员会在提交给总统和国会的报告中同时强调重视科学数据的作用，并提出了"数据密集的科学与工程"范式。

与经验科学、理论科学、计算科学范式不同，第四范式强调数据在科学研究中的基础性作用，不仅强调利用实时、海量数据解决问题的关键作用，而且将数据视为科学研究的基础和工具。以此出发，规范了立足于科学数据思考科学问题、设计研究方案和取得创新成果的行为方式。

与此同时，受益于信息技术的发展，数字学术信息资源的采集、存储与处理能力得以大大提高。互联网、移动通信、数字实验技术的普及应用，大大提升了数字学术资源的采集与传输能力。例如，海洋科学研究中，可以通过微型化、嵌入化、智能化的传感器件对海洋进行观测，观测结果通过长度超过 1200 公里的海底电缆进行传输，由此实现对海洋全年每天 24 小时的不间断观察，通过获得每秒 25 亿~100 亿字节的数据，大幅提升对海洋的感知速度、广度和精度。这说明，大容量数据存储技术与设施、长期保存技术、分布式计算技术、海量数据处理技术的发展，使得海量数字学术资源的存储与处理成为现实，在学术研究中，目前已经能够支持 TB、PB 级别数据的实时处理。由此可见，这些领域的进步在带来技术能力提升的同时，还带来了经济成本的大幅降低，由此使得大规模科学数据采集、存储与处理具有广泛应用的可行性。

在技术与经济可行的前提下，第四科研范式下的数据管理已成为学术信息资源建设的重要组成部分。数字学术资源类型的不断丰富，规模的急剧扩大，

---

① Tony Hey, 等. 第四范式：数据密集型科学发现 [M]. 潘教峰, 等, 译. 北京：科学出版社, 2012.

② EPA IWGDD C. Harnessing the Power of Digital Data：Taking the Next Step. Environmental Protection [EB/OL]. [2016-07-12]. http：//localhost：8080/ccsdsdocs/CURATION-sciencedatamanagementworkshopreport. pdf.

③ EU High-Level Group on Scientific Data. Riding the Wave：How Europe Can Gain from the Rising Tide of Scientific Data [EB/OL]. [2016-07-12]. http：//ec. europa. eu/information_society/newsroom/cf/document. cfm? action=display&doc_id=707.

已呈现大数据化态势。① 大数据作用下的云环境中，数字学术信息资源的内涵不断拓展，除了传统的期刊、会议和学位论文、图书、报告等文献资源外，非正式出版的网络信息、实物资源的数字化展示、数字形式的技术成果及应用成果、计算机程序以及各种用于科学研究的基础数据等，都成为数字学术信息资源的重要组成部分。在媒介类型上，除了文字资料外，视频、音频、图像等多媒体资源也成为重要组成部分。

在数字学术信息资源规模上，TB、PB 级别的高实时性数据已经成为常态，而且呈几何级数增长态势。在天文学领域，大型巡天望远镜 LSST 以 3 天为周期对地进行巡天，平均每 5 秒记录一幅 10 亿像素的图像，每天需要完成 30 TB 原始数据的分析处理。② 在生命科学领域，第二代测序技术使得基因组数据发生了爆炸式的增长，以华大基因为例，其每天产生数据 15 TB 左右；③ DDBJ、GenBank、EMBL 这三大基因序列数据库已经收录的核苷酸序列数据全面涵盖了 7 万多种生物，并且每 14 个月左右翻 1 倍。④ 在对地观测领域，2012 年升空运行的 ZY3 卫星每天采集的数据超过 10 TB，而类似的或更高能力的传感器设备在卫星、飞机等科学数据飞行采集平台上已经十分常见。在高能物理领域，大型强子对撞机（LHC）每秒可进行的碰撞试验达 6 亿次，产生示例数据约 6 PB。⑤

我国的数字学术资源建设始于 20 世纪 80 年代，此后不断加大这方面的工作力度。21 世纪初，为进一步推进系统化数字学术资源平台构建，先后发布了《2004—2010 年国家科技基础条件平台建设纲要》等，推动了数字学术信息资源建设。随后，科技部、财政部协同启动了国家科技基础条件平台建设专项，大力度推进了地球系统科学数据共享平台、林业科学数据平台、地震科学数据共享中心、气象科学数据共享中心、农业科学数据共享中心等建设项目。

① 崔旭，赵希梅，王铮，等. 我国科学数据管理平台建设成就、缺失、对策及趋势分析——基于国内外比较视角 [J]. 图书情报工作，2019，63（9）：21-30.

② LSST. LSST Public Website Sitemap [EB/OL]. [2019-07-12]. http：//www. lsst. org/lsst/science/scientist_transient.

③ 王凤，张玲玲，薛佳玉，张秋柳. 基于平台模式的研发型企业商业模式分析——以华大基因为例 [J]. 管理评论，2019（9）：184-192.

④ 饶冬梅. NCBI 数据库及其资源的获取 [J]. 科技视界，2013（7）：53-54.

⑤ Andreeva J, Campana S, Fanzago F, et al. High-Energy Physics on the Grid：The ATLAS and CMS Experience [J]. Journal of Grid Computing, 2008, 6（1）：3-13.

一系列国家级科技基础条件平台的建成，积累了海量数字学术资源，见表2-1。以中国科学院为例，其在地球与空间、生命与健康、基础与前沿等领域已积累了丰富资源，其中，生物组学数据超过 23000 TB，生物多样性与生物资源数据 2000 多 TB；固体地球科学领域数据超过 130 TB，空间数据超过 145 TB，天文数据超过 500 TB；基础与前沿领域中，脑科学数据超过 5 TB，信息科学数据超过 10 TB，能量和材料数据拥有超过 136 万条记录等。①

表 2-1　　　　　　　　　我国部分数字学术信息资源及规模

数据共享平台	数据规模	统计时间
国家林业和草原科学数据共享服务平台	集成并建立了 168 个数据库，数据实体总量达 1111 GB；其中，全国林地分布数据集、全国湿地监测数据集等多个专题数据产品，数据总量超过 600 GB	2018.10
中国气象数据网	收集国内外各类气象数据近 17 PB，数据增量近 4 PB/年，年服务量超过 1.3 PB	2018.08
国家地震科学数据共享中心	含地震观测、探测、调查、实验和专题 5 大类，数据总量达数千 GB，且年数据增量超过 300 G	2016.01
国家农业科学数据共享中心	整合包括作物科学、动物科学与动物医学等领域的近 700 个数据集，数据量 448.93 GB	2014.07
国家地球系统科学数据共享平台	平台共有数据资源 59.56 TB，向科技界和社会公众提供 93.53 TB 的数据服务量	2014.12
国家科技图书文献中心（NSTL）	含 23869 条期刊文献记录，4632514 条学位论文记录，47960 条会议文献记录，61105 条图书文献记录，以及各类专利、报告、标准等资源	2019.08
万方数据知识服务平台	含 1.33 亿条期刊文献记录，614 万条学位文献记录，1388 万条会议文献记录；还包括各类专利、科技报告、科技成果等资源	2019.08

除已经积累一定数字学术信息资源外，我国数字学术信息资源规模持续增长。其一，学术著作、学术论文、学位论文、专利、报告、标准等学术文献资源的规模增长迅速，以万方知识服务平台为例，截至 2019 年 8 月，其收录的

---

① 黎建辉，沈志宏，孟小峰. 科学大数据管理：概念、技术与系统 [J]. 计算机研究与发展，2017（2）：235-247.

期刊文献总量达 1.33 亿条，学位论文文献总量超过 600 万条；其二，随着自然科学领域一系列重大项目成功实施，逐渐形成了以台站网络、卫星、试验平台、天文观测等平台设施为基础的地球科学、天文、卫星遥感、高能物理、空间地理、新型材料、生物基因、精准医学、生态环境、现代农业等诸多领域的海量科学数据集合；其三，人文、社会科学领域学术信息资源建设，得益于互联网和移动终端数据服务的拓展，基于云平台的数据开放共享的推进使得人文、社会科学领域的科研数据得以迅速积累。

2.1.2 基于大数据网络的国家数字学术信息资源云服务环境形成

国家学术资源的大数据化对其组织存储、加工与服务利用系统的建设和运维提出了新的要求。一方面，系统规模越来越大，结构越来越复杂，使得硬件设备及软件系统的管理难度加大；另一方面，大规模数字学术资源的加工往往需要与之相匹配的计算资源，而且其对计算资源的需求波动较大，对波峰计算资源需求的满足带来了较为沉重的运行压力。

云计算的出现为这一问题的解决提供了可行方案。云计算，作为一种能够通过互联网便捷访问和利用计算资源的 IT 服务模式，使客户（包括云计算服务中同云服务商建立业务关系的参与方）只需通过与云服务商的协作，就能够实现计算资源的快速获取和共享。[1] 相对于传统 IT 系统，云计算在计算资源配置和使用上具有泛在接入、资源池化、按需服务、快速伸缩性、服务可计量特点。[2][3][4] 其中，泛在接入是指在互联网条件下，通过多种终端设备随时异地应用云计算服务，而不受任何其他因素的限制；物理计算资源虚拟化处理后所形成的逻辑上统一的资源池，在于提出服务请求后，根据可用的资源状态实时分配资源；按需自助服务是指客户可以根据自己的实际需求确定所需的计算资源规模和利用时长，从而实现资源的获取和利用目标；快速伸缩性确保计

---

[1] 中国信息安全研究院有限公司，等. GB/T 31168—2014. 信息安全技术 云计算服务安全能力要求［S］.北京：中国标准出版社，2014.

[2] 中国信息安全研究院有限公司，等. GB/T 31167—2014. 信息安全技术 云计算服务安全指南［S］.北京：中国标准出版社，2015.

[3] CSA. Security Guidance for Critical Areas of Focus in Cloud Computing（V 3.0）［EB/OL］.［2016-08-12］. https：//cloudsecurityalliance.org/guidance/csaguide.v3.0.pdf.

[4] Peter M. Mell, Timothy Grance. The NIST Definition of Cloud Computing［EB/OL］.［2019-01-14］. https：//nvlpubs.nist.gov/nistpubs/Legacy/SP/nistspecialpublication800-145.pdf.

算资源的获取与利用的高效率，从而使服务利用灵活、便捷；对云服务商提供的服务和计算资源进行计量，旨在实现服务运营精准控制目标，同时确保服务水平和质量。

云计算出现之初，国内外就开始了云环境下的学术信息资源管理的实践探索。云计算早期应用中，较为典型的实践探索包括：2009年，OCLC提出的基于云计算的图书馆服务方案，该方案提供了涵盖联合编目、馆际互借、流通管理、版权管理等全流程书目信息管理服务支持；① 同时，美国国会图书馆协同Duraspace公司实施了云服务试验项目，用于实现数字学术资源的长期保存与利用；② 欧盟于2013年启动了Europeana Cloud项目，其目标是构建一个面向云服务平台，实现图书馆、档案馆和博物馆的元数据和数据对象的共享、访问和使用。③ 2009年，我国高等教育文献保障系统（CALIS）就开始实施了云计算项目，将计算服务应用于其全国和区域中心的学术文献资源管理，初步构建了以公有云和私有云为基础的混合云平台，陆续推进了参考咨询、馆际互借、文献传递等SaaS服务，以及数字图书馆私有云服务应用。④ 与此同时，中国科学院于2010年利用云计算技术支持科研人员的科研数据协同、即时通信、文档存储、项目管理、科学数据处理、高性能计算和数据可视化等协同科研任务。⑤

经过持续性的实践探索，应用云计算的国家数字学术信息资源管理与服务取得了进一步发展，基于大数据网络的国家数字学术信息资源云服务环境已经形成。表2-2反映了国内外的一些相关组织和机构利用云服务进行学术信息资源大数据管理与服务的情况。这些组织和机构建立的基于大数据网络的数字学

① Yuvaraj M. Determinants of Cloud Computing Applications Adoption in University Libraries [J]. Srels Journal of Information Management, 2014, 51 (5)：279-286.
② Miller K C. Cloud-based Digital Preservation Services for Small or Midsized Institutions：Results of a pilot study of Archivematica+DuraCloud [C] //Archiving Conference. Society for Imaging Science and Technology, 2015 (1)：87-91.
③ Benardou A, Dallas C, Dunning A. From Europeana Cloud to Europeana Research：The Challenges of a Community-driven Platform Exploiting Europeana Content [M] //Digital Heritage. Progress in Cultural Heritage：Documentation, Preservation, and Protection. Springer International Publishing, 2014：802-810.
④ 曾丽军，姚晓霞，孙维莲. CALIS文献获取服务类型的实践与探索 [J]. 图书情报工作, 2016, 60 (S1)：59-62.
⑤ 中国科学院计算机网络信息中心.2010年年报中文版 [EB/OL]. [2019-08-12]. http：//www.cnic.cas.cn/qkbg_new/zxndbg/201604/P020160427822931966441.pdf.

术信息资源云服务，已不再局限于以系统为依托的数字资源获取与管理服务，而是结合云计算在各领域的应用提供完整的服务支持。例如，中国科技云在提供计算资源支持、科研数据搜索共享等功能的基础上，还为科研人员的信息交流提供社区、云盘以及超融合的即时通信软件服务支持；HathiTrust 除提供数字文献资源检索服务外，还为科学研究提供文本分析工具及面向用户的个性化定制服务等。

表 2-2 　　　　　　　　　　基于云服务的数字学术资源系统典型案例

系统概况 系统名称	系统介绍	主要功能
中国科技云	包括中国科学院超算环境、人工智能计算与数据应用服务平台等基础设施平台 5 个；中科院数据云、国家基础科学数据共享服务平台、地理空间数据云等云平台 13 个；科研社区、云盘和在线会议等日常使用的通信软件服务等多项服务与工具	提供网络传输、云计算、云存储、通用型大数据处理环境、高性能计算网格、人工智能计算与数据服务等多项基础设施资源服务；关联搜索和共享文献、知识产权、领域云数据库等科研信息资源等
全国农业科教云平台	涵盖了体系综合业务云、智慧农民培育云、农技推广服务云、科技创新支撑云等 6 个专业云，基于专业云的农业科技信息服务涉及智慧农业、数字化农村和农业技术与创新服务等方面的内容，其核心业务区分为 16 个应用系统	提供农民培训、农技推广、农业产销社区、专家咨询、数据分析等功能
国家公共文化云	文化部主导打造的公共数字文化服务总平台，旨在面向公众提供公共文化资源服务，其云服务内容包括数字直播、视听空间、文化导航、在线文化传播等	对接各地文化云，包含共享直播、资源点播、活动预约、场馆导航、服务点单、大数据分析等功能
中国高等教育文献保障系统（CALIS）	该系统是一种包含公有云、私有云、社区云和混合云的多云服务体系，包括中心级云服务平台、共享域级的云服务平台和本地平台	中心级云服务平台提供学术搜索服务、咨询服务、文献调度服务、教育参考信息服务等；共享域级提供参考咨询、数据交换、云盘、特色库等服务

续表

系统概况 系统名称	系统介绍	主要功能
OceanWorks	作为美国宇航局的一项技术集成项目,其实施旨在为海洋科学大数据建立一个基于云的科学数据分析平台	提供数据检索服务、数据评估、并行数据分析、异常检测、实测数据与卫星数据的匹配等功能
HathiTrust	由美国十大学术联盟及加州大学系统所属的 11 所大学图书馆发起,提供数字化的图书馆资源长期保存和获取服务	统一检索平台,提供文献全文获取服务;提供学术研究的文本分析工具;提供个性化的用户定制服务
The European Open Science Cloud	作为欧委会提出的欧洲云计划的重要组成部分,联合欧洲分布式科学数据基础设施,为欧洲科研人员提供跨境、跨领域的科研数据存储、管理、分析和再利用服务	提供资源分享和发现、数据分析和处理、数据管理、计算、存储、安全运行等服务功能

2.1.3　云环境下国家数字学术信息资源形态变革

随着国家数字学术资源的大数据化,以及基于大数据网络的云服务环境形成,国家数字学术资源的存储、开发利用与服务形态也发生了显著变革,突出表现在以下几个方面。

（1）国家数字学术资源的规模海量化和更新与处理的实时化

国家数字学术资源的大数据化必然导致信息资源组织上的大数据特征,无论是何种类型的数字学术资源,其存储规模动辄都是 GB、TB 甚至 PB 级别,其文件或者记录条数通常以万作为基本单位,其规模上的海量化已毋庸置疑。在数据更新与处理实时化方面,不同类型的资源、不同领域之间虽然具有一定的区别,但共同的趋势是实时化要求越来越高。以更新较慢的文献资源为例,开放存取站点 arXiv.org 上每天的新增规模也达到数百篇;而在实时化要求较高的科学数据存储处理领域,如大型巡天望远镜 LSST 需要实时对天体数据进行分析、存储与分发处理,同时发出相应信息。①

---

① LSST. LSST Public Website Sitemap［EB/OL］.［2018-08-12］. https：//www.lsst.org/science/scientist_transient.

（2）国家数字学术信息资源的异质化与异构化

异质、异构的原因主要在两个方面：一是数字化学术资源类型越来越多样化，而不同类型的资源必然存在异质、异构问题。以文献资源为例，除了传统的期刊、图书、专利、学位论文、会议论文、标准等之外，程序代码、动态和静态网页、图片、视频、音频等都已成为重要组成部分，其异质、异构显而易见。另外，数字化学术信息资源发布的多主体特性，使其在资源发布上缺乏统一标准，这也导致异质、异构问题日渐严重。当前，除了传统的图书馆、出版商、数据库服务商外，随着学术信息资源发布越来越容易和开放共享理念的深入，个人、企业、科研机构、政府都成为学术信息资源发布主体，而且受数据驱动科研范式的影响，近年来还涌现了不少专门从事科学数据采集与预处理的企业。同时，受数字学术资源标准欠完善和已有标准推进不足的影响，多数发布者随心所欲地进行数据结构的设计，导致同一类型数据在描述与存储上的差异，以致于数据互操作性较差。

（3）国家数字学术信息资源的存、用分离

从商业逻辑看，云服务商将占有和管理的计算资源，以高于其成本的价格向客户提供服务，从而获得经营收益。因此，采用云计算进行国家数字学术信息资源管理，意味着将部分 IT 资源管理业务外包给了云服务商，从而出现数字学术信息资源事实上的存、用分离，这一点是采用云服务给学术资源管理带来的实质性变化之一。云环境下国家学术信息资源服务主体外包出去的业务范围与所采用的服务模式息息相关，如果采用基础设施即服务，外包的仅是 IT 基础设施的运维；采用平台即服务模式，则将外包范围扩大到网络、操作系统、数据库等基础系统环境的运维；采用软件即服务模式，则实现基础 IT 设施、系统环境和软件系统的全面外包。基于此，云计算的采用至少意味着国家数字学术信息资源物理上不再存储于机构内部，而是在云服务商的数据中心，但是所有权以及加工、处理与利用的权利仍归国家数字学术信息资源服务机构所有。同时，这种存、用分离的模式也意味着对国家数字学术信息资源的任何访问都需要基于互联网进行，而不是像传统 IT 模式下可以通过本地操作或者局域网进行数字学术资源的加工、处理。

（4）国家数字学术信息资源管理系统的逻辑隔离

虚拟化是云计算的一项核心技术，利用这一技术可以将服务器、网络、内存、存储等不可切割的实体计算资源转换成可以切割、重组的虚拟资源。①②这一技术的应用，可以打破实体资源的地域或物理组态的限制，屏蔽底层硬件之间的差异，使之成为逻辑上可以互操作的统一整体，以实现跨硬件设备的大规模协作与共享。利用这一技术，云服务商既可以突破单一实体计算资源的限制，满足客户对海量计算资源的需求；还可以实现计算资源的最大化利用，提高硬件设备的经济效益。基于这一技术，一旦利用云计算平台进行国家数字学术资源存储与管理系统建设，就意味着其与云平台上的其他信息系统之间共享了硬件资源，彼此之间不存在清晰的物理隔离；系统之间只能通过软件技术划定边界，建立逻辑隔离。

（5）国家数字学术信息资源的海量高速处理

传统的 IT 模式与技术环境下，受计算能力与数据分析技术的制约，对海量数字学术信息资源的处理常常只能通过抽样的方式进行，或者只对局部资源进行分析挖掘。但云计算环境下，随着分布式计算、并行计算、实时数据处理、可视化和大数据技术的发展，已能实现对全局海量数据进行实时处理。值得指出的是，随着智能技术的发展，大数据处理正向高效化、同步化方向发展，其海量数据的高速处理已成为现实。

国家数字学术信息资源分析、挖掘和利用形态的变革，将能够实现海量低价值密度学术信息资源的融汇与有效利用，可以将零散分布的有一定价值的信息聚合起来，有利于获得对科学问题完整、系统的认识，使数据真正成为科学研究的新基础，从而推动科学研究向数据密集型的范式转变。与此同时，和这一形态相适应的安全保障也处于新的变革之中。

2.2　云环境下国家数字学术信息资源安全保障的协同化

传统 IT 模式下，服务主体是国家数字学术信息资源安全保障的唯一主体，安全保障由其独立负责；云环境下，由于云计算服务的租赁特点，安全保障由服务主体与云服务商协同负责。对于单个学术信息资源服务主体来说，云服务

① 武志学. 云计算虚拟化技术的发展与趋势 ［J］. 计算机应用, 2017 （4）: 915-923.

② Lu Y, Xun X. Resource Virtualization: A Core Technology for Developing Cyber-physical Production Systems ［J］. Journal of Manufacturing Systems, 2018 （47）: 128-140.

实现模式和云计算应用方式必然影响到安全保障协同主体的构成，即云计算环境下，学术信息资源安全保障主体已由一元变为多元，安全保障由独立转向协同。

2.2.1 数字学术资源的信息安全保障多元主体的形成

从本质上看，国家数字学术信息资源安全保障多元主体的形成并非服务主体主动选择的结果，而是由云计算的技术实现机制决定的。对于任何一类云计算服务业务，其所需的软件和硬件安全均由云服务商负责，这是因为云服务组织所需的所有软硬件由云服务商负责建设与运维，国家数字学术资源服务主体无法直接干预。同时，云服务所采用的软硬件安全是国家数字学术资源安全的重要屏障，其安全保障应纳入数字学术资源安全保障体系统一考虑，从而导致安全保障主体的多元构成。对于学术信息资源服务主体而言，学术信息资源管理采用的云服务实现模式及云计算应用方式将影响其安全保障协同主体的多元化程度。

云服务实现模式对安全保障主体多元化的影响。单级和多级是云服务的两种实现模式，前者是指云服务商在进行云服务组织时，利用的是自身拥有的硬件资源；后者指云服务商没有自己的硬件资源，而是以其他云服务为基础进行业务组织。① 从实现上看，如提供 PaaS 服务的云服务商可能是以某项 IaaS 云服务为基础的；提供 SaaS 服务的云服务商可能是以 IaaS 或 PaaS 云服务为基础的。从上游云服务商构成出发，多级模式可以进一步划分：一是简单多级模式，即每个层级均只有一个云服务商，如云服务商 A 提供的是 SaaS 服务，以云服务商 B 的 PaaS 服务为基础开展，而 B 的服务则是建立在云服务商 C 的 IaaS 服务之上；二是复杂多级模式，即至少一个层级的云服务商有两个或以上，如云服务商 D 提供 SaaS 服务，但其同时以云服务商 E 和 F 的 PaaS 服务作为基础开展服务，而 E 的服务是基于自身拥有的硬件资源进行的，F 的服务则建立在云服务商 E 和 H 提供的 IaaS 服务基础上。

显然，不同云服务实现模式下，安全保障协同主体的结构与数量也具有明显区别。如果采用单级模式的云服务，国家学术信息资源服务的协同主体只有 1 个云服务商；如果采用简单多级模式的云服务，其协同主体一般只有 2 个或 3 个，关系仍然较为简单；但若采用了复杂多级模式，如图 2-1 所示，其协同

---

① 程宏兵，赵紫星，叶长河. 基于体系架构的云计算安全研究进展 [J]. 计算机科学，2016，43（7）：19-27.

主体的数量将大大增加，关系也可能呈网状结构。显然，伴随着协同主体数量的增加和结构的复杂化，协作难度也大幅提升，其中，主体间协调、沟通成本快速增加，协作效果的可控性越来越差，由此而引发的安全保障节点随之增加，其安全问题趋于复杂。

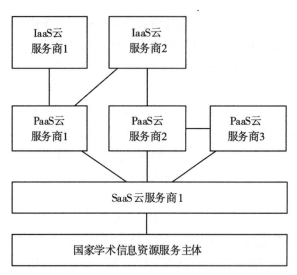

图 2-1　复杂多级实现模式下安全保障协同主体构成示意图

　　云计算应用方式对安全保障主体多元化的影响。国家学术信息资源服务主体在使用云计算时，其上游云服务商可能只有一家，也可能出于提升云服务可用性、避免被云服务商锁定、单个云服务商的服务无法满足应用需求等原因，而采用多家服务商的服务。

　　显然，安全保障协同主体的结构与国家数字学术资源服务主体上游云服务商的数量密切相关。如果只采用一家云服务商的服务，则安全保障中只需与一个云服务商协同；如果上游云服务商有多个，则协同主体的结构也趋于复杂化。同时，如果针对不同的业务选用了不同的云服务商，则会导致各协同主体间的安全职责区别明显，从而协同的难度大幅增加。

　　在实际应用中，云服务实现模式和云计算应用方式对安全保障主体多元化的影响往往同时存在。因此，云计算环境下国家学术信息资源安全保障的主体数量较多，关系呈网状复杂结构。以图 2-2 为例，其学术信息资源服务协同主体高达 8 个，而且彼此间关系复杂，如"IaaS 云服务商 1"既是该服务主体的直接 IaaS 云服务提供商，也经由"PaaS 云服务商 1"，通过"SaaS 云服务商

1"间接提供云服务。这一现实情况，决定了云服务中学术信息资源安全的责任构架。

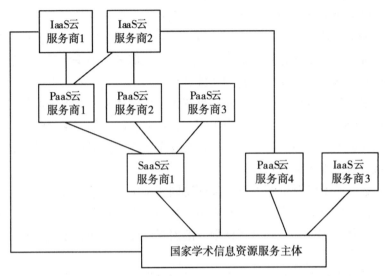

图 2-2　云环境下数字学术信息资源安全保障多元主体构成示意图

2.2.2　多元主体协同下的安全保障组织形态

云环境下，受安全保障主体多元化的影响，国家数字学术信息资源安全保障组织形态也随之发生变化，既体现在国家学术信息资源服务主体安全保障职责的变化上，也体现在多元主体协同实施上。

国家学术信息资源服务主体安全职责变革引发了组织形态变革。传统 IT 环境下，学术信息资源安全一般由国家学术信息资源服务主体完全负责。而云环境下，由于云服务商承担了部分安全保障职责，国家学术信息资源服务机构直接承担的安全保障实施任务随之减少，但同时增加了监管云服务商安全保障的职责。

云环境下国家数字学术信息资源系统运行所需的 IT 基础设施，甚至部分应用程序和数据的控制权都在云服务商手上，而只有将安全措施部署到 IT 资源、软件系统上才能生效。因此，采用的云服务不同，学术信息资源服务主体的安全职责也有所区别。总体而言，国家数字学术信息资源服务主体在采用 IaaS 云服务时直接承担的安全职责最重，然后依次是 PaaS 云服务和 SaaS 云服务。这说明，三种云服务模式下的基本关系决定了安全责任关系。

云环境下，虽然部分业务和安全保障的实施外包给了云服务商，但是学术信息资源的安全保障责任机构仍然是国家数字学术信息资源服务的主体机构。同时，尽管云服务商都会维护数字学术信息资源及服务系统的安全，但可能存在安全保障上的疏忽、不排除个别人员存在恶意行为等问题，因此国家学术信息资源服务主体需要强化安全监管职责，督促云服务商安全保障的开展，同时将安全措施部署到位，将安全管理实施到位。

随着安全职责变化，国家学术信息资源服务主体在安全保障组织形态上也需要进行适应性变革：一是在安全组织上，按照新的职能要求进行安全团队的建设；二是在安全保障实施上，更加重视安全管理手段的运用，尤其是要建立合理的机制对云服务商进行持续监督。

国家数字学术信息资源安全保障的协同实施中，为推进数字学术信息资源全面安全保障的目标实现，需要建立国家数字学术信息资源服务主体与云服务商的协作机制，实现基于安全责任划分的宏观层面协作和具体安全事件处理的微观层面协作。

基于安全责任划分的协同，实质上是国家学术信息资源服务主体与云服务商在安全保障中的分工协作。在这方面，两类主体需要界定清晰的责任范围，确保整体上安全保障目标的实现。当然，国家数字学术信息资源服务主体还需要履行安全保障的顶层设计和监督职责，及时发现云服务商在安全保障中的不足，以督促其改进。

具体安全事件处理中的协同适用于单一的安全主体无法独立处理，需要对方配合的安全事件。保障信息安全高效协同的核心是建立安全响应机制，即界定哪些安全事件需要响应，哪类主体作为需求发起方和响应方，以及如何进行协作的请求发起和响应。为提高协作效率，确保重要的安全事件得到及时响应，需要将安全事件按类型进行优先级划分，分别作出响应速度、资源配置等方面的规定，尤其是对云服务商的响应要求。

以上分析的出发点是将云服务视为一个整体，但实践中，直接向国家学术信息资源服务主体提供服务的云服务商可能采用了多级模式进行云服务组织。这种情况下，云服务商部分的安全责任还需要由上游服务商进行分担。以SaaS 服务为例，直接提供该项服务的云服务商可能仅负责软件自身的安全，而虚拟化计算资源、硬件设备、网络及计算中心的安全则由上游云服务商负责。显然，如果云服务商采用多级模式进行面向国家数字学术信息资源服务主体的云服务组织，其还需要建立包括上游云服务商在内的多方协作机制，承担对上游云服务商的安全监管职责。

2.2.3 多元形态下的协同安全保障体系架构

云环境下基于多元主体协同的国家数字学术信息资源安全保障中，学术信息资源服务主体是最终安全责任者，即需要对安全结果直接负责。基于此，云环境下国家数字学术信息资源协同安全保障只能是服务主体主导、云服务商协作的体系架构。

该架构下，国家数字学术信息资源服务主体需要发挥主导作用，做好安全需求分析、安全规划设计、管理制度设计等顶层设计工作，同时履行安全保障的组织者、部分安全保障措施的实施者和云服务商安全保障的监督者的责任。云服务商作为重要的协同主体，其主要定位是安全保障措施的实施者。

作为安全保障的组织者，需要做好安全保障的顶层设计和协调统筹工作。在顶层设计上，需要在系统分析国家数字学术信息资源安全需求的基础上，结合数字学术资源的特点、安全保障体制和组织架构等，进行学术信息资源安全规划设计、安全管理制度设计、安全保障实施策略设计、多元主体协作机制设计等，为安全保障的实施提供指导。在统筹协调上，推进信息化应用与安全保障的协调实现，同时包括与行业组织、相关部门的统筹协调，在其领导或支持下做好安全工作，另外还包括与云服务商的统筹协调，以提高安全保障协同效果。

为扮演好实施者角色，国家数字学术信息资源服务主体和云服务商需要明确各自的职责范围，建立协调机制。国家数字学术信息资源服务主体的职责包括两个方面：一是进行云服务商安全应用规范，综合考虑自身的资源特点、业务需求和安全要求，选择安全可信的云服务；二是在安全保障职责范围内做好具体安全措施部署。在安全保障职责划分上，国家数字学术信息资源服务主体与云服务商需要采用基于云服务模式的动态划分体系，如图 2-3 所示。

从图 2-3 中可以看出，国家数字学术信息资源服务主体与云服务商在安全保障实施责任上呈互补态势，前者的责任范围沿着 IaaS 云服务、PaaS 云服务和 SaaS 云服务的方向依次缩小，后者则依次增加。IaaS 云服务模式下，国家学术信息资源服务主体需要承担除云平台物理基础设施、硬件设备，以及包括资源调配、网络连接、存储和虚拟机管理等在内的云计算基础服务之外的所有安全保障职责，相当于传统 IT 模式下所有软件系统和数据部分的安全保障职责。PaaS 云服务模式下，则将操作系统和基础开发环境（如数据库等）的安全保障职责进一步划归云服务商，国家数字学术信息资源服务主体只承担学术

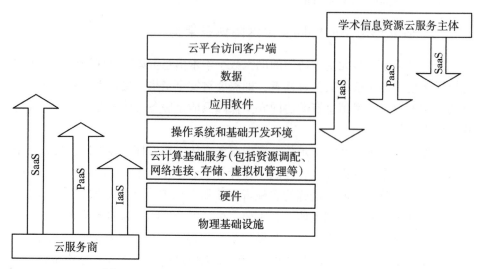

图 2-3　基于云服务的信息资源安全保障实施责任划分

信息资源系统、学术信息资源数据和云平台访问客户端的安全保障。SaaS 云服务模式下，国家学术信息资源服务主体将软件系统的安全也交由云服务商负责，安全责任范围达到最小，与此同时，云服务商则承担了绝大部分的安全保障实施职责。需要说明的是，如果采用了多种云服务，国家学术信息资源服务主体需要逐一与云服务商约定安全保障实施职责范围。

在监督与被监督方面，学术信息资源机构和云服务商也需要开展协作，以保证安全目标的实现。数字学术信息资源服务主体作为监督者，其总体职责是确保云服务商尽职尽责地开展安全保障工作，及时发现安全保障中的不足与隐患，督促云服务商进行完善与处理。具体而言，主要包括：以合同为依据，督促云服务商履行安全保障责任，遵守学术信息资源安全保障的相关制度与标准；协助云服务商处理重大安全事件；检查云平台和服务运行状况，实施安全事件的实时监控和处理。云服务商作为被监管者和云平台所有者，需要配合监督实施并为其提供便利，如主动通报需要监管的信息、提供便于监管的工具等。

此外，需要说明的是，服务商应确保符合国家规定的安全能力要求；当发生安全事故造成损失时，应按照约定进行处置。在具体实施环节上，需要推进两类主体在安全保障中的融合，实现安全保障范围上的全面覆盖和效果上的全面达标。在具体实施中应注重以下问题的解决：

①为不留盲区，实现安全保障的全覆盖，需要做到分工明确、细致，安全责任归属要清晰，不能存在多头负责的情况，同时需要细化安全责任划分的粒度，以模块、资源甚至操作为单元进行划分。进而，构建安全保障效果衡量的量化指标体系，既便于双方对安全要求理解的一致，也便于安全保障力度的把握和实施方案的设计。此外，为实现对云服务商的约束，督促其增强自律，可以签署 SLA（Service Level Agreement）协议，约定对云服务安全质量的要求，以及未达要求情况下的惩罚机制。

②对于需要双方协作的安全保障环节，建立响应与合作机制。实践中，不可避免地会遇到需要双方配合才能处理的安全事件或部署的安全措施，如可能会影响到国家数字学术信息资源系统的云平台升级安全，需要针对环境的变化建立响应与合作机制。在安全保障协同推进中，还需要分类建立响应和合作规范，通过流程的固化保障协同的效率和效果。

③云服务商需要通过安全保障工具和服务，向学术信息资源服务主体提供支持。数字学术信息资源安全保障的共性较强，因此云服务商可以基于各国学术信息资源服务主体的共性需求，进行安全云服务的组织。同时，通过安全指南等指导工具的应用，支持学术信息资源服务主体进行其安全保障方案的设计优化。

④注重国家数字学术信息资源系统技术方案与云平台的协调性。在所采用 IaaS 和 PaaS 云服务中，实质上是在云服务商提供的基础 IT 环境中部署和运行数字学术信息资源系统的问题。显然，两者相协调才更易于获得良好的安全保障效果。因此，在基于云服务的数字学术信息资源系统部署中，需要清晰地了解云服务所对应的安全架构和技术要求，针对性地在系统部署中作出安排，使两者相兼容。

2.3 大数据云服务中信息资源安全边界的动态化

大数据云服务中，受计算资源虚拟化与动态分配的影响，学术信息资源系统不再具有清晰的、固定不变的物理边界，而是只有虚拟的且动态变化的逻辑边界。这说明其中的安全边界也是动态的，这一形态变革必然对安全保障的部署方式和手段产生重要影响。

2.3.1 大数据资源虚拟化对信息安全的动态影响

资源虚拟化是计算资源的一种现实的组织方式，其目的是将处理器、存储设备和网络等硬件资源，以及包括操作系统、基础软件在内的运行环境一起封装，并以文件形式进行保存，使之成为独立于硬件的、标准化的虚拟机。在此基础上，异构硬件资源之间可以方便地进行互操作，最终实现硬件资源的碎片化共享，从而提高硬件管理与利用效率。①②

　　资源虚拟化是大数据云服务环境得以形成的基础，其作用主要包括三个方面。第一，依托计算资源虚拟化技术，云服务商将海量硬件资源转换成无差异的、客户可以远程操作与利用的计算资源，以满足云服务在扩展性、伸缩性和可靠性方面的要求。第二，依托计算资源虚拟化技术，可以实现硬件资源与逻辑资源的分离，而且在硬件正常的情况下，云服务商只需要对逻辑资源进行管理，就可以实现计算资源的自动调度，从而大幅降低计算资源的管理成本，提高云平台运营的经济可行性。第三，计算资源虚拟化所形成的是标准化的虚拟机，异构的硬件资源和操作系统不再会对客户的访问和利用造成干扰，客户通过统一接口就可以透明访问物理上异地、结构上异构的计算资源，从而大幅降低利用云服务的技术门槛，有助于提高云服务的可用性。

　　大数据云服务环境下，受计算资源虚拟化的环境影响，国家数字学术信息资源系统可以只有逻辑边界，而无需固定的物理边界，如图2-4所示。

　　一般情况下，物理机与虚拟机之间是1∶n的关系，而且分布式存储、多租户资源共享技术在云服务中的普遍应用，使得国家数字学术资源管理系统对应的虚拟机分散在多台物理机之上，甚至这些物理机分布在不同的数据中心，从而有利于与其他租户共享部分物理机。这说明大数据云服务环境下，国家数字学术信息资源系统没有清晰的物理边界，只能以虚拟机为单位描绘出逻辑边界。另外，出于负载均衡管理的需要，云平台会将部分提供服务的虚拟机进行动态迁移，以避免部分物理机负载过重。③④ 同时，当物理机在停机维护时，

────────────────

　　① 韦鹏程. 基于虚拟化技术的云计算架构的技术与实践探究［M］. 成都：电子科学技术大学出版社，2018：10-11.

　　② Xu L, Huang D, Tsai W T. Cloud-Based Virtual Laboratory for Network Security Education［J］. IEEE Transactions on Education, 2014, 57（3）：145-150.

　　③ Zhang F, Liu G, Zhao B, et al. CBase：Fast Virtual Machine Storage Data Migration with a New Data Center Structure［J］. Journal of Parallel and Distributed Computing, 2018（124）：14-26.

　　④ Basu D, Wang X, Hong Y, et al. Learn-as-You-Go with Megh：Efficient Live Migration of Virtual Machines［C］// 2017 IEEE 37th International Conference on Distributed Computing Systems（ICDCS）. IEEE, 2017：2608-2609.

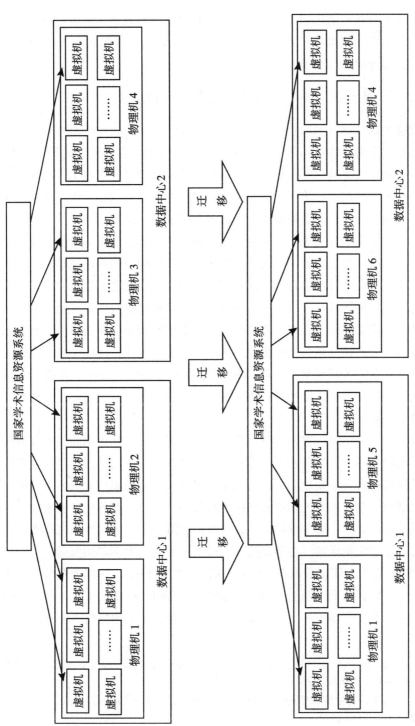

图2-4 资源虚拟化对系统边界安全的影响

需要迁移运行其上的虚拟机，这种动态迁移必然会导致数字学术信息资源系统服务的虚拟机和物理机位置发生变化，因而需要进行虚拟化系统安全边界构建，以保障虚拟运行和服务中的系统边界安全。

2.3.2　计算资源弹性配置中动态边界的形成

能够实现计算资源的弹性配置是云计算相对于传统 IT 模式的一个突出优势，也是一个重要特征。传统 IT 模式为保障高峰期的服务正常运行，在 IT 资源配置上必须按照峰值需求进行，这就导致除高峰期之外这些 IT 资源的闲置。而在弹性配置模式下，采用云计算的客户只需要在高峰期临时租赁更多计算资源即可，而不必专门购置基础设施，以避免造成资源浪费。①②

对国家学术信息资源系统来说，云计算的这一特点非常有价值，这也是吸引其应用云服务的重要原因。第一，学术信息资源用户的需求波动较大，而且具有明显的周期性特征，存在资源利用的非均衡分布问题。第二，对于数字学术信息资源的不同操作、处理所需的计算资源规模也具有明显区别，如单次文献检索、单篇文献下载，对计算资源的需求规模都较小；而对科研大数据的获取和挖掘、分析则显然需要更大规模的计算资源。因此，国家学术信息资源系统的计算资源需求规模除了呈现周期性波动外，还可能出现不规则的零星波动。基于此，在应用云服务进行国家学术信息资源组织时，需要进行计算资源的弹性利用处置。

弹性化计算资源配置模式下，学术信息资源系统实际占用的计算资源规模与其需求较为接近，而随着用户需求的波动及处理任务的不同，其对计算资源需求的规模也将发生变化，由此引发其所租赁的资源规模扩大或缩小。即：随着需求增加，系统占用的虚拟机规模也将增加；反之，随着任务完成或需求减弱，系统将释放掉一部分虚拟机，系统规模也将变小。为实现国家学术信息资源系统安全的全面保障，必须保障虚拟机变更中的边界和调用安全。

图 2-5 为学术信息资源系统随着虚拟机增加与释放而导致边界发生变化的示意图。初始状态下，系统占用 7 台虚拟机，其中数据中心 1 有 4 台，平均分布在物理机 1 和物理机 2 上；数据中心 2 有 3 台，其中物理机 3 上有 2 台，物

①　袁健，陈冬露．云环境中基于动态监测周期的动态资源管理模型［J］．小型微型计算机系统，2016，37（3）：474-478.

②　张晓丽，杨家海，孙晓晴，吴建平．分布式云的研究进展综述［J］．软件学报，2018，29（7）：2116-2132.

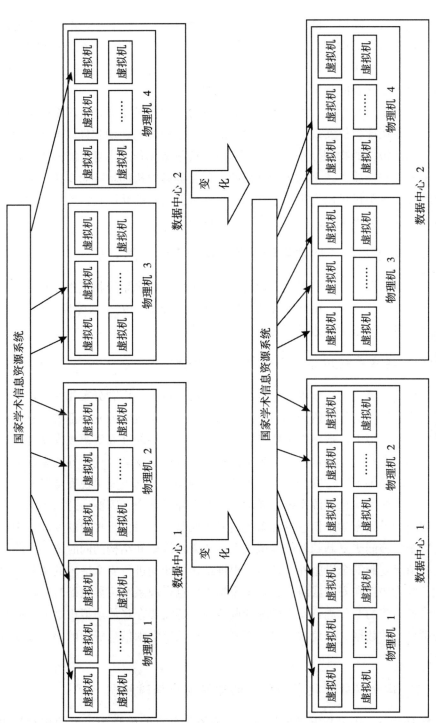

图2-5 云环境下弹性化计算资源配置对系统边界的影响

理机 4 上 1 台。随后，随着系统处理任务的复杂，所需计算资源规模也要增加，致使其占用的虚拟机达到了 10 台，新增的 3 台分别分布在物理机 1、物理机 3 和物理机 4 上。显然，随着虚拟机的新增，系统边界也随之发生变化，其安全措施也需要同步覆盖到这些虚拟机之上。

由此可知，弹性化计算资源配置对系统边界的影响是通过占用新的虚拟机和释放已占用虚拟机实现的。需要说明的是，虚拟机的新增和释放可能同时影响已占用虚拟机的物理分布，一是因为虚拟机新增和释放本身可能同步导致物理机的新增和释放；二是因为物理机的负载会随虚拟机的增减而变化。为实现负载均衡，虚拟机可以发生动态迁移，由此可能引发的状况是，数字学术信息资源系统在释放虚拟机的同时，占用了新的虚拟机。

2.3.3　动态边界下的数字学术信息资源安全保障要求

大数据云服务环境的形成，使得数字学术信息资源系统物理边界和逻辑边界处于动态变化之中，由此就导致以物理边界为基础的安全保障模式的失效，这就要求进行动态逻辑边界下的安全组织模式变革。

（1）建立系统边界安全保障动态伸缩机制

应用云计算之前，学术信息资源系统的硬件资源规模和分布相对稳定，无论系统实际使用的计算资源如何变动，软硬件和基于设施的安全部署都具有稳定结构。云环境下，数字学术信息资源系统实际使用的计算资源规模变动及计算资源的动态配置，常常会引发虚拟机数量和分布的变动，进而导致系统边界变化，此时如果不进行安全保障范围和措施的调整，则可能出现安全漏洞。

在国家学术信息资源系统边界动态安全保障设计中，需要注意以下两个方面问题：一是国家学术信息资源系统边界扩大时，如果仅是规模的变动，则需要将安全措施同步复制到新的虚拟机上；如果是规模和结构的同时变动，除了需要视情况复制安全措施外，还需要根据结构的变动进行安全措施的调整，以覆盖新的脆弱性和安全威胁。二是国家学术信息资源系统边界收缩时，除了根据规模和结构的变化进行安全措施的调整外，还需要在释放虚拟机之前彻底删除虚拟机上的数据，以免被人恶意恢复，使得数字学术信息资源的保密性受到破坏。

（2）建立以软件技术为依托的边界安全保障机制

IT 环境下，国家数字学术信息资源系统是具有明确物理边界的相对封闭系统，只通过少量接口与外界连接。因此，选择防火墙等硬件安全产品或直接在硬件上部署安全措施即可较好地保障安全。云环境下，对基于云平台的国家数字学术资源系统来说，物理边界不复存在，原有的各类安全硬件或部署于硬件的保护措施都不再有效。因此，需要进行技术更替，采用软件安全技术取代原有的物理防护措施或硬件安全技术，从而有效保障国家学术信息资源系统的边界安全。

在国家学术信息资源系统的边界安全保护实现上，需要注重以下几类技术的应用：一是虚拟隔离技术，即采用软件技术控制国家学术信息资源系统所占用虚拟机与其他虚拟机、外界互联网之间的通信，将不可信的外界环境隔离出去；二是身份认证和安全传输技术，在与外界通信时，需要采用较为严格的身份认证技术确定通信对象的身份，并且将身份信息及通信内容进行加密或采用安全协议进行传输；三是加强接口 API 的安全保护，其作为学术信息资源系统与外界通信的出入口，对系统边界安全具有重要影响，需要采用多重安全技术进行保障。

(3) 建立系统边界安全多层防御机制

总体上看，云环境下国家学术信息资源系统的边界有内外两层：外层是云平台的边界，该边界之内除国家学术信息资源系统外，还包含大量的其他云计算客户的信息系统，因而其边界的安全性对国家学术信息资源系统的安全同样具有重要影响；内层则是根据国家学术信息资源系统实时占用的虚拟机确定的逻辑边界，也即处于动态变化中的系统边界，对信息资源安全具有直接影响。为实现国家学术信息资源系统的边界安全，需要同时保障内外两层边界的安全，因而需要建立多层次的安全边界防御机制。

如上所述，内层系统边界的安全防御需要建立动态伸缩、以软件技术为主的保护机制，而外层系统边界的安全则依然可以借鉴传统 IT 模式下基于物理边界的保护模式。因为对云平台来说，其物理边界依然清晰：尽管云平台的数据中心可能有多个，但每个中心的物理位置固定；并且，单个数据中心类似于一个传统的 IT 系统，出入口明确且固定、内部安全域划分清晰。故而，在外层边界防御中，依然可以采用防火墙等硬件安全产品及基于物理设施和硬件设备的安全措施；同时需要说明的是，鉴于云平台的普适性和易受攻击的特点，在安全边界保护中需要采取更加强有力的安全措施。

（4）建立系统边界安全协同保障机制

云环境下，受技术机制的制约，国家学术信息资源服务主体无法全部承担其系统边界的安全保障任务，而需要云服务商加以配合，因此需要建立两者协同的安全保障机制。

系统边界协同保护中，云服务商应承担的职责包括云平台系统边界的安全防御和虚拟机之间的安全隔离。这两个边界属于国家学术信息资源服务主体无法触及的部位，前者即为国家学术信息资源系统的外围边界，后者则有助于加强国家学术信息资源系统边界的安全性，降低学术信息资源服务主体安全防御的难度。此外，云服务商还应通过云平台内部的安全态势感知与信息共享，为国家学术信息资源服务主体提供更全面、及时的安全信息保证，支持其安全保障部署；提供系统边界保护云安全服务，学术信息资源服务主体直接租赁云服务即可实现内层边界系统的保护。

与之相对应，国家学术信息资源服务主体需要监督云服务商系统边界安全保护的实施，做好学术信息资源系统内层边界的安全防御工作。

2.4 云环境下数字学术信息资源安全保障的集中化

传统 IT 环境下，学术信息资源服务主体独自保障其所拥有的学术信息资源安全，因此从国家层面看，学术信息资源安全保障采用的是分散模式。云环境下，由于多租户共享的计算资源配置机制及云服务组织特点，国家数字学术信息资源安全保障随之呈现出集中化态势。

2.4.1 基于云计算技术发展的集中安全保障引动

传统 IT 环境下，各系统学术信息资源服务主体分别保障其所拥有的学术信息资源安全，面对云环境下信息资源组织和服务模式的变化，需要在信息资源机构与云服务方的合作中，进行整体化安全保障。从国家组织层面上看，要实现信息安全保障的集中化。从信息保障组织上看有两个途径，一是共享资源引动；二是服务运行引动。

（1）基于多租户资源共享机制的数字学术资源集中安全保障引动

多租户资源共享是指多个不同的云服务客户共享同一台物理机上的计算资

源及云平台的其他设施，这也是云计算的一个典型特征和重要支撑技术。① 在技术实现上，不同类型的租户数据共享机制有所区别：对于数据，租户间的数据逻辑隔离一般通过对存储区、数据库、结构描述或者表格切割实现，同时还会采用加密技术保护敏感数据，实现租户间隔离；对于应用程序，往往通过进程进行运行环境的切割，在云平台无法进行跨进程通信时，以虚拟机为单位进行计算资源的租赁与释放，以确保多个租户不会使用同一个虚拟机。正是由于这一技术，云平台才能确保硬件设备的利用安全。

受多租户共享机制的影响，国家数字学术信息资源系统所共享的数据及软、硬件设施必然采用集中保障模式，从而将云服务商所部署的数字学术信息资源进行进一步扩展利用。在部署中将应用程序和各学术信息资源系统共享的数据同时纳入其中，如图 2-6 所示。

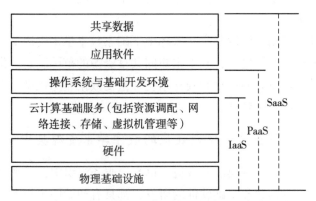

图 2-6　云服务模式与学术信息资源安全集中保障的关联

云环境下，面对大量重复数据的发送，其管理成本和平台服务成本将随之增加，因而需要云平台在数据存储或传输之前采取措施消除重复数据，其中，较有代表性的是重复数据删除技术。②③ 该技术属于一种数据无损压缩技术，

①　Rico A, Noguera M, José Luis Garrido, et al. Extending Multi-tenant Architectures：A Database Model for a Multi-target Support in SaaS Applications ［J］. Enterprise Information Systems, 2016, 10（4）：400-421.

②　张曙光，咸鹤群，王利明，于凯杰，张曼. 云计算中高效加密数据重复删除方法 ［J］. 通信学报，2018, 39（S1）：251-262.

③　Wang L, Wang B, Song W, et al. A Key-sharing Based Secure Deduplication Scheme in Cloud Storage ［J］. Information Sciences, 2019（504）：48-60.

其技术机制是基于数据库的信息识别重复数据，使用指向副本的指针将其替换，使数据只存储一个副本，从而减少对存储空间的需求。出于满足用户学术信息资源的完整性要求，国家学术信息资源服务主体都注重资源采集的全面性，从而导致彼此间数据重复严重。以万方和 CNKI 为例，20 种图书馆学、情报学 CSSCI 期刊中，两者均收录全文的有 13 种，重复率高达 65%。应用云服务之前，这些重复数据以多副本形式分散存储在多个国家学术信息资源系统中，并分别进行独立安全保障。云环境下，由于采用重复数据删除技术，同一个云平台上仅保留一个副本，这些数据的安全保障在一定程度上变成了集中保障。这里的一定程度，是指其集中保障仅限于云服务商相同的学术信息资源服务主体之间的资源安全，而对于跨云平台的学术信息资源服务主体，其安全保障依然分散实施。另外，此处的集中侧重于资源的完整性方面，而可用性和机密性保障则有所区别，其安全保障除了受云平台影响外，还与各个学术信息资源系统密切相关。

由此可知，多租户资源共享是云环境下国家数字学术资源信息安全集中保障模式形成的根本原因之一，其中租户间共享资源的范围决定了集中保障的范围；为了提升硬件设备利用率和确立系统性重复数据删除机制，需要使单个文件成为集中保障的基本粒度。

(2) 基于云服务产业规模效应的数字学术资源集中安全保障引动

云计算具有明显的规模经营效应：IaaS 云服务组织中，云平台数据中心基础设施建设、平台构建和基础软件的研发，都具有初始固定投入高但复制成本低或者可共享的特点，因此云平台规模扩大时，其成本集中于服务器等硬件设施和人力资源上，其他部分的新增成本较小，因此 IaaS 云服务中，云平台规模扩张的边际收益是递增的；PaaS 云服务组织中，如果已经具备了计算中心，或者租赁 IaaS 云服务，则其主要成本是平台操作系统和基础开发环境研发费用，这些费用虽然较高，但其多寡与服务规模基本无关，且复用成本低，因此也具有初始固定投入高、边际投入低的特点；SaaS 云服务组织中，服务的技术实现是难度大、成本高的部分，且其成本、难度与初始规模基本无关，一旦服务形成，其规模扩充的主要成本是 IaaS 或 PaaS 云服务的硬件或租赁成本，因此也具有明显的规模经济特征。

受这一特点的影响，云计算发展中，随着竞争的加剧，具有规模优势的云服务商必将进一步扩大经营规模，而大量规模较小的云服务商则会被逐渐淘汰，最终形成少量云服务商占据绝大部分市场份额的格局。即便部分云服务商采取差异化竞争策略，专门发展某几项云服务或面向具体行业的云服务，其最终也将导致在细分领域内的云服务市场份额集中化。

当前产业格局下，学术信息资源服务主体应用云计算中，必然会出现同一个云平台聚集多个学术信息资源系统的情况。随着产业集中度增加，单个云平台上的学术信息资源系统的数量也将逐渐增加。由于服务集中在优势云平台之上，云服务商负责安全保障的部分必然呈集中保障趋势，国家数字学术信息资源安全保障的集中度也将随之提升。

2.4.2 大数据分布网络中数字学术资源集中安全保障面临的挑战

云环境下，大数据分布网络中数字学术信息资源存储与系统呈现出底层集中、上层分散的分布模式，这使得其更易于集中控制与管理，从而为云环境下国家数字学术信息资源安全保障的推进提供更加有利的条件。然而，数字学术信息资源的集中存储是一把双刃剑，在便于推进集中控制的同时，也容易积聚更大的安全风险，从而对安全保障带来新的挑战。

第一，大数据分布网络中数字学术信息资源集中存储，使得目标突出，容易更频繁地遭受强度更大的安全攻击。随着云计算产业的发展和国家数字学术信息资源服务中的云计算应用推进，国家数字学术信息资源将逐渐集中存储于少量云平台之上。基于此，对数字学术信息资源系统进行的攻击，除直接攻击软件系统外，还会通过攻击其底层云平台来实现。因此，与传统的分散存储模式相比，云环境下的潜在攻击目标数量相对缩减。在安全攻击力量不变的前提下，由于目标减少，数字学术信息资源系统承受的安全攻击频次将大大提高，单次攻击的强度也将增大。[①] 同时，集中存储模式下的国家数字学术信息资源系统的吸引力将大大增强，由此将吸引更多外部安全攻击者。显然，更高频率、更大强度的安全攻击，对云环境下国家数字学术资源的安全保障提出了新的挑战，既要求安全保障部署更加细致，使其全面涵盖各个可能出现安全问题的环节和部位，又要求安全保障措施更加有效，同时需要具备更强的防御能力，以抵抗有组织的恶意攻击。另外，还要求安全保障的动态性更强，能够及时发现正在发生的入侵行为，为定位、跟踪攻击者和实时防御提供支持。

第二，大数据分布网络中数字学术信息资源集中存储，一旦出现安全事故，更易于引发系统性风险。相对于分散存储模式，集中存储模式下一旦出现

---

① 刘国伟，黄少青，岳友宝，陈钊. 政务信息安全事件动机分析 [J]. 计算机安全，2014（8）：55-57.

安全问题就是全局性的安全事故，具有影响范围大、攻击影响程度深的特点，其攻击甚至可能导致学术资源信息服务的瘫痪，一旦资源出现数据损毁，其恢复较为困难。面对这一挑战，云环境下国家数字学术信息资源安全保障推进中，一方面需要加强底层云平台和云服务的安全性，降低全局性、系统性安全事故的发生概率，保障学术信息资源服务不出现全局性故障。另一方面，需要强调资源、备份和故障恢复，通过异地、实时、多份备份机制的实施，避免出现资源永久性损毁情况的发生，通过双机热备份策略保障学术信息资源服务的稳定性，避免出现大面积、长时间服务中断的情况出现。

第三，大数据分布网络中数字学术信息资源底层集中、上层分散的分布模式，使安全保障的集中推进面临挑战。数字学术信息资源机构的技术实力不同，制约着统一的安全保障部署，因而需要从整体上提高国家数字学术信息资源安全保障的水准。针对数字学术信息资源云服务采用的 IaaS 和 PaaS 模式，需要在底层的硬件系统和基础软件系统上进行统一的安全部署，在上层的软件系统中由服务机构按统一标准进行建设。其中，所存在的系统异构和安全需求异质问题，需要解决。面对这一挑战，云环境下数字学术信息资源安全保障推进中，一方面需要实现国家数字学术信息资源系统建设的标准化，尽量减少上层软件系统异构，以推进安全保障的统一部署。另一方面，需要推进面向数字学术信息资源机构的行业云服务标准化建设，以减少上层软件系统的异构，提升安全保障统一化水平。

2.4.3 云环境下国家数字学术信息资源一体化安全保障模式选择

云环境下安全保障的协同化意味着，数字学术信息资源的安全保障部署并非由云服务商或学术资源服务机构单独进行，而是由云服务商负责基础云服务部分的安全措施部署，数字学术信息资源服务机构负责上层软件系统的安全保障。这一背景下，既要求基础云服务和上层软件系统均具有良好的安全性，也要求二者之间的有效协同，以取得良好的整体安全保障效果。因此，在安全保障组织中，需要采用一体化安全保障模式，在宏观上将云服务应用与安全保障视为一个整体，在微观上将基于云平台的学术信息资源系统服务与安全保障视为一个整体，进行统一部署和统一实施。

为应对云环境下数字学术信息资源安全集中保障所面临的系统性风险，需要从安全管理上确立保障机制。第一，在国家数字学术信息资源云计算应用中，首先需要评估其安全性，在保障安全性的前提下同步推进服务。第二，云环境下，云平台已经成为数字学术信息资源的重要基础，必须从行业管理上加强安全监督，依照相关标准确定云平台的安全等级，加强安全监管力度，及时发现问题，进行系统完善。第三，建立健全学术信息资源系统灾备机制，从全局出发进行统筹安排，选择合适的云服务商或本地信息中心构建备份系统，以保障学术信息资源服务具备高可用性，由此降低其发生不可恢复的安全破坏概率。

微观层面上，安全保障措施的采用，除了需要云服务与学术信息资源软件系统的协同外，还需要系统功能模块的协同。基于此，为适应云环境下国家学术信息资源系统的架构环境，以及底层集中、上层分散的分布形态变革，在安全保障推进中，需要改变功能设计与安全部署分离的机制，而是进行一体化设计与实施。首先，以云平台为安全中心节点，推进底层云服务安全的统一保障；其次，基于云平台的学术信息资源系统安全保障，需要针对云平台与软件系统的状况进行安全保障设计，实现云平台与学术信息资源系统安全保障的协同；最后，将国家学术信息资源系统的服务功能与安全保障方案视为一个整体进行设计，以实现系统的全面安全保障。云环境下国家数字学术信息资源一体化安全保障模型如图 2-7 所示。

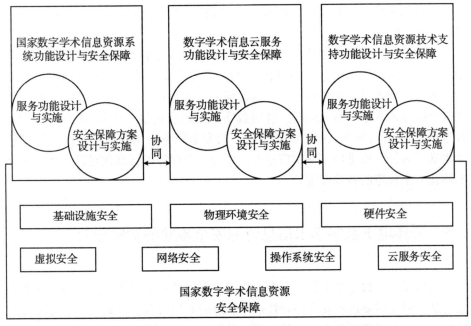

图 2-7 云环境下国家数字学术信息资源一体化安全保障模型

底层云服务安全的一体化保障。数字学术信息资源机构多应用 IaaS 和 PaaS 开展服务，受制于云计算的技术应用，底层云服务的安全必然由云平台进行保障，以此决定了一体化保障模式的采用。同时，由于云平台具有专门的安全保障支持和较高的安全保障技术水平，在规范的安全协议下，有助于国家学术信息资源系统底层安全水平的提升。

国家学术信息资源系统安全与底层服务安全保障的整体化实现。从安全角度看，数字学术信息资源系统与云平台并不是各自独立的，而是相互影响、不可分割的整体。基于此，在进行安全部署时，既需要考虑学术信息资源系统的安全需求与架构，也需要针对云平台服务的特点进行技术方案设计，不仅追求安全措施的有效性，而且需要关注与云平台的适应性，即以协同安全性最大化作为最终目标。

学术信息资源系统功能与安全保障的融合组织。不同的服务功能设计与实现方式会带来不同的系统脆弱性，从而影响安全保障的全面实施，因此需要将几方面统筹考虑，获得功能设计、实现与安全保障的协同。同时，为了不影响学术信息资源的价值发挥，需要将安全融入功能设计中，进行动态化实时控制。例如，对于涉及版权的文献资源，需要从利用范围、方式等方面进行同步控制，以保障资源的合规利用。此外，数字学术信息资源系统追求的是共享利用与安全保障的一体化实现，因此，只有将二者有机融合才能更好地开展服务。

为提升国家数字学术信息资源安全保障的一体化水平，可以从以下几个方面着手：在面向学术信息资源的 PaaS 行业云服务组织中，尽量全面覆盖各数字学术信息资源系统的共性需求，通过规范云服务在系统中的应用，提升一体化安全保障的水平；与此同时，针对数字学术信息资源系统的共性安全需求，推进基于 SaaS 的安全云服务，通过统一的安全服务应用提升安全保障的可靠性水准；另外，推进国家学术信息资源系统安全保障的标准化建设，从而确保整体化安全保障的有效实施。

2.5 云环境下数字学术信息资源安全威胁的适时应对

云环境下，数字学术信息资源面临的安全威胁趋于多样化，安全环境也更加复杂，因此需要进行安全保障技术与管理的有机融合，以确保能适时应对风险，避免安全事故的发生。总体来说，除了需要应用传统 IT 环境下的安全保护技术外，还需要关注云平台安全漏洞所引发的威胁、系统环境动态变化对安全保障的影响和云服务提供与利用中的安全风险应对。

2.5.1 云平台安全漏洞引发威胁的应对

鉴于学术信息资源系统在云环境下架构，因此云平台所存在的安全漏洞必然导致学术信息资源系统安全风险的存在。除传统 IT 系统可能存在的安全漏洞外，云平台因为相关技术应用的安全脆弱性，而存在新的安全漏洞，其中较为突出的是虚拟化技术应用引发的安全问题。

作为云计算的核心技术，虚拟化技术仍处于不断发展之中，其中的安全性需要不断完善。从技术应用上看，当前存在的主要安全问题包括：在虚拟机安全隔离中，基于软件技术实现的虚拟机隔离，仍然存在较高的隔离失效风险，从而导致可能被其他非授权租户访问；在虚拟机迁移过程中，迁移数据、模块和虚拟机的 Hypervisor 都可能遭受攻击，从而引发安全问题；① 虚拟机逃逸问题，即虚拟机上的运行程序可以绕开底层，利用宿主机攻击其他虚拟机；② 虚拟机跳跃（VM Hopping）问题，即恶意攻击者可以通过虚拟机获取同属于一个 Hypervisor 的其他虚拟机的权限，进而发起安全攻击；③ 基于 Rootkit 的安全攻击问题，虚拟机 Rootkit 能够方便获取管理员层级的网络或主机访问权限的收集工具，如果同时控制了 Hypervisor，则可能引发整个物理机的控制安全。④

从以上分析可知，虚拟机存在安全漏洞可能会在以下方面对国家数字学术信息资源产生安全威胁：第一，如果正在使用的虚拟机被攻击，国家数字学术信息资源系统将直接面临安全威胁；第二，由于虚拟机的动态分配机制，如果其被攻破且未被发现与修复，则后续任何使用该虚拟机的数字学术信息资源系统都会面临安全威胁；第三，如果云平台上大量的虚拟机出现安全问题，将导致可用计算资源的不足，进而导致学术信息资源系统的计算资源需求无法得到

---

① 陈怡丹，李陶深. 云计算环境下虚拟机动态迁移的安全问题分析［J］. 计算机技术与发展，2015（12）：114-117.

② Donno M D, Kavaja J, Dragoni N, et al. Cyber-Storms Come from Clouds：Security of Cloud Computing in the IoT Era［J］. Future Internet, 2019, 11（6）：1-30.

③ Rawashdeh A, Alkasassbeh M, Al-Hawawreh M. An Anomaly-based Approach for DDoS Attack Detection in Cloud Environment［J］. International Journal of Computer Applications in Technology, 2018, 57（4）：312-324.

④ Ajay K M A, Jaidhar. C D. Hypervisor and Virtual Machine Dependent Intrusion Detection and Prevention System for Virtualized Cloud Environment［C］// TAFGEN-2015. IEEE, 2015：28-33.

满足，从而影响服务的可用性；第四，同一个物理机共用一个 Hypervisor，当一个虚拟机被攻破，容易导致其他虚拟机受感染，进而使得学术信息资源系统安全受到影响。虚拟机安全漏洞引发的安全威胁如图 2-8 所示。

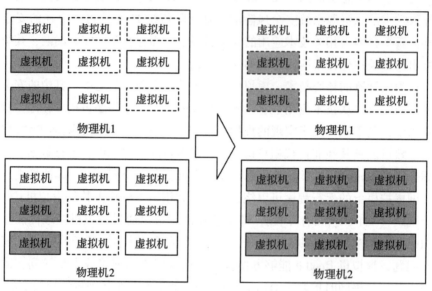

图 2-8　虚拟机安全漏洞引发的学术信息资源系统安全威胁

图 2-8 直观地反映了安全威胁的影响，其中灰色标识表示被入侵的虚拟机，虚线框表示正在使用中的虚拟机，实线框表示其他虚拟机。对于云平台的安全漏洞，学术信息资源机构无法直接修复和防御，需要依靠云服务商进行防护，因此其应对措施部署也需要从安全保障着手，其中的关键有以下三个方面。其一，在云服务商中挑选通过可信认证的云服务商，降低云平台安全性不足带来的安全风险；同时做好安全监督工作，督促其进行安全防范和漏洞修复。其二，在明晰云平台安全脆弱性的基础上，进行信息资源服务平台安全保障的规范，部署相应的安全措施，以保障云平台在遭受攻击的情况下，信息资源系统的稳健运行，避免资源不可恢复的系统性破坏发生。其三，建立完善的灾备机制，进行保障系统运行的备份，以保障云平台发生故障时，学术信息资源系统服务不会中断；同时为避免数字学术信息资源出现不可恢复的损坏，还需要建立基于长期保存的数据备份机制。

2.5.2 系统环境动态变化引发安全威胁的应对

外界可访问的接口数量及环境的可信程度，都会对信息资源系统的安全产生直接影响。云环境下，学术信息系统的硬件设备部署在本地机构，且拥有安全可信的局域网环境，在系统内或系统间基于局域网的数据交互不会面临外部安全威胁。然而，在与互联网环境之间通过接口的连通中，其边界安全保护的风险却难以避免。受云环境下多租户资源共享、泛在接入等技术环境的影响，学术信息资源系统通过难以确定为可信的网络进行连接时，处于完全暴露于外界的状态，而且云平台上其他客户也并非完全可信，因此必须面对不可信的局域网风险。

互联网访问是云平台的一个基本特征，云环境下国家学术信息资源系统可以直接通过互联网进行访问，故而处于动态变化的、不完全可信的互联网环境之中，这种暴露方式使其面临的安全风险大大增加。除此之外，学术信息资源服务主体与信息系统的通信数据需要通过互联网传输，这本身也可能被监听、篡改或截获，进而对国家学术信息资源系统发起攻击，导致其安全风险进一步加大。

同时，尽管国家学术信息资源系统内部之间的部分交互可以在云平台环境中完成，但环境本身并非完全可信。除国家学术信息资源服务主体外，互联网环境中的主体还包括云服务商和其他云服务租户。由于同处于一个局域网之内，这两类主体都有能力和便利条件发起安全攻击，从而破坏数字学术信息资源安全。在主观动机上，虽然云服务商作为一个整体不会去恶意攻击学术信息资源系统，但其内部也可能存在恶意或违规操作，从而形成安全威胁；云平台上的众多租户中，难免存在一些不良租户，他们也可能会有意或无意对学术信息资源系统发起安全攻击。

为应对云环境下不可信的动态系统环境，国家数字学术信息资源服务主体需要在云服务商的支持下做好安全应对。其一，尽量减少学术信息资源系统设置的通信接口，从而减少可能被安全攻击的脆弱位置，强化安全部署和保障力度。其二，在国家学术信息资源服务主体与云平台的交互中，需要云服务商采取数据加密、SSL、VPN 等安全技术对通信传输数据加以保护，避免在传输环境中出现问题。其三，对存储于云平台之上的保密性要求较高的数据，需要采用可计算加密技术进行加密处理，以防止云服务商越权访问或者系统被攻击时对数据保密性造成破坏。

2.5.3　云服务提供与利用中的安全威胁应对

随着云服务应用的迅速发展，对于所出现的一些新的安全威胁，如不妥善处理，可能会引发严重的安全事故。其一，云环境下，云服务商作为学术信息资源安全保障的责任主体之一，往往会因非规操作而引发新的安全风险，而且由于其直接控制数字学术信息资源深度参与安全保障，因而对安全保障有着关键影响。其二，云服务的普及利用，在为数字学术资源管理带来便利的同时，也为安全攻击者提供了新的攻击手段和更强的攻击能力，其可能利用云计算的安全漏洞发起新型攻击，形成云服务滥用的安全隐患。

（1）云服务商引发安全威胁及应对

出于商业经营考虑，云服务商希望向学术信息资源服务主体提供安全可信的云服务，但是其可能因为操作疏忽或能力不足而引发安全问题，也可能因为违规行为的存在而遭受安全攻击，还可能出于商业利益考虑，不愿主动提升其与其他云服务商的互操作安全性，以至于数字学术信息资源面临来自云服务商的安全风险。对于云服务商引发的安全威胁，学术信息资源机构需要从多个方面进行应对。

对于云服务商管理不完善引发的安全威胁及应对。云环境下，人员仍然是系统脆弱性和安全威胁的来源。作为协同安全保障主体之一，云服务商负责云平台基础设施和服务安全保障，且具备直接访问学术信息资源系统数据的能力。因此，云服务商内部工作人员的疏忽、能力不足或管理失位都可能导致学术信息资源的安全出现问题，这是云服务商管理不完善容易引发的第一类安全威胁。另外一类管理引发的安全威胁，是云服务商恶意内部人员的威胁。运行在云平台上的学术信息资源系统云服务，处于云服务商的直接控制之下，其所拥有的学术信息资源及运行过程中生成、获取的数据都能被云服务商访问、利用和操控。因此，恶意内部人员易于利用其身份优势，进行直接访问，篡改学术信息资源，致使其完整性和保密性遭到破坏。当退出云服务时，为保障安全，包括备份数据、系统运行生成的数据在内的学术信息资源及相关数据理应被删除。但由于硬件设备归云服务商掌控，学术信息资源服务主体无权对存储设备进行处理，而且验证云服务商实施彻底删除操作的标准、工具处于缺位状态，这就可能导致数据并未随着服务的退出而删除，从而使得学术信息资源及相关数据的保密性遭到威胁。此外，学术信息资源系统使用云服务的各项信息可以被云服务商获取，包括通信流量、用户分布、计算资源消耗等，如果云服务商进而泄露学术信息资源服务主体的相关信息，将导致隐私安全受到威胁。

为应对这些威胁，需要从做好云服务商安全监督与健全学术信息资源系统安全防御体系两个方面着手。一方面，需要基于 SLA（服务等级协议）对云服务商提供的服务质量及未达要求的处理措施进行约定，通过市场化手段激励云服务商做好安全保障管理工作；同时还需要将发现的潜在安全威胁，及时反馈给云服务商，并督促其进行处置。另一方面，需要健全学术信息资源系统安全防御体系，使其能够自动记录与分析云服务商操作人员对系统的访问，对异常操作行为向学术信息资源服务主体与云服务商进行预警；同时针对云服务商内部工作人员的常见疏忽与可能发起的攻击手段，进行安全保障监督，以提高对云服务商安全风险的防御能力。

云服务商锁定威胁及应对。由于云服务组织与互操作的标准规范不健全，云平台的技术实现方案各异，致使客户数据和应用程序的平台间迁移、平台向本地数据中心的迁移受限严重。此外，为维护自己的商业利益，云服务商也不愿主动向客户提供数据和应用程序迁移支持工具。受此影响，一旦选择了云服务商，学术信息资源服务主体对其依赖可能日渐加剧，以致于既难以更换新的云服务商，也难以重回本地数据中心的实现模式，从而被锁定在特定的云平台之上。

为应对这一威胁，需要在云服务选择时将互操作性和数据可迁移性考虑进去，从源头上降低该风险发生的概率。如果云服务部署中无法兼顾互操作性和数据可迁移性，则需要按云服务商的开发规范进行备份技术的利用，以同步备份部署于云服务之上的数字学术信息资源，从而保障其可迁移性。

（2）云服务滥用引发安全威胁的应对

云服务海量计算资源供给、快速伸缩、动态配置、按量计费等优势是一把双刃剑，既有助于改善合规客户的使用体验，也给恶意攻击者带来了诸多便利，由此将引发秘密信息挖掘、EDoS 攻击和基于云计算资源的云服务滥用。为应对这些威胁，除国家学术信息资源服务主体主导和监督外，也离不开安全监管部门的监督和云服务商的协同。

对涉及国家秘密的安全威胁应对中，依照合规出版要求，公开出版的学术信息资源不会直接泄露国家秘密，但在学术交流中却有可能涉及关系国防、国家安全等方面的信息。此前，这些信息基本可以在系统内进行控制，但云计算智能和大数据技术的发展，使得充足的计算资源供给和挖掘技术的提升成为现实，这就为恶意行为者利用公开交流的海量学术信息资源挖掘威胁我国国家安全的涉密信息提供了便利，从而有可能导致被动泄密事故的发生。

为应对这一威胁，学术信息资源服务主体需要慎重开展相关服务。对于资源获取服务，需要审核用户资格，慎重开放全学科、全领域学术信息资源获取服务，同时进行恶意用户行为的监管。对于学术信息资源服务主体提供的学术信息资源挖掘服务，需要慎重开放全量数据挖掘，如需提供海量资源的挖掘服务，则在将挖掘结果返回给用户之前进行内容安全性检测，确认不会泄露国家机密后再提供给用户。

对于 EDoS 攻击威胁的应对，在于锁定利用云服务攻击者，按快速伸缩和服务可计量的特征进行识别，恶意攻击者发起的 EDoS 攻击（Economic Denial of Sustainability），往往通过短时间内发起大量服务请求的方式进行，以迫使学术信息资源系统快速增加虚拟机租赁，导致租赁金额超出账户资金承受的范围，进而致使服务瘫痪。这一攻击的示意图，如图 2-9 所示。如果某一个学术信息资源系统开始只使用了少量虚拟机，而攻击者可以通过控制多个虚拟机，向系统发送大量的服务请求，尤其是海量数据挖掘、批量数量处理和超载的服务请求。在这一情景下，为应对服务压力，学术信息资源系统只能不断扩充虚拟机的数量，随着时间的推移和虚拟机的增加，云平台从学术信息资源服务机构资金账户中扣除的费用会越来越多，最终将导致账户资金难以为继，服务只能中断。

图 2-9 中的虚线框中的虚拟机表示信息资源机构所使用的受攻击虚拟机，图中显示了攻击的引发及后果。为应对这一攻击威胁，需要多种防御策略的协同。其中：利用数据挖掘技术分析来访的流量是正常流量还是来自恶意攻击者，从而降低恶意攻击流量的规模；采取控制措施避免系统租用的虚拟机规模无序增长，包括限制系统租用的虚拟机规模上限及因单个用户访问而新增的虚拟机租用上限；建立预警机制，当虚拟机新增过快或者系统租用的虚拟机总体规模过大时，向学术信息资源服务主体发起预警，由安全人员进行实时分析与应对。

在基于云计算资源的安全攻击威胁的应对中，应注意计算资源的规模与安全攻击强度和效果之间的关联关系。云环境下租赁计算资源的成本较低，这就给恶意攻击者带来了诸多便利：一是能发起更强的破译密码攻击，在资金有限的状况下，通过租赁云平台的计算资源，恶意攻击者可以大幅提升其计算能力，从而大大提高破译密码的效率和可能性；二是对于发起更强的攻击，通过租赁云平台的虚拟机，恶意攻击者可以在单位时间内发起更多的服务请求，大大提升攻击能力；三是作为攻击跳板以逃避追责，通过租赁多台虚拟机，可以

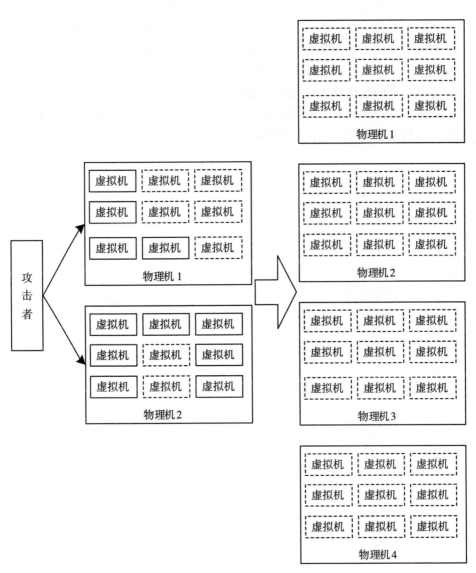

图 2-9 云环境下国家学术信息资源系统遭受 EDoS 攻击示意图

轻易增加跳板层数,从而加大被追踪的难度,降低恶意攻击被发现的概率;四是通过恶意占用资源发起攻击,受物理机的限制,云服务商拥有的计算资源毕竟有限,如果被恶意攻击者占用,就有可能导致无资源可用的困境,进而导致系统无法正常运行。这几类滥用云服务的安全攻击可能发生在任何一个利用云服务的信息系统之中，因此也会对国家学术信息资源系统安全造成威胁。

为应对此类安全威胁，需要进行多方协同治理。国家安全监管部门需要加强网络环境安全治理，严厉打击恶意利用云服务进行安全攻击的行为；云服务商应配合国家安全监管部门开展其平台范围内的网络环境安全治理，包括进行全平台视域下的恶意攻击行为识别与对抗、全平台网络安全态势感知与预警等；学术信息资源服务主体则需要针对这些威胁进行安全保障部署，做好灾备工作，利用技术手段提高安全保障能力。

3 云环境下国家数字学术信息资源
安全保障机制及其演化

基于大数据网络的云服务环境形成，从多个方面对国家数字学术信息资源安全及其保障实施产生影响。同时，尽管学术信息与商务信息、政务信息、公共活动信息等具有一定的共性，在安全措施部署上可以相互借鉴，但由于学术信息资源的共享性和学术研究的开放性，其在安全保障需求上具有自己的特点和要求。出于以上两方面考虑，需要围绕云环境下国家数字学术资源信息安全保障展开专门研究，形成相应的安全保障机制。

3.1 云环境要素及其对国家数字学术信息资源安全保障的影响

云环境的构成要素复杂，部分要素对安全及保障影响较弱，因此需要厘清影响国家数字学术信息资源安全的要素并分析其交互作用机理，为安全保障机制的研究确立基础。

3.1.1 云环境要素与数字学术信息资源安全的关联

数字学术信息资源安全的直接影响要素包括脆弱性、安全威胁和保障措施三类，其根本决定因素是物理环境、外部恶意攻击、安全保障主体和安全保障对象。① 从作用机制上看，这些方面的因素共同构成了云环境下国家数字学术信息资源安全的影响要素，其中要素之间的关联关系如图 3-1 所示。

如图 3-1 所示，国家学术信息资源服务主体和云服务商共同构成了安全保

① 国家信息中心，等 . GB/T 20984—2007. 信息安全技术 信息安全风险评估规范 [S]. 北京：中国标准出版社，2007.

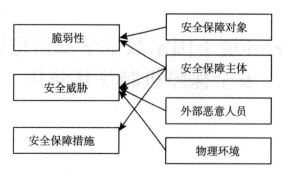

图 3-1　国家数字学术信息资源安全要素及关联关系

障的主体，其既是安全保障的部署者，也是脆弱性和安全威胁的来源。在基于安全链的服务中，安全保障对象受其安全需求和自身基本属性的影响，必然表现出不同程度的脆弱性。从这些基本要素关系出发，可以将安全保障对象和脆弱性作为关联要素进行分析，将物理环境和外部恶意攻击与安全威胁进行归并。

　　云环境下国家数字学术信息资源安全保障中，信息资源的安全利用是安全保障的根本目的，因此云环境下国家数字学术信息资源安全保障除了关注数字学术资源外，还需要关注学术信息资源系统及用户的安全。云环境下国家数字学术信息资源安全保障对象，学术信息资源安全、学术信息服务安全、学术信息资源系统安全、用户隐私信息安全和云平台安全处于核心位置，图 3-2 显示了相关过程的安全问题。

　　脆弱性是由安全保障对象的特点及安全需求决定的，分析安全保障对象的脆弱性必然涉及其安全需求。数字学术信息资源安全保障目标在于保证学术信息资源服务的正常开展，为开展科学研究提供安全的信息保障，有效应对国家安全、公共安全威胁。具体而言，拟将安全需求归纳为保密性、完整性、可用性三个方面。① 参考《信息安全技术 信息安全风险评估规范（GB/T 20984—2007）》中安全等级的划分（见表 3-1），学术信息资源及关联安全保障对象的安全需求可进行等级划分与描述。②

----

① Technical Committee ISO/IEC JTC1 Subcommittee SC 27, Security Techniques. ISO/IEC 27002-2013. Information Technology-Security Techniques-Code of Practice for Information Security Controls [S]. Geneva：International Organization for Standardization, 2013.

② 国家信息中心，等 . GB/T 20984—2007. 信息安全技术 信息安全风险评估规范 [S].北京：中国标准出版社，2007.

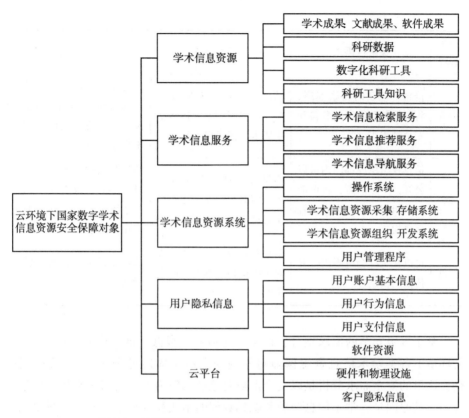

图 3-2 云环境下国家数字学术信息资源安全保障对象

表 3-1　　　　　　　　　　　　**信息安全需求等级划分**

安全等级	保密性需求	完整性需求	可用性需求
很高	信息中包含的秘密泄露，将可能导致组织遭受毁灭性打击	信息被篡改、破坏或丢失，将对组织的业务产生非常严重的冲击，可能导致重要的业务出现中断，且难以恢复	信息系统不能出现中断，或者要求信息及系统不可用的年度时间占比不高于0.1%
高	信息中包含的秘密泄露，将可能导致组织的利益和安全被严重损害	信息被篡改、破坏或丢失，将对组织的业务产生严重冲击，且难以恢复	信息系统中断时长不能超过10分钟，或者要求信息及系统每天不可用的时间占比均不高于10%

续表

安全等级	保密性需求	完整性需求	可用性需求
中等	信息中包含的秘密泄露，将可能导致组织的利益和安全被损害	信息被篡改、破坏或丢失，将对组织业务运转产生影响，但可以弥补	信息系统中断时长不能超过30分钟，或者要求信息及系统不可用的时间占比不高于30%
低	信息在组织或部门内可以公开，一旦泄露，将可能导致组织的利益和安全轻微受损	信息被篡改、破坏或丢失，将对组织业务运转产生轻微影响，但容易弥补	信息系统中断时长不能超过1小时，或者要求信息及系统可正常运转的时间占比不低于25%
很低	可以在全社会范围内公开传播的信息	信息被篡改、破坏或丢失对组织运转基本不会产生影响	信息及系统可正常运转的时间占比不高于25%

  基于等级安全的需求划分，以 1-5 分别表示很低、低、中等、高和很高，云环境下各类学术信息资源保障对象的安全需求描述见表 3-2。需要说明的是，这里的安全需求分析是以安全保障对象遭到较为严重的安全破坏为场景进行的。其原因是，学术信息资源和隐私数据的组成粒度很细，而且组成单元间彼此独立，如文献信息资源的基本单元是一篇文献，一个单元出现安全问题的实际影响一般较小。但实际上，一旦出现安全事故，常常是大量单元受损，其后果的严重性往往同时受安全保障对象类型和安全需求的影响，呈现出从轻微到非常严重的不同状态。因此，为了更准确地描述安全需求，应以各类安全保障所出现的事故及安全影响为前提。

表 3-2   云环境下数字学术信息资源保障中的安全需求

安全保障对象		机密性需求	完整性需求	可用性需求
学术信息资源	学术成果	1-3	5	3-5
	科研数据	1-3	5	3-5
	数字化科研工具	1-2	5	3-5
	科研工具知识	1-2	2	1-4

续表

安全保障对象		机密性需求	完整性需求	可用性需求
学术信息服务		1-2	5	3-5
学术资源系统		3	5	5
云平台	软件	5	5	5
	硬件和物理设施	5	5	5
	云存储隐私信息	5	5	5
用户隐私信息		2-4	4	4-5

从表 3-2 可知，数字学术信息资源安全保障对象的安全需求具有以下特点：其一，整体上呈高完整性和可用性、低机密性需求的特征，这是由学术信息资源的共享性和科学研究的开放性决定的；从这一特征出发，在安全保障中应关注数字学术信息资源的完整性和可用性。其二，各方面的安全需求呈区间形态分布，这是由学术信息资源机构的服务内容及学术信息资源特点决定的。

在安全需求分析中，郑德俊、马晓婷等对 35 个 CALIS 成员机构的信息安全事故进行了调查。[1][2] 参考调查结果，根据《云计算服务信息安全管理指南（ISO/IEC 27017—2013）》（草案）和《CSA 云计算关键领域的安全指南》的安全要求，我们选择对武汉大学图书馆等 CALIS 集中地区成员馆的信息安全保障进行调查。[3][4] 通过调查结果的归纳，将云环境下数字学术信息资源及相关安全保障对象的脆弱性分为管理、物理和环境、软件、网络四个方面，见表

---

① 郑德俊，任妮，熊健，等. 我国数字图书馆信息安全管理现状 [J]. 现代图书情报技术，2010（Z1）：27-32.

② 马晓亭. 大数据环境下图书馆敏感数据的识别与保护 [J]. 图书馆论坛，2017，37（4）：129-136.

③ Technical Committee ISO/IEC JTC1 Subcommittee SC 27, Security techniques. ISO/IEC 27017-2013. Information technology -Security Techniques-Code of Practice for Information Security Controls for Cloud Computing Services Based on ISO/IEC 27002（Draft）[S]. Geneva：International Organization for Standardization, 2013.

④ Brunette G, Mogull R. Security Guidance for Critical Areas of Focus in Cloud Computing [EB/OL].［2019-10-15］. https：//downloads. cloudsecurityalliance. org/assets/research/security-guidance/csaguide. v3. 0. pdf.

3-3。

表 3-3　　　　　　　　云环境下数字学术信息资源安全保障脆弱性

脆弱性类型	典 型 表 现
管理方面	学术信息资源服务主体或云服务商的安全保障团队技术能力欠缺，安全管理制度不完善或执行力度不够，员工安全意识有欠缺；两者安全协作欠顺畅
物理和环境方面	云服务商的数据中心地质和气象灾害防护能力不足，水、火、潮湿等灾害防护能力不足，温度控制不当，通信线缆保护能力不足，物理访问控制不力，硬件设备的选购和维护不当等
软件方面	云服务及学术信息资源系统存在漏洞，数据删除不彻底，操作界面复杂，软件变更管理能力不足，参数配置不当，权限管理不健全，安全审计不到位等
网络方面	云服务及学术信息资源系统在 API 接口、数据传输、网络访问控制、用户认证策略、系统边界等方面的安全防护能力不足等

云环境下，存在传统 IT 模式下的安全威胁的同时，数字学术信息资源还面临着云计算采用的新的安全困扰。①②③ 通过调查基础上的系统分析，云环境下数字学术资源的安全威胁可以归纳为软硬件故障、物理环境影响、无作为或操作失误、管理不到位、越权或滥用、泄密、篡改、恶意代码、网络攻击、物理攻击等表现形式，如图 3-3 所示。

如图 3-3 所示，虚拟隔离失效、数据主权威胁、经济性拒绝服务攻击（EDoS）、数据残留、API 接口威胁、云服务商锁定、安全责任不清、云服务

---

　　① 朱光，丰米宁，张薇薇. 激励机制下图书馆信息安全管理的投入意愿研究——基于演化博弈的视角 [J]. 数据分析与知识发现，2018，2（6）：13-24.

　　② 陈臣. 大数据环境下数字图书馆安全威胁与对策研究 [J]. 图书馆工作与研究，2014（11）：34-38.

　　③ Brunette G，Mogull R. Security Guidance for Critical Areas of Focus in Cloud Computing [EB/OL].［2019-03-15］. https：//downloads. cloudsecurityalliance. org/assets/research/security-guidance/csaguide. v3. 0. pdf.

商管理不到位等是云计算应用引发的新威胁。①②③ 应对中，需要结合针对数字学术信息资源及相关安全保障主体的特点进行安全保障部署。

安全保障措施也是信息安全的必要应对措施，涵盖了安全保障主体为应对安全威胁和安全脆弱性而采用的各类技术和管控手段。④ 尽管云环境所需要的具体技术手段有所变化，但仍遵循了这一基本原则，如图3-4所示。相对于传统 IT 环境，云环境下的信息安全技术有其独特性。受存用分离技术机制的影响，核心基础安全技术上更加侧重可检索加密技术的应用。⑤ 为适应云平台的多租户共享，根据计算资源虚拟化的特点，基础设施安全技术的利用应面向云平台安全保障进行。⑥ 其中的安全技术包括密文检索技术、虚拟化安全技术、海量数据完整性验证技术等。⑦ 另外，安全技术的应用上注重针对云计算的特点进行新技术部署。⑧ 在部署中，DDoS 防护技术、面向云环境的安全审计技术等处于关键位置。

云环境下数字学术信息资源安全保障技术体系框架中，大部分安全管理技术的应用不但受技术本身和资源特点的影响，还需要安全管理支撑，以权限与访问控制为例，只有明确了权限分配方案，才能利用技术手段加以实现和控制；又如在安全误操作威胁的应对上，除了需要容错技术发挥作用外，还需要

_____

① Azab M, Eltoweissy M. MIGRATE：Towards a Lightweight Moving-Target Defense Against Cloud Side-Channels［C］// 2016 IEEE Security and Privacy Workshops（SPW）. IEEE，2016：96-103.

② 程慧平，金玲，程玉清. 云服务安全风险研究综述［J］. 情报杂志，2018，37（4）：128-134，200.

③ Dong S, Jain R, Abbas K. A Survey on Distributed Denial of Service（DDoS）Attacks in SDN and Cloud Computing Environments［J］. IEEE Access，2019.

④ 冯登国，赵险锋. 信息安全技术概论（第2版）［M］. 北京：电子工业出版社，2014：7-11.

⑤ Brakerski Z, Vaikuntanathan V. Efficient Fully Homomorphic Encryption from（Standard）LWE［J］. SIAM Journal on Computing，2014，43（2）：831-871.

⑥ 王于丁，杨家海，徐聪，凌晓，杨洋. 云计算访问控制技术研究综述. 软件学报，2015，26（5）：1129-1150.

⑦ Hussein R K, Alenezi A, Atlam H F, et al. Toward Confirming a Framework for Securing the Virtual Machine Image in Cloud Computing［J］. Advances in Science, Technology and Engineering Systems，2017，2（4）：44-50.

⑧ Yang S, Wang L, Ge L, et al. Virtual Machine Security Monitoring Method Based on Physical Memory Analysis［M］//Wireless Communications, Networking and Applications. Springer India，2016：1137-1148.

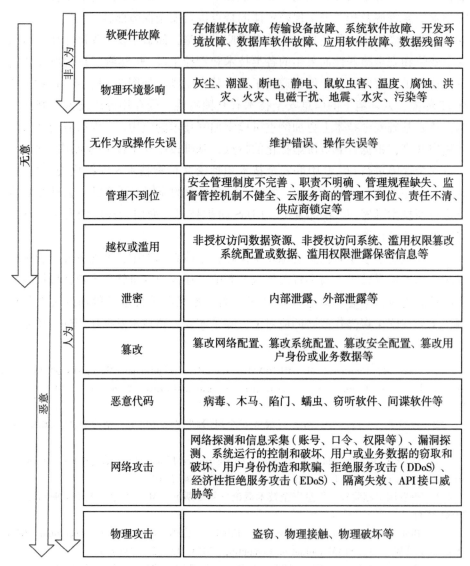

图 3-3 云环境下数字学术信息资源安全威胁类型

通过交互操作规范的贯彻等措施进行同步保障。同时，对于安全管理问题，人员的全程化安全管理，包括背景调查、安全协议签署、安全培训及安全制度施行等，需要云服务商的协同。另外还应进行学术信息资源服务主体与云服务商的安全责任划分、沟通、协调与响应配合。所有这些方面，都需要全面管理机

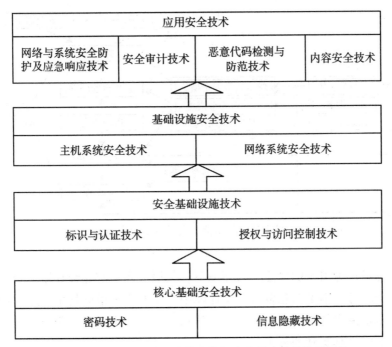

图 3-4 云环境下数字学术信息资源安全保障技术体系框架

制作保证。

3.1.2 国家数字学术信息资源安全要素的交互作用

云环境下影响数字学术信息资源安全的要素中，脆弱性、安全威胁和安全措施属于直接关联要素，安全保障对象、安全保障主体、外部恶意人员和物理环境要素通过这三类要素影响数字学术资源安全，其交互关系如图 3-5 所示。

①安全保障主体与直接关联的因素具有直接的交互作用关系，其既是脆弱性和安全威胁的来源之一，也是安全措施实施的直接反应。学术信息资源机构和云服务商都可能是数字学术资源脆弱性的来源，既包括其人员安全意识不强、安全制度制定不完善与执行不力、安全团队技术能力欠缺等自身的不足，也包括两者协同机制不健全，导致安全事件处理不科学、安全保障覆盖不全面等。作为安全威胁的来源，既包括由于操作失误、管理不到位、不作为等非主观恶意行为引发的风险，也包括个别违规人员越权、滥用权限、

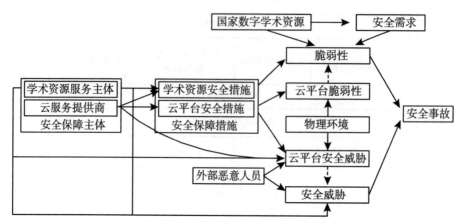

图 3-5 云环境下数字学术信息资源安全要素间的交互作用

泄密及恶意行为引发的风险。云环境下，云服务商拥有超级权限，也是一个大的安全隐患。学术信息资源安全保障中，所有安全措施均由安全保障主体部署。需要说明的是，云环境下学术信息资源服务主体与云服务商在安全措施部署上应具有明确的分工。

②安全保障对象与直接安全要素之间所具有的关联性，是引发脆弱性的重要因素；与此同时，安全威胁和安全措施的施受对象，也反作用于安全部署。脆弱性在安全保障中客观存在，并不存在没有脆弱性的安全保障对象，而脆弱性的表现与安全对象及安全需求密切相关。安全保障措施的部署需要综合考虑安全威胁、安全需求和安全保障对象的特点，因此数字学术信息资源安全措施既包括通用性的技术措施，也包括专门性的安全技术措施。以图片数字水印技术为例，由于技术保障的专门性需要有专门机构负责。

③外部恶意攻击无疑直接引发学术信息资源主体、系统及服务安全，是导致安全事故的直接关联因素。作为典型的安全威胁，其既可能是个体威胁也可能是群体威胁。其攻击学术信息资源系统的动机可能是多方面的，既可能受经济利益的驱动，也可能是炫耀能力，甚至猎奇等非恶意动机。在学术信息资源安全保障中，应注重外部攻击的识别、引发机制的分析和锁定，同时对关联影响进行应对。

④物理环境与脆弱性和安全威胁因素具有关联性，其既可能是学术信息资源系统的脆弱性所在，也可能是安全威胁的一个来源。与传统 IT 环境不同，云环境下的物理影响一般通过云平台产生作用。一方面，物理环境的安全风险

引发了云平台的脆弱性或安全威胁；另一方面，脆弱性与安全威胁可能进一步导致学术信息资源系统出现安全事故，引起脆弱性或安全威胁的扩展。

⑤直接安全要素交互作用的结果决定了安全风险的发生，从交互结果出发，可以分析安全事故的发生与规避机制。在数字学术资源信息安全事故发生过程中，安全攻击往往针对数字学术信息资源的脆弱环节进行，以绕过或突破安全防御，导致数字学术信息资源的完整性、可用性或机密性遭到破坏。在这一情景下，学术信息资源安全事故规避在于，将安全防御部署在脆弱环节之中，或者利用安全防御技术手段应对安全威胁，实现成功的安全防御。

从安全要素间的交互作用出发，数字学术信息资源安全保障的实施可以将脆弱性和安全威胁作为切入点，同时在实施中追溯引发安全事故的根源，从而设计更有针对性的安全保障方案。在保障时机把握中，可以在攻击发生前部署好安全防御，减少系统脆弱性或增大攻击难度；也可以在攻击过程中进行动态实时防护，避免安全防线的突破；此外，还需要考虑安全防御被突破情况下，如何保障学术信息资源不出现系统性的、不可逆的损坏。在保障手段上，应采取防御为主、对抗为辅的策略。对于已知的安全威胁和脆弱性，一般需要及时进行防御部署，以获得更好的保障效果；对于安全防御方案的制订，可以根据其发生概率和后果决定实时监控、动态防御方案。

3.1.3 安全要素交互作用下学术信息资源的整体安全保障

云环境下学术信息资源安全与否，是多个直接和间接安全要素交互作用的结果，任何一个要素或作用环节出现问题，都可能导致安全事故的发生。基于此，云环境下国家数字学术信息资源安全保障应采用整体安全保障方式，综合应用安全管理与技术手段，使安全保障部署全面覆盖物理环境、云平台基础设施、云服务提供、学术资源系统、学术信息资源、学术信息资源机构成员等引发脆弱性的所有环节之中。按覆盖的环节，云环境下数字学术信息资源安全保障整体构架如图 3-6 所示。

由图 3-6 可以看到，云服务商需要采用管理与技术手段保障云平台基础设施与云服务的安全。受云计算技术发展的影响，云平台基础安全与云服务的安全需要云服务商直接负责保障。其中，云平台基础安全包括物理环境安全、硬件基础设施安全、云平台的区域边界安全、网络安全、多租户虚拟边界安全、计算资源调度安全、虚拟机安全等；云服务安全的保障内容则与其提供的具体服务息息相关，需要确定其安全保障范围。总体上，IaaS 服务中保障范围较

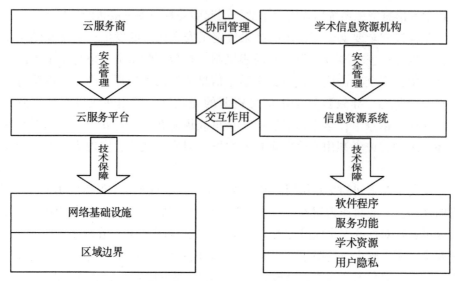

图 3-6 云环境下数字学术信息资源安全整体保障

小，PaaS 服务居中，SaaS 服务范围最大。在云平台基础设施与云服务安全保障中，一个重要方面就是服务的可持续性，即不会因为各种因素导致云平台或云服务的关停中断或终止。在安全保障手段上，与传统信息系统相比，需要综合采用技术与管理手段进行保障部署。

数字学术信息资源服务机构需要综合采用管理与技术手段保障基于云平台的学术信息资源系统与服务安全。由于学术资源系统由国家数字学术信息资源服务机构建设，其软件系统及资源的安全由其直接进行保障，安全保障范围包括系统代码、服务功能、数字学术信息资源、用户隐私信息等。其中，系统代码与服务功能侧重于完整性与可用性的保障，数字学术信息资源与用户隐私信息注重完整性、可用性与保密性。需要指出的是，在技术与管理手段的运用中，应充分结合云计算的特点，选择可以保障系统与数据安全的工具。

数字学术信息资源服务机构还需要通过管理手段保障云平台基础设施与云服务的安全。尽管国家数字学术信息资源服务机构无法直接干预云服务的安全保障实施，但需要通过管理手段施以监督，协同保障云服务的安全，进而保障学术资源的安全。首先，需要对学术信息资源进行鉴别，只对安全风险可以承受的资源采用云服务，以确保总体上的安全风险可控；其次，在云服务选择上，充分考虑其安全性，选择安全可信云服务商，降低安全风险；再次，采用本地备份或者不同云服务商构建备份系统，降低系统性安全风险的发生概率；最后，需要通过 SLA 服务等级协议等手段协同做好安全保障工作，进行有效的安全监督。

3.2　国家数字学术信息资源全程化安全保障的组织机制

从云环境下国家数字学术信息资源安全要素及作用分析中可知，首先，云平台是影响安全的重要因素，因此数字学术信息资源是否应用云计算及云平台的选择是安全保障首先要解决的问题。其次，一旦选定了云平台，在进行云计算部署时，需要实现安全措施与学术信息资源存储、开发利用流程的全覆盖，确保不存在安全盲区。这一客观现实，决定了云环境下国家数字学术信息资源全程化安全保障机制的形成。此外，在安全保障部署中，需要采用深度防御策略进行多层次、立体化安全防御部署，以提高整体安全性。

3.2.1　基于等级保护的国家数字学术信息资源安全控制机制

等级保护制度是我国信息安全保障中的一项基本制度，其核心是对信息安全进行适度保护。这一基本方略在云环境下具有普遍适用性，因此云环境下国家数字学术信息资源安全保障中，需要进行基于等级保护的安全控制。

不同安全等级下的数字学术信息资源需要实施差异化的安全保障。按照《信息安全等级保护管理办法》中信息系统安全等级划分规则，可以确定国家学术信息资源系统的安全等级，进而规划和构建响应的安全体系。其一，类似于传统 IT 技术环境，云环境下学术信息资源系统同样需要综合采用管理和技术手段进行安全保障，因此在安全保障规划中就需要注重两种手段的全面运用与协调。其二，信息安全威胁和脆弱性在传统 IT 环境下就已经存在，已被《信息系统安全等级保护基本要求》所涵盖，对此需要按照国家标准的要求进行进一步的安全保障部署。其三，对于云环境下的新威胁和脆弱性，需要选择合适的防御措施进行部署，部署时应符合安全标准的基本要求。

安全等级不同的数字学术信息资源，需要采用不同的云服务部署模式。公有云、私有云和混合云是三种主要的云服务部署模式，基于此，按国家数字学术信息资源服务主体采用的不同云服务部署模式，应进行基于安全要求与资源特点的总体安排。在混合部署模式下，其结构如图 3-7 所示。

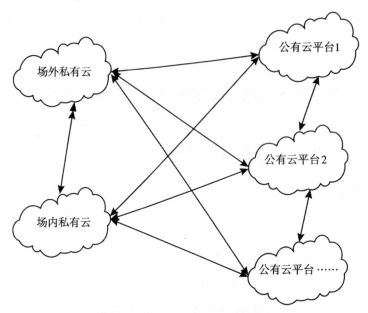

图 3-7　国家数字学术信息资源混合云部署示意图

　　值得指出的是，目前尚缺乏针对国家数字学术信息资源的安全等级划分和云服务部署选择标准，其实施过程可借鉴针对政务信息资源系统的国家标准《信息安全技术：云计算服务安全指南》中的相关规定。其一，将非涉密的学术信息资源分为敏感信息和公开信息。无论是敏感信息还是公开信息，一旦出现安全事故，也会在较大范围或较深程度上损坏国家和社会公众的合法权益；除敏感信息外的非涉密信息，在开放共享中，其安全保障主要是信息资源的完整性、可用性和权益保证。其二，根据出现安全事故后的影响范围和程度，可以将国家数字学术信息资源服机构的数字化服务业务区分为一般、重要和关键业务。对一般业务应进行行业务范围内的安全保障；重要业务出现问题有可能导致用户服务难以正常开展，或者造成一定的损失，因而应提高安全保障的力度；对于关键业务则应采取关键性的安全监测与保障措施。其三，对学术信息资源和服务业务的云服务部署，可以根据以上两个维度确定相应的策略。基于此，基于安全等级的学术信息资源云服务整体安排如图 3-8 所示。

3.2.2　国家数字学术信息资源安全链构建与全程安全保障机制

　　安全链是在人员、环境、信息、设施、技术和管理安全全面保障中所形成

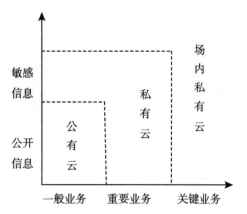

图 3-8　基于安全等级的国家数字学术信息资源云服务部署

的相互关联的有序环节。通过其与业务流程的融合，旨在实现全程化信息安全
保障目标，同时在安全节点上寻求相互关联的安全措施。① 从基于安全链的安
全保障组织上看，这是一种以风险防御和全过程安全管控为核心的系统化安全
保障。以安全链理论为依据，可以明确云环境下国家数字学术信息资源安全的
要素关联及业务流程节点关系，进而根据要素与流程，以及流程环节之间的内
在联系，构建全面覆盖学术信息资源组织、存储、开发、服务与用户等各环节
及方面的完整安全链，以此出发构建数字学术信息资源的安全保障实施体系，
如图 3-9 所示。

由图 3-9 可知，数字学术信息资源安全链节点的安全保障包括以下内容：

①云平台的安全是基础，只有平台安全得到保障，才能在安全平台上进行
PaaS 和 SaaS 云服务架构，确保架构于云平台之上的国家学术信息资源系统的
安全。平台基础安全保障的关键是虚拟化安全、软件和数据的可移植安全、资
源调度安全、网络接入的安全性和稳定、物理存储位置安全、确定性安全删除
等。

②国家数字学术信息资源系统基础环境安全。学术信息资源系统安全是指
部署于虚拟机和平台上的操作系统、基础软件和服务安全，包括数据库、应用
程序开发运行环境安全等，显然这一部分构成了国家学术信息资源存储、运行
的安全基础，其安全保障也是国家数字学术资源系统安全的重要基础。

---

① 张向上. 海运危险品 6W 监管模型的研究与应用 [J]. 中国安全科学学报，2017，27（3）：147-151.

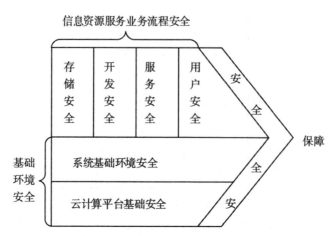

图 3-9 国家数字学术信息资源全程保障中的安全链模型

③国家学术信息资源存储安全。就存储过程而言，可分为动态存储过程和静态保存过程，其安全保障也相应地分为两个环节，分别保障存储过程中数字学术资源的完整性、可用性和保密性，以及存放于云平台上的数据库完整性、可用性和保密性不受到破坏。在这一环节中，安全保障部署需要重点解决的问题包括数据完整性验证、数据安全传输和数据水印安全等。

④国家学术信息资源开发安全。在安全链中的信息资源开发环节上，需要保障数字学术信息资源开发过程中原始学术数据的完整性和可用性不受到破坏，同时还要保障计算的完整性，即国家数字学术信息资源的加工处理按照既定方法执行，并得到正确的结果。安全保障实施中，需要重点关注云环境下信息资源安全开发与利用机制、海量数据计算完整性、信息资源跨系统安全共享等问题。

⑤国家学术信息资源服务安全。学术信息资源服务环节的安全目标是，既保障学术信息资源服务的高可用性与完整性，也要保障不会因为服务的滥用对国家和社会造成安全威胁。在学术信息资源服务安全保障实施中，需要重点关注海量数据计算完整性验证、学术信息安全传播控制、DDoS（分布式拒绝服务攻击）、服务负载均衡、EDoS（经济性拒绝服务攻击）等问题。

⑥国家学术信息资源用户安全。学术信息资源服务的交互利用中，不可避免地会采集用户的个人信息，这些信息通常涉及个人隐私，一旦出现安全事故容易引发不必要的损失，因此需要注重用户个人信息的安全保障。用户信息安全保障实施中，需要基于用户信息的生命周期进行安全保障部署，使其全面涵

盖各个环节，常用的安全技术包括采集环节的控制、数据加密、访问控制与限制发布、可信删除等。

3.2.3 深度防护下的数字学术信息资源安全技术保障机制

深度防护框架下，在安全保障上需要遵循多点和多重防御原则，进行全方位、立体化安全部署。图 3-10 展示了云环境下基于深度防护框架的数字学术信息资源安全保障的三维安全部署架构。在三维安全保障部署中：由外及内的多层防护体系，拟从网络和基础设施、虚拟化系统边界和基于虚拟化的计算环境进行安全部署；自底而上的多层防护体系，拟从云平台层、系统基础设施层和资源应用层进行安全部署；在资源应用层上，拟基于数字学术信息资源的存储、开发利用和服务的处理流程进行安全防御安排，同时注重用户安全的保障；同时，纵向深入的多层防护体系，拟设置威胁和脆弱性防御、监控预警和响应、灾备和恢复防护体系，同时在每一道防护体系上主动实现人员、技术和操作的系统安全，强调技术手段的运用及跨主体的安全保障协同。

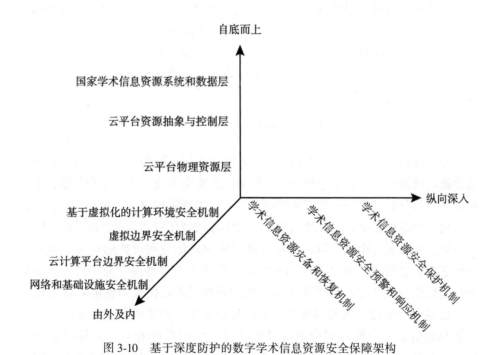

图 3-10　基于深度防护的数字学术信息资源安全保障架构

图 3-10 所示的安全保障三维体系具有以下结构：

(1) 由外及内的多层防护体系

云环境下学术信息资源系统的边界处于动态变化之中，由于不具有传统 IT 环境下清晰的系统边界，因而需要建立动态环境下由外及内的防护体系。然而，云平台明确的物理安全边界，决定了架构在云平台上的学术信息资源系统逻辑边界的存在，因此可以在传统 IT 模式下多层次防护体系的基础上，进行动态化拓展。具体而言，除传统 IT 环境所具备的 Internet 骨干网络、无线网络和 VPN 网络外，云环境下的网络和基础设施还包括云平台内由虚拟机组成的局域网络。这说明，云平台的物理边界不同于传统的信息系统边界，其中包括多数据中心的物理边界和数据中心连通互联网的逻辑边界，形成了整体分布式结构。从实质上看，学术信息资源系统的边界作为一种虚拟边界，包括了云平台硬件、基础软件设施和学术信息资源系统的软件资源边界，其资源配置安全决定了边界内的安全保障机制。云环境下数字学术信息资源安全域由网络和基础设施边界、云平台区域边界和面向多租户资源共享的虚拟化边界所决定，且具有从外到内的三层结构，如果安全域内出现了安全事故，将直接破坏国家学术信息资源系统的完整性和导致数据资源安全漏洞的出现。对此，在国家学术信息资源系统防御中应对直接攻击设置安全屏障。在安全构架中，基于虚拟化的计算环境处于最里层，一旦遭受安全攻击，可能直接导致数字学术信息资源安全事故的发生。

(2) 自底向上的多层次防护体系

与自外向内的层次体系不同，自底而上的多层次防护体系中，任一层次的防御被攻破都可能直接引发数字学术资源信息安全事故。从这个角度进行安全防御层次划分的目的是，确定防护位置，避免出现防护盲区。从总体上看，云平台物理资源层安全在于实现云服务数据中心物理环境和云平台硬件设备的安全防护目标，这是由于一旦防御被突破出现物理环境和硬件的损坏，将直接导致学术信息资源系统的不可用和数据资源的丢失。另外，云平台资源抽象和控制层安全在于进行计算资源虚拟化和虚拟机调度的安全保障，这是由于一旦出现安全事故，就可能导致学术信息资源系统的不可用。学术信息资源系统和数据层安全保障围绕系统基础软件、应用程序和数据资源的安全进行，针对易于遭受攻击的对象，由学术信息资源服务主体进行安全保障的实施组织。立足于自底而上的防护，可以依托基本的系统架构进行安全部署，尽量降低云平台和学术信息资源系统脆弱性的暴露概率，以便保障数字学术资源信息的全面安全。

（3）纵向深入的多层次防护体系

纵向深入的防护体系包括三个层次，分别是基于脆弱性保护的静态防护、基于监控预警和响应的动态防护和基于灾备与恢复的安全底层保护。其中，脆弱性保护立足于系统安全需求，针对包括安全保障对象脆弱性、安全保障措施脆弱性在内的各类脆弱性进行安全部署，从而加固系统或消除脆弱性，使安全攻击无从着手或攻击难度加大、成本变高。要使这些措施的作用发挥，必须在安全攻击发起之前进行部署。其中，监控预警和响应机制是为了防范第一道防线无法抵御攻击而设置的，其目的是第一时间发现正在进行的安全攻击，以便实时对其进行监控，同时对可能引发的安全攻击及时预警，根据预置方案进行响应处理，或者交由安全保障主体实时处理。这类安全防护属于动态主动防护，在于根据攻击者的行为实时采取措施进行应对。灾备和恢复机制是为了防范安全防线被突破后，针对数字学术信息资源及学术信息资源系统造成不可恢复的破坏或长时间的服务中断而设置的。在安全保护中，通过备份机制避免软件系统和数字学术资源遭受系统性的、永久性损坏，通过提供相关硬件设备和基础软件环境，为数字学术信息资源服务的快速恢复提供基础资源。

将云环境下安全保障技术与管理手段进行统筹安排，可以完成国家数字学术资源信息安全保障实现构架，如图 3-11 所示。通过实现架构，可以在多层次、立体交互的防御框架下进行具体的安全部署。需要说明的是，对于关键信息基础设施，如骨干网、秘钥管理中心、通信基础设施等，需要进行基础安全保障部署。

3.3 云环境下国家数字学术信息资源安全保护的实现机制

国家数字学术信息资源系统运行安全保障的实践表明，对于脆弱性的应对和安全威胁的防范，是安全防御部署的关键，其有效实施可以大大减少安全事故的发生。从云环境下学术信息资源系统的层次结构出发，需要分别在云平台基础设施层、学术信息资源系统基础软件层、学术信息资源系统应用层进行系统安全防御，此外还需要注重用户隐私信息的保护。

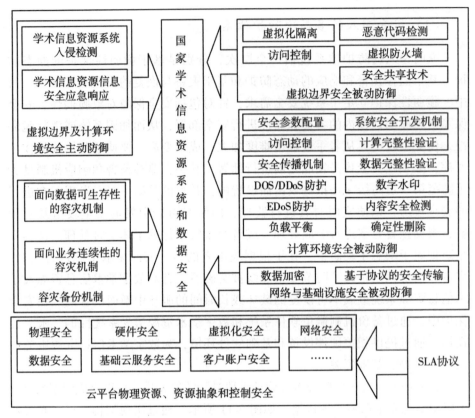

图 3-11　基于防护框架的数字学术资源信息安全保障实现架构

3.3.1　云平台基础设施与资源系统基础安全保障机制

云平台基础设施是保障整个云平台安全和稳定运行的基础，因此对架构于云平台上的学术信息资源系统安全的重要性不言而喻。同时，数字学术信息资源系统在应用软件基础上进行构建，其正常运行无疑依赖于基础软件环境的安全和可用，因此基于云平台的虚拟机操作系统、数据库等基础软件设施的安全也是国家学术信息资源系统安全保障的重要前提。

对于私有云模式而言，云平台基础设施安全由数字学术信息资源服务主体进行保障，在安全部署上，传统 IT 环境下的安全构架原则得以沿用，但在应用中应针对云计算技术引发的安全风险进行组织，尤其是对虚拟化安全问题应实时应对。①② 如采用的是公有云模式，则由云服务商负责基础安全保障实施，而国家学术信息资源服务主体负责监督。③ 在监督实施中，云服务商一般不会将云平台的实现架构与安全措施部署情况透露给客户，从而致使国家学术信息资源服务主体难以全面评估安全状况，由此带来了监督实施上的困难。因此，云服务商需要按协议进行与学术信息资源机构的安全联动，以进行基于安全保障与监管协同的部署，确保安全的覆盖范围和强度符合协议要求。基于这一现实，国家学术信息资源服务主体通常以 SLA 协议（服务等级协议）为依据，实现对云服务商的安全约束，最终确保其安全保障部署到位。

SLA 协议，旨在为服务提供方与信息资源机构协同服务和安全保障的全面实现提供构架准则，经协商签订的关于服务质量及安全约束协议，其内容并非固定不变的，而是随着服务的不同及信息资源组织与服务要求的不同而变化。学术信息资源的组织与应用目标，决定了 SLA 协议中需要明确的指标，如图3-12 所示，面向数字学术信息资源云服务安全等级保障的要点如下：

（1）数字学术资源及信息系统安全保障约束

此类约束的目标是保障不会因为云平台而影响数字学术信息资源及系统的完整性、保密性和可用性，也不会触发数据主权问题。为细化质量要求，便于衡量与监督，需要对这几方面的要求进一步细化：

第一，完整性可以细化为资源完整保存的持续性、计算完整性和数据可移植中的完整性三个方面，完整性保障在于数字学术资源及信息系统部署到云平台之后，可以进行基于云平台的数字学术信息资源加工处理，同时当数据迁移至其他云平台或本地时，数字学术信息资源及系统代码不会被篡改、丢失。

第二，保密性可以细化为私密性、可审计性与确定性删除。其中：私密性和可审计性针对云存储资源和运行系统进行约定，用于保障数字学术信息资源及信息系统免于未经授权的访问，以及所有的访问和操作记录都可以追踪审计；确定性删除要求则是针对已删除的资源及应用程序约定的，用于保障学术

① Rehman A, Alqahtani S, Altameem A, et al. Virtual Machine Security Challenges：Case Studies［J］. International Journal of Machine Learning & Cybernetics, 2014（5）：729-742.

② Schwarzkopf R, Schmidt M, Strack C, et al. Increasing Virtual Machine Security in Cloud Environments［J］. Journal of Cloud Computing：Advances, Systems and Applications, 2012（12）：1-12.

③ 中国信息安全研究院有限公司，等 . GB/T 31167—2014. 信息安全技术云计算服务安全指南［S］. 北京：中国标准出版社，2015.

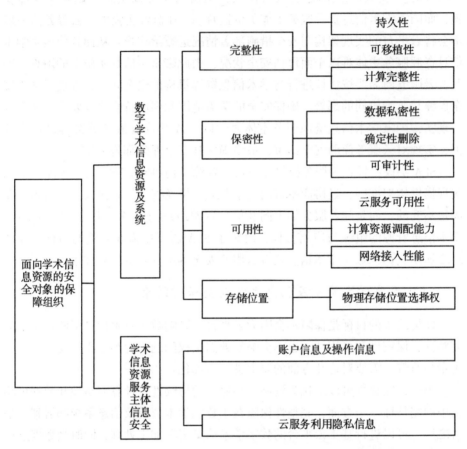

图 3-12　面向学术信息资源安全的云服务安全等级协议关键内容

信息资源服务主体在删除数据并释放虚拟机之后，其之前存储于虚拟机之上的数据无法被恢复，从而避免安全事故的发生。

　　第三，可用性可以细化为云服务的稳定性、计算资源安全调配能力和网络安全接入性能的提升，以支持数字学术信息资源系统能够在云平台上的平稳运行，获得充足的计算资源，以进行数字学术信息资源的加工处理与服务提供，从而满足国家学术信息资源用户对系统的安全访问需求。

　　对于全球范围的云服务商利用，存在着导致数据主权丧失的风险和安全隐患问题。为避免出现数据主权争议，需要进行数字学术信息资源的全面安全管控与监督。

(2) 数字学术信息资源服务主体信息安全约束

为部署云服务，数字学术信息资源服务主体与云平台交互中，必然产生多方面信息，云服务利用中其内部信息以及计算租赁信息和访问时空分布信息等也随之释放。这些信息一旦违规泄露，必然引发安全事故。基于此，需要从账户信息和云服务利用信息两个方面进行学术信息资源机构信息的保护约束。其约束内容，一是规范学术信息资源服务机构信息的利用，将其按保密要求区分为仅学术信息资源服务主体可访问和服务主体与云服务商可访问两类，进行安全约束；二是云服务商对学术信息资源服务机构信息进行处置时，应合规处理，同时履行安全保护责任。

除服务框架外，协议中还需要确定服务环节的安全等级要求，合理设置相应的等级参数、服务可用性达到的百分比，以及数据存储安全位置参数等。从整体上看，数字学术信息资源的完整性、保密性以及学术信息资源系统的稳定性和可用性要求，均可以通过安全参数设置进行规范。需要指出的是，不同模式的云服务提供的服务内容不同，其协议中涉及的内容和安全参数也应随之改变。如果协议关注的重点内容是针对 IaaS 服务的，对于 PaaS 服务而言，则需要关注云平台所提供的基础开发环境的可用性，对于 SaaS 服务，则不再关注基础开发环境安全以及学术信息资源系统相关的完整性，转而关注 SaaS 服务自身的安全可用性。

学术信息资源系统基础安全保护中，只有具备了安全稳定的运行环境，才可能实现全方位的安全保障目标。以此出发，云环境下需要保障系统的逻辑边界安全以及部署在虚拟机之上的操作系统和系统软件的安全。

在基于虚拟隔离的边界安全保护中，如果将不可信的系统、网络与学术信息资源系统进行有效隔离，相应的安全攻击就无法实施，系统的安全性也将得以提升。因此，云环境下，隔离依然是保障系统安全的重要措施。① 如果采用私有云，即可对学术信息资源系统进行安全域划分，以此实现物理上的隔离。如果采用公有云，除需要实现学术信息资源系统内的安全域隔离外，还需要实现与其他租户的隔离。

以公有云模式为例，学术信息资源系统的虚拟隔离机制如图 3-13 所示，系统内部基于安全域的隔离，需要学术信息资源服务主体自主确立隔离机制，

---

① Wohlgemuth S. Resilience by Usable Security［C］// Mensch und Computer 2015 Workshopband Usable Security and Privacy. 2015：667-676.

实现外网域、内网域、资源域和用户隐私信息域的隔离。其中，外网域是学术信息资源服务主体的用户可以通过互联网进行访问和利用系统服务的区域；内网域是进行数字学术信息资源加工处理或内部工作人员进行业务处理的信息域；资源域和用户信息域则分别存储数字学术信息资源机构和用户的信息，包括行为日志数据等。受虚拟机动态分配的影响，数字学术信息资源系统与其他租户所构建的系统间，一般情况下不存在明显的物理边界，其隔离往往通过软件技术来实现。

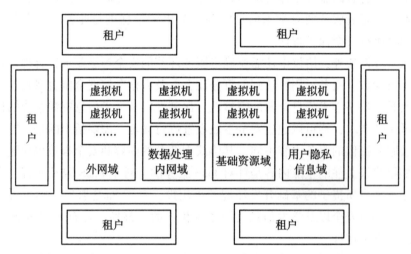

图 3-13   面向多租户资源共享的学术信息资源系统虚拟隔离机制

图 3-13 中的粗边框表示需要实现边框内部与外部的逻辑隔离。在具体的隔离技术实现上，虚拟防火墙、网络隔离、访问控制是租户隔离与安全域隔离中主要的技术手段，此外，租户间的隔离还可以通过虚拟机隔离、安全监控、加密通信等技术手段实现。①②③ 从总体上看，当前最为常用的方式是虚拟防

①　Cloud Security Alliance. Security Guidance for Critical Areas of Focus in Cloud Computing ［EB/OL］. ［2017-10-15］. http：//www. cloudsecurityalliance. org/guidance/csaguide. pdf.

②　Almond C. A Practical Guide to Cloud Computing Security ［EB/OL］. ［2017-10-15］. http：//book. itep. ru/depository/cloud/practicalguidetocloudcomputingsecurity681482. pdf.

③　Jeyanthi N, Mogankumar P C. A Virtual Firewall Mechanism Using Army Nodes to Protect Cloud Infrastructure from DDoS Attacks ［J］. Cybernetics and Information Technologies，2014, 14（3）：71-85.

火墙，其基本原理类似物理机的虚拟化，硬件形式的防火墙设备被虚拟为彼此之间无法通信、可独立管理与控制的多台防火墙设备，进而由云服务租户按照自身系统的虚拟边界进行防火墙的配置，以实现共享物理机的租户之间、安全域之间的隔离。

云环境下，操作系统与基础软件是连接基于虚拟机的计算资源与学术信息资源系统的中介，其安全运行是数字学术信息资源安全的必要前提。[①] 为实现对操作系统与基础软件的安全控制，需要做好三个方面的工作。首先，利用操作系统与基础软件自身的安全机制：由于操作系统与基础软件的研发者已经考虑了其在应用过程中的安全风险，也都作出了相应的安排，学术信息资源服务主体可以针对自身的状况，利用好其已有的安全机制和工具，作出适当配置。其次，及时安装补丁、更新安全模块的升级软件版本：当发现安全漏洞时，操作系统通常会及时发布补丁来提高安全性，因此需要及时检测补丁更新情况，安装与学术信息系统安全运行相关的补丁；类似地，基础软件新版本的发布，有时并非仅仅是功能的升级优化，也包括运行稳定性和安全性的升级，因此也需要通过更新说明判断是否有安全升级，以及时进行升级处理。同时，建立安全审计机制：在审计中通过操作日志记录分析，明确历史访问与操作中哪些是违规的、不安全的或者有攻击性的，按操作者信息或特征进行应对。基于此，安全审计可以判断操作系统和基础软件是否处于不安全状态，以便对不当操作或攻击者进行追责，减少越权和滥用的发生，使恶意攻击者无法随意发起攻击。

3.3.2 数字学术信息资源与服务安全关联机制

数字学术信息资源与服务安全具有内在的关联关系，除了受基础软硬件环境安全影响外，其安全问题多伴随着数据的流动而发生。因此，围绕数字学术信息资源服务流程进行安全保护，是学术信息资源全面安全保障的需要。基于此，拟按数字学术信息资源服务环节和环节中的节点关系进行安全部署。

云环境下，数字学术资源从收集到利用需要经历采集、存储、组织、加工、服务几个基本环节。从技术实现角度看，其流程如图 3-14 所示。首先，在采集与存储环节，需要在身份认证的基础上，从学术信息资源服务机构本地数据上传、互联网数据采集和外部数据共享三个渠道获取数据，并存储到待加

---

① 王继林，苏万力. 信息安全导论［M］. 西安：西安电子科技大学出版社，2015：97-98.

工数据库；其次，在信息资源组织、开发中，需要将获取的数据进行整合、整序组织，形成序化资源，从而将这些资源直接用于服务；再次，以序化数字资源为基础，进行面向最终用户的服务组织与资源的开放共享；最后，在服务利用环节，通过身份认证的用户发起服务请求，学术信息资源服务平台与用户交互并提供资源的利用。

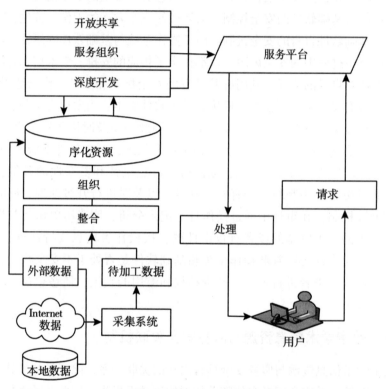

图 3-14　云环境下数字学术信息资源组织与服务实现流程

由图 3-14 可以看到，数字学术信息资源流动及形态变化，都会伴随着相应的安全风险发生。因此，云环境下数字学术资源服务安全保障，需要在信息流动节点上进行针对性的安全部署，以形成全流程覆盖的安全保护体系。反映这一机制的整体框架如图 3-15 所示。

图 3-15 中，云环境下数字学术信息资源组织与服务安全保护流程分为采集与存储、加工与开发、服务与利用三个环节。无论是学术信息资源服务主体的本地数据，还是通过互联网采集的数据，在面向用户的服务中，都要先进行

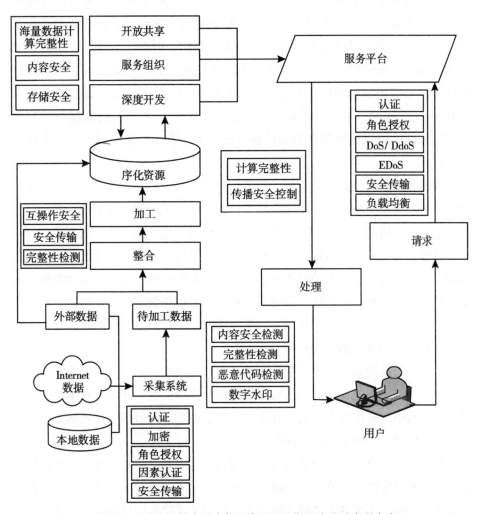

图 3-15 云环境下数字学术信息资源组织与服务安全保护框架

用户身份认证，确认是否具有权限，以便将数据安全传输至学术信息资源系统用户端。由此可见，这一过程中的安全身份认证处于重要位置。因此，需要采用安全性较高的身份认证措施和严格的权限控制机制。身份认证上，还需要采用动态认证与多因素认证相结合的认知机制，如密码与动态口令相结合，以提高信息被破解的难度。访问控制上，需要采用基于角色的授权机制进行权限控制，在细化授权粒度的同时，对每一角色按最小权限原则进行具体的权限赋予。

在面向服务的学术信息资源组织中，其安全保障围绕学术信息资源加密、安全传输、内容安全识别和完整性检测进行。多数学术信息资源的保密性要求不高，因此可以采用明文进行传输与存储；但对于有保密要求的学术信息资源，在采集时，需要利用客户端加密技术对其进行加密后传输；在存储环节，则需要采用可检索与计算的加密技术。① 学术信息资源安全传输采用基于 SSL、VPN、IPSec 等安全协议的传输技术，进行本地数据与互联网数据的传输，以保证数据不会在传输中被拦截、篡改，从而保证其完整性和可用性。

为确保采集获得数据的合规，需要在存储之前进行安全检测。内容安全检测中，可以采用文本过滤、安全分级管控等策略识别疑似违规资源，并加以处理；恶意代码检测中，则可以采用特征代码识别、校验等方法识别恶意代码。

尽管有安全传输技术保护，但传输过程中依然可能存在数据丢失、篡改等问题，而且在写入数据库的过程中也可能发生多种故障，导致写入的数据出现错误。为及时发现这些问题，需要进行数字学术信息资源的完整性校验。云环境下，为适应存、用分离的情景，可采用数据持有性证明（PDP）或可取回证明（POR）方式进行完整性验证。②③

为推进跨系统数字学术信息资源共享与开发利用，需要实现国家数字学术信息资源系统之间的安全操作。按全程化安全保障框架，在云环境下数字学术信息资源跨系统操作安全机制设计中，需要全面考虑跨域认证、跨域授权、数据交换和传输三个环节的安全保护。

跨域认证安全机制。为实现安全跨域认证，需要保障所传递用户认证信息的完整性和保密性，完整性遭到破坏可能导致无法实现成功认证，跨系统操作更是无从谈起；保密性遭到破坏则会导致用户关键隐私信息泄露，可能造成严

① Cui B, Liu Z, Wang L. Key-Aggregate Searchable Encryption（KASE）for Group Data Sharing via Cloud Storage [J]. IEEE Transactions on Computers, 2015, 65（8）: 1-1.

② Barsoum A F, Hasan M A. Provable Multicopy Dynamic Data Possession in Cloud Computing Systems [J]. Information Forensics and Security, IEEE Transactions on, 2015, 10（3）: 485-497.

③ Shacham H, Waters B. Compact Proofs of Retrievability [J]. Journal of Cryptology, 2013, 26（3）: 442-483. Amaral D M, Gondim J J C, Albuquerque R D O, Orozco A L S, Villalba L J G. Hy-SAIL: Hyper-Scalability, Availability and Integrity Layer for Cloud Storage Systems [J]. IEEE Access, 2019: 1-13.

重后果。在技术实现上，解决思路是基于认证信息加密和基于信任的跨域认证方案。① 云环境下，跨云平台的安全认证应有可信第三方作为中介，因此可以结合采用 PKI（公钥基础设施）和 IBC（基于身份的加密）技术，设计跨域认证安全保障机制，如图 3-16 所示。

由图 3-16 可知，跨平台的安全认证是基于 PKI 安全证书实现的，其中PKI 被视为可信第三方，专门负责证书签发，而多个云平台之间则依据证书对身份进行认证。云平台内部的跨系统认证则基于 IBC 实现。此时，云平台扮演认证中的可信第三方角色。将两种认证技术相结合，则既可以简化同一云平台内部的安全认证流程，也可以保证跨云平台的身份认证的安全性，满足混合云环境下的多元安全认证需求。

跨域安全授权机制的确立具有重要性。与其他环节不同，跨域授权环节本身不存在数字学术信息资源机构或用户信息的传输和处理，其安全保障目标在于保障认证主体的合法权益，同时避免过度授权引发的安全风险。威胁跨域授权安全的主要原因是学术信息资源系统之间及云平台之间的权限控制粒度或授权机构不一致，进而导致安全认证后难以实现精准授权。安全保障实施中，可以建立国家学术信息资源系统之间或云平台之间基于权限的角色映射关系，将权限相同或相近的角色进行关联，从而在认证完成后进行权限授予。由于角色及权限分配机制不同，基于角色映射授权后依然有可能无法完成交互操作的任务。针对这一问题，需要建立例外处理机制，如临时人工授权，或者在操作的系统间进行角色权限的调整，保障角色权限的协调性。

为实现异构数据的安全交换，需要先将其转换成统一格式，以避免信息的完整性和可用性遭到破坏，在此基础上进行数据交换的过程安全保障。在异构数据规范环节，可以采用开放性和灵活性较强的 XML 语言进行实现。如图 3-17 所示，以 A 和 B 两个学术信息资源服务主体的跨系统资源共享为例，云环境下基于 XML 的学术信息资源安全交换流程包括三个环节：第一，共享方 A 将其拟共享的数据转换成标准格式；转换过程中，需要基于 XML 语言进行语义标签生成，以实现计算机对字段内容的理解，同时通过数据解析、增补、校准等环节提高数据质量。第二，将承载共享数据的 XML 文件安全传递给数据接收方 B，在此过程中，可遵循 W3C 颁布的 XML 数字签名、加密、秘钥管理

---

① 包国华、王生玉、李运发. 云计算中基于隐私感知的数据安全保护方法研究［J］.信息网络安全, 2017（1）: 84-89.

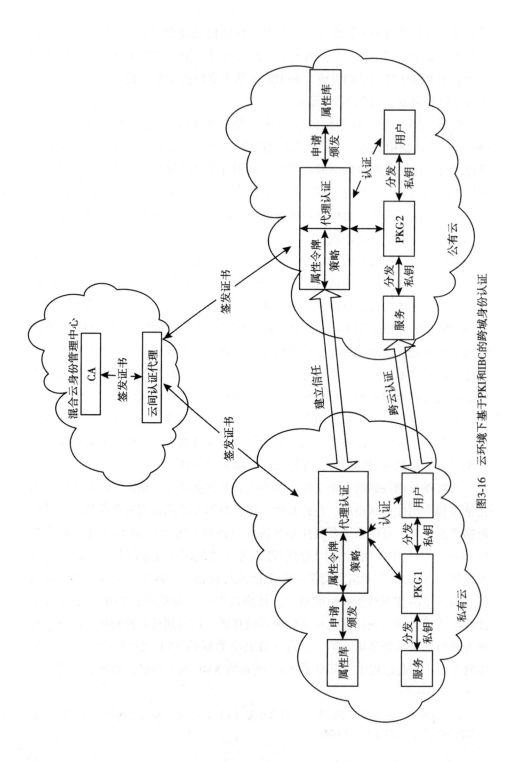

图3-16　云环境下基于PKI和IBC的跨域身份认证

等一系列标准，并基于 IPSec、SSL 和 TLS 等技术进行数据传输，以保障环节的安全。第三，数据接收方 B 在完整性校验基础上，按照约定的规范对 XML 文件进行解析，并将所得数据存储到相应的数据库中。

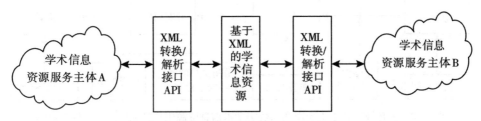

图 3-17　云环境下基于 XML 的数字学术信息资源安全交换模型

3.3.3　数字学术信息资源系统用户隐私安全保护机制

随着交互式信息服务和移动互联网的发展，用户在利用数字学术信息资源的过程中留下了大量的个人敏感信息和行为信息。这些信息一旦泄露，可能导致其身份信息、科研信息泄露，还可能引发系统账户安全、财务安全等问题的出现。因此，需要建立用户隐私安全保护机制。

隐私安全保护需要全面涵盖从个人信息产生到销毁的全过程，任何一个环节出现疏漏，都会引发安全事故。从生命周期上看，学术信息资源系统用户的隐私信息会经历采集、组织存储、开发利用与销毁等环节，而且在不同阶段用户隐私信息的作用形态各不相同，进而引发不同的安全脆弱性。这说明，面临不同的安全威胁，需要不同的安全保障机制。因此，可以按生命周期环节进行安全保障的部署，这样既有利于提高保障的效能，也便于实现安全保障的全面覆盖。云环境下基于生命周期的数字学术信息资源用户隐私信息安全保护机制如图 3-18 所示。

由图 3-18 可以看到，隐私信息采集环节的安全保护应遵从法律、法规要求，按最少、最弱采集原则进行隐私信息的采集，旨在从源头上降低隐私信息的安全风险。在控制实施上，需要采用采集项控制方式，减少不必要隐私信息的采集；同时应用精度控制方式，实现采集信息对用户隐私安全威胁的最小化。

采集项控制是指在进行隐私信息正式采集前，逐项评估拟采集信息的合法性和必要性，剔除不能同时满足这两项要求的隐私信息项。在进行用户隐私信

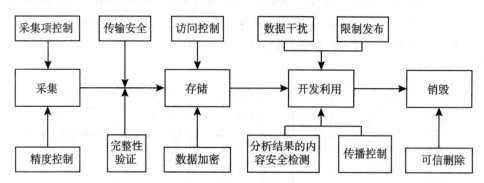

图 3-18　云环境下基于生命周期的数字学术信息资源用户隐私信息安全保护机制

息采集项筛选中，除考虑法律法规的硬性要求外，更主要的是考虑采集项对学术信息资源服务主体的必要性。对于后者，如果不采集该隐私信息，用户便不能正常利用学术信息资源服务系统的服务，则需要采集该信息；另外，考虑采集该信息后，对学术信息资源服务主体提升服务质量和改善用户体验的收益情况，如果收益较大，则可以采集。对于不符合这两个要求的隐私信息项，都不应纳入采集范畴。

采集精度控制指对拟采集的用户隐私信息，以应用需求满足为前提，尽量降低所采集信息的安全风险，使隐私信息遭到泄露时造成的安全损失最小化。在采集实施中，需要对拟采集的隐私信息逐一分析其应用场景和目标，进而确定最弱精度要求，以此作为采集标准。例如，数字学术信息资源的移动服务中，虽然需要用户位置信息，但在采集用户定位信息时，可以将精度误差设置稍大一些，从而降低用户身份被精确识别的风险。

获取用户隐私信息后，需要将其传输到学术信息资源系统的数据库，并进行组织、存储。为保障这一环节的安全，需要综合采用传输安全保护、完整性验证、加密存储和访问控制措施。传输安全保护中，需要在客户端对采集到的用户信息进行加密，之后采用安全传输协议将其发送到学术信息资源系统；同时对用户隐私信息进行完整性验证，确保采集到的用户隐私信息未经篡改和损坏。进而，对敏感度较高的信息进行加密，如登录密码，保障其静态存储阶段的安全，而对于保密要求较弱的敏感需求，则可以在频繁利用中，按低频利用加密存储方式进行处理，保持安全性与便捷利用间的平衡。最后，需要设计严格的访问控制机制，只在必要情况下进行用户隐私信息访问授权，而在访问认证阶段采用安全性较高的动态认证或多因素认证技术，以降低被非法或越权访问的风险。

用户信息开发利用中容易出现隐私信息滥用，大数据技术的发展，使得隐私数据分析、挖掘中更容易导致隐私泄露。为保护这一环节的信息安全，常采用的安全措施包括从源头上降低隐私泄露风险的数据干扰、限制发布，以及分析结果的内容安全检测与传播控制。

数据干扰和限制发布是用户隐私信息脱敏的重要举措。前者指对原始隐私信息进行扰动处理，使原始数据出现一定程度的失真，从而降低用户隐私泄露风险，常用方法包括阻塞、随机化、凝聚等。[1][2] 后者只允许使用部分隐私信息项或精度较低的隐私数据，以充分保护用户个人信息的安全。[3] 隐私分析结果的内容安全检测与传播控制，从后控角度进行开发利用阶段的隐私保护。基于此，在隐私信息分析结果应用之前，应对其进行内容安全检测，对于不含敏感信息的挖掘结果可以正常利用；如含敏感信息，则需要根据所含敏感信息的性质控制其传播范围，或者禁止其传播利用。

用户隐私信息在分析、挖掘后，对学术信息资源服务主体来说，可能不再具有利用价值，此时再继续进行存储除了带来额外的管理成本外，还将带来隐私信息泄露风险，基于此，需要将其进行删除销毁。这一环节，学术信息资源服务主体应建立起明确的管理标准，合理界定用户隐私信息何时进入无价值状态，以避免用户隐私的过早删除或过长存储。在销毁阶段，由于云环境下用户隐私信息并未存储在本地。因此要采用可信删除技术对其进行销毁处理，确保无法恢复。

需要指出的是，云环境下学术信息资源系统以虚拟机为基本单元进行管理，受云服务商自动调度机制的影响，用户隐私信息所存储的虚拟机可能会动态迁移，与之相伴的是其对应的物理机也会发生变化。故而，还需要加强对云服务商的监督，确保其在虚拟机动态迁移时同步对数据进行彻底删除。

---

[1]　Chen Y, Martínez J F, Castillejo P, López L. A Privacy-Preserving Noise Addition Data Aggregation Scheme for Smart Grid [J]. Energies, 2018, 11 (11): 1-17.

[2]　Yang P, et al. A Retrievable Data Perturbation Method Used in Privacy-Preserving in Cloud Computing [J]. China Communications, 2014, 11 (8): 73-84.

[3]　Nagaraju P, Nagamalleswara Rao N, Vinod Kumar Ch R. A Privacy Preserving cloud Storage Framework by using Server Re-encryption Mechanism (SRM) [J]. International Journal of Computer Sciences and Engineering, 2018, 6 (7): 302-309.

3.4 云环境下数字学术信息资源安全预警与响应机制

云环境下数字学术信息资源安全的保障，仅依靠预先布置的防护技术显然是不够的，因为其既不能保证防护不被攻破，也无法确保能够覆盖所有的脆弱性，因此需要引入动态安全防御机制形成互补，即及时发现和预警正在经受的安全攻击，以便数字学术信息资源遭到大规模实质性破坏之前进行实时应对。

3.4.1 云环境下数字学术信息资源安全预警机制

云环境下数字学术信息资源安全预警的定位是，尽早发现正在进行的安全攻击并及时预警。其含义包括以下方面：一是未发生攻击的预测和防范，以及已完成攻击的发现和破坏程度分析，其针对正在发生的安全攻击进行；二是安全预警的范围包括对学术信息资源系统的攻击和对云平台的攻击，其中，学术信息资源服务主体可以直接检测到的只有直接作用于学术信息资源系统的安全攻击，对于可能影响数字学术信息资源安全的云平台受攻击信息，只能通过云服务商来获知；三是安全攻击的范围非常广泛，既包括外部恶意攻击者的安全攻击，也包括云服务商、用户、内部的安全攻击；四是对于发现的安全攻击，只有满足一定条件时才会预警。

基于以上分析，云环境下数字学术信息资源安全预警，除通过基于云平台的学术信息资源系统实时监测外，通过云服务商获悉实时安全攻击信息，对于持续安全监控和判断十分重要。如果安全状态一旦达到预警基线，便向学术信息资源服务主体及相关主体发起预警。以此出发，拟构建云环境下融合实时入侵检测技术和云服务商信息共享的安全预警机制，如图3-19所示。

学术信息资源系统实时入侵检测，其作用在于实时判断基于云平台的学术信息资源系统是否正在遭受攻击以及攻击的强度。在实现上，包括数据采集、数据预处理、融合误用检测和异常检测的入侵识别三个环节。

通过数据采集环节，实时获取学术信息资源系统的相关数据，将其作为入侵检测的输入信息。其方式是通过实时监测学术信息资源系统，获取访问流量数据、用户日志、系统日志、操作访问日志、云服务商访问日志数据等，以全面涵盖各类的访问行为信息，形成数据基础。在采集过程中，需要确保所采数据的完整性、准确性、全面性、实时性。

数据预处理环节是将初始采集的数据进行规范，使其具备可分析性。规范

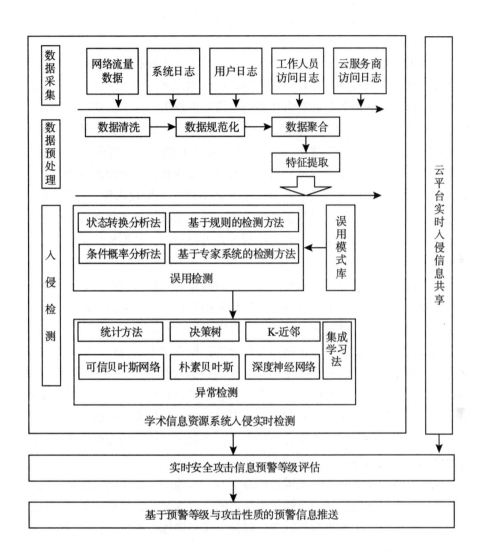

图 3-19 融合实时入侵检测和云服务商信息的安全预警机制

化处理环节，一是进行数据清洗，剔除不准确的数据，填充不完整的数据；二是进行数据规范处理，将待处理数据转换成预定义的格式，如字符数据转换为 IP 地址、端口、时间戳等规范格式。由于普通用户、学术信息资源系统人员、云服务人员不同角色的访问行为差异，为便于分析，规范化处理需要进行数据的分组聚合，包括区分整体网络流量数据，按访问者类型等将其聚合成不同的数据单元。最后，针对分组后的数据进行特征提取处理，实现数据的高价值信息提取与降维，提升数据的可分析性。

在数据预处理基础上，完成基于所提取特征的入侵检测实时分析。检测中需要综合利用误用检测和异常检测两种入侵检测模式。前者通过判断学术信息资源系统访问者的行为是否符合典型的网络安全攻击的行为模式来识别其是否在进行安全攻击；①② 后者则通过判断访问者的行为是否符合正常访问行为模式来判断是否在进行安全攻击。③④ 显然，前者有助于提高安全攻击识别的准确率，但覆盖率常常难以保证；后者则有助于发现新的安全攻击行为方式，但准确率有限。为应对云环境下安全攻击方式多样、大量攻击模式未知的问题，拟首先采用误用检测模式对数据进行分析，筛选出高准确率的潜在安全攻击行为；然后对筛选后的数据采用异常检测方式进行处理，从而提高安全攻击检测的召回率。

误用检测中影响效果的关键是模式库的构建。实施过程中，需要学术信息资源服务主体结合积累的经验和历史数据对用户进行分类分析，以得出能证实其正在发起安全攻击的行为分析结果。以学术信息资源获取为例，典型的异常行为模式包括：通过访问流量剧烈变化分析，根据学术信息资源的访问异常波动态势，锁定正在遭受安全攻击的风险来源；通过用户的信息需求突变分析，判断需求主题突变所反映的账户异常；在登录位置异常分析中，根据速度的限制，进行多个位置登录访问的监测；按下载流量，分析非正常访问的用户下载行为。以上存在的是单行为异常分析方式，在复杂环境下的分析中还可以进行组合应用，以提高异常发现的效率。

异常检测中影响效果的关键是机器学习。实施中，需要结合数据特点进行多种算法效果的比较，从中选择最为合适的实现方案。在采集的数据集中，异常检测是典型的非平衡类分类问题，对分类模型训练需要予以专门关注。为保

① Elgendi I, Hossain M F, Jamalipour A, Munasinghe K S. Protecting Cyber Physical Systems Using a Learned MAPE-K Model [J]. IEEE Access, 2019.

② 刘海燕，张钰，毕建权，邢萌. 基于分布式及协同式网络入侵检测技术综述 [J]. 计算机工程与应用，2018，54（8）：1-6，20.

③ Chiba Z, Abghour N, Moussaid K, et al. A Survey of Intrusion Detection Systems for Cloud Computing Environment [C] // 2016 International Conference on Engineering & MIS (ICEMIS). IEEE, 2016.

④ 卢明星，杜国真，季泽旭. 基于深度迁移学习的网络入侵检测 [J/OL]. 计算机应用研究：1-5 [2019-10-15]. https：//doi. org/10. 19734/j. issn. 1001-3695. 2019. 05. 0147.

证异常检测结果的准确率，应选择可以输出结果的分类模型，以便进一步提高准确率。故而，可以进行机器学习算法、深度神经网络和集成学习法等多种方法的应用。

基于云服务商的实时入侵信息检测，可以获取云服务商提供共享的实时入侵信息。这里的入侵对象是云平台，而非基于云平台的学术信息资源系统。因而通过该模块获取的信息类型取决于云服务商与学术信息资源服务系统的约定，二者需要通过协议确定哪些类型的云服务入侵信息需要共享、何种程度的云服务商安全入侵需要共同应对等。同时，还需要建立监测机制，确保云服务商及时地将其所遭受的安全攻击信息进行共享，以便于学术信息资源服务系统适时应对。

实时安全攻击信息预警中，当收到入侵检测学术信息资源系统遭受攻击或云服务平台受到攻击信息时，需要进一步判断，以进行预警等级划分。分析过程中，需要综合考虑安全攻击的成功概率、突破防御的影响范围、突破防御后的影响程度等，进而将其分成不同的安全预警等级。在这一过程中，需要进行预警的持续监测、小范围低级别预警、中等范围级别预警和大范围高级别预警等级区分。

对于需要预警的安全攻击，需要根据攻击部位、预警级别和攻击类型，按照预先设置的规则确定预警对象、预警方式，进行预警信息的自动生成。在预警对象上，显然与预警级别相应，最低级别的预警只面向安全值班人员发送，高级别的预警则发送至相关责任人和学术信息资源服务主体的相关责任管理者。在预警传送方式上，可以选择邮件、即时信息传输等多种方式。对于中、高等级的预警，需要对预警信息予以确认，超过一段时间无回应，则需逐步扩大发送范围，以保证预警信息被知悉。

3.4.2 云环境下数字学术信息资源安全响应机制

在实时发出入侵信息后，数字学术信息资源系统需要作出应对，根据应对方式的不同，可以将其区分为由系统根据预设规则自行处理的自动响应和交由相关人员直接介入的人工响应。

（1）云环境下国家数字学术信息资源安全自动响应机制

自动响应机制下，学术信息资源系统根据预设的处理规则针对发现的实时入侵行为信息直接作出应对，以延缓、阻断攻击的继续进行，或避免数字学术信息资源及系统信息安全遭到破坏。这一过程中，其处理的只能是已知的安全攻击方式，对于新出现的安全攻击方式往往无法应对。因此，在响应方式上，应针对不同类型的攻击主体、攻击方式和攻击严重程度，采用差异化的响应方式。在安全响应中，以下环节处于核心位置：

备用系统的启用。当数字学术信息资源系统遭到较为严重的安全攻击而主服务系统无法正常开展服务时，就需要启用备用系统。具体实施方式上，一种是利用负载均衡将一部分访问请求切换到备用系统上，以降低主服务系统的负载压力，其适用于攻击方采用的 DoS、DDoS 攻击，这一情景下主服务系统依然可以运行；另一种是启用备用系统的同时关停主服务系统，适用于主服务系统遭受严重攻击，无法正常提供服务，或者即将被攻破并造成不可控的安全破坏情形。

账户异常预警与身份认证的响应。如入侵检测模块发现包括云服务商、学术信息资源系统内部人员、服务用户的账户信息出现异常，包括异常访问行为、异常消费行为等，则可以通过异常预警与身份重新认证加以处理。异常预警指允许访问者正常访问，但向用户发送账户异常警告，交由用户自己判断其账户是否出现了异常，一般适用于异常概率不高、危害程度不大的情形；身份重新认证是指让用户重新登录账户或者采取多因素认证方法确认用户的身份，以保障账户安全。

安全攻击行为对抗与处理。对于疑似或危害不大的安全攻击行为，可以通过系统访问或服务利用二次验证的方式进行处理，以加大攻击者安全攻击的难度；对于确定性较高或者危害较大的安全攻击行为，则可以通过限制访问频率、频次，约束其服务利用或对系统的特定操作，或者采用暂时锁定账户等方式进行处理；更为严重的，则可以直接拒绝其访问，将其永久禁止访问。

（2）云环境下数字学术信息资源安全人工响应机制

鉴于自动响应规则库能够覆盖的安全攻击类型有限，而且存在自动响应后仍然无法阻止安全攻击的情形，这时就需要转由信息安全人员进行人工处置。这种处置模式下，其调动的可能不仅仅是直接负责的安全人员，而且可能包括相关部门人员、云服务商，还可能包括相关设备资源。在处置方式上，可能采取的响应措施多样，一类是进行实时安全对抗，较为典型的包括：漏洞检测与补丁安装，以减少学术信息资源系统的脆弱性；修改防火墙规则，过滤非正常访问的流量；租赁更多的虚拟机，以提升服务与对抗能力；实时租赁云安全服务，让专业安全团队协助进行安全对抗。另一类包括：保护当前系统和启用备用系统，包括将一部分访问流量切入到备用系统上，以降低主服务系统访问压力；关闭受攻击的服务或整个服务系统，避免其遭受更猛烈的攻击，防止数字学术信息资源的损坏；对受攻击系统的数据进行备份，避免造成不可恢复的破坏等。除此之外，学术信息资源服务主体还需要根据安全攻击的状况及可能的影响，预判是否需要对安全攻击信息进行上报和同其他服务主体进行共享。

人工响应应对的安全攻击往往比较复杂，处理难度大，需要协调的资源多，其效果不但受技术能力的限制，而且与安全应急管理关联密切。为做好云环境下数字学术信息资源安全的人工响应，还需要建立完善的安全应急管理制度。在实施中：编写应急响应预案，按照国家相关规定和要求，对可预见到的各类安全事件，制定明确、规范的处置流程与方案，其内容既包括技术实施方案，如服务和设备的检修次序、数据备份处理等，也包括管理实施流程，如负责人与参与人员的构成及职责、处理流程次序等；在调用应急响应支持资源方面，结合应急响应预案的要求，明确所需要的技术资源和硬件设备资源，将其建设成为应急响应资源库并做好维护，从而为应急响应做好基础支持，以便于应急响应的高效开展；在应急响应演练中，针对预案可能出现的各种情况，开展应急响应演练，检验预案设计的合理性、应急响应资源建设水平和应急响应的组织规范，以提高应急响应处置能力。需要说明的是，有些应急响应需要云服务商的协作，在应急响应演练中也需要将其纳入其中，以提高安全应急响应协作能力。

3.5 云环境下的国家数字学术信息资源容灾机制

容灾是基于底线思维设计的国家数字学术信息资源安全保障机制，因而是信息安全保障的最后手段，目标在于保障数字学术信息资源不会遭受不可恢复的损坏，确保在出现安全事故的情况下仍然能够保持其完整与可用。

3.5.1 面向资源组织与服务流程的容灾机制

根据国家数字学术信息资源所采用的云服务模式、容灾目标和容灾实现方式，需要进行差异化的容灾方案设计，如图 3-20 所示。国家数字学术信息资源的容灾目标有两层：一是在发生一般安全事故的情况下，数字学术信息资源系统能够快速恢复，保障业务的连续性；二是保障国家数字学术信息资源在极端状况下的可生存性（survivability），由此形成了面向资源组织与服务流程的和基于数字学术信息资源长期保存与持续利用的容灾机制。

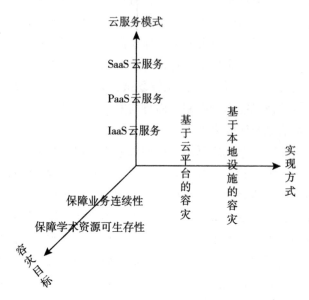

图 3-20　云环境下国家数字学术信息资源容灾机制

　　国家数字学术信息资源服务已成为科学研究与创新不可或缺的基础支撑，一旦中断可能对创新活动造成重要影响，因此要求具备高业务连续性。在容灾机制设计上，需要采用相应的高可用性技术，以面向学术信息资源组织与服务流程进行容灾组织，形成科学的容灾机制。

　　热备份容灾机制下，相当于同时运行两套学术信息资源系统，而且彼此之间不能共享任何硬件和软件设施。基于此，如果数字学术信息资源主服务系统已经应用了云计算，出于应对一般安全事故发生的需要，再重新搭建一套基于本地数据中心的学术信息资源服务系统，而且持续维护其正常运行，显然并不必要。故而，云环境下，面向国家数字学术信息资源组织与服务流程的容灾系统需要采用基于云服务的构建与运行模式。

　　鉴于引发安全事故的关联性，如系统遭受攻击，其软件破坏也可能引发硬件层面的问题。对于云平台的服务器、存储设备等遭受的破坏，还可能存在基础支持资源和物理环境的破坏。因此，在热备份系统建设中要考虑是否需要异地备份问题。云环境下，尽管云服务商通常拥有多个异地数据中心，但其软件系统一旦存在漏洞，多个数据中心的云服务可能同时中断，因此还需要考虑热备份系统是否需要建设在其他云服务平台之上。

　　出于以上两方面的考虑，结合云服务数据中心的物理分布和互操作性，可以将灾备系统的建设进行分类处理，其安全保障和实现难度如图 3-21 所示。安全性方面，数据中心异地且跨云服务商模式的安全程度最高，因为只要不是两套系统同时受到了安全攻击，或者两个云平台都受到安全攻击且导致学术信息资源系统不可用，或者两个服务商数据中心所处地域同时发生因不可抗力因素引发的安全事故，这两套互为热备份的系统至少有一个能正常运行。数据中心同处一个地域布局中，跨云服务商模式和同云服务商的数据中心异地安全性相近，除了均可以应对学术信息资源系统遭受安全攻击这一基本情形外，前者可以应对云平台遭受攻击的情形，而后者可以应对不可抗力因素导致某一区域内所有云平台不可用的情形。显然，在当前数据中心云服务之上构建灾备系统的安全性程度最低，其只能应对学术信息资源系统受攻击这一基本情形。在实现难度方面，主要受云服务之间互操作性的影响，显然同云服务商最为容易，不存在任何的互操作问题；其次是可互操作的云服务商之间，因为尽管彼此间可以互操作，但还需要结合云服务的实现机制进行针对性调整；最困难的是不可互操作的云服务商之间的安全保障，对此需要进行全方位协调处置。

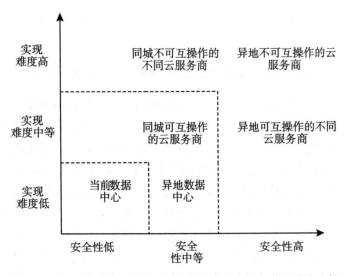

图 3-21　云环境下学术信息资源容灾模式安全性与实现难度比较

　　选择基于云服务的容灾模式时，除了安全程度和实现难度外，还需要考虑模式应用的可行性。如果学术信息资源系统基于 IaaS 云服务构建，则其实施异地、跨服务商的安全构架可行性强，因为 IaaS 云服务在功能上肯定是相似的，互操作性因而比较强。如果学术信息资源主体机构采用的是 PaaS 云服务和 SaaS 云服务，其可行性不及前者，尤其是 SaaS 云服务。因为学术信息资源服务往往不会容纳较多的云服务商，因而寻求服务功能上可替代的云服务商难度较大；而且 SaaS 云服务实现中，由云服务商负责全部软件程序的设计与开发，这就导致云服务商间进行互操作的难度更大。值得指出的是，如果 PaaS 和 SaaS 云服务模式下找不到满意的替代云服务商构建容灾系统，则需要考虑是否基于同服务商的异地数据中心进行容灾，或者由国家学术信息资源服务主体基于更为底层的 IaaS 云服务构建备份系统。

在确定容灾系统建设模式基础上，还需要进行整体规划和实施，其中关键的问题是主服务系统与容灾系统数据同步、主服务系统运行异常情况自动监控和容灾系统自动切换。数据同步方面，需要综合采用远程镜像技术和快照技术，实现主服务系统与容灾系统数据的同步更新。实现中，由于部分科学数据的处理较为复杂，如果服务中断后重新处理可能会浪费很多时间，因此需要在备份中综合采用同步和异步备份的方式，从而保证耗时较长的任务可以从断点处继续，而耗时较短的任务则不必占用过多的备份资源。在主服务系统运行监控和自动切换上，需要定义监控的服务项、监控内容以及异常标准，并确定异常状况自动判断和切换策略，根据异常原因和程度确定是全部切换到容灾系统还是部分迁移。

3.5.2　基于数字学术信息资源长期保存与持续利用的容灾机制

随着信息化的深入推进，基于云服务的数字学术信息资源组织已成为学术信息资源存在和利用的主要形式，对于部分资源甚至可能是唯一形式。创新驱动的国家发展中，学术信息资源已成为重要的战略资源，一旦出现大规模的不可恢复的损坏或丢失，可能对我国的科学研究与技术进步带来重要影响。因此，必须全力避免出现不可恢复的大规模数字学术信息资源损坏或丢失。针对这种情况的容灾机制，就不再是发生概率更高的一般性安全故障应对，而是发生概率极低的极端条件下的数字学术信息资源可生存性问题。其关注的核心也不再是学术信息资源系统的服务能否快速恢复，而是数字学术信息资源是否完整、运行数字学术信息资源的基础软硬件工具和设备是否可以支持其持续利用，故而可以坚持学术信息资源长期保存与持续利用的思路，利用同步发展的安全技术进行容灾机制的设计。

受云计算技术机制与产业的影响，其行业发展将走向垄断或寡头竞争的格局，由此导致市场上拥有数据中心的云服务商数量有限。这种情况下，面向极端条件下的数字学术信息资源可生存性容灾方案设计中，如果再选用云平台作为基础设施，可能难以避免云平台故障这一系统性风险。

　　基于以上分析，为保障极端条件下的国家学术信息资源的可生存性，需要在技术上采用基于长期保存与持续利用的本地数据中心灾备模式，在体制上采用多主体分散实施的方式，以进一步降低风险，如图 3-22 所示。

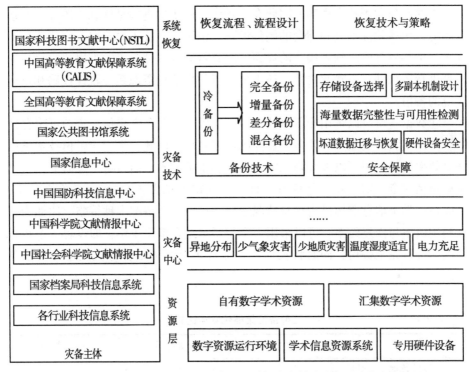

图 3-22　基于数字学术信息资源长期保存与持续利用的容灾机制

　　图 3-22 展示了数字学术信息资源长期保存与持续容灾的实现机制，对于我国学术信息资源机构而言，应该面对以下几个方面的问题：

　　①灾备实施主体可以由 NSTL、CALIS、中国科学院文献情报中心、中国社会科学文献情报中心等国家级文献信息资源中心承担。其原因，一是不同于许多机构图书馆的馆藏资源以使用权为主的自建资源配置，这些机构本身拥有丰富的数字学术信息资源，再配以学术信息资源呈缴机制，可以相对容易实现对数字学术信息资源的全面覆盖；二是这些机构中已确立学术信息资源的长期保存机制，因而具有相应的基础条件。

　　②灾备中心的选址需要做到异地、安全。异地主要指学术信息资源相关机

构的灾备中心不能全部集中在一个地域，以免出现区域性安全事故导致国家数字学术资源的全局性风险。安全灾备主要应对气象、地质灾害等方面的影响，需要有全局性的布局。

③灾备对象上重点关注数字学术信息资源的备份，同时要关注服务系统的备份。面向极端环境，显然数字学术信息资源安全保障是最重要的，离了这些资源去谈服务利用不太现实。因此在灾备中，同步推进的是信息资源存在的运行环境，包括软件工具和配套的硬件设备。由于信息技术更新快，之前流行的技术若干年后可能面临被淘汰的局面，这就可能导致部分资源难以找到合适的工具进行运行处置。除此之外，还需要进行学术信息资源系统软件代码和运行环境的备份。

④数据备份可以采用冷备份技术。面向极端情况下学术信息资源可生存性的容灾，其关注的重点并非服务业务的恢复效率。因此，采用冷备份技术虽然恢复效率较低，但可以大大降低灾备实施和维护成本。而在备份策略上，常见策略包括完全、增量和差分备份 3 种，其优缺点见表 3-4。实际备份选择中，可以根据学术信息资源机构自身情况选择一种或灵活搭配多种策略，比如为兼顾利用效率与恢复效率，可以采用完全与增量结合备份策略，即设置一个较长的周期进行完全备份，同时将长周期切分成多个短周期，每次只进行增量备份。

表 3-4　　　　　　　　　　　　　三种备份策略优缺点比较

	完全备份	增量备份	差分备份
备份效率	高	低	中
易操作性	强	中	中
备份数据规模	大	小	中
系统恢复难度	易	难	中
系统恢复效率	高	低	中

⑤注意备份系统的安全保障。除了物理环境外，灾备系统中最为关键的是信息存储安全保障。在保障实施中，需要进行学术信息资源在硬件设备中的保存选择、多副本机制设计、海量数据完整性与可用性检测、数据迁移与恢复等方面的技术方案构建，在方案中同时保障灾备系统的安全。

⑥设计合理的系统恢复方案。容灾机制设计中，还需要关注国家数字学术

信息资源环境的安全，确保学术信息资源系统的运行安全恢复。系统恢复方案设计中，除了优先进行操作系统的恢复外，还需要结合业务和资源的重要性，合理设计应用系统和学术信息资源的恢复顺序。原则上，应当遵循服务应用与数据资源同步恢复的原则，确保所恢复的服务确实可用，所恢复的资源能够发挥价值。

4 网络安全与信息化整体框架下的 数字学术信息资源安全体制

云环境下国家数字学术信息资源安全保障机制变革要求进行配套的安全体制创新，以更好地监督和支持全面安全保障的实施。同时，数字学术信息资源安全关系到国家和社会安全，是国家安全不可分割的组成部分。基于此，需要进行网络安全与信息化整体框架下的数字学术信息资源安全体制创新。

4.1 信息交互全球化中的各国数字学术信息资源安全体制变革

为适应云环境下信息交互全球化及其引发的安全机制变革，包括美国、欧盟各国、日本等在内的各国都进行了一系列针对学术资源信息安全体制的变革实践探索，形成了信息安全体制创新的格局。对这些国家的实践分析，可以为我国安全体制创新提供参考。

4.1.1 全球化信息交互环境对数字学术信息资源安全体制的影响

互联网发展中，依托互联网的全球化信息交互环境业已形成。随着云计算的发展和应用推进，信息交互的全球化深层发展趋势已经确立。为便于控制成本和服务质量，云服务商常常仅在全球少量几个地方建立数据中心，因而客户在将信息传输到云平台的过程中，同步实现了信息资源向云服务商的聚集，从而引发了信息的大规模全球化流动。有报告表明，数据跨境流动在 2014 年对全球 GDP 的贡献已接近 3 万亿美元，2025 年达 11 万亿美元。① 这说明，环境

---

① Meltzer J P. Digital Australia: An Economic and Trade Agenda [R]. Global Economy & Development at Brookings, 2018: 5.

的变化不但会影响全球信息资源的配置与开发利用,同时对其安全保障也产生了重要影响,要求各国对数字学术信息资源安全体制进行创新,以适应基于云计算的全球化信息交互环境。

①从体制上保障数字学术信息资源在流动共享中的安全。数字学术信息资源的大规模流动,必然引发新的安全风险,如数据主权问题、出现安全事故后对跨境云服务商的法律适用问题、敏感数据跨境引发的安全风险等。针对这些问题,国家数字学术信息资源安全体制也需要作出变革,以便从建立数字学术信息资源的跨境流动管理机制出发,在体制上保证国家安全和跨界信息资源交流与利用安全。确保数字学术信息资源全球化交流安全的同时,还需要同步推进基于安全保障的双边、多边国际合作。与此同时,面对数字学术信息资源全球流动的开放环境,需要在法制化管理的基础上全面应对跨境云服务引发的数字学术信息资源安全风险。

②从体制上加强学术信息资源系统所依托的关键基础设施安全保障。关键基础设施是指与国家安全、国计民生息息相关的信息设施,如果因设施原因出现数据泄露、系统破坏等,将对国家安全、公共利益造成严重危害。其安全威胁包括但不限于作为数据通道的基础通信网络,以及重要领域的信息系统等。云计算环境下,相关的基础设施不仅包括国家级数字学术信息资源系统设施,而且包括承载学术信息资源的云平台信息设施。这两类关键设施一旦出现安全事故,将对国家学术信息资源服务带来重要影响,因此需要加以全面保护。对此,在云环境下国家数字学术信息资源安全体制创新中,需要将其纳入国家关键信息基础设施安全保障范畴,以加强对其安全的全面保护。

③从体制上保障云服务商与国家数字学术信息资源服务机构安全保障的协同。从技术机制上,云环境下国家数字学术信息资源安全保障需要云服务商和数字学术信息资源服务机构共同承担,为适应这一情况,需要从体制上作出相应的安排。国家层面上,需要基于法律法规对二者的安全责任进行划分,同时加强对信息资源组织与云服务商的监督,进行安全保障社会化体制建设。在行业层面上,进行云计算行业安全体制的完善,推进行业安全保障的标准化,引领云服务商做好安全保障自律。国家数字学术信息资源服务机构则需要进行职能转换,从数字学术信息资源安全保障的实施者向实施者与管理者的双重角色转变,同时根据云环境的特点进行安全岗位设置和人员配备。

④从体制上适应信息化与安全保障融合发展环境。安全保障是进行国家数字学术信息资源建设的一项基本要求，云服务的安全性越好，越有助于加速其在数字学术信息资源服务中的应用扩展。随着信息技术的发展和安全态势的复杂变化，安全保障与信息化的融合趋势越来越明显。在数字学术信息资源服务中，基于云安全模式的服务已经成为一种主流的社会化模式。其中，安全技术的升级，如基于大数据的云信息安全技术发展等，提出了安全技术监管体制的完善要求。另外，云服务组织中应同步考虑安全保障，为适应信息化与安全保障融合发展需要，在国家数字学术信息资源安全体制创新中，需要改变信息化与安全保障条块分割状况，加强顶层设计与协调，加快社会化安全保障的进程。

4.1.2 各国数字学术信息资源安全体制的演化

为适应信息环境的变化，各国都已开展针对性的数字学术信息资源安全体制变革探索与实践。为合理借鉴国外实践经验，发挥我国的优势，以下以美国、欧盟和日本为对象，对云计算环境下数字学术信息资源安全体制变革进行整体分析，寻求具有普遍意义的对策。

为实现数字学术信息资源云计算安全运用，美国在政府监管和行业管理方面采取了一系列措施。安全监管的变革主要体现在顶层监管机构设置、云计算可信认证、法律法规和技术标准建设方面。虽然系列变革并非针对数字学术信息资源展开，但其在云计算全面推进中发挥着重要作用，如设置美国云计算联合委员会，保障云计算监管的权威性、协调性。云计算发展之初，各方面就已经形成了共识。在云服务推进的早期，美国就设立了联合委员会推进云计算的应用及安全普及。联合委员会组成成员包括国防部、中情局、国土安全部、总务管理局、教育部等 11 个政府部门的 CIO 和相关领导。如图 4-1 所示，委员会设立 CIO 理事会作为办事机构，总体负责云计算应用与安全推进；下设督导和咨询两个委员会，负责提供决策支持，电子邮件、安全、标准和技术 3 个工作组负责提供技术支持。为了更好地凝聚智力资源，委员会和工作组的成员具有多元化的背景，包括政府人员、美国国内相关领域专家和行业专家，以及英国、日本、西班牙等国家和地区的国际专家。由此可见，为推进云计算的安全应用及普及，美国建立了相应的组织体系，有助于保障安全监管的权威性，同时在智库建设上注重利用社会化智力资源和专家的多元化背景，提升安全监管决策的科学性和有效性。

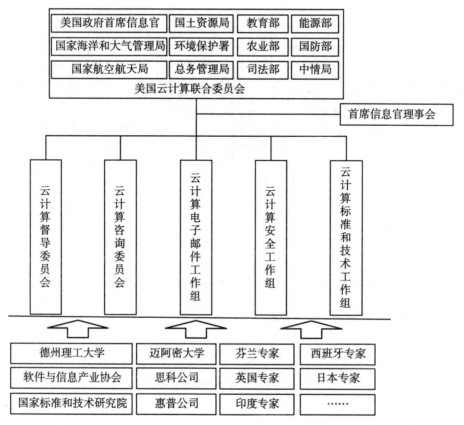

图 4-1 美国云计算顶层监管体制框架

为支持云计算的应用普及，美国提出了"云计算优先战略"，颁布了《联邦云计算战略》规划，以推动政务信息资源管理与系统建设中的云计算应用。为确立安全标准，NIST 专门设立的 5 个工作组负责云计算标准建设，其工作包括参考架构和分类、标准应用推进、安全保障等。另外，云计算与虚拟化实验室专注于云环境下身份认证和访问控制研究，为安全标准制定提供技术支持。NIST 还确立了协同工作机制，以加强与云计算行业利益相关方和其他标准机构的合作。NIST 的标准推进体制如图 4-2 所示。

在 NIST 的高效云计算标准研发组织体制下，2011—2018 年的标准正式版本或草案共 9 项，见表 4-1。其中，云计算安全相关标准有 3 项，分别涉及安全架构、虚拟化安全、数据安全、隐私安全等多个方面。2014 年以后，陆续

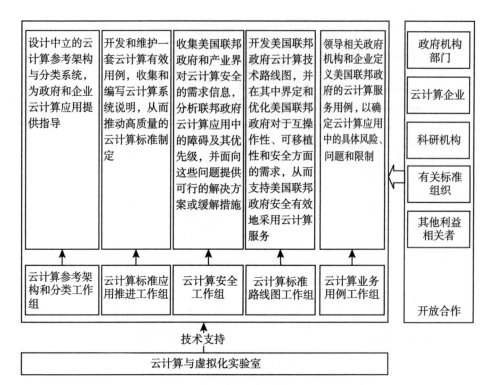

图 4-2　NIST 云计算标准推进体制

进行了修订和更替。

表 4-1　　　　　　　　　　　　**NIST 的云计算标准及标准草案**

标准（草案）	发布时间	主　要　内　容
SP 800-125 完全虚拟化技术安全指南①	2011-01	就虚拟服务器及对应客户端的安全保障问题提出了系统解决方案
SP 800-145 云计算定义②	2011-09	对云计算相关的核心概念进行了界定和说明

---

　　① Souppaya M P, Scarfone K A, Hoffman P. SP 800-125. Guide to Security for Full Virtualization Technologies［S］. America：Computer Security Resource Center, 2011.

　　② Mell P, Grance T. SP 800-145. The NIST Definition of Cloud Computing［S］. America：Computer Security Resource Center, 2011.

续表

标准（草案）	发布时间	主 要 内 容
SP 500-292 云计算参考体系架构①	2011-09	构建了一个普适性较强的云平台架构，提出了云平台分类体系
SP 800-144 公有云计算安全和隐私指南②	2011-12	围绕公有云部署中的主要信息安全和隐私泄露风险，给出了较为原则性的应对指南
SP 800-146 云计算梗概和建议③	2012-05	对云计算的优缺点进行了系统阐述，并提出了如何在有安全风险的情况下推进云计算应用的建议
SP 500-291 云计算标准路线图④	2013-07	系统梳理了云计算标准制定现状，分析了存在的问题，并提出了标准体系完善路线图
SP 500-293 美国政府云计算技术路线图⑤	2014-10	该路线图分为两卷，第一卷主要是美国政府机构为了更进一步适应云计算，提出了高优先级的要求；第二卷主要是一些针对使用者的其他有用信息，包括云计算定义、云计算使用案例和要求等
SP 500-322 基于 NIST SP 800-145 的云计算服务评估⑥	2018-02	判断给定的计算能力是否符合 NIST 对云计算的定义，从而明确该计算能力能否提供云服务，并根据最合适的服务模型（SaaS，PaaS 或 IaaS）对云服务进行分类

---

① Liu F, Tong J, Mao J, et al. SP 500-292. NIST Cloud Computing Reference Architecture [S]. America：Computer Security Resource Center, 2011.

② Grance T, Jansen W. SP 800-144. Guidelines on Security and Privacy in Public Cloud Computing [S]. America：Computer Security Resource Center, 2011.

③ Badger L, Grance T, Patt-Corner R, et al. SP 800-146. Cloud Computing Synopsis and Recommendations [S]. America：Computer Security Resource Center, 2012.

④ Hogan M, Liu F, Sokol A, et al. 500-291. NIST Cloud Computing Standards Roadmap (v2) [S]. America：Computer Security Resource Center, 2013.

⑤ Bohn R B. SP 500-293. US Government Cloud Computing Technology Roadmap Volume I：High-Priority Requirements to Further USG Agency Cloud Computing Adoption；and Volume II：Useful Information for Cloud Adopters [S]. America：Computer Security Resource Center, 2014.

⑥ Simmon E D. SP 500-322. Evaluation of Cloud Computing Services Based on NIST SP 800-145 [S]. America：Computer Security Resource Center, 2018.

续表

标准（草案）	发布时间	主 要 内 容
SP 500-307 云计算服务指标说明①	2018-04	提出云计算服务指标的概念和模型，该模型给出了理解目标云属性所需的信息，以及在测量期间应该进行哪些约束

2011 年，美国就启动了 FedRAMP 项目，其目标是对服务质量和安全性达到要求的云服务商及云服务予以认证，从而确定了安全认证体制框架。如图 4-3 所示，其运行体制是：美国预算管理办公室、NIST、国防部、国土安全部等多个政府部门联合成立可信云授权委员会，制定可信云服务认证标准，下设项目管理办公室作为办事机构；确立基于第三方机构的可信云服务评估体制，当云服务商提出评估请求后，FedRAMP 授权第三方机构对其进行安全评估，并将评估结果提交给 FedRAMP 办公室；进行专家审核的可信授权，当收到评估报告后，FedRAMP 办公室组织专家对评估结果进行审核，并由 FedRAMP 办公室对通过审核的云服务颁发授权证书，政府部门同时通过可信认证的进一步审核，向其颁发云服务运营授权证；确立持续监督制度，确保长期安全，对获得授权的云服务商及服务业务，FedRAMP 办公室协同授权的第三方机构对其运营状况进行持续监督，确保服务能够安全稳定地持续运营。

在学术信息资源机构云服务组织中，美国确立了机构负责的责任体制。包括美国大学图书馆在内的学术信息资源服务机构内部多拥有专门的信息安全部门，其职责是负责学术信息资源保存、服务和利用安全约束。其机构体制见表 4-2。在服务组织和安全保障中，一般采用学校和图书馆的双重责任制。② 如伯克利大学图书馆，设立了信息安全和隐私保护部，作为信息技术部门的平行机构，受图书馆和学校副校长的直接管辖，专门负责安全保障事宜。其组织制度安排，充分体现了对信息安全的重视。在实现上，既有助于学术信息服务机构的安全保障与服务同步推进，也有助于安全保障的协同实施。在这一体制下，美国诸多大学也都进行了专门的安全体制构架，如俄亥俄州立大学基于安全责任制，颁布了云计算应用指南，以指导其在教学、科研和校务管理中的安

---

① Vaulx F J D, Simmon E D, Bohn R B. SP 500-307. Cloud Computing Service Metrics Description [S]. America：Computer Security Resource Center, 2018.

② 张立新，周秀霞，许亮. 基于风险控制的大学信息安全政策体系构建——基于美国 8 所大学的实践分析 [J]. 现代情报，2016，36（10）：102-106.

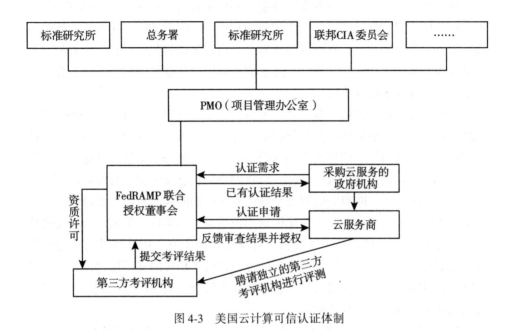

图 4-3　美国云计算可信认证体制

全应用。①

表 4-2　　　美国部分大学图书馆的信息安全部门名称及其隶属关系

图书馆	信息安全部门	管理体制
伯克利大学图书馆	信息安全和隐私保护部	独立于信息技术应用部门，受 CIO 和图书馆的双重领导
斯坦福大学图书馆	信息安全部	独立于其他部门，接受学校和图书馆领导
德州大学达拉斯分校图书馆	信息安全部	独立于其他部门，接受学校和图书馆领导
印第安纳大学图书馆	信息技术安全部	在学校领导下，作为图书馆中的部门设置

---

① Ohio State University. Cloud Computing Guidelines for Teaching, Administrative Support, and Research [EB/OL]. [2019-10-14]. https：//ocio. osu. edu/policy/standards/cloud.

欧盟国家的学术信息资源安全体制，同样是随着通用安全体制的变革而变化。从整体上看，其变革路径与美国较为相近，可以归纳为三个方面：推进网络与信息安全职能调整，以更好地应对云环境带来的挑战；进行云计算安全和信息资源安全相关的制度完善；推进云服务商安全认证，构建安全体制保障下的学术信息资源云服务平台。

　　为应对云计算引发的安全挑战，欧盟设立了独立机构 ENISA。ENISA 职责包括，提高欧盟及成员国、业界组织的信息安全防御、处理和响应能力；发挥智库职能，提供网络与信息安全领域的协助与咨询服务；促进公共部门、私营组织在网络与信息安全领域的合作；负责网络与信息安全相关的政策法规修订和制定的技术准备。欧盟的信息安全部门独立建制的体制有助于保障网络与信息安全机构的独立性，有助于保障体制的顶层设计与实现。为适应云环境的挑战，2009 年 ENISA 就设立了开展云计算安全保障研究、标准研发与实施的机构。除了欧盟的集体行动外，各成员国也都进行了相应的变革以保障云计算安全应用，具体方式包括设立云计算安全联合委员会、调整优化相关政府部门的安全职能和内部安全体制架构等。

　　与其他国家相比，欧盟更注重云计算安全应用的法制化和标准化，从2009 年开始就着手进行政策法规和标准体系的完善。其工作包括修订已有制度和标准以适应新的环境，以及制定与云环境相适应的新的政策法规和标准规范。

　　如图 4-4 所示，欧盟和英国、法国的信息资源与云服务安全体制具有整体化特征。在这一体制框架下，欧盟 ENISA 颁布的《ENISA 云计算信息安全保障框架》和《云计算：好处、风险及信息安全建议》两个指导性文件，要求公共部门必须在进行安全评估的基础上才能进行云服务部署。①② 此后：欧盟于 2011 年发布《政府云的安全性和复原力》，为政府部门在应用云计算过程中如何保障安全和业务稳定性提供了指导。③ 2014 年，在对欧盟范围内云计算应用实践广泛调研的基础上，欧盟制定了《云计算合同安全服务水平监测指南》，提出在采购云服务后，政府机关需要持续对云服务商进行安全监测和

---

　　① 　ENISA. Cloud Computing Information Assurance Framework ［R］. 2009.

　　② 　ENISA. Cloud Computing：Benefits，Risks and Recommendations for Information Security ［R］. 2009.

　　③ 　ENISA. Security and Resilience in Governmental Clouds ［R］. 2011.

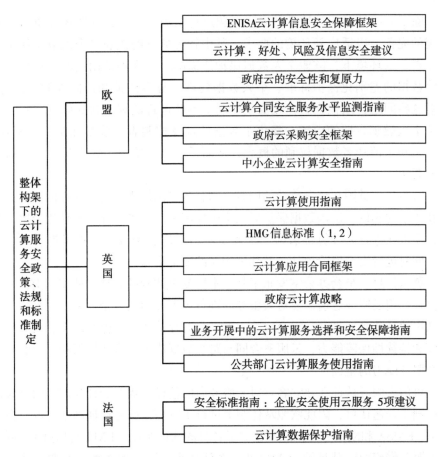

图 4-4 整体安全体制下欧盟及英国、法国的安全政策法规和标准制定

评估，确保云服务的持续安全。① 2015 年，发布《政府云采购安全框架》文件，为云服务采购中的安全保障提供更加全面、深入的指导。② 同时，发布的《中小企业云计算安全指南》，作为第一部以中小企业为对象的安全指南，针对中小企业的特点，提出了具有可操作性的安全防范操作规范。③ 2015 年至今，ENISA 进行了实时安全指导和新的文件颁发，从而确保安全与服务的

---

① ENISA. Procure Secure：A Guide to Monitoring of Security Service Levels in Cloud Contracts ［R］. 2012.

② ENISA. Security Framework for Governmental Clouds ［R］. 2015.

③ ENISA. Cloud Security Guide for SMEs ［R］. 2015.

同步。

除了专门针对云环境下的安全问题进行新规制定外，欧盟还注重对已有法规的完善，以适应新环境的要求，其中较为典型的代表是个人数据保护法律完善。云环境下，欧盟个人数据保护法面临一系列不适用问题，包括个人敏感数据的差别化保护标准、个人数据处理、身份认证和访问控制机制等。针对这些问题，欧盟在整体化安全体制下不断进行法规条款的修订完善，扩充了个人敏感数据的内涵，强化了数据处理及控制者在隐私保护中的责任，引入了新兴消费者数据权利的概念，从而适应云环境下个人隐私信息全面保护的要求。

欧盟各成员国在统一行动的同时，结合各自国情进行了针对性的云安全政策和体系的建设。法国数据保护局在集中体制下制定了企业安全使用云服务指南，要求在进行云计算部署时，企业要明确应用云服务的数据类型、安全要求，同时进行安全风险评估，并部署相应的安全措施。

英国信息委员会办公室发布了基于本国安全体制的云计算使用指南，要求机构在利用云服务之前需要对云服务商进行 5 个方面的安全评估，内容包括数据从本地迁移到云平台的安全风险、云平台对存储数据的保密能力、云服务可用性和持续性保障能力、云服务合同与跨境数据流动的合法性保护、云服务商安全服务能力的全面性。

可信云服务认证在建立客户对云服务商的信任、规范云计算市场的有效性中得到了普遍认可，因此欧盟从体制上进行了可信云服务认证制度建设。在推进上，ENISA 和欧洲一些国家都建立了各自的认证制度。ENISA 推进的"可信赖云服务供应商"认证始于 2013 年，关注的重点是云服务商与欧盟云计算安全标准的一致性、云服务的安全性和可操作性、数据的可移植性、服务节能性等。德国开展的"可信云计算"认证主要针对在其国内开展服务业务的云服务商进行，其安全认证指标体系的设计由德国互联网协会主导，吸纳信息技术安全局、相关标准组织、研究机构、云服务商等参与，最终以 ISO 27001 和 ISO 29000 标准为基础构建了包含 220 个指标的体系。

集中认证体制下，英国 G-Cloud 采用了与德国所不同的组织方式，如图 4-5 所示。在安全认证中，司法部负责领导，政府办公室协同推进。G-Cloud 委员会负责项目的整体工作，下设安全审查工作组专职负责安全认证具体操作。在具体任务的执行上，则采用安全评估与结果审核相分离的机制，由英国通讯电子安全小组负责云服务安全性的认证评估，公共部门认可委员会负责评估结果的审核。认证指标体系以 ISO 27001 和 "HMG Information Standards No. 1 &

2"为基础,结合云计算特点优化完善而成,重点关注云服务的多租户隔离安全性、数据存储的物理位置分布安全、云平台数据永久删除安全等。按认证结果分成 4 个不同的安全等级:IL3 表示同时通过了 ISO 27001 和 "HMG Information Standards No. 1 & 2" 安全认证;IL2 和 IL1 表示通过了 ISO 27001 安全认证,但 IL2 的可信程度更高;IL0 则是未通过安全认证。

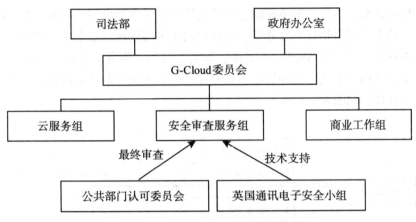

图 4-5 英国 G-Cloud 云计算可信认证体制

日本的安全体制与美国、欧盟有一定相似之处,都是以通用安全体制为基础进行数字学术资源安全建设,且十分注重云服务可信认证的推进。但是日本也有其独特之处。在体制上,未设立统一的监管机构,而是由多部门齐担共管;与此同时,注重行业组织的安全监督作用发挥。

日本的云计算安全监管职能分散于内阁府的 IT 战略总部、经济产业省、总务省和文部科学省等多个部门。其中,IT 战略总部通过制定国家级云计算应用和安全保障战略履行职责,如在日本中长期信息技术发展战略(i-Japan)中,进行大规模云计算基础设施建设部署,在保障安全的前提下优先推进在医疗、科教等领域的应用。总务省是云计算应用推进和安全保障的主要负责部门,其在《智能云研究会报告书》中,提出要推进智能云战略,在技术上要求开展包括安全技术在内的下一代关键技术研发,引领云计算技术方向;在应用上支持企业与科研机构协同创新,进行服务模式和业务创新,提高服务和安全保障水平;在政务管理、科教、医疗卫生等领域进行全球云服务提供,促进云计算产业持续有序发展;在应用推广上基于产学研协同推进云计算普及,并积极参与云计算标准与商业规范制定。① 经济产业省则履行部分安全监管职能，包括云环境下的隐私保护、服务外包安全管理、知识产权保护等；文部产业省作为数字学术信息资源服务主体的管理部门，履行主管部门的安全监督职责，推进云计算的安全应用。

　　日本的云服务认证体制的确立，意义在于培育云服务市场，支持机构选择安全可信的云服务商。在认证实施上，其依据是云服务商公开的信息，而非按设计指标体系，结合云服务商的整体状况进行安全性和可靠性判断。在组织体制上，其支持部门是日本总务省，执行机构是多媒体通信基金会（FMMC）和ASP-SaaS产业会社（ASPIC）。其中，前者负责与云服务商对接，组织专家进行安全性评估，以及根据评估结果颁发证书；后者则负责评估体系的建设，以及证书管理，如图4-6所示。

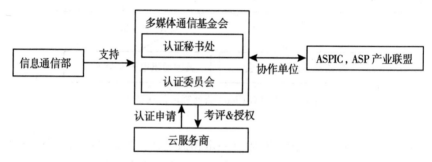

图4-6　日本可信云服务认证组织体制

　　图4-6中的认证，对安全、可信程度的评估，依据云服务要求和云服务商提供的基本信息进行。前者以云服务业务为单元，涉及信息包括云平台、网络安全性、服务器安全性、物理安全性、服务可用性、服务稳定性等；后者包括云服务商所属组织的基本信息、机构人员和财务状况、组织架构、资本关系等。认证范围主要是ASP-SaaS云服务、IaaS-PaaS云服务以及数据中心云服务3类。从实践上看，认证的权威性已得到了云服务商和租户的普遍认可，其中ASP-SaaS认证证书已作为云服务商的一种常规资料用于证明其安全保障能力和水平。当前，日本累计参与认证的云服务商已达数百家，涵盖了全部知名的云服务商及面向教育、商业、互联网等多个领域的行业云服务范围。

---

　　① Smart Cloud Study Group. Smart Cloud Strategy for Appropriate Risk Management by Top Management［R］. 2010.

日本的云计算行业协会通过两种方式参与安全监督与治理：通过制定和推广云计算安全标准，加强云服务商的安全自律；参与可信云服务认证。在标准化方面，ASPIC（APS-SaaS-Cloud Consortium）面向云服务商和云服务客户分别发布了《ASP-Saas 服务商信息安全应对指南》《云服务客户安全保护和合规管理指南》《ASP-SaaS 服务商协同指南》，用于约束云环境下的安全保障和安全风险管控，同时为云服务商和客户间的安全保障协同提供实施建议。JCC（Japan Cloud Consortium）则致力于安全标准的推广及普及，包括整理和推介云计算安全相关安全标准、召开会议研讨科教等行业的云计算应用和安全保障；GICTF（Global Inter Cloud Technology Forum）则专注于技术标准的应用推进，主要工作体现在云平台互操作标准的应用推进上。

学术信息资源云平台（JAIRO Cloud）的建设者是日本国立情报研究所，该机构是以日本学术情报中心为基础组建的，使命之一是开展学术信息关键基础设施建设。JAIRO Cloud 建设体制的出发点是，应对云环境下复杂的信息安全态势，为日本学术信息资源服务主体提供安全、可靠、便捷的云服务。平台提供的主要是云存储、开放存取与资源共享 SaaS 服务，于 2012 年按部门体制投入运营。目前，已经广泛渗透到日本的高校、科研院所，服务机构超过 350 所，在云环境下日本数字学术信息资源服务中同步实现了安全保障目标。

4.1.3 国外数字学术信息资源安全体制变革对我国的启示

综合分析美国、欧盟和日本等国的学术信息资源安全体制，其基本思路都是以通用安全制度为基础构建政府主导的社会化协同安全体制，在组织路径上具有较强的共性特征。以云环境下通用安全制度为基础所进行的国家数字学术信息资源安全体制建设，重视可信云服务认证在安全保障中的作用，注重安全政策法规和标准体系建设，以及行业层面上的云服务一体化安全保障组织。这些国家的区别主要集中于两个方面：一是云计算安全顶层管理部门的设置上，美国和欧盟设立了专门机构，而日本等国则以现有体制为基础，注重各部门的协调共管；二是行业组织作用的发挥上，相较于其他国家和地区，日本更加注重行业组织的作用发挥。

这些国家的实践对我国数字学术信息资源安全体制建设与完善具有以下启示：建设与完善政府主导、社会协同的一体化安全体制，集中各方力量做好安全保障工作。实施推进中，以下几方面的共性值得我国借鉴。

①强调面向云环境的安全政策法规和标准体系建设与完善。通过法律法规

的制定与完善，能够为云服务商、国家学术信息资源服务主体及用户等相关利益主体提供行为规范的指引，为行政监管、利益维护提供准绳，其不可替代的作用必须在体制建设上予以确认。从国外经验看，需要重点关注和加强的领域包括隐私保护、安全责任划分、数据跨境流动安全等方面的体制建设。其中，安全标准体制建设的完善在安全保障部署上应得到全面体现。为了提高社会范围内的安全保障协同水平，获得良好的安全保障效果，根据国外实践经验，一方面需要增强组织保障力度，如美国设置了 5 个工作组和 1 个实验室专门负责相关工作；另一方面，需要加强与社会力量的协同，包括着重于体制上的行业组织、学术机构、资源组织和云服务商的协同。

②重视可信云服务认证体制建设与认证的推进。安全可信的云服务是实现学术信息资源系统安全保障的基本前提，因此云服务商选择是云环境下数字学术信息资源安全保障的首要步骤。然而，对学术信息资源服务主体来说，由于安全评估的技术难度和成本问题，由资源机构单独对众多云服务进行安全评价不具有可行性，而且云服务的安全性评估本身具有很强的外部效应，因此，可以从国家层面推进云服务的安全认证，作为公共服务向社会提供，国外的实践也都证实了这一方式的可行性和效果。我国虽然也推行了云服务安全认证，但认证对象集中于云主机和云存储，其他云服务的安全认证未能从体制上进一步加以明确，而且缺乏面向数字学术信息资源的专门认证体系。因此，我国对可信云服务的认证，需要推进面向学术信息资源的专门认证或认证结果的制度性审核，以增强认证结果的约束性。

③确立学术信息资源行业云服务供给体制。面向数字学术信息资源的行业云服务，可以采用社区云方式进行云计算部署，其部署既能提供有针对性的云服务，也有助于提高安全保障的效能，从而使云服务安全、可用。① 由于国家学术信息资源服务主体之间的需求相近，因此可以通过 PaaS 和 SaaS 云服务的提供，来提高数字学术信息资源安全一体化保障水平，以收到更好的安全保障效果。基于此，各国均比较注重这方面的工作推进，而且在服务模式上注重 SaaS 云服务安全提供；另外，在平台底层架构上，各国也进行了多样化探索，既有独立建设数据中心的模式，也有以社会化 IaaS 云服务为基础的模式，且都收到了良好效果。这些都可以为我国的体制建设提供参考。

---

① Saxena A B, Dave M. IAAS Service in the Public Domain: Impact of Various Security Components on Trust [C] // Information and Communication Technology for Sustainable Development, Proceedings of ICT4SD 2018, 2018: 789-797.

④设置监管学术信息资源安全的专门机构。从美国和欧盟的实践看，由于在体制上设立了云计算应用推进与安全监管的顶层机构，所以云计算的应用普及较快，安全性也得到了较好保障。但从行业细分上看，应用推进与安全保障最到位的是电子政务领域，其远远领先于其他行业。究其原因，顶层监管机构要么是为推进政府信息资源管理的云计算应用与安全保障而设置，要么将政务领域的云计算应用推进与安全保障作为核心职责来处理，而且颁布了一系列针对政务领域的政策法规和安全准则。而对于包含学术信息资源领域在内的其他行业，则通常是以通用安全体制为基础开展安全监管，同时针对性的标准有所欠缺。因此，我国可借鉴和吸收正反两方面的经验，在云环境下的国家数字学术信息资源安全体制建设中，加强行业的监管体制建设，实施针对行业的安全监管措施，从而更好地保障国家数字学术信息资源安全。

4.2　我国网络安全与信息化整体推进中的安全体制建设基础与目标

自 2014 年中央网络安全与信息化领导小组成立以来，网络安全与信息化推进的力度和配套体系建设进一步强化，为我国国家学术信息资源安全体制建设奠定了新的发展基础。同时，网络安全与信息化整体战略的实施，对国家学术信息资源安全体制建设提出了新的要求，由此需要确立与之相适应的安全体制建设目标。

4.2.1　网络安全与信息化整体战略对体制建设的要求

信息化与网络安全一体化战略的推进，除了要求在信息化和网络安全保障中注重环境的变化，还从组织结构、职能设置、管理体制等方面提出了国家数字学术信息资源安全体制建设的要求。

在整体战略框架下，先需要完善组织体制，加强对国家数字学术信息资源建设与安全保障的统一部署。经过新一轮的发展与改革，各系统都确立了信息化与网络安全统一领导制度，但由于数字学术信息资源服务机构分属于教育部、文化和旅游部、科技部、国家发展和改革委员会、工业和信息化部、国土资源部、国家档案局、中国科学院、中国社会科学院等中央、国家部委主管，面向行业的信息化与安全保障统一领导有待进一步确立。这一状况直接导致了信息资源服务与安全保障的条块分割，从总体上缺乏统一部署和统一实施的组织机制，致使一些全局性、战略性问题难以全面协调应对。为适应信息化与安全保障一体化，需要在组织体制上实现国家数字学术信息资源管理全面统筹，制定国家数字学术信息资源服务与安全保障一体化推进政策，统筹协调相关部门与服务主体，增强工作的一致性与协调性。

表 4-3 归纳了我国学术信息资源服务系统的总体结构。鉴于我国各行业信息服务机构在改革发展中的所属关系变化和各领域的差异，其行业信息中心未列入表中。同时，国防科技信息中心等也未归入其中。从总体上看，表中所列入的机构和系统，构成了我国社会化学术信息资源服务的主体。

表 4-3　　　　我国学术信息资源服务系统及主管部门（部分）

主管部门	学术信息资源服务系统与机构
教育部	CALIS、CASHL 等文献资源保障联盟；北京大学、清华大学等全国高等学校图书馆；中国教育科学研究院等 6 家科研机构等
文化和旅游部	国家图书馆和地方公共图书馆系统、故宫博物院等公共文化机构，中国艺术研究院等研究机构
科技部	国家科技图书文献中心（NSTL）；中国科学技术信息研究所等国家和地方机构、万方数据股份有限公司等
国家发展和改革委员会	国家信息中心
工业和信息化部	部属高等学校图书馆、中国信息通信研究院等 6 家科研机构
国土资源部	中国极地研究中心等 24 家科研机构、国土资源部土地整治重点实验室等 58 家重点实验室、野外科学研究与观测基地等 85 家野外科学研究与观测基地
国家档案局	中央档案馆和各地方档案馆等
中国科学院	中国科学院文献情报中心及文献情报分中心；中国科学院大学等各学科专业领域 100 多所研究机构等
中国社会科学院	中国社会科学院文献情报中心、中国社会科学院大学、社会科学领域 42 家科研机构，国家哲学社会科学文献中心等

由表 4-3 可知，我国学术信息资源建设与服务所具有的社会化特征，决定了开放服务和跨部门协同安全体制的形成。云环境下，国家数字学术信息资源服务与安全保障趋于复杂化，直接关联的主体机构多元，仅依靠服务机构与主

管部门显然无法实现全面安全管理与支持的需要。同时，从全局看，信息化与网络安全涉及多个职能部门，需要建立跨部门协调体制，在主管部门与职能部门协同下，共同推进国家数字学术信息资源安全响应，也需要多个部门、机构的协同支撑。因此，国家数字学术信息资源服务与安全需要包括主管部门、国家网络安全部门和云服务商在内的整体协调，以提升信息安全的保障能力。

在强化国家数字学术信息资源主管部门、行业组织的安全职能的同时，无论是数字学术信息资源主管部门还是行业组织，一定程度上都存在着重建设、轻安全的倾向，安全职能有待从体制上强化。对于主管部门，通过对其近20年来的实施数据分析发现，从体制上明确学术信息资源安全条例的仅占57.6%，其安全体制建设明显滞后于数字化的系统大规模建设与发展。① 在行业组织方面，通过对学术信息资源行业组织的章程进行分析发现，尚未从体制上将学术信息资源安全保障纳入专门的业务范围。这说明，当前数字学术信息资源主管部门和行业组织的安全职能管理体制尚未从根本上确立，导致其不足以支撑信息服务与安全保障的整体化实施，在面向云环境的安全体制建设中需要强化。

最后，需要完善国家数字学术信息资源服务与安全保障的法制化建设体制。推进国家数字学术信息资源服务主体与云服务商的安全保障协同，是一体化安全保障的关键所在。然而，当前二者协同中的一些基本关系还未从体制上进行规定：一是跨国信息存储问题，云服务商可能将数据中心设置在国外，因此应用云计算可能导致国家数字学术信息资源物理存储位置的不可控性，由此引发司法管辖归属问题，同时还可能带来侵权人、受害人、侵权发生地适用法律不一致的风险；二是云服务商与数字学术信息资源服务主体间的安全责任划分问题，安全责任不明确可能导致安全保障存在体制上的空白，进而引发安全事故，同时导致事故发生后的责任认定出现困难；三是数据所有权问题，通过对学术信息资源服务主体在应用云计算过程中的资源占用、通讯流量、交付等信息分析，不难发现其所有权归属缺乏法律依据。以上问题的全面解决，需要依靠机制和体制的完善。

4.2.2 信息服务与网络安全融合体制基础

十八届三中全会以来，我国开始推进网络安全与信息化融合体制建设，经

---

① 赵蓉英，魏绪秋. 近十年我国数字图书馆发展态势研究 [J]. 图书馆学研究，2016 (14)：22-28，73.

过近年来的实践，已经形成了进一步的组织基础。同时，云计算技术的特殊性也要求其应用推进与安全保障必须同步，由此形成了云环境下数字学术信息资源服务与网络安全融合体制的现实基础。

全球化背景下，各国领导层对信息技术的快速发展给予了多方面的关注，注重对网络安全和信息化的融合推进。20世纪80年代，我国网络安全与信息化管理体制开始形成，其演化历程如图4-7所示。

我国的第一个国家级信息化领导机构是1982年成立的计算机与大规模集成电路领导小组，组长是国务院副总理。之后，为适应国家信息化与信息安全环境的快速变化，多次进行了体制创新，领导机构的名称也多次变迁，包括1984年的国务院电子振兴领导小组、1986年国家经济信息管理领导小组、1993年的国家经济信息化联席会议、1996年的国务院信息化工作领导小组，除1986年成立的领导小组组长由时任国家计委主任兼任外，其他机构一直由国务院副总理兼任。1999年，为推进国家信息化建设，协调和领导国家信息化的发展，领导小组改制为国家信息化工作领导小组，将信息化工作协调和领导的范围由国务院下属部门或国家某一专门领域扩大到信息化的各个方面，组长仍由国务院副总理兼任。

为加速信息化的发展，更大范围内协调推进信息化工作，2001年8月对信息化领导小组进行了重组，由国务院总理任组长，同时设立国家信息化专家咨询委员会和国务院信息化办公室，负责具体工作；2003年，为适应信息化和网络安全发展的新形势，在领导小组之下成立了专门负责信息安全的网络和信息安全协调小组，组长由国务院副总理担任。[①]

新时代的信息化建设与发展中，为加大依法管理网络力度，完善互联网管理领导体制，我国中央网络安全和信息化领导小组正式成立。体制创新改变了以往侧重信息化的局面，将网络安全置于更突出的位置，从而建立了网络安全与信息化整体推进的机制；同时，由总书记担任组长，确立了小组纵览全局的领导、谋划和管理体制。2018年3月，在中央网络安全和信息化领导小组基础上，中央网络安全和信息化委员会成立，其职责是负责网络安全和信息化的统一部署，进行总体布局和整体推进。

在中央和国务院的统一部署下，地方、部委及相关企事业单位也进行了相应的改革，成立了网络安全与信息化领导机构，从而为国家数字学术信息资源

①   汪玉凯. 中央网络安全和信息化领导小组的由来及其影响 [J]. 信息安全与通信保密，2014 (3)：24-28.

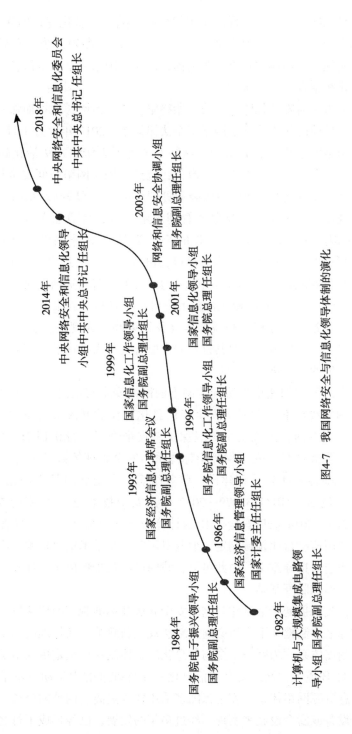

图4-7 我国网络安全与信息化领导体制的演化

安全与信息化融合体制推进提供了组织保障。随着信息化建设的深层次发展，我国网络安全与信息化工作的推进，已形成了统一谋划、统一布局、统一推进、统一实施的工作体制；以此为前提，确立了国家数字学术信息资源网络安全与信息化相融合的工作机制。

在服务组织与安全保障中，我国始终坚持依法治网，注重加强法律法规建设和完善，目前已初步建立了网络安全法律体系。2017 年 6 月 1 日，《中华人民共和国网络安全法》正式实施，网络安全各项工作纳入法治化轨道。与此同时，陆续配套出台了多项规章、政策，包括《国家网络空间安全战略》《网络空间国际合作战略》《网络出版服务管理规定》《互联网信息内容管理行政执法程序规定》《区块链信息服务管理规定》《云计算服务安全评估办法》《关于加强国家网络安全标准化工作的若干意见》《国家网络安全事件应急预案》等。形成的一批草案或征求意见稿，包括《个人信息出境安全评估办法》《数据安全管理办法》《网络安全审查办法》《关键信息基础设施安全保护条例（征求意见稿）》等。这些政策法规的出台，既有利于云服务商、国家数字学术信息资源服务主体等相关利益群体自我约束和行为规范，也有助于政府机关、行业组织、用户组织等对其进行安全监督，从而推进了国家数字学术信息资源安全治理的法制化。

近年来，我国加速推进协同体制下的网络安全与信息化标准化建设，制定了一批国家级标准，对网络安全与信息化工作的开展具有重要指导作用。通用信息安全方面，围绕安全等级保护、灾难恢复、身份识别、数据传输、网络和终端隔离产品、安全保障指标体系、安全管理体系等出台了一系列标准。同时，围绕云计算平台建设、服务组织、安全保障等方面已制定了 20 多项标准，包括《GB/T 35279—2017 信息安全技术 云计算安全参考架构》《GB/T 31167—2014 信息安全技术 云计算服务安全指南》等。尽管这些安全标准面向通用信息行业领域制定，但其对国家数字学术信息资源云服务与安全保障具有普遍的指导意义，由此可见，我国已经初步形成了云计算应用推进与安全保障的标准制度基础。

当前，我国仍处于信息化与网络安全立法及标准制定的快速发展期，在政策法规和标准体制框架下，将会通过新法规、新政策、新标准的制定，迅速丰富和完善制度体系，为网络安全与信息化融合体制建设奠定更加坚实的基础。

传统 IT 环境下，网络安全与信息化一体化推进的内生动力不足。国家数字学术信息资源网络体系，安全保障多采用物理隔离、内外网分离、防火墙等硬件安全设备或安全设施来实现。经过多年的发展，已经形成了行之有效的安全保障软件技术和管理体制。在安全保障实施中，只要按照相关标准规范进行系统研发与安全措施部署，即可获得比较高的安全性。受此影响，数字学术信息资源服务机构显然更愿意先推进信息化，在取得更多的基础上再由安全部门采取措施进行系统加固与动态防御。显然，这一方式往往会使信息服务与安全保障脱节，同时在机构体制上，信息安全部门难以对其工作推进进行全面约束。

云计算环境下，安全保障贯穿于业务环节始终，由此促进了安全保障与信息化融合体制的发展。推进国家数字学术信息资源云计算服务，需要将资源存储在云平台之上，系统架构在云服务之上。这一背景下，由于云计算的技术限制，以及虚拟机安全、云平台安全等问题突出，必然要求云环境下数字学术信息资源安全保障的协同。由于当前建立良好协同机制的路径仍不清晰，而且还存在数据所有权、云服务商在客户行为数据分析与利用上的争议等，因此可能导致数字学术信息资源的全面安全无法得到保障，难以避免发生较为严重的安全事故。这种情况下，信息化先试先行的工作思路风险较高，因此需要学术信息资源服务主体将安全保障与云计算应用进行统一部署，以便在保障安全的前提下进行云服务的推进。

由此可见，云计算环境的高安全风险特征，使得国家学术信息资源服务机构产生了同步考虑信息化推进与安全保障的内在动力，促使其在体制建设上综合考虑，在工作开展中加强信息化部门与安全保障部门的协同。因此，云计算为国家数字学术信息资源服务与安全保障融合体制确立提供了外部环境基础，其作用有助于减小融合的内部阻力，加快体制创新进程。

4.2.3 国家数字学术信息资源服务与安全整体化保障体制建设的目标

云环境下，国家数字学术信息资源服务与安全整体化保障体制建设的总体目标，是在国家信息安全体制框架下，建立与国家数字学术信息资源安全保障机制相适应的管理体制，不断增强其安全保障能力，促进国家数字学术资源管理、服务利用与安全保障的协同发展。具体而言，主要包括建立国家数字学术信息资源安全保障集中统一领导体制、确立国家数字学术信息资源安全保障与信息化协同推进制度、完善国家数字学术信息资源的外包安全协作与监督制度、建立国家数字学术信息资源安全信息共享体制几个方面。

(1) 建立国家数字学术信息资源安全保障集中统一领导体制

从构成上看，除了图书馆和文献中心外，国家学术信息资源服务主体还包括高等学校、科研机构的信息中心。由于各机构隶属于不同的主管部门，数字学术信息资源安全保障的顶层设计在多部门之间进行。从运行机制上看，国家数字学术信息资源的安全监管通常在部门系统内进行，因而难以保障监管的集中统一。同时，云环境下，云服务商作为数字学术信息资源安全保障的协同主体，因此云服务商和云平台的安全监管也必须纳入其中。显然，这对单一的部委或事业单位管理体制提出了挑战。由此，在国家数字学术信息资源安全保障的顶层设计中，应进行跨部门、跨行业的统筹协调体制建设，进而进行全局性的、战略性的安全保障全面实施部署。

为解决这一问题，需要加强国家层面上数字学术信息资源安全保障的统筹力度，打破部门和行业界限，形成保障合力。具体而言，需要建立具有广泛性的国家数字学术信息资源安全保障顶层监管体制，使其不仅涵盖国家学术信息资源服务主体及主管部门，而且涵盖信息安全监管职能部门、云服务行业监管部门等相关主体。同时，确保国家数字学术信息资源安全顶层监管机构的权威性，以便于在安全保障中充分发挥集中统一领导作用和开展跨部门、跨行业统筹协调。

(2) 建立国家数字学术信息资源安全保障与信息化协同推进制度

国家数字学术信息资源安全保障与信息化是一体两翼关系，安全保障的目标是为了实现数字学术信息资源的安全共享和利用，而信息化只有以确保安全为前提才是稳固的和可持续的。云环境下，一方面，国家数字学术信息资源面临着因技术成熟度、安全保障机制变革而引发的更大安全风险，如单一推进云计算应用，则可能因为安全事故的发生而导致数字学术信息资源出现不可恢复的系统性破坏。另一方面，对学术信息资源及系统的安全性要求应适度，不能为了确保绝对安全而过度限制学术资源的共享利用，影响其价值的正常发挥。以此出发，推进云环境下安全保障与信息化的协调发展是国家数字学术信息资源建设的内生要求。

基于此，为落实网络安全与信息化协调发展战略，促进国家数字学术信息资源管理与服务利用中云计算的安全应用，需要建立安全保障与信息化协同推进制度。具体而言，在国家学术信息资源服务主体内部的组织机构设置上，需要将其置于统一的部门体系内，以便于进行协调合作；同时，还需要开展国家数字学术信息资源安全保障与信息化推进的统一规划，从源头上增强其协调性；另外，进行安全保障部门与信息化部门的协作体制建设，确保其在安全保障中的全面协作效率。

（3）完善国家数字学术信息资源外包服务的安全协作与监督制度

云环境下，只有同时实现安全保障全覆盖、安全措施全方位部署，国家数字学术信息资源安全保障中的多主体协同才能收到预期效果。实践中，一方面，往往由于对其认识不足，存在未知的安全风险，因此在安全保障职责划分中常常难以实现全覆盖安全目标，即便进行了较为细致的安全分工，实际执行中也可能会存在界定不清的交叉和模糊地带，从而对工作开展带来困扰。更关键的是，受技术机制的影响，还可能存在无法实施有效干预的情况。另一方面，对国家学术信息资源服务主体来说，云服务商作为业务外包合作方，并非是完全信任的主体，其可能出于自身原因在安全措施部署上受限，从而对国家数字学术信息资源带来安全隐患。此外，受技术实力的影响，国家数字学术信息资源系统往往通过外包的形式进行建设，从而导致信息安全实际上需要三方协同保障，这也从客观上增加了安全协同的难度。

基于此，云环境下国家数字学术信息资源整体安全体制建设中，需要建立外包安全协作与监督制度。其一，需要建立清晰的安全责任划分机制，责任划分按照云环境下的安全保障机制的要求进行；其二，需要建立多安全主体间的协作制度，包括需要多方配合的安全事件处理、分工空白区域的安全风险通报与处理等；其三，需要建立对云服务商、外包系统建设商的安全监督制度，及时发现其在安全保障中的漏洞和不力之处，推进其整改。

（4）建立国家数字学术资源安全感知与安全信息共享制度

云环境下，国家学术信息资源服务主体选择的云服务商和云服务之间存在较多交叉，数字学术信息资源安全因此而需要进行集中保障。受此影响，一方面，一旦云平台或者所选用的 PaaS、SaaS 云服务遭受安全攻击，应避免数字学术信息资源及其系统的进一步影响。另一方面，云平台上某一机构的系统被攻破后，必须规避其他资源系统所面临的安全风险。从实质上看，云计算应用引发的数字学术信息资源安全风险的积聚效应，需要在出现安全事故时对可能受到的大面积影响进行实时响应，确立相应的安全隔离体制。

为应对云环境下国家数字学术信息资源的安全风险，需要建立国家数字学术信息资源安全感知与安全信息共享制度。通过安全感知，从宏观上明晰各云平台及学术信息资源系统当前所处的安全态势，以便做出适时的动态应对。鉴于该项工作的牵涉范围广、实施难度大，而且具有较强的公共影响属性，因此需要从国家和行业层面进行统一推进。在体制上，通过安全信息共享机制，可以实现安全风险信息与应对策略的及时传递，支持未受感染或攻击的数字学术信息资源系统及时作出安全反应，以减小安全攻击的影响范围和程度。

4.3 云环境下国家数字学术信息资源安全体制的基本框架

云环境下国家数字学术信息资源安全保障机制建设，在借鉴国外安全体制变革经验的同时，围绕我国学术信息资源安全保障建设目标，需要推进学术信息资源安全体制创新，建立政府部门、行业组织、学术信息资源服务主体、云服务商、社会公众共同参与的社会化协同体制，加快国家数字学术信息资源、服务与安全保障一体化进程。

4.3.1 国家数字学术信息资源安全体制框架模型

云环境下，建立社会化协同的国家数字学术信息资源安全体制既是学术信息资源开放共享与服务社会化发展的要求，也是适用云环境下数字学术信息资源安全保障的必然选择。从实质上看，国家学术信息资源社会化协同安全体制是指，在国家政府部门监管下，根据学术信息资源及系统安全运行的基本准则，需要云服务商、相关行业组织、第三方机构、用户及用户组织、社会公众等社会化主体协同参与安全保障及监督，由此建立各主体之间的协作体制，以发挥其在安全保障中的协同作用。[①]

云环境下，数字学术信息资源安全保障机制的变革，要求社会化主体在安全保障中发挥体制上的作用，使其成为安全体制中不可或缺的组成部分。首先，云环境下，云服务商作为数字学术信息资源安全保障的参与主体，决定了其安全保障社会责任的履行。传统 IT 环境下，数字学术信息资源安全秘钥管理，以及基础设施、互联网通信网络等关键设施的安全保障依赖于政府主导下的安全体制，而学术信息资源系统的安全则由学术信息服务主体直接承担，因此其社会化程度有限。云环境下，云服务商直接负有相应的安全保障责任，其

---

① 胡昌平，吕美娇，林鑫. 云环境下国家学术信息资源社会化安全保障的协同推进[J]. 情报理论与实践，2018（2）：34-38.

范围扩展到学术信息资源系统的硬件环境和软硬件设施等，这就使得在体制建设中必然要将云服务商作为一个重要主体对待。其次，为推进可信云服务认证安全工作，需要相应的社会化主体的大力参与。可信云服务认证在云环境下信息安全保障中的重要作用已得到了多个国家和地区的普遍验证，有助于学术信息资源服务主体高效地选择安全可信的云服务。同时，我国的可信云服务认证实践彰显了其在安全保障中的基础作用。然而，可信云服务认证涉及的工作复杂，包括认证标准制定和完善、与众多云服务商沟通、组织安全评审、评审结果审核、可信认证证书发放与管理等，难以依靠政府有限的行政力量来完成。另外，社会化认证已逐渐成为常态，因此可信云服务的认证工作也必然需要社会化主体的深度参与。

云环境下，为推进安全保障与信息化的协调发展，在安全保障实施与监管中，需要加大各主体间的协同力度。其一，云环境下数字学术信息资源安全保障的监管和统筹协调，既涉及多主管部门间的协同，也涉及业务主管部门与安全职能部门的协同，以及与云计算行业部门的协调，因此需要加大部门间的协同力度，形成安全监管合力。其二，为推进云环境下数字学术信息资源服务与安全保障的协同发展，需要加强顶层设计与跨部门协调体制建设，在主管部门之间的协同中，确立国家学术信息资源服务主管部门与安全部门的协作机制。其三，云环境下数字学术信息资源安全保障的实施与监管，需要包括云服务商、行业组织、第三方机构等在内的众多主体参与，这也要求建立相应的协同机制。其四，云环境安全保障的集中化同步带来了安全风险积聚，各学术信息资源服务主体将面临相同或相近的安全威胁，因此为提高安全保障水平，需要加大学术信息资源服务主体间的协同力度。

从以上分析可知，云环境下数字学术信息资源安全体制建设需要遵循总体安全原则，以国家信息安全体制框架为依托，注重吸纳多方社会主体的参与，在机构协同的基础上，形成政府主导、机构主体和社会协同的国家数字学术信息资源安全协同治理体制，推进安全保障与信息化的协调发展。这一基本模型架构如图4-8所示。

从图中可知，云环境下数字学术信息资源安全体制注重安全保障与信息化的协调发展，避免以安全为由阻碍数字学术信息资源的开放共享。对于同类主体之间、跨类型组织之间的协同，以履行各自责任、形成合力为前提。安全体制模型中的相关主体包括：政府部门、学术信息资源服务主体，以及由云服务商、相关行业组织、第三方机构、用户组织等构成的社会主体。从实现上看，云环境下的数字学术信息资源安全保障的组织实施，需要政府统一规划和领

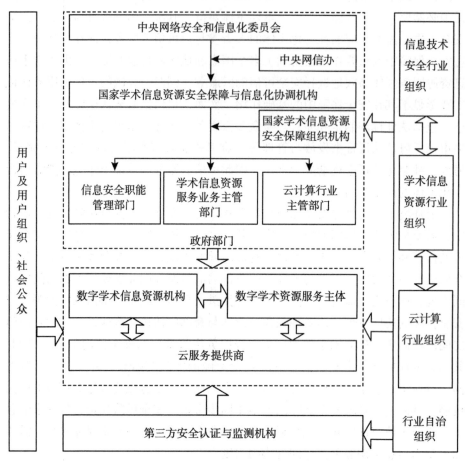

图 4-8　云环境下数字学术信息资源社会化协同安全保障体制模型

导，以充分调动包括学术信息资源服务主体、云服务商在内的各类社会主体的参与，推进政府部门之间、政府与社会部门之间的协同。学术信息资源服务主体作为数字学术资源的拥有者，对其信息安全负有主要责任，因而需要承担安全保障的具体规划、部署和实施责任，其定位为安全保障的主体机构。云服务商、相关行业组织、第三方机构、用户组织等在政府部门主导下，在各自的职责范围内承担数字学术信息资源安全保障或相应的安全监督责任，因此其定位是协作者。

具体而言，安全保障主体的核心定位和主要职责如下：政府主导系指政府部门从安全保障与信息化协调推进出发所进行的顶层设计，以及围绕云环境下安全保障的关键问题、重大战略进行的总体部署和统筹协调，其作用是加强安全保障的全局性、协调性，健全云环境下安全政策法规和标准体系，强化对学术信息资源服务主体和云服务商的安全监管，同时保障关键信息基础设施的安全。学术信息资源服务主体的安全职责在于，围绕安全保障与信息化统一推进目标，健全内部组织机制，进行安全保障的制度化实施，履行安全职责，承担安全保障实施者与监督者的双重任务。社会协同在于充分依靠行业组织、云服务商、第三方安全认证机构、用户组织等多方主体开展全面安全保障工作，利用协同机制发挥各自的优势，形成合力。

4.3.2 政府主导下的社会化协同信息安全治理体制的确立

云环境下，在国家数字学术信息资源社会化协同安全保障体制确立的关键，是在总体安全观、网络安全与信息化协调发展观指导下，以国家总体信息安全体制框架和国家学术信息资源管理体制为基础，进行政府监管体制创新与社会化多方协同制度建设。

云环境下，在国家数字学术信息资源安全保障中，政府主导制的确立需要明确其职能配置，这样既有利于保障领导作用的发挥，又避免在安全保障组织实施中出现过多行政干预的情况。

政府主导下的安全监管体系框架构建与职能配置中，需要在总体上注重其与云环境下的安全机制相适应，以支持安全保障与信息化的协调发展。在组织体系上，注重顶层管理机构设置，加强对安全保障的集中统一领导和统筹协调；理顺各级、各类组织机构间的关系，形成合理的机构职能配置。国家数字学术信息资源安全体制中涉及的政府机构及其职能定位如图4-9所示。

由图4-9可知，中央网络安全和信息化委员会及其办事机构的核心定位是为国家数字学术信息资源的安全保障和信息化协调发展提供顶层安排和部署；数字学术资源安全保障与信息化协调机构负责行业内的保障设计与统筹协调；国家学术信息资源服务主管部门、云计算主管部门负责行业协同及行业安全管理；工业和信息化部、公安部等职能管理部门负责各自职责范围内的安全职能管理。

国家数字学术信息资源安全保障及信息化管理与服务，直接关系到国家创新发展和国家安全，是国家网络安全与信息化的组成部分，因此必须遵循国家网络安全和信息化统一推进原则。中央网络安全和信息化委员会及其办事机构中央网信办的工作重心是进行国家网络安全与信息化的全局发展规划与实施；在学术信息资源服务与安全保障中，其核心是为国家数字学术资源安全保障与

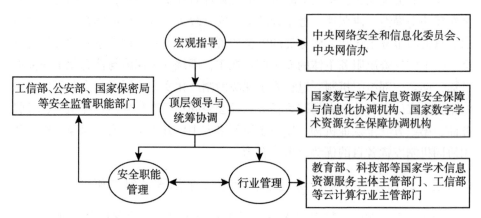

图 4-9 云环境下数字学术信息资源安全的政府监管体制框架

信息化推进提供整体上的战略部署和制度上的顶层设计。

国家数字学术信息资源安全保障与信息化协调机构及所属的安全保障协调机构,在数字学术信息资源安全体制建设中,其定位是行业监管的顶级机构。为落实网络安全与信息化协调发展战略,在行业监管机构设置上,不应将安全保障与信息化割裂开来,而需要设立统一的安全保障与信息化协调机构,以便于发挥集中统一领导和统筹协调作用,进行相关事务的统筹协调。

在职能配置上,需要结合数字学术信息资源建设的实际情况,贯彻落实国家网络安全与信息化战略部署,做好学术信息资源安全保障与信息化的实施设计,制定安全保障推进战略、总体规划和方针政策,同时实现统一规划部署。另外,职能机构应全面统筹协调安全职能管理,建立常态化的跨部门协同机制,推进云环境下国家数字学术信息资源安全保障能力的不断提升。

在信息安全管理职能部门设置上,我国并未设立专门的信息资源安全监管部门,而是将其职责按职能相近的原则融入已有的行政体系中。在实施上,学术信息安全监管中安全事务监管部门包括国家保密局、公安部、国家密码管理局、工业和信息化部、中国信息安全测评中心等。安全监管职能部门在国家数字学术信息资源安全保障中,履行国家赋予的信息安全监管职责,对学术信息资源安全进行监督和管控。在安全监督职责范围内,对数字学术信息资源服务主体、云服务商及相关利益群体的安全监管,按照信息资源安全保障与服务协调机制统一实施。

按谁主管谁负责的原则,主管部门需要履行数字学术信息资源安全保障中的全面监管责任。其定位是全面监督所属机构的安全保障，推进数字学术信息资源安全保障责任制的落实，规避安全风险，提高系统安全保障水平。为实现数字学术信息资源安全监管的目标，在履行安全监管职能时，需要保持具体实现与顶层设计的一致性、安全监管职能部门之间和安全监管职能部门与行业主管部门之间的协调性，在部门之间建立常态化的协调机制，以便高效地进行跨部门协同。

在数字学术信息资源社会化协同安全体制中，第三方机构通过提供独立的安全测评和认证服务为社会化安全监管和学术信息资源服务提供实施支持，与此同时，为数字信息资源行业安全提供保障。

云环境下数字学术信息资源安全保障涉及云计算、信息资源服务和信息基础设施与软件行业，因此在安全保障中需要确立行业联动的信息安全保障体制。在联盟安全保障中，进行包括云安全联盟、信息安全联盟等在内的安全保障与监管的跨行业实施，最大程度地统筹行业组织的安全部署，扩大行业组织所覆盖的范围。

社会化安全保障体制中，行业组织的职责主要包括以下几个方面：第一，按社会化安全监督目标提供安全监管的全面支持，参与国家数字学术信息资源安全保障顶层设计和行业标准制定，推进可信服务安全认证和学术信息资源安全保障质量评估，进行针对学术信息资源可信服务的监督。第二，在行业范围内加强安全自律，进行与政府部门的沟通协调，开展相关安全法律法规和政策方针的宣传并督促行业组织内的落实；制定行业公约，加强安全保障的行业自律；推进行业安全保障的标准化；提高行业安全保障的水准，使之与技术发展同步。第三，进行跨行业沟通协调，保障行业的合法权益，推进行业组织之间的合作，形成更加高效的跨行业分工协作安全保障机制。

第三方测评和认证机构的定位是为学术信息资源服务安全及公共安全提供支持，在构成上包括拥有相关资质、专门从事安全测评和认证的单位，以及从事测评、认证的相关行业组织。测评与认证在政府监管部门的约束下进行，主要工作包括可信云服务认证评估和学术信息资源安全主体的安全质量测评等。

在可信云服务认证中，需要在工业和信息化部及相关行业组织的约束下，对提出安全认证需求的服务项及服务主体进行资质认证，其目的是评测云服务是否安全可信。一方面，学术信息资源服务主体的安全保障质量测评需要在国家安全监管部门的指导下开展，其评测需求可以由相关政府部门提出，在于通过安全质量测评及时发现存在的安全问题和安全漏洞，为安全监管提供依据。另一方面，对于学术信息资源服务主体提出测评，在于通过评测发现学术信息资源系统在安全保障中的薄弱环节，为优化安全部署与实施提供依据。

用户组织和社会公众在安全监督体制中扮演监督者的角色，往往通过多种方式发现学术信息资源系统的安全漏洞和云服务安全的薄弱环节，并以此反馈给云服务方和政府监管部门，旨在为安全保障和安全监管的开展提供社会支持。在安全监督中，用户组织和社会公众采取的方式包括：通过具有影响力的公开渠道对学术信息资源系统及相关云服务存在的安全隐患进行反映，以推动问题的有效解决；为政府部门的安全监管提供信息，进行基于专门平台的安全漏洞报告，及时发现学术信息资源系统和云服务存在的安全漏洞，为相关主体的安全保障改进提供参考信息。

云服务商是数字学术信息资源安全保障的直接主体之一，是安全体制中不可缺少的组成部分。为了保障云服务商所提供云服务的安全，使其符合我国信息安全法律法规和强制性标准的要求，还必须保障国家学术信息资源服务主体的云服务安全利用环境。考虑到当前面向数字学术信息资源的云服务类型差异，安全保障的专业化、一体化程度有限，云服务商需要进行系统化的服务组织，以提高安全保障的一体化水平，并获得相应的安全保障效果。云环境下，由于学术信息资源系统架构在云平台之上，因此可以基于云平台将安全保障以独立服务的形式进行组织，供信息资源机构调用或二次开发。基于此，在体制上，云服务商可以将安全保障融入学术信息资源系统安全体系之中，在大幅降低学术信息资源服务主体安全保障成本的同时，取得良好的安全保障效果。

确立政府主导的安全体制，除了进行政府机关的建设与职能配置外，还需要建立政府主导的社会组织间的协同机制，以实现云环境下国家数字学术信息资源安全的综合治理目标。

政府部门与行业组织之间，行业组织协同政府对云服务商和学术信息资源服务主体进行安全监督。在安全监督的实现上，一方面，行业组织需要在政府部门的主导下，做好安全政策法规、标准的贯彻，通过检测、管控落实安全部署。另一方面，行业组织需要主动发现云服务和学术信息资源系统安全保障中存在的普遍问题，形成解决方案，通过专门渠道反馈给政府部门。这两方面的工作，在体制上应加以确立。

政府部门与第三方认证机构的协同重点是：依托第三方机构对云服务及云服务商进行可信认证评估，支持学术信息资源服务主体高效选择可靠的云服务；对数字学术信息资源安全保障进行测评，通过全流程第三方认证管理机制的确立，为政府主导的学术信息资源安全保障质量提升提供支持。鉴于第三方测评的重要性，在体制上，应明确认证机构的资质、独立测评权限和认证考评与退出机制。

4.4 云环境下国家数字学术信息资源一体化安全体制建设与完善

立足于我国当前的数字学术信息资源安全保障体制现状，为构建与云环境相适应的政府主导的社会化协同体制，需要重点推进政府与行业组织的协同创新与安全职能强化，为安全保障的推进提供组织基础；加快建设云环境下数字学术信息资源安全法律法规和标准体系，为安全保障推进提供制度基础。同时还需要不断深化体制创新，健全学术信息资源安全保障与信息化协调发展体制和不同主体间的协同机制，以不断完善一体化安全体制，提高安全保障能力。

4.4.1 国家数字学术信息资源安全保障中政府与行业组织职能的强化

我国在推进网络安全与信息化协调发展战略中，为建设和完善安全保障与信息服务一体化体制，需要强化政府部门和行业组织的安全职能，创新组织架构，提高安全治理能力，增强安全监管力度。

政府主导的数字学术信息资源安全体制中，要求具备强有力的政府集中统一领导和跨部门统筹协调，以改变条块分割的状况，增强政府部门间的监管合力。从现实情况看，云环境下国家数字学术信息资源安全保障趋于复杂化，其风险需要应对，这是因为单纯依靠原有的工作方式方法已难以实现有效监管。基于此，政府职能强化拟从顶层组织保障和强化安全保障力度两个方面进行。

作为学术信息资源信息安全的顶层机构，国家学术信息资源安全保障与信息化委员会的基本定位是以落实国家信息安全保障战略部署，进行国家数字学术信息资源安全的总体谋划和部署，增强安全保障与安全治理中的协调性，立足于国家数字学术信息资源安全保障中的关键性、战略性、全局性问题，进行安全保障实施安排。以此出发，其主要职能是：第一，在安全保障与信息服务一体化实施中，制定国家数字学术信息资源安全保障总体战略、实施规划和配套政策，推动相关政策法规、标准规范的建设与完善；第二，坚持问题导向，推进国家数字学术信息资源安全保障中突出问题的解决；第三，统筹协调相关业务部门和安全职能部门，提高安全监管的一致性和协同性。

为落实安全保障与信息服务一体化战略，按中央网络安全与信息化委员会的全面部署，应加强国家学术信息资源安全保障与信息服务领导机构的建设，在国家学术信息资源建设与服务中，促进安全保障与信息服务的协调发展。鉴于全球信息化发展与安全保障的交互关系，数字学术信息资源面临的安全形势更加复杂，安全保障将成为一项需要长期重视的常态化工作，因此顶层领导机构建设需要进一步加强。

机构组建中，建议采用委员会形式。其原因是，安全职能部门往往只负责某一方面的安全监管，而主管部门负责对下属机构安全保障的全面管理，显然由主管部门牵头更合适。例如，在国家学术信息资源主管部门中，科技部负责推进国家科技基础条件平台建设和科技资源共享。按《国务院行政机构设置和编制管理条例》的规定，承担办事职能的具体工作部门一般不单设实体性办事机构，因而可按照职能相近的原则进行建设。

在顶层领导成员单位构成上，安全职能部门包括公安部、国家保密局等；科技部、教育部、文化和旅游部、工业和信息化部等主管部门全面负责所属信息资源系统建设和服务。这一机制管控和分系统建设的体系构架，由此形成的组织结构如图 4-10 所示。值得指出的是，为保障顶层设计、统筹协调职能的发挥，需要加强领导委员会成员的权威性。

从云环境下我国数字学术信息资源安全保障监管组织上看，安全保障委员会需要重点推进以下几方面的工作：第一，结合数字学术信息资源特点，进行云计算环境下通用信息安全标准的建设，同时完善行业信息安全标准的制定和实施，以适应云环境下数字学术信息资源安全运行的需要。第二，推进面向数字学术信息资源的可信云服务认证，对已通过可信认证的云服务进行评估，支持学术信息资源服务机构选择安全可信的云服务。第三，推进学术信息资源行业云服务发展，提高安全保障的一体化水平、降低国家学术信息资源服务主体安全部署的成本，提高安全保障水平。第四，统筹协调学术信息资源行业主管部门、云计算行业主管部门和安全职能部门的相关工作，建立常态化的跨部门协调沟通机制，提高安全监管的协调性。

在云环境下的国家数字学术信息资源安全监管中，需要从根本上改变重建设、轻安全的状况，提高安全保障的力度，加强监管，实现安全保障与云计算应用的同步推进。

首先，需要强调国家学术信息资源安全监管的规范性。鉴于国家学术信息资源服务的多主体从属关系，在当前的安全监管中，学术信息资源服务机构的主管部门也常常将其作为下属机构进行管理。这一机制下，对于学术信息资源系统而言，将导致监管方式的粗放，而且监管力度受到限制。基于此，为开展

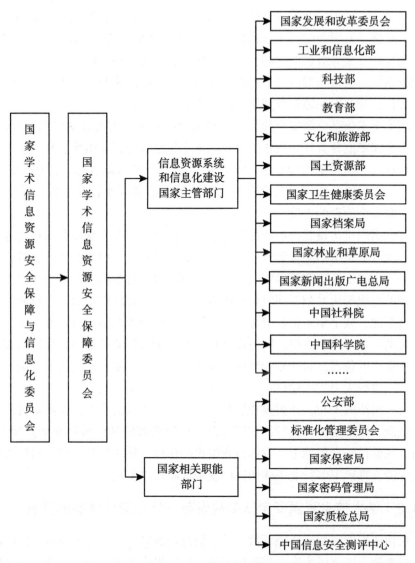

图 4-10　国家学术信息资源安全保障职能管理组织

更具针对性和灵活性的安全监管，需要将学术信息资源安全监管作为一项独立工作展开。

　　其次，在信息安全等级保护制度框架下开展差异化监管。云环境下，信息安全等级保护，需要结合学术信息资源系统实际情况进行安全等级划分，进而开展差异化安全监管。其基本环节包括：一是根据安全等级差异，进行服务部署模式设计，对于安全等级低的，可以优先使用公有云，安全等级高的则要慎用；二是选择云服务时，不能选择安全等级比学术信息资源系统低的云平台，以免云服务安全等级过低影响整体安全保障；三是对国家科技数字图书馆、科学数据系统、人口与健康科学数据系统等专门化的国家数字学术资源系统应进行全方位监管，以保障资源和服务的全面安全。

国家学术信息资源安全社会化协同治理体制下，需要行业组织发挥作用，履行安全保障监督责任。近年来，我国学术信息资源行业组织、联盟等的工作主要以资源共建共享为中心进行，数字信息安全保障监管比较薄弱。云环境下，为了更好地开展行业安全自治，需要学术信息资源行业组织完善安全职能，加强安全治理的力度。

完善组织机构设置与职能配置，在于为深度参与安全保障和治理奠定组织基础。现有的学术信息资源行业组织中，缺乏以安全为核心的业务配置，甚至少数组织未将安全治理明确纳入其业务范围，说明行业组织尚缺乏深度参与安全治理的组织架构基础，同时也意味着参与安全治理所需要的人力资源储备匮乏。基于此，数字学术信息资源行业组织需要对业务范围进行调整，从而将安全治理纳入业务体系之中；同时设立相应的安全监管业务部门并保证其在组织架构体系中的位置，组建专业队伍，围绕云环境下学术信息资源安全治理的能力要求，进行人力资源建设。

行业组织的参与，还需要积极与学术信息资源社会化安全保障对接，做好政策法规、标准规范的执行，在职责范围内协助政府部门做好安全监督工作。同时，从整体安全保障上，发挥行业组织的作用，建立跨行业组织机构协同机制，保障云环境下多行业主体协同的安全保障得以实现。

4.4.2　学术信息资源安全法制建设与一体化安全体制的完善

法律法规能够为云环境下数字学术信息资源安全保障行为规范提供法制依据，标准规范则能够为安全保障的实施及监管提供规则约束，二者是安全保障制度化推进中的重要组成部分。当前，我国学术信息资源安全保障相关法律和标准规范拟进一步完善，以便对社会化协同安全体制的建设进行支持和约束，因此需要加快建设，使之形成完整、系统的体系。

云环境下数字学术信息资源安全保障涉及多类主体的复杂关联关系，为明确各主体的权利、义务和行为规范，在主体的利益维护和跨主体的协作安全保障中，应健全我国信息安全法制体系，以适应云计算和大数据智能技术的发展环境。当前的工作重点在于，面对法律法规的不足，应加快立法和修订进程，不断完善法律法规体系。

在信息安全保障中，电子证据是否可以作为有效证据采信一直是影响信息安全的重要法制障碍，云环境的变化使得这一问题更加复杂。虽然依照《联合国国际贸易法委员会电子商务示范法》，电子证据可以作为有效证据，但许多国家尚未正式确认这一原则。然而，云环境下的信息安全纠纷中，往往只能采集到电子证据，这将导致难以举证的困难，进而影响到权益维护。为解决这一现实问题，需要确立电子证据的法律效力，由此制定云环境下的取证规则。由于云环境下数据可能利用多层虚拟机作为跳板，在此过程中经过了多次复制、存储和修改处理，从而使其完整性和真实性判定困难，进而影响到证据采信，因此在电子证据取证规则制定中，需要细化规则说明，明确采用何种流程采集的电子记录才能够作为有效证据，以便在司法中进行应用。

国家数字学术信息资源安全保障社会化监督的开展，必须以安全保障职责划分为前提，但当前关于云服务商的安全保障职责仅依靠其与客户之间的协议确定，缺乏基于法律的正式规范。基于此，需要分类推进安全职责划分，对IaaS、PaaS、SaaS 等不同模式的云服务区分对待，基于各自技术机制进行云服务提供方与学术信息资源服务主体之间的安全保障职责划分；同时，还应考虑云服务的实现模式，针对基于自建数据中心的单级模式和基于外部云服务的多级模式，进行不同安全职责区分。在完成职责划分基础上，还需要根据安全事故诱发原因在处理方式上细化规则，如对于由自然灾害等不可抗力、云计算技术本身缺陷引发的安全事故，需要采取不同的处理方式，而对于由于云服务商自身能力不足、管理不善引发的安全事故，则要严肃处理。这两方面的情况都应在法规上加以明确。

在协议签署中，拟定文稿的一方往往可以利用其优势地位对权责、风险作出有偏约定。云服务租赁中，通常是云服务商提供其自行拟定的标准格式合约作为协议基础文本，虽然学术信息资源服务主体具有合同的选择、修改和拒绝权利，但实践中却难以履行。因此，为保障学术信息资源服务主体的权益，主管部门或学术信息资源行业组织可以拟定标准化的云服务协议范本，或者对协议中的关键性内容作出规范建议，包括明确云服务商的安全职责、保障标准、质量要求、安全事故责任认定与赔偿等，从而为合同签署提供指导。这一方面的工作，也应在法规制度上加以明确。

在国家学术信息资源服务主体与云服务商的租赁关系中，云服务商因为具有云计算技术的主导权，能够通过合法途径获取学术信息资源服务主体的相关信息；学术信息资源服务主体作为服务租赁方则需要云服务商为其机构信息提供安全保障，由此就需要进行保障知情权和隐私权的规则确认。

保障学术信息资源服务主体的知情权，关键在于对云服务商作出约束，要求其主动向学术信息资源服务主体客观、全面、及时地告知相关信息，尤其是影响数字学术信息资源安全、服务主体及其用户隐私安全的信息。基于此，需要以法律法规形式对云服务商的信息公开作出约束，明确规定其应公开的信息范围、公开频率和公开方式等，同时制定严格的惩罚措施，处置违反规定的行为。

保障云环境下学术信息资源服务主体的隐私权，既要保障其自身的隐私不被泄露，也要保障学术信息资源系统用户的隐私信息安全。在基于法规的保障中，先需要遵循适度原则明确这两类隐私信息的范围，界定哪些信息是允许云服务商采集的及采集精度，哪些是禁止采集的，对于可以采集的信息还需要界定其传播范围、利用方式，以明确安全保护规范要求。

推进标准化制度建设是提高云环境下数字学术信息资源安全保障能力的有效途径，但必须要以健全的标准体制为基础。针对数字学术信息资源的具体情况，拟尽快完善数字学术信息资源云计算应用安全标准体系，同步推进云计算通用安全标准体系建设和针对数字学术信息资源的行业安全标准体系建设。

云环境下数字学术信息资源安全保障与其他领域安全保障间的共性大于差异性，因此通用性的安全标准具有较强的规则约束作用。显然，相对于直接推进行业安全标准建设，先进行通用性的云环境下安全标准建设更具可行性。在标准建设中，一方面，需要加强云计算安全标准建设，实现云平台和云服务安全保障的标准化；另一方面，需要加强云服务应用安全标准建设，以利于更好地实施安全保障。

在通用性的云计算安全标准建设方面，按照工业和信息化部规划的标准体系，应从安全基础、安全技术与产品、服务安全和安全管理等11个方向进行标准建设。从现实情况看，标准的建设与完善，云计算安全标准的体系化实施仍存在一些不足（如图4-11所示），因此，需要继续加快推进步伐。

由图4-11可知，在云计算应用安全标准建设上，通用性的安全标准在云安全术语、云安全指南、软件安全、设备安全、运营安全和安全监管方面，有待进一步充实。对学术信息资源服务主体来说，这些标准对其安全保障的开展具有的指导意义更强，需求也更为迫切，因此需要加强技术力量，推进标准制定和制度化实施。

数字学术信息资源行业安全标准建设与基于标准化的保障组织需要迅速推

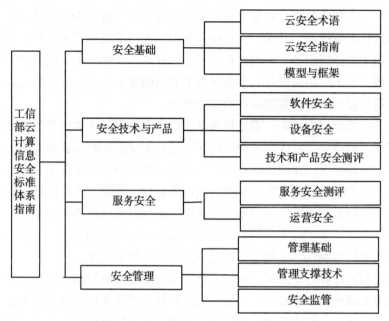

图 4-11　我国云计算安全标准建设

进。在开展云环境下数字学术信息资源行业安全标准建设顶层设计中，应提高标准工作的计划性和协调性。为系统推进行业安全标准制定与实施，需要从制度上加强顶层管理，明确标准框架，综合考虑标准间的依赖关系，制定标准体系设计、实施路线图，从而使标准工作的开展更加有序。同时，在符合应用要求的情况下，尽量沿袭或借鉴通用安全标准，避免无谓的重复。

　　云服务采购是数字学术信息资源应用和服务部署的核心环节，对安全保障最终结果影响很大。实践上，美国、欧盟、澳大利亚等国家和地区均注重行业云服务采购安全标准化，并取得了良好的安全保障效果。基于此，需要进一步重视数字学术信息资源云服务采购安全标准制定，在标准中明确各类云服务应用条件与对象，为国家学术信息资源服务主体的云服务安全标准管理提供依据。

4.4.3　国家数字学术信息资源整体化安全保障的全面实现与完善

　　云环境下数字学术信息资源整体化安全保障的实现需要遵从安全保障和服务统一谋划、统一部署、统一推进、统一实施的基本原则。

133

　　首先，需要从全局出发，综合考虑数字学术信息资源服务形态、安全要求及云计算技术的成熟度，对数字学术信息资源管理与服务中的云计算应用和安全保障进行系统规划。其次，在具体问题上，进一步明确当前条件下哪些资源可以应用于云计算服务、采用何种类型的云计算，哪些资源只能采用本地化存储与管理；对于应用云服务安全条件尚不成熟的学术资源系统，预先设计其云计算应用与安全保障的推进路径和安全措施。

　　在云计算应用推进中，需要加强学术信息资源服务主体内部技术部门与安全监管部门的协同，在应用云计算时同步进行安全措施的部署和实施，做到协调一致、并行推进。在同步推进中，一方面，需要坚持适度安全原则，以云计算应用必须能够保障数字学术资源的利用为前提，其安全保障措施的部署也不能以过分影响数字学术资源的安全为前提，而应以实现两者间的平衡发展为目标。另一方面，基于云服务的数字学术信息资源系统功能与安全方案设计中，要注重两者的协调性，实现整体性能和安全保障的最优化。

　　通过与云计算行业组织、网络安全管理职能部门的协同，实现对学术信息资源云服务的全面安全监督。云服务商虽然是数字学术信息资源安全保障的重要主体，但并不在数字学术信息资源主管部门的直接监管范围之内，因此需要通过与行业组织、网络安全管理职能部门的统筹协调，实现对其全面的安全监督。其中，云计算行业组织需要指导、监督云服务商加强自律，合规做好安全部署和内部安全管理，保障云平台和云服务的安全性；网络安全管理职能部门则按照数字学术信息资源主管部门的要求，在职能范围内做好对云服务的全面安全监督。

　　国家数字学术信息资源一体化安全保障体制的建设并不是一蹴而就的，在初步确立与实现后，仍需要坚持问题导向，结合云环境下安全保障实践发展而不断完善。除了继续深化组织体制创新、推进标准和法律法规体系完善外，还需要重视安全保障协调机制的完善和面向数字学术信息资源的云服务安全质量的提升，以更好地实现服务和安全治理中各类主体的社会化协同水准。

　　对于跨部门、跨行业协调机制的完善，要求形成一体化安全保障合力。云环境下数字学术资源一体化安全保障，涉及主管部门之间、主管部门与职能部门之间、数字学术资源机构与云计算行业组织之间、数字学术信息资源服务主体与云服务商之间、数字学术信息资源服务主体内部业务与安全部门之间多类型、多层次的组织协调问题，因此需要通过协调机制的创新实现安全保障工作的协同。主管部门之间协调机制的优化，侧重于国家数字学术信息资源全行业在安全保障中的全局性、战略性协调；信息资源系统主管部门与安全职能部门之间协调机制的优化，侧重于实现主管部门安全需求与职能部门安全监管工作之间的协调，从而更好地协同安全职能部门的力量，提高安全保障能力；数字学术信息资源与信息安全行业组织、云计算行业组织之间协调机制的优化，侧重于通过云计算行业组织进行云服务商的安全自律，实现数字学术信息资源行业合理诉求的表达与满足；数字学术信息资源服务主体与云服务商之间协调机制的优化，侧重于双方安全保障责任的合理划分与协同，既保证不留安全保障死角，又能够实现双方在处理安全问题上的高效协作；数字学术信息资源服务主体内部部门之间的协调机制优化，侧重于在具体业务问题上的及时沟通与协调，确保方向一致和步调一致。

推进面向国家数字学术信息资源的云服务发展，应以安全促发展为前提。云环境下数字学术信息资源安全保障中，除数字学术信息资源服务主体完善安全部署、提升安全管理水平外，还应充分利用云服务技术发展优势，通过面向数字学术信息资源的云服务安全等级的提升，实现安全保障水平的提升。

面向国家数字学术信息资源的 PaaS 和 SaaS 云服务，相对于单一的数字学术资源信息服务机构安全保障，在行业上具有更强的安全保障技术实力、更专业化的安全保障团队和更完整的安全保障手段，因此通过行业云服务的安全保障组织规范，可以进一步明确云服务商在安全保障中的责任范围，有助于提升安全保障的整体水平。

5 国家数字学术信息资源安全保障体系构建

大数据网络环境下学术信息资源云服务的发展，在为数字学术信息资源的跨系统共享和面向用户的资源"无边界"利用提供便利的同时，对信息资源的安全保障也提出了新的要求。在基于云服务的信息资源智能化组织中，需要克服分系统安全保障的局限性，推进信息服务与安全保障的融合，确立一体化的数字学术信息资源安全保障体系。从体系构建角度看，一体化安全保障体系的构建应立足于用户的全面安全保障需求，在云环境中寻求合理的安全目标体系，确立基本的数字学术信息资源安全保障体系框架，通过国家、区域和系统层面的安全保障组织，在不断完善与优化中实现体系化的安全管理与控制目标。

5.1 数字学术信息资源安全保障需求与目标的确立

信息技术和网络的发展为各方用户的信息利用提供了新的条件，在信息化和智能化背景下不断引发出新的资源服务需求。与服务同步，信息资源安全面临着新的挑战，安全需求驱动下的安全保障必须进行新的目标定位。鉴于信息资源、服务与各方面主体的交互关系，国家数字学术信息资源安全保障目标由信息环境、技术环境、资源环境所决定。这就需要在明确需求的基础上进行安全关联分析，以便确立具有现实意义的数字学术信息资源安全保障目标体系。

5.1.1 云环境下的数字学术信息资源保障需求分析

数字信息技术和网络的发展在为用户带来便利的同时，其安全问题也随之引发。早在 2009 年，亚马逊的存储服务曾两次中断，2011 年再次发生大规模云安全事故，由此涉及信息安全的诸多方面问题。在此期间，微软云计算平台

Microsoft Azure 由于存储设备故障亦暴露出云计算应用的安全隐患；2011 年 3 月，谷歌（Google）所爆发的较大范围的用户数据泄露事件，使 15 万用户受到影响。North Bridge 于 2012 年公布了一份关于云计算服务的安全调查报告，结论是，"安全"是云计算服务发展中的重大障碍。① 2014 年，云安全联盟（CSA）发布了《云故障事件分析报告》，报告统计亚马逊、微软等多家云服务提供商开展云服务业务的安全事故引发次数，其分析结果如图 5-1 所示。

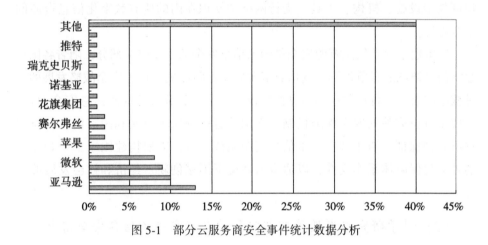

图 5-1　部分云服务商安全事件统计数据分析

进一步归纳图 5-1 所示的安全事件统计数据，发现其安全事故主要包括稳定性对服务的影响、系统攻击影响、用户隐私泄露、服务中断、数据丢失、互联障碍等。云服务的安全隐患影响到数据存储、流动和利用的诸多方面。另外，资源网络、云服务商、用户和第三方同时面临着安全威胁问题。

2014 年以来，随着服务的拓展，安全事件发生频率呈上升趋势。对于学术信息资源网络和系统而言，涉及技术保障、资源组织和服务主体的多个方面。日益频发的包括学术信息资源云服务在内的安全事件使人们意识到，加速完善云安全保障体系的重要性以及改进安全保障环节的紧迫性。

云环境下的数字学术信息资源安全保障不仅是数字信息资源服务的产业发展需要，更是国家和社会发展的基本需求。按需求的主体结构，包括以下几个方面：

---

① 云计算发展报告：九大细节揭示趋势［EB/OL］.［2019-3-25］. http：//www. enet. com. cn/article/2012/1018/A20121018176677. shtml.

(1) 国家安全需求

国家数字学术信息资源安全需求是国家创新发展中对于数字学术资源安全保护和利用的需求，包括用于研究发展的设施、工具、互联网络资源的安全和作为知识载体的学术信息资源的安全。大数据网络环境下，这两方面的资源安全保障，集中体现在数字信息资源的安全保障上，包括学术研究与知识创新中设施、机构、工具、支持网络和知识在内的所有数字化信息资源的安全保障。

国家数字学术信息资源安全是国家信息安全的重要组成部分，随着各国在数字信息领域的竞争加剧，其信息资源安全保障已成为国家安全战略发展的一种核心需求，它直接关系到信息控制权。① 对于学术信息资源信息安全而言，需要全方位完整的安全保障机制、学术信息资源保护机制和国家信息权益维护机制作保证。对于数字学术信息资源系统而言，需要构建国家集中管控下的社会化保障体系作支撑，以适应云环境下国家创新、经济和社会发展的需要。

(2) 科学研究与发展管理部门和学术研究机构信息安全需求

我国的科学研究与发展管理部门包括国家自然科学基金委员会、全国哲学社会科学工作办公室和科技部、教育部等部委相关部门及地方政府相关部门。国家对学术研究与创新发展研究项目的立项资助和管理由这些部门承担，因而需要围绕项目管理进行信息组织和研究保障。在项目实施中，必然需要完善的信息安全保障机制。在数字化安全保障上，其需求主要包括国家利益的维护、涉密信息的保护、知识产权的维护以及各部门拥有的数字信息专用网络安全与使用安全。

我国的学术研究机构包括中国科学院、中国社会科学院、国防研究机构、高等学校研究机构、企业研究机构和其他学术机构。云环境下的数字信息的开放交流与获取是研究机构信息管理所面临的现实问题，机构信息管理既要适应大数据网络云环境，又要保证其安全性。因此，对学术信息资源安

---

① 中华人民共和国中央人民政府.中共中央关于构建社会主义和谐社会的若干重大问题的决定 [EB/OL]. [2019-07-01]. http：//www.gov.cn/govweb/gongbao/content/2006/content_453176. htm.

全识别、管控和规范化保障提出了要求，需要保障机构信息安全、研究人员信息安全、涉密信息安全、知识产权安全、学术研究管理信息安全和支持网络的安全。

（3）数字学术信息资源系统与机构的安全需求

我国数字学术信息资源系统具有分体系结构特点，其系统包括图书馆系统、档案系统、科技信息系统、各行业信息系统以及专利、标准等专门信息系统。在国家主导的数字学术信息资源系统建设与发展中，形成了具有分布结构特征的资源共建共享体系。其中，国家数字图书馆系统、国家科技图书文献中心（NSTL）、中国高等学校文献保障系统（CALIS）等已成为数字信息资源共享的全国服务体系。在这些系统内，相应的信息资源服务机构已实现基于网络的信息共享与服务协同。因此，应将数字学术信息资源系统与机构作为一个网络协作体对待。事实上，在开放服务的同时，机构间的信息交互与互操作利用已成为一种必然，由此提出了全面安全保障的同步实现要求。

从业务组织和流程上，数字学术信息资源系统与机构信息安全需求包括数据安全、基于网络的信息交互安全、信息资源长期保存安全、网络协议安全、知识产权安全和服务组织安全。① 在云环境下的开放服务发展中，数字资源系统与机构往往利用第三方服务发展诸如图书馆社区知识交互与推送等方面的服务，这就需要在开放环境下进行学术活动安全保障和整体化安全保障的嵌入。

（4）网络服务商和云服务商的安全需求

网络服务商和云服务商作为数字学术信息资源网络支持和第三方云服务主体，其网络系统安全和网络入侵防护安全是最基本的安全需求；此外，在开展服务中还需要对其服务利用及用户进行安全保障。在信息安全保障架构上，需要与服务同步的安全技术保障支持，包括网络入侵防护需求、风险识别与控制响应需求、系统恢复安全保障需求和业务数据全方位安全保障需求。

对于数字网络中的云计算服务商来说，安全需求主要体现在云计算系统安全保障和安全运营体系及管理的安全保障上。在第三方服务中，云服务商将网络设施、技术平台、虚拟软件组合为一个整体，形成一个面向用户的虚拟系

---

① 王世伟. 论信息安全、网络安全、网络空间安全［J］. 中国图书馆学报，2015，41（2）：72-84.

统，在交互上以 IaaS、PaaS、SaaS 支持方式进行。在系统使用中，云服务安全性和云计算支持系统的安全性要求便成为云服务正常、可靠运行的基本需求。另外，在运营体系和管理上，要求跨地域提供个人计算功能，实现用户数据的迁移和基于云存储的调用。与传统安全保障相比，这更加依赖于系统的安全保障能力。因此，云服务商需要承担较大的安全风险，这就需要保证运行安全监管体系的完善和安全技术支持与服务同步。

(5) 用户及公众信息安全需求

用户个人信息安全需求包括个人隐私的保障需求、个人系统的入侵防护需求、知识产权安全需求。同时，在用户的云服务利用中，要求服务具有可靠性，且确保用户交互信息的安全保存和持续安全使用。此外，还需要防止数据丢失，确保数据使用安全。云环境下的个人用户具有不同的知识结构和网络信息素养，往往需要通过智能服务和交互提升自己的信息能力；条件具备时还需要通过云服务构建自己的个人信息系统，进行开放信息存取和基于网络的学术活动。这就需要为其提供全程化的信息安全保障。

公众信息安全需求是指云环境下数字信息服务中的相关他人需求，他们虽然不属于当前用户，但由于数字信息网络的存在，有可能产生与服务系统的关联。例如，对于从事学术研究的专业人员，其学术活动及相关成果信息有可能被服务方或其他人员通过云服务获取，从而产生对个人安全的影响。无论是公众主体还是个人，其安全需求具有与自身活动相关联的特点。这就需要对个人信息泄露进行管控，以维护其正当的权益。

5.1.2　数字学术信息资源安全需求影响因素识别与分析

从以上的分析可见，云环境下的国家数字学术信息资源安全需求是多主体的多方面需求，克服影响需求要素的负面作用，是确立数字学术信息资源安全保障目标的基本出发点。按这一组织思路，可以通过用户安全需求调研分析其中的关键影响因素，以确定克服因素负面影响的数字学术信息资源安全保障目标。

表5-1为数字学术信息资源安全保障目标确立，其依据各方面主体对信息安全的需求，确立总体上的目标体系。同时，在目标确立中强调对数字信息环境的适应性和目标实现的可行性。另外，所确立的基本目标体系框架具有稳定性，具体的目标要求则具有动态性，即随着云技术和智能技术的发展，存在新的安全目标实现问题。

表 5-1   面向需求的数字学术信息资源安全保障目标确立

信息安全的需求引动	数字信息资源安全保障要求	数字信息资源安全目标
国家安全和创新发展	与信息化建设同步，全面保障网络安全，国家涉密信息安全，社会、经济、文化、军事信息安全，以及国家资源信息管理、传播与服务安全，以此出发确立数字学术信息资源安全目标	国家和公共安全保障目标；物理网络安全与数字信息传播安全目标；数字信息资源系统运行安全保障目标；数字信息组织与存储安全目标；数据管理、备份、容灾、恢复安全保障目标；网络协议与互操作安全保障目标；数字信息云服务平台安全保障目标；数字学术信息资源服务与用户安全保障目标；服务提供方安全保障目标；知识产权保障安全目标；学术社区交互信息安全保障目标
科学研究与发展项目管理和研究组织活动	项目管理和实施，决定了网络的安全性和部门与机构信息安全，学术成果信息安全，涉密信息安全，知识产权安全，网络交互、信息资源存取、传播和利用安全	
数字学术信息资源组织与服务	数字学术资源数据安全，信息资源网络运行安全，信息资源长期保存安全，入侵防护安全，网络协议安全，信息组织与服务安全，知识交互安全，知识社区和开放数据共享安全	
网络设施服务和云计算服务等	物理网络结构与运行安全，容灾安全，应急处理安全，数据完整性安全，数据备份安全，身份认证安全，攻击防护安全，访问控制安全，虚拟访问漏洞处理安全，数据删除与恢复安全，访问平台安全，组织机构安全	
用户信息利用及公众的社会活动	在服务利用上，保障个人隐私安全，个人信息泄露控制安全，知识产权安全，访问控制安全、云存储信息安全、交互服务安全、数据恢复安全、记录安全、个人信息权益维护安全、数据隔离安全、抗信息干扰安全	

从宏观上看，云环境下国家数字学术信息资源安全保障目标的确立强调以下几个基本方面：

（1）全过程安全保障目标的确立

云环境下国家数字学术信息资源安全保障目标并不是一个终极目标，而是存在于信息化与信息资源系统建设的各个阶段和环节。因此，应将信息资源建设安全、网络支持安全、数据管理与存储安全、包括云服务在内的大数据平台安全、资源网络运行容灾，以及数字资源的内容开发、传播与服务等，作为一个有机联系的过程对待，以此出发形成全程化的安全保障目标体系。

（2）全方位保障目标的落实

云环境下国家数字学术信息资源系统及网络具有复杂的动态结构特征。网络技术的不断创新使得依托于技术的数字信息资源组织与服务模式处于不断变化之中，这就需要在推进新应用的同时，确立与此相应的安全保障目标。在目标确立上，使数字学术信息资源物理网络安全保障目标、数据管理安全目标、服务组织管理安全目标与技术安全目标同步。

（3）全员参与的协同安全保障目标实现

与单一信息资源系统安全保障不同，云环境下的国家数字学术信息资源系统是多元主体参与的开放系统，其协同已不再局限于系统内资源机构系统的互联和共建共享，而需要跨系统合作和第三方参与。因此，数字学术信息资源安全保障不可能通过单一方来实现，而需要在国家统一规划和约束下进行全员安全保障协同，使网络安全、资源数据安全、流程安全、服务安全成为一个整体，以便在整体框架下实现无缝安全保障的总体目标。

在国家网络安全与信息化一体两翼发展战略框架下，其总体目标体系的确立在于为分层安全保障体系构建和全程化、全方位保障的实施提供基本的目标框架。

5.2　国家数字学术信息资源安全保障体系框架

立足于多元主体的信息安全需求，国家数字学术信息资源安全保障体系框架，不仅需要应对数字学术信息资源组织、存储、开发、传播与利用环节的安全问题，而且需要云环境下各相关主体的协同。这两个基本层面从客观上决定了数字学术信息资源安全保障的体系构建和框架结构。从理论架构和实际运行上看，可视为国家集中管控下的多元主体协同安全保障框架。

5.2.1 数字学术信息资源安全保障环节

数字学术信息资源安全保障环节具有普适性，从资源组织、交互和服务全过程看，基本的安全环节包括数字信息组织与存储环节、数字信息资源开发与传播环节和数字信息服务与利用环节。在基本环节中，与数字信息资源组织开发和利用中的业务环节相对应，安全保障始终存在于数字资源信息管理与服务业务流程之中。这意味着，基本的业务流程关系决定了数字学术信息资源安全保障的环节及其关联。按数字学术信息资源管理与服务的流程，其基本的安全保障由以下环节构成：

（1）数字学术信息资源组织与存储安全环节

云环境下数字学术信息资源不仅包括分布在数字图书馆系统、科技数据与信息中心、行业信息系统以及各类专门系统中的数字资源，而且包括公有云平台所拥有的各类数字信息资源以及经过云平台重组的相关数字资源。这两类不同形式的数字资源既具有开放共享的部分，也包括面向专门用户的系统资源，因而其利用具有边界上的限制。由此可见，对于数字学术信息资源的组织与存储安全保障，拟按其来源系统加以认证和管理。

对于分布在图书馆、档案馆、信息中心、行业和专门系统中的数字信息资源的组织，按传统方式，由各系统承担。一方面，对于采集、处理、保存的安全保障，在国家总体监管下分系统进行。鉴于各系统不同定位、体系结构和运行机制的区别，信息组织与存储安全保障有着不同的规范和要求。另一方面，大数据网络的发展以及数据开放共享的发展，对资源系统中的共同安全提出了新的要求，这就需要针对共同安全问题，进行监管层面、数据层面、技术和支持层面上的信息组织与存储环节的安全保障规范，使之形成一个体系化安全框架，以利于在体系框架下提升分系统数字信息资源安全保障的水准，为基于网络的大数据交互流通安全奠定基础。

公有云平台中的信息组织与存储保障，是云计算应用于数字学术资源管理与服务的需要，其保障在于维护存储于云平台中的各类数字资源的安全和云端数据处理、保存与调用的有效实现。在流程上，从物理层面和应用层面提供安全组织和存储的流程保证。值得注意的是，数字信息资源的云平台组织与存储具有面向用户的特点。其公有云组织与存储，在于实现资源的公共共享和存取利用，因此，安全保障拟立足于公共数字资源安全保障，在与国家数字学术资源信息系统安全关联的基础上，按集中监管原则来实施。对于面向用户的私有云平台中的数字信息组织与存储安全，按协议原则可以将其纳入云服务环节中的用户交互安全保障体系。以此出发，构建完整的数字学术信息资源组织与存储云安全保障体系。

（2）数字学术信息资源开发与传播安全环节

对数字信息资源网络存储的资源开发，是实现学术信息有效利用的关键环节，也是长期以来学术图书馆、科技信息中心和各类专门机构所关注的重要问题。从总体上看，数字信息资源内容的开发，随着计算机智能技术的发展，已经取得长足的进步。一方面，这一进步不仅体现在信息内容开发从主题内容层面向知识关联层面的深化上，而且体现在信息资源内容的识别与知识发现层面上。另一方面，数字信息资源智能交互和云处理能力的强化，使得基于大数据技术的全方位知识利用和交互成为现实。在这一背景下，用户在充分利用大数据资源的同时，也带来了一些新的安全隐患。

从数字信息资源内容上看，由于一些开发工具的缺陷，有可能导致学术信息内容识别、关联组织和分析上对于原有信息资源内容的误读；反映在开发资源内容标识上有可能形成对于原有信息内容的偏离，即从客观上更改了原有的内容，使其缺乏真实性。这一安全隐患的产生，一是由知识开发工具的缺陷而引发；二是开发人员的主观影响所致。由此可见，开发工具的安全保障和人员操作安全保障是其中的两个重要方面。

数字学术信息资源开发与传播中的各系统资源交互开发安全是值得关注的又一重要问题，其安全隐患体现在数字信息云平台对各系统信息资源的越权调用，以及各资源系统间或第三方对数字学术信息资源知识产权的侵犯。如果在数字学术信息资源开发中不加以限制，将导致云平台和系统之间的交互混乱。对其进行安全保障，旨在维护正常的开发秩序，使之处于有序化状态之中。

数字学术信息资源的传播安全，在于保证信息资源内容传播的真实性和传播的范围与边界安全。其安全保障包括传播通道和网络安全、违规传播的识别和管控，以及信息资源内容传播的真实性保障。云环境下，学术信息资源交互传播为信息的适时利用和反馈提供了便利，但与此同时也引发了所传信息内容的失真问题，从而干扰了用户的利用，不利于真实内容的长期安全保存。对此，应将开发与传播环节安全纳入整体化的数字学术信息资源安全保障体系。

（3）数字学术信息资源服务与利用安全环节

数字学术信息资源服务与利用是一个整体，其主体包括服务提供者和服务利用者（用户）两个基本方面。从服务组织角度看，包括服务提供的信息资源安全可信和用户利用服务安全；从用户角度看，同样需要安全地通过服务获取信息，同时保障信息利用中自身信息的安全。基于这一认识，在进行数字学术信息资源的安全体系构架中，拟将二者作为一个融合主体对待。从服务组织结构上，美国国家标准技术研究所（National Institute of Standards and Technology，NIST）从模型构建角度展示了信息资源服务的过程。① 按其所提出的过程模型，支持用户信息利用的资源主要是通过网络共享机制配置的资源池资源；除资源池安全外，服务组织和用户利用流程安全是其核心内容。2011年以来，随着云计算环境下的服务发展，其服务和用户安全保障逐步适应了大数据网络环境的变化和面向用户的智能技术应用。

在面向用户的基于资源池的内容服务中，服务与用户安全涉及数字网络接入服务安全、资源位置链接安全、数字信息内容调用安全、信息资源与用户数据安全和权益保障安全。就实质而论，云计算可视为大规模系统环境下的虚拟平台服务，平台通过系统交互方式面向用户提供相应的功能服务，以实现数字信息资源基于云组织的适时利用。其中，基于云平台的信息资源虚拟化集中调用安全、分配安全和适时数据交互安全是关键。

云环境下的数字学术信息资源服务安全既有云环境下的虚拟化安全保障的组织特征，又具有传统跨系统信息资源安全保障的交互影响特点。因此，一方面，云环境下数字学术信息资源安全保障的核心内容与传统的跨系统信息安全具有一致性，其基本点在于保障网络系统正常运行，避免攻击风险的影响，保障系统资源、用户数据安全，以及服务实施业务环节的安全。这说明，云环境下的安全保障具有对传统系统安全保障的继承性。另一方面，从服务技术和需求环境看，云环境下的安全又必须与数字信息技术发展和服务内容拓展相适应。

5.2.2 国家数字学术信息资源全面安全保障体系框架

国家数字学术信息资源安全保障必须面向多元主体的安全需求，在适应大数据网络与云服务发展中解决信息管理与服务环节的安全问题，以实现多方面的安全保障目标。按数字信息资源管理与服务的安全目标，立足于业务环节和流程的正常运行需求，其安全保障体系框架应具有面向业务环节的完整性、多元主体协同的一致性和安全风险的可控性。按全面安全保障环境、技术、资源诸要素的作用，其体系构架如图 5-2 所示。

---

① 冯登国，张敏，张妍，徐震．云计算安全研究［J］．软件学报，2011，22（1）：71-83.

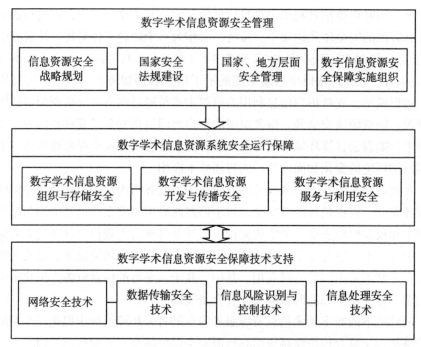

图 5-2 面向数字学术信息资源安全环节的保障体系框架

由图 5-2 可以看到，国家数字学术信息资源安全体系围绕信息组织、存储、开发、传播、服务和利用环节构建。在全面安全保障的组织中，其运行体系需要从技术实现上进行支持，以解决网络安全、数据传输安全、信息风险识别、安全控制和信息处理中的安全问题。数字信息资源安全保障的全面实现中，安全管理的顶层设计具有整体上的组织和监管作用，基于顶层设计的安全体系包括国家信息资源安全战略规划体系、安全法规体系、国家和地方层面的监管体系，以及资源体系和有关方的实施体系。

具体而言，对于包括 NSTL、CALIS 在内的数字学术信息资源系统，无一例外地存在安全运行保障、安全保障技术支持和管理层面的安全保障实施的问题，因而面向信息安全环节的保障体系框架具有普遍适用性。因此，可将其视为三维结构的数字学术信息资源安全保障体系。

从云环境下的数字学术信息资源安全保障环节出发，安全技术层面的关键是维护网络的物理安全、数据隔离安全、数据完整性安全、访问控制安全、网络链接安全，以及跨系统数据交换安全、云平台安全、开放存取和用户信息安全等；从信息管理与服务组织出发，体系化安全保障还包括运营风险、用户管理风险、密钥管理风险、人员风险、控制风险和云风险识别与控制等方面的问题。在安全管理层次上，运行安全保障需要针对现实问题进行规划，在战略规划框架下推进法制化管理和社会化保障体系建设。

图 5-3 在总体框架下，针对数字学术信息资源机构（如 NSTL）的体系化信息资源安全保障进行了模型构建。

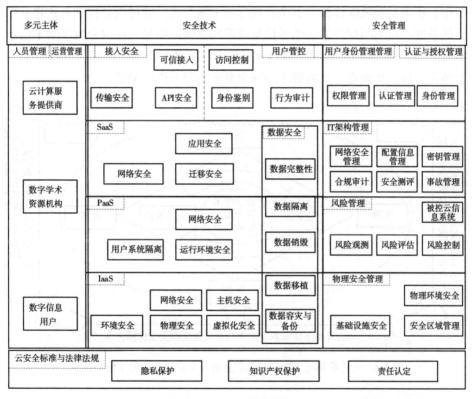

图 5-3　云计算环境下国家学术信息资源安全全方位保障模型

在如图 5-3 所示的结构中，数字学术信息资源安全基础保障主要是物理安全保障，包括硬、软件设施安全和系统安全，旨在在学术信息资源网络连续运行的情况下，保障结构不受各种攻击或干扰的影响。当前，虚拟化技术是实现云计算安全的核心技术，直接关系到分布或远程交互资源的安全。同时，学术信息资源安全保障中的数据安全处于至关重要的位置，无论是 IaaS，还是 PaaS 交付模式，数据安全都是云服务商和资源系统必须面对的安全挑战。

数字学术信息资源云服务平台不仅面向信息资源服务机构和用户，而且需要面对云服务商及其支持服务的相关方。这就要求对其进行关联管理，提供安全保障的全面支持。一旦出现漏洞，安全体系应及时响应。由此可见，进行相关方融合安全保障既是必要的，在大数据网络和云服务背景下也是可行的。

5.2.3 国家数字学术信息资源全面安全保障的实施体系构架

云计算环境下国家学术信息资源安全所涉及的管理问题，在针对全过程组织中，还需要在风险评估、安全管控方面不断改进。通过质量控制方式建立稳定的系统，以不断提升数字学术信息资源安全保障质量。在国家数字学术信息资源全面安全保障中，如图 5-4 所示将安全保障体系作为不断完善和改进的动态体系对待，从而进一步明确了各安全要素的交互作用关系。

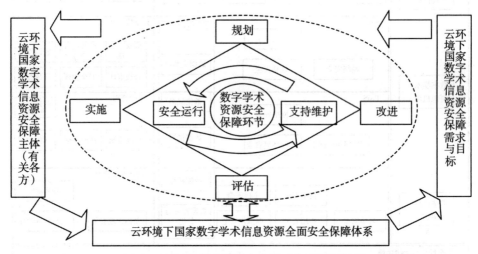

图 5-4 云计算环境下国家学术信息资源全面安全保障实施与改进

其中，安全规划的依据是云环境下的多元化数字学术信息资源安全保障需求以及需求导向下的安全定位，规划由国家按网络安全与信息化建设的发展目标实时制定；规划基础上，基于法制法规的数字学术信息资源安全保障的实施由国家管理部门、资源机构、服务承担者及相关各方承担和组织实施；实施中的评测包括网络系统评测和第三方评估，其目的是及时发现问题并进行安全保障的改进。数字学术信息资源安全保障的改进是多元主体的协同行为，应在国家集中管理下组织各有关方参与。

图 5-4 中将云计算环境下国家学术信息资源全面安全保障体系分为规划、实施、评估、改进四个部分。图中的相关方主要包括学术信息资源机构、云服务提供商、学术信息资源服务机构和用户。国家数字学术信息资源安全保障体系是一个不断改进和完善的体系。随着新技术的出现和需求变革，分阶段适时规划决定了基本的安全保障架构，及时的安全监测和评估为保障系统的进一步完善提供依据。由此可见，这一动态安全保障体系不仅能适应环境变化、技术进步和需求变化，而且在保障体系和方式上得以进一步完善。

5.3 基于技术支持与运行管理融合的数字学术信息资源安全保障组织

云环境下国家数字学术信息资源安全保障各个环节都存在技术支持和运行管理问题，有效的技术支持和适时的管理约束是决定安全水准的重要因素。从信息组织与服务角度看，分析信息安全的技术支持和运行管理的影响因素，在于明确其中的安全关联关系，寻求二者的有效融合方式，提高数字学术信息资源安全保障的水准。

5.3.1 云计算环境下数字学术信息资源安全的技术与管理交互影响因素

云环境下的数字学术信息资源组织与服务建立在不断发展的信息技术构架之上，在信息化水平不断提升的同时，如果运行管理滞后必然导致新的安全问题的出现。基于这一认识，以下从技术和管理两个方面进行安全影响因素的提取，通过调查数据的分析，明确其中的关键因素和关联作用。

对于技术支持和运行管理的影响。我们在公共云数据安全领域中进行了面向不同主体的网络问卷调查，问卷列出了有可能影响信息安全的各 20 项提问，对回收的 517 份问卷进行处理，滤去一致性和关联度不高的安全要素选项，初步确定技术支持 12 项因素和运行管理 9 项因素，面向相关人员进行第二轮调查。

首先，初步确定数字学术信息资源安全影响因素 A $(a_1, a_2, \cdots, a_n)$，其中 n 为安全影响因素的数，A 为相应的集合。然后，按确定的影响因素重要性排序标准面向相关人员进行问卷调查，要求按影响程度做出各因素评分选择：依次为无影响（0），低影响（1），一般影响（2），较高影响（3），最高影响（4）。根据受调查对象 k（$k=1$，2，$\cdots$，m）的判断数据构建直接影响矩阵 B^k（$B^k = [\beta_{ij}^{\ k}]_{m \times n}$），$\beta_{ij}^{\ k}$ 为第 K 位调查者给出的因素直接影响程度判断值，m 为参与评判的受调查专家数。当 $i=j$ 时，取 $a_{ij}=0$；B（$B = [\beta_{ij}]_{m \times n}$）为初始直接影响矩阵，其规范化直接影响矩阵为 C（$C = [c_{ij}]_{m \times n}$）

$$C = \frac{1}{\max \sum\limits_{j=1}^{n} \beta_{ij}} B$$

$$1 \leq i \leq n$$

通过规范化处理，c_{ij} 的取值范围为 $0 < c_{ij} < 1$。最后，计算综合影响矩阵 T（$T = [t_{ij}]_{m \times n}$），

$$T = C(I-C)^{-1}$$

通过矩阵，可计算因素的影响度 f_i 和被影响度 e_i。在综合影响矩阵 T 中，计算各因素影响度 f_i 和被影响度 e_i：

$$f_i = \sum_{j=1}^{n} t_{ij}(i = 1, 2, \cdots, n)$$

$$e_i = \sum_{j=1}^{n} t_{ji}(i = 1, 2, \cdots, n)$$

其中：f_i 表示该因素对其他因素的影响；e_i 表示该因素受其他因素的影响程度。计算综合度 M_i 和关联度 N_i：

$$M_i = f_i + e_i(i = 1, 2, \cdots, n)$$
$$N_i = f_i - e_i(i = 1, 2, \cdots, n)$$

综合度 M_i 表示影响因素 i 对所有影响因素的影响以及其他影响因素对其影响的综合，可视为因素 i 在所有影响因素中的重要性程度，量值越大，因素重要性程度越高。关联度 N_i 表示因素 i 对其他所有因素的关联影响：$N_i > 0$，表示该影响因素对其他因素有直接影响，$N_i < 0$ 则表示该因素受其他因素的影响更大。据此，可绘制结果图。应用 DEMATEL 数据分析方法对第二轮数据处理如下：

（1）技术支持安全影响因素分析

就初步确定的 12 项因素，提交 30 位专业人员进行第二轮判断调查，得出直接影响矩阵，通过转换，其综合影响矩阵见表 5-2。[①]

[①]　万莉．云计算环境下国家学术信息资源安全全面保障研究［D］．武汉：武汉大学，2016.

表 5-2   技术支持因素综合影响矩阵

影响因素	T1	T2	T3	T4	T5	T6	T7	T8	T9	T10	T11	T12
T1	0.105	0.075	0.092	0.225	0.208	0.102	0.247	0.268	0.119	0.104	0.105	0.105
T2	0.242	0.071	0.176	0.254	0.169	0.190	0.313	0.343	0.216	0.139	0.234	0.227
T3	0.227	0.095	0.084	0.266	0.187	0.154	0.294	0.324	0.204	0.186	0.192	0.188
T4	0.160	0.076	0.118	0.112	0.177	0.129	0.245	0.240	0.147	0.131	0.108	0.107
T5	0.208	0.045	0.086	0.219	0.095	0.095	0.212	0.231	0.110	0.098	0.099	0.124
T6	0.129	0.076	0.088	0.134	0.116	0.068	0.235	0.259	0.170	0.127	0.162	0.131
T7	0.105	0.064	0.074	0.111	0.123	0.109	0.096	0.224	0.124	0.085	0.089	0.087
T8	0.090	0.057	0.065	0.095	0.082	0.070	0.106	0.089	0.108	0.100	0.077	0.075
T9	0.085	0.054	0.062	0.089	0.078	0.066	0.100	0.111	0.046	0.067	0.072	0.071
T10	0.087	0.055	0.064	0.092	0.080	0.069	0.103	0.143	0.079	0.041	0.075	0.073
T11	0.210	0.074	0.088	0.194	0.124	0.097	0.214	0.234	0.112	0.098	0.073	0.128
T12	0.235	0.083	0.101	0.246	0.198	0.111	0.243	0.292	0.129	0.113	0.172	0.086

表 5-2 综合影响矩阵中，因素包括：数据访问控制（T1），接口安全（T2），虚拟化漏洞（T3），数据隔离（T4），用户认证授权（T5），数据容灾备份（T6），数据完整性（T7），数据丢失与泄露（T8），数据转移（T9），数据销毁（T10），攻击防范（T11），账户安全（T12）。依据综合矩阵，可得出技术支持影响因素分析结果（见表 5-3）。①

表 5-3   技术支持影响因素分析

影响因素	影响度	被影响度	综合影响度	关联度
T1	1.754	1.882	3.636	-0.128
T2	2.573	0.823	3.396	1.750
T3	2.401	1.097	3.498	1.304
T4	1.749	2.036	3.785	-0.287
T5	1.623	1.636	3.259	-0.014

---

① 万莉. 云计算环境下国家学术信息资源安全全面保障研究［D］. 武汉：武汉大学，2016.

续表

影响因素	影响度	被影响度	综合影响度	关联度
T6	1.694	1.259	2.953	0.435
T7	1.290	2.409	3.699	−1.118
T8	1.014	2.758	3.772	−1.744
T9	0.900	1.564	2.464	−0.664
T10	0.960	1.290	2.250	−0.330
T11	1.647	1.459	3.105	0.188
T12	2.008	1.401	3.409	0.607

　　如图 5-5 所示，技术支持因素中综合影响度最高的是数据隔离，随后依次为数据丢失与泄露、数据完整性、数据访问控制、虚拟化漏洞、接口安全、账户安全、数据容灾备份；攻击防范为与其他因素密切关联的要素。在安全保障中应特别关注这些因素的影响。

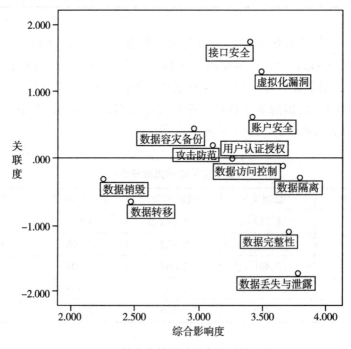

图 5-5　技术支持影响因素关联结果图

（2）运行管理安全影响因素

与技术支持安全影响因素分析计算方式相同，运行管理安全影响因素综合影响矩阵见表 5-4。①

表 5-4 　　　　　　　　　　运行管理因素综合影响矩阵

影响因素	M1	M2	M3	M4	M5	M6	M7	M8	M9
M1	0.689	0.846	0.535	0.644	0.776	0.876	0.876	0.899	0.487
M2	0.886	0.906	0.663	0.827	0.932	0.967	0.967	1.075	0.593
M3	0.768	0.884	0.502	0.758	0.754	0.812	0.812	0.942	0.454
M4	0.827	0.913	0.627	0.632	0.811	0.875	0.875	0.938	0.433
M5	0.708	0.851	0.499	0.669	0.621	0.750	0.750	0.840	0.421
M6	0.778	0.854	0.522	0.658	0.725	0.711	0.854	0.875	0.440
M7	0.925	1.015	0.672	0.765	0.840	0.978	0.835	1.013	0.511
M8	0.860	0.948	0.618	0.738	0.840	0.906	0.906	0.862	0.559
M9	0.829	0.914	0.634	0.749	0.780	0.841	0.841	0.942	0.430

表 5-4 中，要素包括：人员管理（M1），运营管理（M2），安全监管（M3），合规审计（M4），物理安全管理（M5），密钥管控（M6），用户身份管理（M7），风险管理（M8），管理控制权（M9）。对表 5-4 数据进行处理，可得出运行管理因素影响分析结果（见表 5-5）。

表 5-5 　　　　　　　　　　运行管理因素的综合影响分析

影响因素	影响度	被影响度	综合影响度	关联度
M1	6.628	7.268	13.896	−0.640
M2	7.816	8.131	15.947	−0.315
M3	6.687	5.273	11.960	1.414
M4	6.930	6.442	13.372	0.489

---

① 万莉．云计算环境下国家学术信息资源安全全面保障研究［D］．武汉：武汉大学，2016．

续表

影响因素	影响度	被影响度	综合影响度	关联度
M5	6.108	7.078	13.186	-0.969
M6	6.416	7.715	14.131	-1.299
M7	7.552	7.715	15.267	-0.163
M8	7.237	8.385	15.622	-1.149
M9	6.960	4.328	11.288	2.633

对表中数据图形化处理，可得出图 5-6 所示的结果。

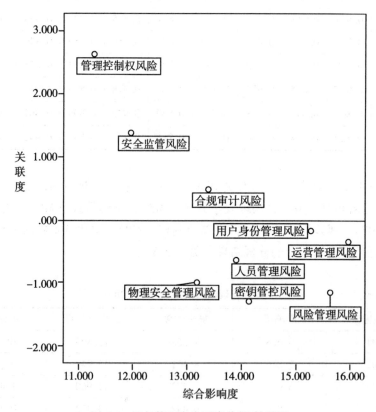

图 5-6　运行管理安全因素分析-结果图

由表 5-5 可知，运行管理中安全影响高的依次是运营管理、风险管理、用户身份管理、密钥管理、人员管理。图 5-6 则直观显示了管理控制权、安全监管、合规审计因素的关联作用。

5.3.2 技术支持与运行管理融合框架下的数字信息资源安全保障组织

从以上的分析可知，数字学术信息资源安全保障的技术支持要素和运行管理要素之间存在着内在的关联关系。其中，综合影响度和关联度作为重要的交互影响指标，显示了各安全要素的交互影响和作用。以此出发，进行技术支持和运行管理要素之间的安全保障关联，具有可行性。这里，我们以公共云数据安全保障为例，在安全影响因素的分析中进行面向实践的探索。

公共云服务数据安全保障中，所提取的技术支持因素 T1~T12 和运行管理因素 M1~M9 中存在着因素之间的相互影响。其中的综合影响度反映了影响的大小，关联度则显示了技术因素之间和管理因素之间的相关性。在此基础上，将高影响和高相关的因素作进一步分析，发现 T 因素和 M 因素之间也存在着必然的相关关系。表5-6 将结果进行归纳。

表 5-6　　　　**技术支持与运行管理因素对数据安全的关联影响**

类别	技术·管理安全体系中的因素影响	技术与管理融合安全保障
技术支持因素	数据隔离（T4），数据丢失与泄露（T8），数据完整性（T7），接口安全（T2），数据访问控制（T1），虚拟化漏洞（T3）；账户安全（T12），数据容灾备份（T6），攻击防范（T11）	将管理纳入技术支持安全环节，在技术支持安全保障环节中实现安全保障目标：数据完整性与存储安全，数据容灾与备份安全，数据隔离安全，数据访问控制安全，虚拟接口安全，网络攻击防范安全，用户身份管理与账户安全，密钥管理安全，合规审计与安全认证保障，运行与物理维护安全保障，人员安全保障，风险控制安全保障
运行管理因素	运营管理（M2），风险管理（M8），用户身份管理（M7），密钥管控（M6），人员管理（M1）；管理控制权（M9），安全监管（M3），合规审计（M4）	

技术支持和运行管理融合的安全保障体系并非忽略安全保障中的技术安全和管理层面上的规则，而是从技术安全保障和安全管理保障两个方面出发，使之成为一个协同整体。对于公共云服务数据安全保障而言，强调将管理融入技

术支持安全的基本环节，在技术安全保障环节中实现安全管理目标。

　　表5-6在技术支持和运行管理安全因素影响分析的基础上，将综合影响度低的安全因素，按其关联关系纳入关联安全要素之中。在融合安全保障中，将运行管理融入数据安全的整个技术操作环节，以实现全程化安全管理目标。这一融合框架并非使技术和管理功能界面模糊，而是进一步强化了安全管理目标实现的管理功能和安全管控目标实现中的技术手段应用。因此，其融合模型主要针对微观层面上的数字学术信息资源云服务系统。在国家、区域和行业层面上，强调的是安全的技术支持和管理保障的结合。

　　数字学术信息资源安全保障的实施中，基于技术和管理层面的安全保障，其顶层是制度化安全保障法规和技术规范中的安全标准。因此，需要在顶层设计中从国家、区域、行业层面确定云环境下的数字学术信息资源建设与服务推进中全面安全保障的实现。

5.4　云环境下国家数字学术信息资源安全保障组织体系

　　国家数字学术信息资源安全保障组织在大数据网络环境下进行，在数字信息资源的开发利用中推进云服务的应用发展。鉴于技术支持和运行管理的融合已成为一种必然趋势，这意味着单纯从规划管理角度进行宏观层次上的安全保障组织正面临着挑战，需要从技术支持与运行管理融合出发，面对关键安全问题进行安全保障，以构建国家全面安全保障的规划组织体系和社会化安全实施体系。

5.4.1　国家层面的数字学术信息资源安全保障规划组织

　　云环境下国家层面的规划是安全保障的顶层设计，不仅具有战略指导意义，而且决定一体化的组织实施架构，决定了国家、行业、区域的发展和社会化信息资源安全保障的全面实现。

　　我国数字学术信息资源安全保障与数字化学术资源建设和服务存在着对应关系。从国家创新发展和信息化推进上看，数字学术信息资源作为科学技术和社会发展中的基础性资源之一，已不限于单纯的学术研究支持范畴，而是以学术研究为源头，涵盖自然科学、工程技术与社会科学多领域的知识资源保障，包括支持基础研究、应用研究和社会经济、文化各领域的数字信息资源保障。学术信息资源的共享和社会化利用特征决定了分布的广泛性和来源的多面性，按国家主导下的数字信息资源共建共享体制和所形成的体系，安全保障的组织理应与建设同构，因此其安全保障规划应从国家战略层面、区域规划层面、行业和机构发展层面上进行。以此为原则，其主体规划结构如图 5-7 所示。

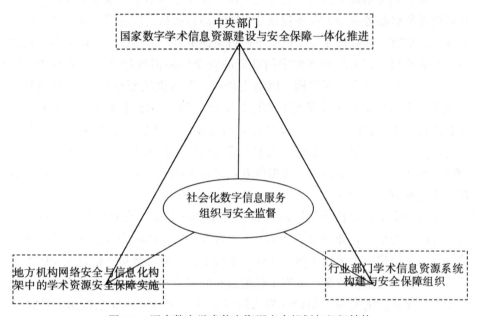

图 5-7　国家数字学术信息资源安全规划与组织结构

国家层面的战略规划。国家数字信息资源安全保障与资源建设的整体规划关系到国家创新发展的战略全局，必须在中央网络安全和信息化领导小组的统筹下进行，中央和国家有关部门在国家信息化建设中的主导作用，决定了职能管理在国家数字信息资源建设与安全保障中的主体作用。在中央网络安全和信息化领导小组的全面部署下，各部门以国家安全保障为基本目标，为我国数字学术信息资源安全战略目标和规划目标的实现提供组织实施上的保障。

地区层面的安全保障。地区层面的保障在执行国家战略规划的同时，旨在根据地区信息化建设中的学术信息资源安全目标，进行区域性安全保障的全面规划和规范管理。在充分利用全国系统实现数字学术信息资源共享目标中，组建地区数字学术信息资源协作共享云平台，实现学术信息资源的高效化安全流动；通过组织、开发本地资源，实现数据互联，同步实现数据互联安全目标，为云平台的运行提供安全保障。由此可见，地区层面的数字信息资源安全保障规划组织，一是在国家规划框架下针对地区发展需要进行；二是立足于数字信息资源共享和本地资源组织进行地方协调的全面安全保障规划，制订可操作规则，落实相关部门的职责，以实现区域发展目标。

行业层面的安全保障。行业层面的数字信息资源安全保障规划在国家政策、法律和制度基础上进行。云环境下国家数字学术信息资源安全保障，不仅包括资源数据服务商和云服务提供商保障，而且包括云服务供应链的相关提供商保障，这就需要在国家安全框架下进行全面部署。其中，行业协会是沟通政府和行业的纽带，云环境下数字信息资源安全保障需要加强云行业自律。目前，我国的数字信息资源机构、网络支持和云服务提供商在行业发展过程中，正逐步确立国家安全认证制度下的行业运行机制。2015 年 7 月，在国家制度化管控背景下，我国发布了云计算行业的行业自律条款《数据保护倡议书》，在行业自律中，阿里云、浪潮、用友等服务商按律要求落实了各自的安全保障细节。该条款对于云平台中的数据所有权进行了说明，确立了访问中对用户数据安全管理应负的责任。

从数据安全保障社会化协调上看，云安全联盟是一种有效的组织管理形式。在国家安全和行业约束的基础上，实现各相关主体的合作，在于为安全保障的社会化提供一个公用平台。在这一平台上，针对云环境下信息安全的维护可以提出体系化解决方案。云安全联盟发布的安全指导和约束文件有助于安全保障社会化目标的实现，如 CSA 发布的《云计算关键领域安全指南》所涉及的安全条款，已经引起了业界和社会公众的反响。这意味着云服务数据安全不仅需要依赖于云服务商的安全部署，而且依赖于多方主体对云服务安全保障的约束。从总体上看，安全联盟的组织有利于数字学术信息资源云安全保障适应社会需求的变化。

国家数字学术信息资源建设和基于云服务的发展是一项复杂的社会工程，在建设和服务中存在的安全不确定性，可以区分为主观不确定性和客观不确定性。在外部体现上，应着重于安全风险的识别，进行分区域和信息资源行业的协同保障推进。以云安全保障协调为起点，拟根据信息资源的变化和技术进步，在发展预测的基础上进行全面安全规划、风险控制和反馈完善。对于云环境下国家数字学术信息资源安全全面保障的规划，拟采用如图 5-8 所示的体系结构。

在国家安全需求驱动下，数字学术信息资源总体安全保障战略规划原则上确定其基本内容。按数字学术信息资源涉及的各方面因素影响，拟从政策法规、业务规范、风险控制等方面进行。安全需求驱动作为安全规划战略的基本出发点，是数字学术信息资源安全保障的目标定位依据；业务过程安全保障是

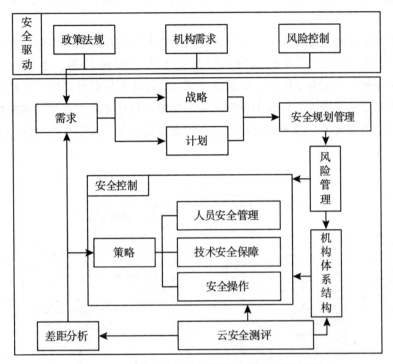

图 5-8　国家数字学术信息资源安全保障规划结构

安全规划组织的主体内容和必须应对的问题；风险控制始终贯穿于信息安全保障之中，是整体安全组织规划的支点；安全体系结构则是安全保障组织规划的主体内容。

5.4.2　基于社会化安全保障的数字学术信息资源全面安全保障实施体系

国家数字学术信息资源的利用主体除国家部门外，最重要的是研究机构及企业的研究人员、管理人员，以及对学术信息具有需求的相关用户。国家创新发展中的学术研究已从封闭走向开放，科学研究、技术应用和管理等职业活动中的知识创新同样需要利用学术信息，以支持其工作。同时，从事各类职业工作人员的知识创新成果信息，也必然通过各种途径进入数字学术资源体系之中。这说明，数字学术信息资源共建共享的社会化已成为必然的发展趋势。在国家数字学术信息资源共建共享的社会化发展中，由于网络的去边界化和云服务面向用户深层需求的拓展，提出了同步实现社会化安全保障的问题。据此，有必要在学术信息资源共建共享的社会发展中，同步提供社会化安全保障的条件。

图 5-9 归纳了我国科学技术领域数字信息资源的开放组织结构。在资源共建共享的框架下，同步配置数字信息资源安全保障功能，建立以 NSTL、CALIS 等全国系统为主体的安全保障组织与监督体系具有必要性。在社会化资源共建共享的基础上，按资源建设和安全保障一体化要求，在国家战略规划和制度框架下部署各系统的安全保障，实现管理运行和技术安全保障的融合，具有可行性。

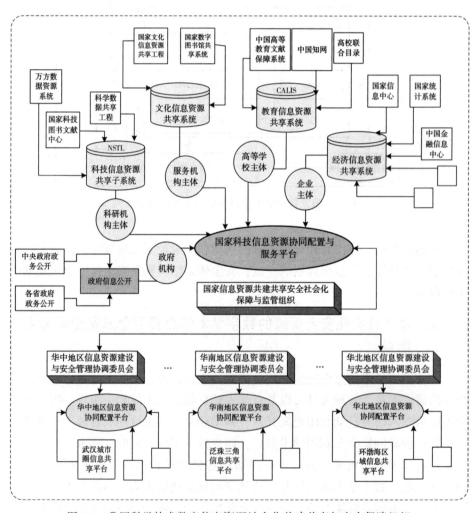

图 5-9　我国科学技术数字信息资源社会化共建共享与安全保障组织

在科学技术数字信息资源共建共享与社会化安全保障的一体化进程中，需要在总体战略目标框架下，进行数字资源网络基础设施安全保障体系的完善。按安全标准规范进行信息资源建设与社会化安全配置组织，有利于学术信息资源社会化利用与安全保障目标的同步实现。我国数字学术信息资源社会化安全保障的推进，以及各领域的资源安全协同保障目标的实现如图 5-10 所示。

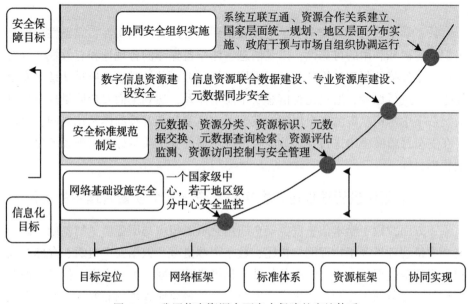

图 5-10 我国信息资源全面安全保障的实施体系

图 5-10 所示的全面安全保障组织实施中需要协同的关键问题还包括网络基础社会安全、安全标准规范建设和学术信息资源安全的协同保障推进。

我国学术信息资源社会化共建共享需要实现多系统协同的数字信息联网安全保障，主要包括科技部、文化和旅游部、教育部和各相关部门系统的数据完整性与权益保障安全。因此，应以各部门系统协同为支点，建立国家级科技信息资源的社会化配置与安全保障平台。在国家信息资源建设与安全平台基础上，国家中心在跨系统资源整合中应确立开放利用的网络安全服务保证体系。随着云服务技术的发展，网络安全保障还应适应公共云安全环境，为云服务开展提供全面的安全保障。从联动机制上看，实现资源动态化组织中的安全保障协同是重要的保证环节。

从安全运行上看，数据平台建立在开放的安全机制之上，在方便用户对数据资源辨析的基础上，安全引导用户的资源获取，提高资源的利用率。在建设中，应为经过整合的数字资源提供相应的安全措施保证，并进行面向用户的服务共享，以实现政府干预与市场化配置相结合的服务安全保障实施。

5.5   数字学术信息资源安全质量与全面安全保障的质量提升

数字学术信息资源安全质量直接关系到信息内容的真实性、完整性，信息组织、传播和利用的可靠性，以及信息主体权益保障的合理性和有效性。针对信息安全保障的制度化管理，各国采用的管理方式共性是通过质量认证对安全保障实施进行保障，通过完善信息安全质量体系，达到全面安全质量控制的目的。数字学术信息资源安全保障涉及多元主体参与和管控的体系化协同，且需要在安全保障实施中进行各环节配合，按严格的安全质量标准实现系统化的质量管理目标。

5.5.1   全面质量管理理论在数字信息资源安全质量管理中的应用

一方面，数字学术信息资源安全质量是资源组织与服务质量的基础，因而安全质量管理贯穿于物理网络构建、数字资源搭载、数据安全组织、存储开发和利用的全过程，直接与云服务的社会化推进相关联。另一方面，信息资源组织与服务环节的多方参与，决定了安全保障质量全面管理的必要性。对于全面质量管理的推进，在 ISO 2700 系列标准中已得到全面体现。

全面质量管理（Total Quality Management，TQM）是以产品创造和服务实施中的流程关系为主线的全面质量控制方式，旨在通过组织流程中的全员参与全面保证产品与服务质量。① 全面质量管理的应用范围广泛，对于具有复杂系统特征的数字学术信息资源云服务安全保障质量管理而言，具有针对安全环节的适用性和解决关键问题的重要性。

图 5-11 从信息安全保障质量控制要素、安全质量保障环节和信息安全保障质量的目标要求出发，构建了安全质量的系统模型。其中，安全质量的形成和关联分析，旨在明确信息安全全面质量管理中的各要素流程关系，为全面质量管理的实现进行构架。

---

① Pfeiffer T. Quality Management：Strategies，Methods，Techniques ［M］. Munich，Germany：Carl Hanser Verlag 2002：5.

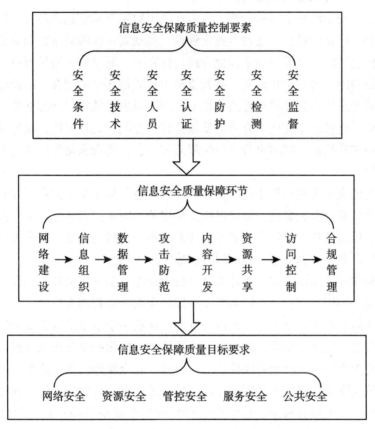

图 5-11　数字学术信息资源安全全面质量管理的系统模型

对于数字学术信息资源的安全质量管理而言，基于信息安全的全面质量管理要求打破传统的按部门职能分散管理的状况，确立全员参与的全面质量控制的机制，围绕数字学术信息资源管理与服务组织流程，按组织的安全质量关联关系进行全程化的管理控制。在全面质量管理组织中，除了要求全员参与外，还应强调实行全过程管理和对按质量管理形成的流程进行监控。

云环境下数字学术信息资源安全保障是多主体跨系统的协同保障，网络运行和资源组织处于分散状态，其安全质量保障需要克服分散管理的局限，通过统一的质量控制方式协同实现。其中，按安全质量的形成流程，实现流程化的全面质量管理是可行的。信息安全保障中全面质量管理的推行，正是基于这一现实的需要。信息安全全面质量管理遵循的原则是质量流程中的全员参与，从而将质量管理控制融入数字信息资源安全保障的全过程。数字学术信息资源安

163

全全面质量管理的要求体现在以下三个方面：

①实行安全质量全过程管理。将云环境下数字学术信息资源安全质量控制视为一个有序化的过程，通过全程化管理，实现安全保障质量的全面提升。数字学术信息资源安全质量的全程化管理目标在于，通过安全质量形成过程中的环节和影响因素进行全程控制，强调流程中各质量环节的配合，从而将安全质量管理侧重点转移到质量流程的监控上，而不是事后的质量问题处理。在安全质量的全程化管理中应建立有效的质量监督、控制、处理规则，做好安全风险的预防和实施控制，同时进行质量保障流程整合，实现满足各环节需求的质量管理目标。

②实现安全质量控制中的全员管理。云环境下数字学术信息资源安全保障中的各个环节具有关联性，需要网络安全保障、安全技术应用、漏洞监控、数据处理、攻击防护、接口安全等方面的人员参与，因而按统一规范进行安全保障质量的自我约束具有迫切性。同时，数字学术信息资源安全保障所具有的层次结构和交互关系还决定了管理人员、技术操作、服务人员和基础保障人员的协同参与，协同质量保障同样需要安全流程中的全员管理支持。

③按信息资源安全质量流程进行管理。从数字学术信息资源安全保障质量形成过程看，安全质量要素之间具有关联性和有序化的交互作用特点，在各安全质量要素之间的关联和有序作用下，形成了安全保障的质量流程。这一质量流程与数字学术信息资源管理流程的同构，需要将二者融为一体，即将安全质量控制嵌入业务流程环节，以实现全程化的安全质量保障目标。值得指出的是，信息资源安全管理的目标实现在很大程度上取决于安全质量流程，这意味着需要从总体上进行流程的优化，以寻求最合理的管理方案。

5.5.2　基于安全链的数字学术信息资源全面安全质量管理

数字学术信息资源安全质量流程中各个环节所形成的节点链接关系，可视为实质上的安全链中的节点关系。对于具有安全节点关系的信息安全保障，从原理上可以通过安全链分析，进一步明确其中的交互关系，寻求安全质量提升路径。

安全链方法是一种基于安全关联关系的安全管控方法，它所强调的是全过程的安全环节关联。该方法起源于美国，曾应用于灾害过程中的危机管理。①

---

① 雍瑞生，郭笃魁，叶艳兵. 石化企业安全链模型研究及应用［J］. 中国安全科学学报，2011，21（5）：23-28.

安全链分析在于利用系统科学方法，对可能造成的安全风险和相关要素进行关联展示，将引发安全事故的基本要素视为其中的一个环节，安全风险环节之间按其交互影响关系串接形成一条完整的安全链条。①

信息安全链分析不仅要考虑引发信息安全的源头和对象，而且要充分考虑与此密切相关的前后环节，明确各环节的有序相关关系，从而揭示各环节对整体安全风险的影响以及安全环节之间的相互作用。鉴于数字学术信息资源安全保障质量流程中各环节的关联特征，可以通过安全链分析和控制，完善安全质量环节管理，提升流程安全质量水准。

对于原发信息安全事故而言，由于安全应对的误操作、管理滞后、监督不力等原因会导致安全事故的失控，从而导致安全事故影响的扩大，甚至产生连锁安全影响。这说明，在安全控制中，应强调各环节的监控，同时防止安全链断裂而引发新的安全危机。由此可见，信息安全链管理需要关注诸多安全要素的关联和安全环节的整体控制。

信息安全链中，信息、人员、技术、管理、环境在一定条件下，都可能成为对环节中的其他因素产生影响的关键作用要素。例如，在安全链中，安全技术很多情况下被视为主要影响因素，然而管理不善所导致的技术保障安排错误，在特定条件下有可能更为关键。这就需要进行二者之间的协调处理，使管理规则与技术保障同步。

安全链中的安全路径具有重要性。安全路径选择在于，在安全管控中确定合适的路线，按路线中的节点关系寻求最佳的安全链保障方式。信息安全链是一个环环相扣的安全过程链，安全链路径选择对安全流程管理具有关键作用，因而存在路径优化问题。

一般来说，信息资源安全事故的发生属于小概率事件，但小概率信息安全事故的发生往往会造成巨大的影响和难以挽回的损失。因此，安全链管理在于通过检测其中的安全节点，及时发现环节漏洞，通过链接机制进行适时反应，确保链的安全。

云环境下的数字学术信息资源安全链要素具有相互作用、交叉联系的影响特征，因此安全链关系管理应依托于要素组成的系统。信息安全保障安全链环节中的数字环境、技术支持、信息资源、服务组织和管理控制相互关联，围绕

---

① McFadden K L，Henagan S C，Gowen C R. The Patient Safety Chain：Transformational Leadership's Effect on Patient Safety Culture，Initiatives，and Outcomes ［J］. Journal of Operations Management，2009，27（5）：390-404.

安全质量保障形成了基本的链式作用关系。图 5-12 所示的安全链系统模型从
直观上体现了这一基本关联关系。

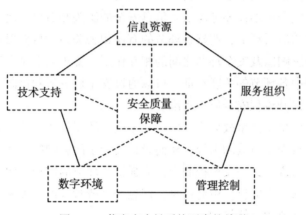

图 5-12　信息安全链系统要素的关联

数字环境包括技术环境、管理环境、实施环境在内的外部作用要素及其影
响,数字环境的变化从各个方面对数字信息资源安全与安全质量产生影响。面
向云共享的国家数字学术信息资源网络技术支持安全,是流程中安全链的关键
节点;面向云共享的数字学术信息资源安全保障中,基于共享规则与协议的服
务组织安全为安全链保障的目标节点;安全管理控制环节存在于安全链的接口
和入口上,属于安全衔接节点。全程化安全保障中,管理控制同时贯穿于安全
保障的全过程。对国家数字学术信息资源云服务而言,安全链质量保障决定了
安全链的构成和环节管理规范。

云计算环境下的大数据分布存储与开放处理对安全链管理提出了开放化管
理要求,其中所引发的安全问题,需要从多方面进行关联控制。在协同安全保
障体系框架下所进行的国家数字学术信息资源安全保障全程化实现,最终必然
落实到基于安全质量保障的安全链管理之中。以此出发,基于安全链的全过程
安全管理,将信息资源安全链要素与安全流程有机结合,有助于云环境下国家
学术信息资源组织、存储、开发和服务环节中的安全保障质量提升。云环境
下,国家数字学术信息资源全程保障的安全链模型如图 5-13 所示。

图 5-13 所示的基于云共享的数字学术信息资源安全链模型,强调了安全
保障中安全流程之间的节点关系和序化组织架构,突出了技术与管理制度化在
安全保障中的融合。在基本的结构模型基础上,可以对安全链组织进行细化。

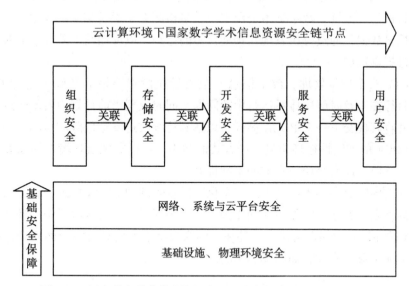

图 5-13 国家数字学术信息资源全过程安全保障中的安全链模型

5.5.3 基于 PDCA 的国家数字学术信息资源全面安全保障质量提升

云环境下国家数字学术信息资源全面安全保障质量的提升在于合理规划质量保障与资源组织，遵循科学的程序进行全面质量保障，从质量流程组织中进行改进。云计算环境下国家数字学术信息资源全面安全保障的改进是一个不断优化安全保障系统的问题，对此可采用 PDCA 方法进行质量控制的不断改进。云环境下国家数字学术信息资源全面安全保障的改进本身也是一个 PDCA 循环过程。基于 PDCA 的云环境下国家数字学术信息资源全面安全保障改进，按信息安全质量计划、安全质量保障实施、安全质量检测和安全质量处理的循环方式进行，PDCA 分为 4 个阶段，其要点如下：

（1）安全质量计划。立足于信息资源环境，找出安全质量存在的问题，分析安全事故的原因，在现状与原因分析基础上确定全面安全质量保障机制，按质量计划进行构架。

（2）安全质量保障实施。信息安全质量保障中，按已经确定的计划组织全流程实现，确定实施规则，完成计划任务。在质量保障实施中，应着重于 PDCA 关于质量提升的关键步骤，进行基于数据生命周期的同步质量保障，以期实现预定目标。

（3）安全质量检测。在安全质量检测中，分析信息安全保障执行结果与预期目标的一致性。数字学术资源安全质量检测在于通过相应的技术手段采集安全质量数据，通过分析发现与预期目标的差距，以反馈给上阶段，同时为质量改进提供依据。

（4）安全质量处理。数字信息安全质量在检测结果的基础上进行处理，处置目标在于及时解决体系运行中的问题，同时发现当前计划中需要改进的方面，并将其提交下一个 PDCA 循环，以达到持续改进安全保障质量的目的。

PDCA 的连续性循环质量控制方式的利用，可以实现云环境下国家数字学术信息资源全面安全保障水准的不断提升。

面向国家数字学术信息资源安全保障质量管理的 PDCA 模式，将全面安全保障的计划、实施、监测和处理作为一个大循环主体，将各阶段中的环节置于PDCA 循环过程中加以解决。云环境下国家数字学术信息资源全面安全保障改进的 PDCA 循环模式，如图 5-14 所示。

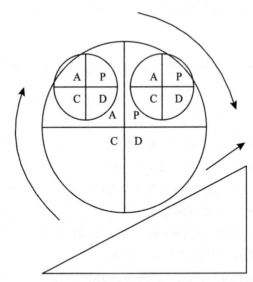

图 5-14 数字学术信息资源全面安全保障的质量提升模型

对于云环境下国家数字学术信息资源安全全面保障的实现，可视为大循环过程。而在大循环周期中，环境动态变化也需要安全保障系统能够及时应对，这就要求在 PDCA 的各环节之中进行阶段内的循环改进，即采用 PDCA 小循环方式进行环节控制。这说明，在安全质量提升中，存在小循环的作用发挥问题。从整体上看，大循环在于提升整体保障水准，小循环在于适时应对动态出现的问题，同步推进整体功能的强化。云环境下国家数字学术信息资源安全全面保障问题的适时解决，最终从整体上保证了国家学术信息资源全面安全保障不断的改进。

云环境下国家数字学术信息资源全面安全保障改进的 PDCA 循环是一个上升过程。PDCA 每一次循环，在解决问题的同时，也进行了新问题的分析，从而将其同步纳入随后的循环过程之中。云环境下，国家数字学术信息资源安全全面保障可以按信息技术与支持环境的周期进行 PDCA 循环的时效控制，使安全保障质量提升与技术和环境周期相吻合。生命周期内的云环境下数字学术信息资源 PDCA 安全质量改进过程如图 5-15 所示。

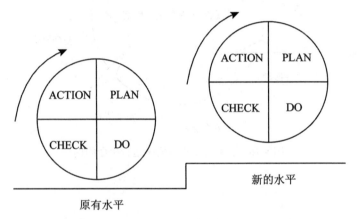

图 5-15 数字学术信息资源安全保障改进的 PDCA 循环上升过程

从数字学术信息资源服务机构角度看，云环境下国家数字学术信息资源安全保障持续改进需要应对环境的变化；而对技术进步所引发的数据、用户和服务安全问题，则需要进行安全保障全面实施的质量控制，以确保安全计划的及时调整。当前，数字学术信息资源服务机构需要将学术信息资源数据以及访问迁移到云端，因而传统的 IT 控制和管理权已发生了根本的变化，这就需要依靠云服务提供方对信息安全进行专门保障。对于学术信息资源机构而言，则需要根据整体安全技术生命周期进行全面安全保障的组织，以应对云环境下的学术信息资源不断出现的新的安全问题，使安全保障得以持续改进。

图 5-16 显示了云服务商安全运行的生命周期，以及生命周期内的全面安全保障环节。云服务商安全运行应在信息安全保障周期内进行全面规划，同时

为下一个周期的发展提供安全准备。周期内的安全链改进在周期目标确定的基础上，定义系统及用户安全需求，进行安全架构，确定具体的安全策略。与此同时，规范安全流程管理，推进安全运维，适时进行安全测评，致力于安全保障的改进。这一循环路径是 PDCA 循环在基于信息安全生命周期的保障应用，因而是全面安全质量保障的基础性工作。

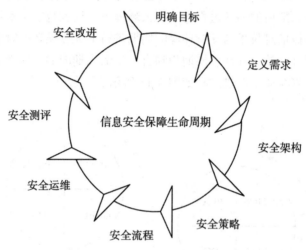

图 5-16　云服务提供商安全运行生命周期

6 云环境下国家数字学术信息资源
全面安全保障实施体系

云环境下国家数字学术信息资源建设依托于数字网络进行组织，数字网络和资源建设作为开展开放服务的基础，需要社会化安全保障的支撑。基于这一认识，有必要在国家数字学术信息资源全面安全保障中，从信息资源网络建设与运行安全出发，探索科学的实施途径，在跨系统背景下研究互操作安全、信息资源系统平台安全，国家信息安全总体框架下的安全保障纵深防御，以及分级安全保障管控和信息安全基线建设策略。

6.1 数字学术信息资源网络建设与运行安全保障

数字学术信息资源在公共图书馆、科研机构、高等学校和科技信息系统、档案系统的分散分布，形成了部门系统之间交互利用信息的障碍，需要在跨系统资源共建共享的基础上，以大数据技术和网络技术为依托，构建数字学术信息资源开放共享的数字网络。从环境影响作用上看，数字信息资源共享网络应与数字信息技术的发展和社会需求的变革相适应。这说明，资源网络建设与安全保障具有不断进步和完善的开放体系结构。在网络构建、资源管理和运行中，应将网络建设安全与运行安全作为一个整体进行保障实施。

6.1.1 我国数字学术信息资源网络建设安全保障协调

我国传统 IT 架构下的学术信息资源系统建设经过近 20 多年的发展已趋于完善，其安全保障的分系统组织和集中控制的方式适应了系统的建设环境和发展需求。然而在相关的服务技术和云环境下大数据智能化管理的发展中，其网络建设与运行安全保障存在着相对滞后的问题。

我国数字学术信息资源网络按系统进行组建，部门系统架构具有既相互分工又相互合作的优势，在国家数字学术信息资源共享中，随着技术的进步仍处于不断完善之中。当前，大数据共享和基于云服务的网络发展上，跨系统的信息资源网络建设与基于云构架的服务拓展，需要对数字学术信息资源进行新的安全约束。从实践角度看，在网络安全和信息化战略实施中，在于结合云计算虚拟化实现技术，拟采取系统内共建、跨系统共享的方式实现数字学术信息资源的开放服务。基于这一现实发展，云环境下数字学术信息资源网络建设安全保障应进行相应的架构。协调各系统的学术信息资源共建共享的合作关系，是推进基于数字网络的全国和地区整合各系统建设与安全保障的基本形式。当前，云共享资源服务的协同合作已成为必然的趋势性选择。在国家层面的数字学术信息资源共建共享网络部署中，国家数字学术信息资源系统网络安全保障的实现具有社会化协同特征。在这一背景下，基于云服务的学术信息资源共建共享协同安全框架拟采用如图 6-1 所示的组织方式。

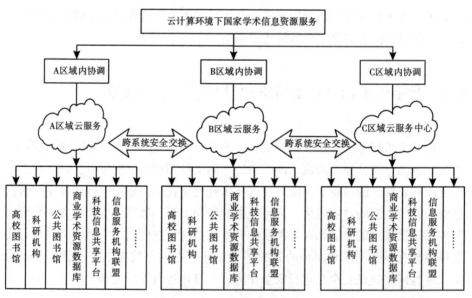

图 6-1 云计算环境下数字学术信息资源系统共建共享中的协同安全保障

图 6-1 展示了 A、B、C 三个区域的协同组织构架。网络技术的发展对数字学术信息资源组织提供了便利，对于 IT 架构下不同规模的信息系统而言，有必要以学术信息资源机构原有的数字资源系统为基础，搭建云计算服务中心

平台。在网络平台建设中，利用云计算将系统内的学术信息资源迁移到云中，实现系统内数字学术信息资源的安全存储和长期保存，以此为基础，形成国家学术信息资源联盟体系。按云部署方式可将数字学术信息资源机构区分为公有云、私有云或混合云部署。

公有云的特点在于多用户共享，基于公有云服务的数字信息资源共享中，用户之间并无直接交互关系，他们所面对的是信息资源服务机构，然而对于学术信息资源机构而言却无法控制基础设施。因此，公有云模式下数字学术信息云服务提供方需要将多用户所拥有的资源进行隔离，由此进行安全隔离基础上的风险控制和保障。

私有云模式下的数字信息资源系统平台的服务，在于为机构和系统提供云数据处理和支持。私有云部署可以控制基础设施在系统内、外部的使用和管理权限，可以进行面向用户的云数据资源的定制。私有云由于具有权限分配管理上的优势，其信息安全保障易于实施；但私有云利用成本较高，因而其利用受到一定的限制。

混合云将公有云和私有云结合为一体进行部署，数字学术信息资源系统可以将面向用户的数据服务放在私有云上运行，将公共应用部署在公有云上，以此为基础实现面向公有云和私有云的安全保障组织，其组织方式的优势在于，容易扩展并具有组织上的高效性。

鉴于云计算服务部署模式的适应性，以及云环境下国家数字学术信息资源开放服务安全保障的需要，基于混合模式的网络建设既具有公有云的便利性，又具有私有云的安全可控性。在混合云模式下，数字学术信息资源系统可以将本系统拥有的学术信息资源开放数据迁移到公有云，而涉及系统内专门业务的数据置于私有云中进行面向用户的组织和调用。由此可见，混合云方式对于各学术信息资源系统和机构来说，可以通过不同的安全策略对数据进行分类保护，从而提升了数字学术信息资源系统的安全保障能力。

6.1.2 混合云部署下的跨系统安全保障体系

混合云部署下的国家数字学术信息资源系统建设，不仅需要解决系统组织和资源建设的全面实现问题，而且需要在建设中同时实现安全保障目标。图6-2直观地反映了混合云部署下的国家数字学术信息资源系统网络结构，以及必须应对的安全问题。

混合云部署模式下，信息安全保障按基本分工拟采用既有责任划分又有安全协同的方式进行。公有云部分的基础安全由云服务提供方负责，私有云安全

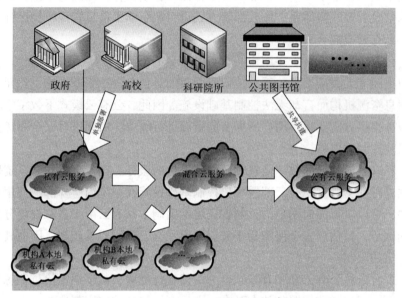

图 6-2   数字学术信息资源混合云部署模式

保障由学术信息资源机构承担。针对数字学术信息资源的组织和服务结构，其安全保障虽然可区分为系统安全和开放安全两个基本方面，而在全面安全保障的实施中，二者需要整合成一个新的整体。在云安全保障责任界定和保障实现中，混合云模式下国家数字学术信息资源系统安全保障实施中，身份认证是必须面对的关键问题。

数字学术信息资源混合云部署架构下，系统只有通过身份认证才能进入相应的操作，如果请求与权限不符，其请求将被拒绝，从而达到访问安全控制的目的。从认证机制上看，身份认证本身就是出于对数据资源系统利用的保护，然而身份认证存在的漏洞也会引发新的安全问题，这就需要确保认证的安全性和稳定性。学术信息资源系统在建立的安全构架中，拟将管理者的系统内操作、跨系统云操作和面向用户的服务操作安全认证全部存储在云安全体系中，按基于混合云的公有云-私有云安全管理认证进行分配，由学术信息资源网络安全中心实施监控。

基于 PKI 的联合身份认证技术是云环境下确保云安全的一种应用较广的身份认证技术。X. 509 和 PKI 认证框架可以将 SSL 认证协议应用于云计算环境中的数字学术信息资源系统。在基于身份认证的安全保障中，云服务提供方利用 PKI 联合身份认证可以有效进行身份安全管理。PKI 体系包括认证架构、证书和列表等，数字学术信息资源服务机构可以通过 PKI 创建用户账号，进行相应的云服务注册，同时将用户注册数据传递给 CA。CA 作为第三方机构而存在，负责审核并签发用户证书。依托 PKI，云服务提供方和学术信息资源系统之间可以通过合作，方便地进行身份认证和数字证书的存储。

　　对于开放共享用户的云计算资源，按 PKI 机制在不同云中进行操作，以明确不同身份和操作权限。云环境下的身份认证具有复杂性，因而 PKI 的利用面临着应用复杂度不断增加的挑战。因此，应进一步适应云计算环境下身份认证的需要。通过基于身份的密码技术（IBC），可以简化 PKI 的应用，直接从用户的身份数据中产生密钥。这一方式已成为有效控制系统安全的通行方式，可以在公共认证的同时进行用户的身份验证。PKI 和 IBC 混合的方式的利用，可以解决这一问题，其要点是，在 PKI 建立云间信任关系的基础上进行合作，基于 PKI 和 IBC 技术的数字学术信息资源混合云身份认证的跨云利用，如图 6-3 所示。

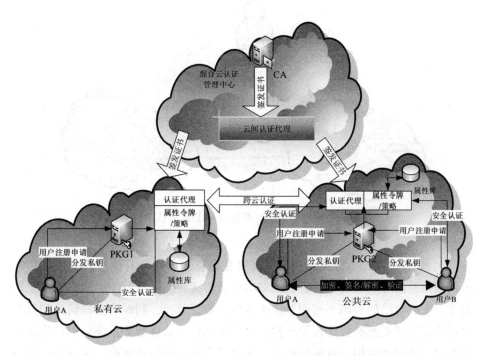

图 6-3　基于 PKI 和 IBC 的数字学术信息资源跨云身份认证

数字学术信息资源系统联合组建云用户身份认证中心进行身份认证，是推进身份安全认证保障的有效方式。一般而言，公有云身份管理和私有云身份管理安全中心可合为一体，在认证中可以由第三方认证签发证书，云服务方和学术信息资源机构用户可以通过私钥生成来实现。

在私有云信任域中的身份认证，采用 PKI 和 IBC 混合方式。这种方式，只有在有效保证安全认证可信度和稳定性的基础上才能采用。通过这种中心认证方式，在保障跨云数据访问安全的同时，有助于云计算环境下的身份认证效率的提高。

在身份认证基础上的系统资源安全保障采用基于第三方口令密钥交换协议（3Password-Autenticated Key Exchange，3PAKE），是目前应用最多的方法。该方式在于针对单纯依靠服务方进行认证管理存在的局限，进行了基于公有和私有云服务整体安全保障的构架，实现了第三方机构的安全支持，从而使其进一步体制化和规范化。基于第三方密钥交换协议（3PAKE）的跨云认证方案，如图 6-4 所示。

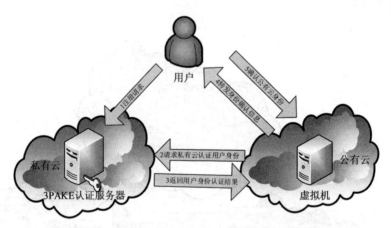

图 6-4 国家学术信息资源 3PAKE 跨云认证方案

在 3PAKE 认证方案中，用户只需要在私有云中进行身份注册，通过私有云认证体系便可以实现与公有云的双向认证对接。实际运行中，用户通过发送请求，生成自己的密码，密钥系统生成口令验证单元，同时将身份信息和口令验证单元发送至私有云认证服务器，最后由私有云认证服务系统对用户信息进行存储、管理和使用。这种架构下，用户对公有云进行访问时，可以直接向公有云提出请求，公有云随即将用户的认证请求提交给私有云认证服务器，通过认证后将其返回公有云，从而使私有云和公有云之间的交互复杂操作由此得到了简化。在这一框架的身份安全认证中，只需将认证服务器部署在安全的私有云服务中，即可实现混合云安全认证目标，从而降低了用户身份信息认证的风险。

密钥作为有效的安全保障手段，在身份认证和数据安全中具有基础性作用，密钥的安全管理直接关系到云服务中数字学术信息资源的安全访问。混合云部署下，密钥管理具有类型繁多和使用环境复杂的特点。

由于云服务的利用往往归属于不同的信任域，这些区域具有不同的身份认证及操作权限，因而使用者需要在不同云安全域之间进行跨云操作，以至于需要在多个安全域中进行密钥切换和功能转换，从而使产生的密钥具有多样性。

混合云部署模式下，所涉及的主体较多，导致密钥安全管理难度增加。针对这一问题的解决方案是基于用户安全证书的认证和加密。在这一体系中，对存在于 IaaS、PaaS、SaaS 中用户生成的动态数据只有云计算中心系统才能处理。因而，这种繁杂的流程必须应对。①

一般情况下，密钥管理部署在公有云密钥系统中，由云服务提供方进行安全保障。② 这样的架构在于，学术信息资源机构无法直接对密钥进行管理，有可能因云服务提供方的管理缺陷引发安全风险。基于此，混合模式中，有必要在数字信息资源系统中通过私有云的密钥设置，在跨云交互中实现公有云密钥的安全管理。密钥管理的另一个问题是对网络攻击的应对和遭受攻击后的恢复。在涉云计算密钥安全管理中，通过构建双密钥中心的方式可以有效解决其中的问题。基于学术信息资源数据安全的需要，混合云模式下应根据相应的协议进行密钥生命周期管理，使其设计、产生、安装和使用在基于混合云的部署中不断完善。

6.1.3 云环境下数字学术信息资源共享中的虚拟化安全实现

云计算环境下数字信息资源网络服务的跨云发展，需要以虚拟化技术作为云计算按需分配资源的支撑技术加以利用。云环境下虚拟化实现在于保证软件和数据的共享，通过虚拟化云资源平台为用户提供可伸缩的资源建设和部署模

---

① 孙磊，戴紫珊，郭锦娣. 云计算密钥管理框架研究 [J]. 电信科学，2010，26（9）：70-73.

② Alliance C. Security Guidance for Critical Areas of Focus in Cloud Computing V3.0 [R]. Cloud Security Alliance，2011：1-162.

式。与云部署同步，云计算服务中的虚拟化安全保障是其关键的组成部分。作为开放化的云服务平台，国家数字学术信息资源云服务平台的安全保障同样依赖于跨平台的安全保障。

云计算环境下国家数字学术信息资源网络应用程序的安全监管。目前，一些恶意软件往往伪装成合法软件或是隐藏进入程序，逃避入侵检测系统的监测与防护，从而使系统的完整性和运行受到威胁。这里，网络防护墙技术作为物理网络连接的防护技术，在适用于虚拟网络中具有一定的局限性，在拓扑分享链接的场景下，难以达到预期的安全目标。

虚拟化安全保障的部署需要将网络安全系统（包括入侵检测、防火墙系统）部署在网络应用程序执行环境中。在虚拟化部署中，由于一些云服务提供方的硬件缺陷和不足，导致安全部署难以有效实现，或者由于系统的高成本不能适用于复杂环境，这就需要网络安全设备的更新。目前，虚拟网络安全设备部署作为新的安全方式，其部署在数字学术信息资源网络入侵检测系统保障中得以实现。

对于全网访问控制拟采用保护虚拟资源安全的核心技术，以便在私有云的资源配置中给大规模用户提供足够的安全资源保障，以利于跨云访问和公有云与私有云的链接。面对这一问题，拟由支持多个资源池的联盟来实现。

国家数字学术信息资源共建共享虚拟化安全应注重关键问题的解决。对于虚拟安全保障中的关键问题，从流程和资源组织实现上看，应包括安全隔离、信任加载以及监控与检测安全。一方面，随着虚拟化技术的发展，虚拟机安全保障已趋完善。在虚拟机物理环境下进行动态逻辑隔离时，虚拟化计算已经可以实行多种功能的集成和应用的安全隔离，同时维持其稳定运行状态。另一方面，对于来自数字网络的虚拟化攻击和系统漏洞的出现，围绕系统与用户信息的安全防护已成为其中的关键。虚拟化技术进步是一个长期的过程，IBM 早期通过分区隔离进行部署，以在相同的物理硬件操作系统中保障运行的虚拟安全。然而，在异构虚拟化环境中，虚拟隔离的安全保障则需要保障虚拟机相互独立运行，而在技术上保证互不干扰。平台环境下，虚拟机隔离已成为整个虚拟化平台的安全保障关键，以此提出了新的技术发展要求。

目前的虚拟化安全隔离主要以 Xen 虚拟机监视器为基础展开，其中动态环境下跨系统虚拟隔离已形成了完整的方案，如开源 Xen 虚拟机监视，将虚拟安全区分为内部安全和外部安全两类，以此出发，采用 I/O 管理虚拟环境下的虚拟机运作。对于被攻击者，可利用虚拟安全防护机制进行控制。SMM 处理客户虚拟机分配请求时，通过 TPM 系统生成处置结果并按权限进行分发。

这一情景下，虚拟机可通过加密进行虚拟内存分配，同时实现基于 SMM 的 Xen 内存安全管理，其流程如图 6-5 所示。

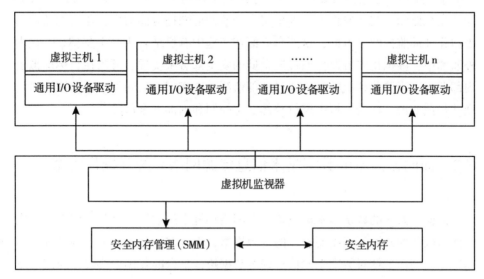

图 6-5 基于 SMM 支持的 Xen 安全管理

在图 6-5 所示的架构中，实际安全隔离环境下的操作，具有可行性和较广的适应性，Xen 的应用同时具有较高的安全保障水准。① 此外，虚拟安全保障硬件支持安全 I/O 管理架构中，虚拟机 I/O 访问请求通过虚拟机 I/O 总线，控制物理 I/O 设备的使用，通过部署 I/O 控制机，最终保障客户虚拟机 I/O 设备安全，同时实现 I/O 操作的安全隔离。

云计算环境下国家学术信息资源虚拟化安全保障中，可信加载是保障虚拟化安全的重要内容。可信加载安全保障的目的在于，实现加载的可靠性和虚拟机运行的安全性。虚拟运行中，不可信加载发生的重要原因在于恶意软件的攻击和代码系统的破坏，因而从源头上分析来源软件提供方的可信十分重要。其中，可信的完整性检测在资源管理应用程序和代码安全中具有关键作用。② 虚拟机安全监控是虚拟安全保障的中心环节。对于云环境下数字学术信息资源虚

① Wen Y，Liu B，Wang H M. A Safe Virtual Execution Environment Based on the Local Virtualization Technology［J］. Computer Engineering & Science，2008，30（4）：1-4.

② Azab A M，Ning P，Sezer E C，et al. HIMA：A Hypervisor-Based Integrity Measurement Agent［C］// Computer Security Applications Conference. IEEE Computer Society，2009：461-470.

拟化安全而言，安全监控存在于安全保障的全过程，包括物理安全和运行管理安全的诸多方面。云环境下的数字学术信息资源虚拟化安全保障除虚拟存储、I/O 等监控外，还包括对虚拟平台与系统安全性的全面监测，如入侵应对等方面的安全监测。实际操作上，虚拟机安全监测的架构应涵盖虚拟化内部监控和虚拟化外部监控两个方面，这两个方面在实施中有机结合为一个整体。① 在内外监测中，虚拟化内容监控通过安全域的安全部署来实现，可以在目标虚拟机内部置入，当监测到威胁时，通过外部监测点来实现，监测点通过监测及时发现并拦截攻击，在安全域中进行外部安全控制和内部安全保障。

6.2　面向云共享的数字学术信息资源网络系统互操作安全

面向云共享的数字学术信息资源在网络环境下的数据整合、应用系统集成和网络服务的开展不仅需要安全的资源网络，而且在网络运行上实现系统之间的安全互操作。针对数字学术信息资源数据跨云平台的互操作协议，应广泛应用于联网计算机系统之间的互操作。

6.2.1　数字学术信息资源网络与互操作结构安全

数字学术信息资源网络存在的网络安全问题，包括访问攻击、恶意移动和协议攻击等，因而应采用相应的策略实现可信网络的互联和互操作安全的全面保障。与分布环境下系统安全不同的是，云环境实现了网络的虚拟化，这就需要从网络拓扑结构出发，针对不同云服务部署和协议进行网络安全操作控制。同时，在虚拟化的云数据交换中心，满足虚拟化和应用操作的安全。

在网络体系结构的演化中，软件定义网络（Software Define Networking，SDN）使资源安全保证得以交互实施。在 SDN 架构中，所形成的全局网络拓扑结构在逻辑上得以实现；在安全操作中，基于基础设施的服务应用程序将网络作为具有逻辑结构的虚拟体对待。据此，云服务提供方和数字学术信息资源系统可以进行自动访问控制，通过构建高伸缩度、弹性的可信网络满足数字学

---

① Bhatia S, Singh M, Kaushal H. Secure in-VM Monitoring Using Hardware Virtualization [C] // Proceedings of the 16th ACM Conference on Computer and Communications Security. ACM, 2009: 477-487.

术信息资源交互安全需求。①

　　如图 6-6 所示为 SDN 结构体系的逻辑视图，通过 SDN 系统控制软件、控制数据接口和应用程序，进行安全控制的实现。

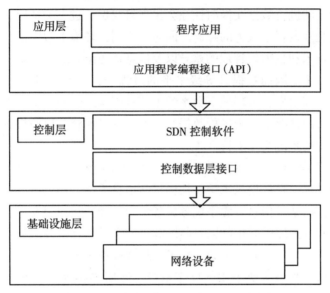

图 6-6　软件定义网络（SDN）结构体系

　　云数据虚拟化的多方操作及大规模交互所引发的信息安全边界模糊化问题，体现在安全机制动态化和大规模资源交互处理上。对比基于 SDN 的技术构架，可以通过设定虚拟化的安全边界和制定统一操作规范来实现。这一情景下，网络安全管理人员通过 SDN，可利用抽象编程的方式配置网络，从而克服基于不同硬件设施不同代码编程的弊端。此外，通过 SDN 支持的 API，进行 API 的开放利用可以实现全网络安全保障，而不需要过多关注其中的实现细节。

　　云环境下国家数字学术信息资源混合云部署模式中，公有云和私有云数据中心的跨系统互联、基于分布结构的容灾备份以及不同云计算服务供应方的异构部署，使得物理上分散的网络安全保障难以整体化实现。对这一问题的解决，拟通过 SDN 架构以及开放标准，在逻辑上实施网络安全相互认可和保障，

---

① ONF. Software-defined Networking：The New Norm for Networks ［R］. 2012.

对面向云共享的数字学术信息资源数据进行全局性安全管理的优化。

面向云共享的国家数字学术信息资源云平台建设中的互操作是解决异构系统之间互联互通的基本技术部署，其目的是为数字学术信息资源的跨网整合开发和共享提供支持。目前，跨云平台的学术信息资源交换尚没有统一的规范，在跨云平台之间进行数据交换时往往会出现自我保护过度的情况，从而在客观上对整体化交互设置了人为的障碍。同时，不同云环境下数字信息系统之间所采用的开发技术和数据库管理的差异以及信息资源组织的不均衡，也会影响到交互效果和安全。因而在提升等级水平的过程中，应明确各自的安全管理责任。从技术角度出发，云环境下数字学术信息资源跨云安全交换方案，在不改变云服务部署的情况下，为异构数据交互安全提供保障，以便提供面向跨系统协同服务组织的系统交互支持。

我国数字学术信息资源按系统分工，涉及的系统有公共图书馆系统、高等学校图书馆系统、科技信息系统、社会科学信息系统、档案馆、博物馆和各行业信息系统等。学术信息资源系统分属各部门管理，从而引发了学术信息资源服务机构之间数据库的异构问题。归纳起来，学术信息资源服务机构的系统异构主要包括三个方面：其一，数字学术信息资源系统平台异构，这是由于不同的信息资源机构和系统所采用的操作系统、通信协议等方面的差异所致；其二，学术信息资源结构异构，这是由于资源来自不同的数据库所引发的；其三，学术信息资源语义组织异构，由不同学术信息资源机构在标识资源上的方式不同而产生，由此出现概念标识的异构。

从总体上看，由于数据库提供方的数据格式不同、数据库组织不同、数据操作标准不同、软硬件基础设施的异构，以及学术信息资源系统之间处理、组织不同等诸多差异，使学术信息资源机构之间的异构数据普遍存在于系统、网络之中，这就需要进行交互关联，在统一的数据处理模式上进行操作。鉴于信息资源服务机构之间的障碍，拟利用互操作方式进行资源交互利用，从而实现国家学术信息资源的共享。

6.2.2 面向云共享的数字学术信息资源跨系统操作安全

大数据时代，数字学术信息资源已经发生了量、形和质的变化，结构化、半结构化和非结构化数据的集成组织已成为必须面对的问题。因此，数字学术信息资源共享中数据多样性引发的交互安全，直接关系到共享数据的交互利用。对于数字信息交互利用中的共享数据安全，目前采用的可扩展标记语言处于重要的位置。①② 在数字学术信息资源基本数据结构并不统一的情况下，面对学术信息资源共享困难的问题，XML 同时也为数字资源的内容关联和数据转换提供应用支持，因此，XML 仍然作为云环境下学术信息资源跨系统安全交换的“工具”而存在。

云环境下数字学术信息资源安全交换的关键在于，通过利用数据安全共享方式将异构学术信息资源实行基于统一形式的转换，以实现统一数据共享利用目标。在这一情景下，数据跨平台或跨系统交换中应同步提供安全保障，确保交换数据的安全。当前，选取 XML 文档作为通用数据模型，是一种可靠的安全方式。异构学术信息资源之间基于 XML 的转化，应以此出发进行部署。基于 XML 的数字学术信息资源异构数据安全交换如图 6-7 所示。

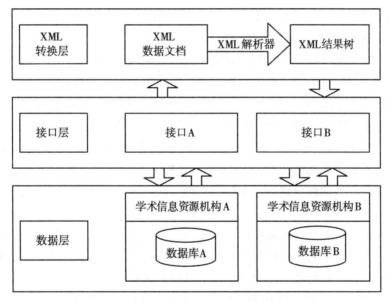

图 6-7　基于 XML 的信息资源异构数据安全交换

在图 6-7 中，不同的接口分别支持数据库数据的导入和导出，其接口方法

————————

　① 顾天竺，沈洁，陈晓红，等. 基于 XML 的异构数据集成模式的研究 [J]. 计算机应用研究，2007，24（4）：94-96.

　② 丁振国，袁巨星. 联邦数字图书馆异构数据集成框架研究 [J]. 情报杂志，2008，27（1）：61-64.

关系到学术信息资源数据交换的安全效率和数据转化的效果。① 针对学术信息资源中不同类型数据的差异，拟采用不同的组织方式。如果资源数据库中的数据与 XML 的数据在表现形式上有区别，则需要将学术信息资源数据库中的数据安全地转换为 XML 文档数据，通过解析 XML 文档的 DTD/Schema 关联数据，实现面向对象的数据映射。其中，将相关数据转换成 XML 形式是一种有效的方式。此外，在异构系统之间进行数字学术信息资源交换，还可以采用其他类似方式进行。同其他数据格式的数据文件一样，XML 需要通过解析，在解析的数据基础上生成对应的 XML 结构树。数据安全交换中，应用系统接口时，应进行数据的接口安全处理，通过安全接入进行操作。

数字学术信息资源系统之间的数据交换，通过 XML 中间件将数据转换成统一的数据格式来实现。基于云平台的信息资源数据交换中，信息通过网络进行转换传输必然面临着数据的交互操作安全风险。面对这一情况，基于 TLS、SSL 和 IPSec 的数据传输解决方案虽然具有实用性，然而存在的安全问题也必须面对。从安全传输结果上看，其优势是可以保护网络层和传输层的安全，对全面保证学术信息资源云端的数据安全，则需要从相关环节上进行规范。对于 XML 构架下的数据安全转换模式问题，W3C 组织制定了相应的对策。具体说来，在基于 XML 的数据交换中采用了数字签名推荐标准，进行了 XML 密钥管理规范，其实现对于 XML 安全具有重要意义。实现数字学术信息资源跨系统交换，在于提供可靠的安全保障构架，与其他数据安全方案相比，XML 可以对整个文档或所选部分进行加密签名处理，因而较好地保障了交换数据的完整性、机密性和可用性。

学术信息资源机构跨系统的数据安全交换环节包括：异构学术信息资源数据的交换；交换中的学术信息资源的跨平台传输；学术信息资源异构数据交换基础上的整合；面向系统用户的学术信息资源交互共享。围绕其基本操作和实现环节，学术信息资源服务机构可以采用基于交互网络的 XML 交换与处理方案，以便在满足学术信息资源跨系统数据交换需求的同时，为系统交换提供安全保障，从而与云计算的高效运行相适应。

云计算中的信息资源数据互操作，从业务层面上是指用户的数据和工作流可以实现在云服务平台之间交互移动，即实现跨云操作，也可以在云中进行跨系统操作。由于不同的学术信息资源服务机构有可能采用不同的云计算构架，

① 李尊朝，徐颖强，饶元，等. 基于 XML 的异构数据库间信息安全交换 [J]. 计算机工程与应用，2005，41（13）：163-165.

因此必须克服其中的交互障碍。目前，国外的云服务提供商（包括 Salesforce Cloud Computing、Amazon AWS、Microsoft Azure、Rackspace Cloud 等）和国内的云服务提供商（包括阿里云、百度云、华为云等），其基本构架不尽相同，各机构系统的分散利用必然导致基于云共享的数据交换障碍。这说明，面向云共享的服务必然涉及学术信息资源跨云平台互操作与调用。因此，云平台互操作安全保障处于至关重要的位置。目前，云计算资源共享和互用的安全与权益已引起了社会广泛关注，大家普遍认为云计算应针对新的需要出台全新的标准。① 在互操作安全上，安全保障的基本策略是使用开放统一的安全标准。就目前的情况而言，云计算相关安全标准化基础上的信息交换安全已成为需要面对的现实问题。

　　云平台之间互操作安全面临的一个重要问题是，由于平台技术利用上的差别，对于某个具有一定优势的供应商的资源共享互操作构架，有可能形成一个惯例，那么其他供应商进入时就不得不面对构架锁定的现实。对于资源网络而言，一旦采用了某一个云服务提供商提供的服务就很难向其他的云计算服务商移动，因为在变更中将付出更多的安全成本。这说明，云计算环境下的互操作统一规范组织，已经成为云服务互操作安全中一个必须面对的问题。2011 年，David Perera 对此进行了调研，此后所发表的开放云宣言（The Open Cloud Manifesto）确定了一系列重要组织与安全原则。② 从内容上看，这些原则主要包括使用开放安全标准以及推进组织合作。③ 在此基础上，对于内部管理需要强调内部云服务组织与安全规范，以此改善云计算的管理和运行。当前，应该强调的是使用云标准的互操作构架安全，围绕这一问题需要进行云服务提供者和用户之间的统一协调。④

---

　　① Lewis G A. Role of Standards in Cloud-computing Interoperability ［C］//System Sciences（HICSS），2013 46th Hawaii International Conference on. IEEE，2013：1652-1661.

　　② Perera David. "Military Won't Commit to Single Cloud Computing Architecture, Say Panelists. " Fierce Government IT：The Government IT New Briefing ［EB/OL］. ［2016-01-12］. http：//www. fiercegovernmentit. com/story/military-wont-commit-single-cloud-computing-architecture-say-panelists/2011-05-17？ utm_medium = nl&utm_source = internal#ixzz1RQqkS8Na（2011）.

　　③ Open Cloud Manifesto Group. Open Cloud Manifesto ［EB/OL].［2016-01-12］. http：// www. opencloudmanifesto. org/Open%20Cloud%20Manifesto. pdf（2009）.

　　④ Krill，Paul. Cerf Urges Standards for Cloud Computing. InfoWorld ［EB/OL］. ［2016-01-12］. http：//www. infoworld. com/d/cloud-computing/cerf-urges-standards-cloud-computing-817？source=IFWNLE_nlt_cloud_2010-01-11（2010）.

SOAP（Simple Object Access Protocol）作为 Web Services 的核心技术，可以针对数字学术信息资源平台互操作 SOAP 协议进行扩展安全支持。Z39.50 作为图书馆系统的通用协议，已广泛应用于不同系统之间的互操作系统架构。在应用于不同计算机系统之间的互操作上，图书馆互操作协议中 SDLIP 数字签名可直接嵌入其中，在实现组织互操作的同时有着可靠的安全保障。对此，数字学术信息资源云安全互操作保障中，在此基础上的组织具有可扩展性。

6.3　云环境下数字学术信息资源系统平台安全保障

学术信息资源共建共享的推进以及云环境下开放服务的开展，突破了原有各信息资源系统之间的界限，所形成的社会化服务系统平台得以不断发展。在一体化资源共建共享和信息安全保障框架下，云环境下国家数字学术信息资源系统平台安全保障处于关键位置。针对这一问题，我们以中国高等教育文献保障系统（CALIS）和美国学术信息云存储联盟（HathiTrust）的数字资源集中存储和开放服务平台为例，立足于 CALIS 与 HathiTrust 云计算学术信息资源系统安全保障的实践，探讨系统平台的安全保障范式、安全保障策略和基于联盟的安全保障实现。

6.3.1　云环境下数字学术信息资源系统平台安全

研究 CALIS 的系统架构和安全，旨在寻求国家数字信息资源系统平台安全保障的共同特征和组织构架，在面向安全问题的分析中，进行安全保障的全面实施和优化探索。

中国高等教育文献保障系统（CALIS）是我国高等学校全国范围内的信息共建共享系统，也是以中国高等教育数字图书馆为核心的文献信息联合保障体，在于面向全国高等学校实现数字信息资源的共建共享，同时提供开放化的服务平台。

从总体上看，通过云服务拓展 CALIS 的开放资源共享范围，提高服务的智能化水平是值得关注的关键问题。CALIS 在第三期建设中构建了系统数字图书馆云平台，其结构如图 6-8 所示。①

---

① 李郎达.CALIS 三期吉林省中心共享域平台建设［J］.图书馆学研究，2013（2）：78-80.

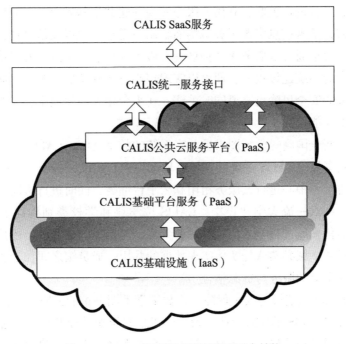

图 6-8 CALIS 数字图书馆系统云平台结构

CALIS 数字图书馆云平台支持高等学校图书馆之间的服务融合，提供开放化的数字服务支持。CALIS 系统的数字云服务平台在 HaaS、IaaS、PaaS 部署中构建了 SaaS 开放服务体系，通过系统内数字图书馆云服务平台，将第三方资源和服务嵌入其中，形成了 CALIS 云服务中心构架。平台运行中面对各成员进行 SaaS 云服务功能支持。目前，CALIS 已覆盖的体系包括：高等学校图书馆联盟体系、全国联机数字编目体系、全国高等学校文献资源整合服务体系、全国高等学校文献传递体系、数字图书馆云服务技术支撑体系、数字信息资源服务培训系统。

在分布结构上，CALIS 共建共享按地域进行协调组织，其云服务在共享域中进行部署。这说明，CALIS 安全保障中，地域安全处于重要位置。CALIS 三期建设已经实现了各成员馆之间的知识服务交互。在知识检索与获取服务中，面向成员馆用户进行统一身份认证、统一用户管理和系统支持。同时，为各成员馆之间拓展资源交互传递的范围。按安全保障的同步实现原则，支持多馆联合咨询和知识管理功能的虚拟化实现，进行用户数据与 CALIS 系统数据交换的整体化安全保障。① 在运行上，成员馆通过 CALIS 平台部署的云服务，将本地服务和云平台进行关联，利用云服务实现共建共享基础上的大规模资源交互利用。当前，学术信息资源服务机构面临用户需求变化以及信息技术进步所带来的挑战，力求通过云服务实现拓展现有服务的功能。按这一发展策略，不需要进行更多的系统建设投入，便可以实现核心业务的拓展目标。然而，云平台应用所带来的安全风险也需要同时关注。在平台建设与发展中，需要付出其应用安全成本才能保障平台和系统的正常运行。

为了方便全国高等学校图书馆共享系统的数字资源，CALIS 中心构建了面向用户的共享域。CALIS 系统共享域以地区为中心建设，各个省域内的高等学校图书馆通过省中心进行云服务租用和云平台部署，同时进行协同运行安全保障。当前，在双一流大学建设中，CALIS 按学科和学校类别构建了学科共享域，在各学科领域进行学术信息资源的共享。无论是区域共享，还是学科域共享，其虚拟共享域必然依托实体实现数据的共用，成员馆之间在于通过虚拟共享域进行逻辑上的服务与资源整合。②

CALIS 共享域建设与安全保障，为数字学术图书馆的云服务提供了技术实现上的支持。CALIS 的实践表明，数字学术信息资源共建共享，通过云计算技术应用的实现是必然趋势。在数字学术信息资源整合上，构建面向各成员的统一部署、认证的云服务平台是可行的。平台运行中的关键环节包括：通过数据汇集、交换、处理和挖掘，整合系统数字学术信息资源；对整合的学术信息资源数据进行基于云平台的交互和服务；服务组织依托系统的成员机构，以及云服务提供方和合作机构。

在基于云计算的开放服务实践中，CALIS 开发了 SaaS 云服务的一系列应用，通过构建共享域实现地区和学科范围内的交互，依托学术信息资源整合的云平台组织面向用户的开放服务。以 CALIS 数字图书馆中心为主体的云服务平台，其构建主体既是云服务的提供者，又是云计算服务方的服务用户。因而，数字图书馆的云服务及其安全保障，一是依托数字图书馆资源中心进行运行和维护，以此出发实现服务目标；二是在技术和管理上，与云计算服务提供方合作，进行平台安全运行保障，降低云计算环境下数字学术信息资源安全风

---

① 肖小勃，邵晶，张惠君 . CALIS 三期 SaaS 平台及云服务 [J]. 知识管理论坛，2012（3）：52-56.

② 杨新涯，王文清，张洁，等 . CALIS 三期共享域与图书馆系统整合的实践研究 [J]. 大学图书馆学报，2012，30（1）：5-8.

险的影响，对安全风险进行有效控制。

6.3.2　云计算环境下学术信息云平台安全保障策略

以 CALIS 为例的分析，显示了系统内学术信息资源共建共享云平台的建设及安全运行中所面临的基本问题。按资源服务与安全保障一体化推进原则，云环境下数字学术信息资源安全保障拟从技术、管理规范着手进行。

云环境下数字学术信息资源安全保障的技术策略。CALIS 平台基于 OSGI 规范通过 Nebula OSGI 将服务进行封装和部署，按统一的内部规范保证服务平台的可靠性。从结构上看，这一部署模式具有简单、可靠的特点，然而其开放性和运行安全的全面保障都存在一定的局限。面对这一问题，可以在全程服务中进行优化。为了保障成员馆对共享域的安全访问以及信息安全，CALIS 云服务平台采用了统一的认证系统。在云服务平台中，对成员用户进行统一的界面的认证。当用户首次访问时，其统一认证中心会引导用户完成认证。统一认证有利于对用户进行访问安全控制，从而加强利用 CALIS 学术信息资源安全性。

CALIS 学术信息资源云服务平台统一认证中心采用 CARSI 认证技术实现，应用安全断点标记语言进行。中心的统一认证对基于 Shibboleth 技术的身份认证进行了拓展，更适用于 CALIS 的身份联合认证环节。CALIS 的统一认证实践表明，身份认证既有普遍性，也存在对各系统不同环境的适应性，因此，拟在统一标准的基础上按系统平台需要进行部署。在部署中，CALIS 采用统一认证云服务中心进行联合认证，这种方式的优点在于各机构可以方便地保障各自的用户安全。联合认证的操作具有一定的复杂性，需要对其系统进行改造，实现与统一认证云服务中心的无缝对接。目前，对信息安全保护采用的联合认证方式已具有较广的应用范围。

云环境下数字学术信息资源安全保障的管理策略。数字学术信息资源云服务平台的建设在国家战略框架和规划中进行，其系统内资源共建共享平台构建立足于系统的总体发展目标实现。CALIS 学术信息资源建设在教育部部署下，按全国布局和各地区发展的需要，鉴于 CALIS 庞大的规模和面向全国 30 多个共享域的服务发展，需要进行集中、协同的安全运行保障。在保障实施上，对成员馆与共享域交互信息的安全需要进行全面保障。对此，可依托于 CALIS 学术信息资源建设组织构架，确立安全域建设与保障框架。CALIS 学术信息资源云服务平台的安全域，按其整体结构进行设置。

按 CALIS 的建设体系，整个系统具有全国中心、地区中心和高等学校图书馆系统加入的层次结构特征，由此形成了全国中心、地区中心和成员馆参与的分级安全域体系。在国家学术信息资源共建共享总体部署下，地区中心承担具体的区域建设规划管理和运行任务。全国和地区中心为云计算环境下全国高等学校学术信息资源建设和安全提供保障。① CALIS 数字学术信息资源云服务平台由 CALIS 全国中心进行统一管控，通过全国协调下的省级中心进行全面推进。在全国和地区中心系统的成员馆中，按序进行有序化的云服务应用组织，开展面向用户的开放服务。

CALIS 数字学术信息资源云服务平台建设和安全运行保障是一项复杂的系统工程，在技术上需要制定统一的技术标准与安全规范；在管理上，需要完整的运行和安全方案。面对数字学术信息资源云服务平台建设规范上相对滞后的实际情况，可沿用相关的技术与规划进行云数据规范、统一认证、接口规范和安全协议的管理。

在长期的实践中，为了明确各成员馆资源建设和云资源利用中的责任和权益，CALIS 制定了《CALIS 服务协议》和《CALIS 集团采购委托协议》，通过协议对各方进行约束。为了提高数字学术信息资源共建共享水准和强化云服务安全保障环节，CALIS 进行了建设、运行与管理的融合，在数字学术信息资源建设与服务流程中实施全面管理，从而适应了平台安全与利用安全需要。这一基本的保障模型，在环境动态变化中有必要进一步完善。

6.3.3 云环境下数字学术信息系统平台安全保障的实现

在数字学术信息系统云平台的安全保障实现中，美国学术图书馆信息云存储平台具有代表性。其安全规划和保障实施分析在于进一步明确其中的问题，寻找改进和优化平台安全的途径和方式。

美国学术信息资源云存储联盟（HathiTrust）所构建的共享数字资源库，由大型研究图书馆作为成员共同所有，在安全共享中进行运作。数字资源库通过数字化平台创建数字资料体系，馆藏资源和服务集成面向成员共同创建一个稳健的规模化设施，用于学术信息的保存、组织和利用。

HathiTrust 通过合作规则，对数字图书、期刊中具有深度的资源实现基于信任关系的联合共享。用户可以通过网络对其所有的学术信息资源进行访问，

① 李凤媛. CALIS 三期建设之河北省中心服务策略与实践 [J]. 科技信息，2013（35）：30.

使其从单一机构的服务利用转变为基于联合体的服务利用。① HathiTrust 为数字学术信息资源的长期保存和访问提供了共有平台,其构架如图 6-9 所示。

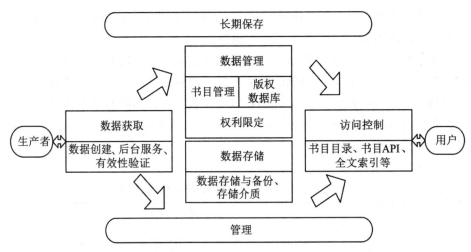

图 6-9 美国学术信息资源云存储联盟系统构架

在运行中,可信存储库审计和认证文档描述了 OAIS 框架过程,通过获取对象进行记录和保存。HathiTrust 的数据资源获取有两个途径,一是从中央书目系统中心抽取元数据,;二是获取分散的基本信息及其内容元数据。

在统一检索平台中提供内容检索服务,是系统创建的初衷。HathiTrust 与 OCLC 共同创建了用户界面,支持多语言、多途径的兼容检索平台,实现跨库资源的一站式获取。对非 HathiTrust 成员用户,通过 Summmon 核心技术实现基于全网开放的学术信息资源全文查询。

HathiTrust 专门为学术研究提供了文本分析工具,通过集成多个文本分析与可视化功能的 SEASR 的网络服务,可以有效地帮助研究人员挖掘隐性知识和关联信息,同时支持多格式的处理,进行多媒体文本的数值转换。

HathiTrust 可以创建用户定制的数据库,实现面向用户的自定义检索和自定义集合服务。HathiTrust 为了满足用户的专题文献需要,为用户提供了个人收藏库,联盟会员可以创建自己的收藏库,从而实现面向数字图书馆用户的聚合。

---

① Walker D P. HathiTrust: Transforming the Library Landscape [J]. Indiana Libraries, 2012, 31 (1): 58-64.

出于支持多种移动设备和多种操作系统的需要，HathiTrust 的移动平台支持手机或其他移动设备登录访问，用户在身份信息认证后即可访问移动平台。HathiTrust 移动平台未来发展在于帮助用户跨时空地获取数据库资源。然而，面对未来的发展，学术信息资源集中云存储和定制利用涉及知识产权纠纷等安全问题，HathiTrust 正面临安全维护的挑战。

数字信息资源云环境下，访问控制是 HathiTrust 云存储联盟资源安全控制的重要手段。HathiTrust 云存储联盟学术信息资源访问控制以及存储安全保障通过档案存储管理和访问认证来实现。HathiTrust 云存储联盟学术信息资源访问控制按内容访问、网络整合访问和元数据访问分类进行组织。① 访问控制的具体内容见表 6-1。②

表 6-1　　　　　美国云存储联盟学术信息资源访问控制的内容

访问类型	访问包含的内容
内容访问	通过内容访问将文本内容、元数据等交付给访问用户
网络整合访问	通过整合访问，利用存储库来发现内容、提交使用
元数据访问	通过向用户提供元数据，使用户通过元数据获取访问资源内容

内容访问控制只需要通过 DataAPI 即可，它可以允许机构开发自己的接口，获取云存储内容，同时验证。网络整合访问控制通过 Solr 索引标准的应用来实现，索引访问 VuFind 包括了完整的 MARC 记录以及权利确认信息。元数据访问控制通过存储库的数据管理组件进行，以保障元数据访问安全。

云存储数据安全保障是 HathiTrust 的基础保障之一，HathiTrust 建立了开放的运行管理制度，有利于各合作成员有效监督系统安全运行状态。对数据进行两个以上的备份是整个布置的重要环节，旨在将多个备份数据分散进行异地存储，从而实现安全双重保障。对于数据存储的物理环境安全，围绕减少用户数据丢失与泄露的风险控制进行。

HathiTrust 为了更好地保障学术信息资源安全，采用的云存储备份方式具有借鉴和扩展应用价值。美国的 HathiTrust 云存储的数据中心置于密歇根和印

① York J. Building a Future by Preserving Our Past: The Preservation Infrastructure of HathiTrust Digital Library [C] //76th IFLA general congress and assembly. 2010: 10-15.

② Walker D P. HathiTrust: Transforming the Library Landscape [J]. Indiana Libraries, 2012, 31 (1): 58-64.

第安纳两地。密歇根的云存储中心负责业务的响应、数据存储和维护；印第安纳中心作为备份中心，进行故障和风险响应，避免数据丢失，降低云安全事故风险的影响。

HathiTrust 云存储联盟依赖于各学术信息资源服务机构进行安全合作，执行委员会管理执行机构，对运行进行监管，同时将相关信息向高层管理反馈。战略顾问委员会由来自联盟图书馆和第三方监管机构的人员组成。在 HathiTrust 云存储联盟中，图书馆之间的合作是实现全面安全保障的关键。HathiTrust 云存储联盟的信息安全管理结构如图 6-10 所示。

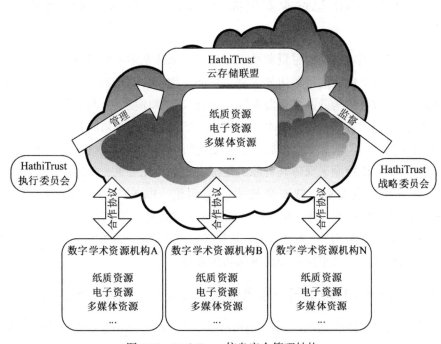

图 6-10　HathiTrust 信息安全管理结构

HathiTrust 云存储联盟图书馆通过协议进行合作实现，联盟成员签订云存储及安全协议，将成员馆的责任与义务具体化。① 其优势是，合作协议可以成为成员馆用户提供学术信息资源存储服务的基石，有利于保障和维护成员图书

---

① 赵伯兴，方向明. 云图书馆环境下低利用率文献合作储存对策研究 [J]. 中国图书馆学报，2013，39（3）：40-48.

馆共享资源的权利。

　　HathiTrust 云存储联盟关于版权安全保障措施的制定，立足于知识产权的保护，使其贯穿于云存储联盟服务的全过程。对于开放获取的资源严格限制在不受版权保护的出版物和云存储联盟中不受产权限制的资源之内。对于受产权保护的学术信息资源，通过与所有者的协议来明确。HathiTrust 云存储联盟为此专门构建了授权数据库，所采取的学术信息资源产权保护措施值得同类系统或平台借鉴。

6.4　国家学术信息资源安全保障中的纵深防御及其联合实现

　　云环境下国家学术信息资源系统不同于自成体系学术信息资源机构的系统建设，它打破了原有的可信边界限制，从而实现了协同基础上的资源共建共享目标。这种成员机构的共享资源系统在公有云计算环境下，有着共同发展的整体优势，是当前各国采用的基本建设模式。然而，大系统协同共建共享也存在着来自多方面的风险和安全威胁，有必要进行防御和应对。这一情景下，用户只有依托宿主机控制来保障其资源的虚拟安全。由此可见，创造新的安全监管与保障模式是重要的。就安全技术应用而论，PaaS 普遍采用的进程隔离 container 技术具有可行性。虽然技术的安全成熟度有待提高，但可以在应用中不断完善和更新结构。① 鉴于 PaaS 下源代码部署和管理的限制，数字学术信息资源安全保障应从单层防御向纵深防御发展。

6.4.1　云计算环境下国家学术信息资源安全的纵深防御推进

　　纵深防御（Defense in Depth，DID）是实现系统安全的关键，最早出现在美国的相关信息保障框架中，且成功用于美军全球信息网格的安全控制。② 当前，由于云计算环境下国家学术信息资源系统的安全威胁的多面性和安全边界的模糊性，在虚拟化技术基础上的资源组织与服务实现中，有必要在资源共建

---

　　①　云安全三大趋势：纵深防御、软件定义安全、设备虚拟化［EB/OL］.［2016-03-20］. http：//www.csdn.net/article/2014-06-25/2820394.

　　②　Son H，Kim S. Defense-in-Depth Architecture of Server Systems for the Improvement of Cyber Security［J］. International Journal of Security & Its Applications，2014，8（3）：261-266.

共享的同时，从整体构架上处理来自多方面的安全威胁和安全漏洞。如果攻击层明显扩大，目前所采用的单一层面上的防御一旦被攻破，将引发整个系统的信息资源结构安全，严重时甚至使系统陷于瘫痪。这一情况，应该提前防备。

对于我国学术信息资源系统和网络而言，云环境下信息安全保障部署相对于服务而言比较滞后，在安全防御上其单层防御体系已无法适应服务的发展。传统的架构往往造成防御上的被动，同时导致安全防御的分割。由于各自的防火墙和加密机等都存在各自的安全保障限制，难以从纵深安全保障出发进行组织。对此，云计算提供商开始关注与其他资源提供方之间的协同合作，显然，这种合作有助于纵深发展。如果云服务提供方将所购买的软、硬件设施整合到云服务信息系统的深层结构之中，将学术信息资源建设的云安全和信息资源安全进行分层融合，则可以改变单个安全节点的信息安全保障状况，实现国家数字学术信息资源分层纵深信息安全保障目标。

云计算环境下国家数字学术信息资源安全保障引入网络纵深防御机制，一方面，将计算和数字资源网结合，扩展了防御的广度；另一方面，二者的结合可以在更深层次上进行攻击监测，有利于分层安全管理的开展。当前的突出问题是，云环境下入侵防御广度拟扩展到广域网、局域网和主机层面的安全防护，同时在防御深度上拟形成检测、预警、保护、响应和恢复的闭环安全结构。① 纵深防御的实现关系到技术、管理在信息安全保障中的结合。在云计算环境下信息安全目标实现中，WPDRRC 模型具有适用性，它可以用于人员和技术风险的防御控制。

云计算环境下数字学术信息资源安全涉及信息机构使用云服务的安全、云计算服务安全、学术信息资源用户的网络访问安全以及第三方安全，在纵深防御中，通过对网络类型的区分可以形成不同的信息安全保障防御策略。基于网络纵深防御模型，可以设置防御的技术参数，形成多层保护策略。对于深层次的攻击，如果及时监测到外围攻击信号，内部各层将提前做出反应，因而纵深防御是 IT 单层安全防御所不及的。

事实上，利用网络安全技术防范外部威胁的同时，应同步进行内部架构的安全监督，以防止学术信息资源数据安全风险的发生。对于 CSA 公布的威胁，来自内部恶意的侵入值得关注。面对一系列威胁，实现监测、预警、响应、保护、恢复、反制的全序安全管控，即在更深的层次上构建安全体系具有必要

---

① 黄仁全，李为民，张荣江，等. 防空信息网络纵深防御体系研究［J］. 计算机科学，2011（S1）：53-55.

性。显然，这是对云计算环境下国家数字学术信息资源安全防御的改进。目前，从已有的云纵深防御实现上看，通过安全虚拟化技术和应用安全网关系统进行防御系统构建具有可操作性和稳定性。实施中，可以将应用系统部署到云端，以降低云信息系统与外部环境之间的边界影响。云纵深防御中有必要对应用操作人员及操作行为进行规范，以确保云系统的安全性。① 由此可见，在纵深防御框架下的数字学术信息资源安全保障应在深层次的安全环节中进行组织。云环境下国家数字学术信息资源安全保障纵深防御的未来发展主要涉及以下问题。

基于纵深防御的云环境下国家数字学术信息资源安全保障的范围，从 IT 架构下单层防御部署向多层防御部署转变，这并非单纯的层次深化，而是在防御监测范围扩展基础上的多方监测和防御的纵深发展。这一现实表明，深度必须以广度为前提。在实现中，可以将数字学术资源网络安全结构区分为资源系统主机、云数据中心以及物理网络，有必要采用相应的安全技术进行分区部署，使之形成一个体系。其中：物理网络作为最外层，无论是学术信息资源机构和支持方，还是学术信息资源用户，无一例外地需要通过网络安全进行联结。因此，在实施中可以通过网络防火墙隔离，以及入侵检测系统、入侵防御系统和安全响应，为信息安全构筑网络第一层防线。在此基础上，通过数据中心构建资源网监测、安全保障脆弱性警示、安全阻断列表和修复构建第二层防线。继而，在内层的主机安全防护中基于安全访问控制、病毒防范和数据警示构建内层防线。云计算环境下虚拟化和技术漏洞引发的攻击面扩大，拟通过设置三层防线进行解决。这样，系统可以进行及时报警与响应，从而提高云计算环境下数字学术信息资源整体信息安全的保障水准。

纵深防御下的云计算数字学术信息资源安全保障，强调人员、技术和管理的深度结合。对云环境下数字学术信息资源安全直接起作用的是安全支持，其安全管理策略直接关系到安全保障的组织。另外，人员始终处于纵深防御的核心位置，发挥着关键作用。因此，云环境下的数字信息安全，应在各个层面上进行各安全要素的关联监控，实现安全防御的深层发展目标。

云环境下国家数字学术信息资源安全保障中的人员由于处于核心位置，其系统安全中的人员安全责任和行为安全规范关系到安全保障的各个层面。因

①　中国计算机报．云纵深防御治理内网安全［EB/OL］．［2016-02-09］．http：//www.xzbu.com/8/view-4464397.htm.

而，按安全保障的结构进行安全责任划分是可行的。鉴于人员的不同隶属关系和分工，信息安全保障纵深防御中，应突出有关人员的安全责任规范，明确与安全风险引发的关系，从而在各个层面实现人员安全管理的规范化。因此，纵深防御中需要督促云服务方完善其内部管理机制，明确安全责任，制定安全管理的流程规则，围绕安全事故的引发，进行合规审核，以便从人员安全合规出发，完善深度防御的组织机制。安全防御中职权分离是预防行为风险的有效方法，其要点是相关人员对系统的访问操作应受到规则限制，强调对内部人员、第三方人员以及学术信息资源系统关键人员进行定期的安全培训，规范所有的参与方执行人员在相同的安全环境下的操作行为，防止安全事件的人为引发。

6.4.2　云计算环境下国家学术信息资源安全的联动的完善

信息资源安全保障的动态性和环境的变化，使得静态被动安全防护无法适应整体信息安全保障的需要。从宏观上看，云环境下的国家数字学术信息资源安全的全面保障需要从全局出发进行安排，建立全程化联动保障机制。这里的联动机制，强调信息安全保障过程中的各主体联合，以及面向全面保障环节所进行的相互配合。从实现共同的安全保障目标出发，国家数字学术信息资源云服务提供方和国家学术信息资源机构应进行全程合作。信息资源机构作为主体机构，安全保障的主动权处于更高的位置；信息资源的公有云由云服务供应方部署，处于协同位置。除按联动关系开展数字学术信息资源组织与服务外，各方还需要在资源系统的安全保障中承担关联安全保障责任，在相互关联的信息安全保障中，联动机制的完善是其中的关键所在。

划分安全区域是联动安全保障中提高防御能力的重要手段，通过安全区域的划分可以从整体上进行安全保障环节的细化，在分区细化安全保障责任的同时，强调了安全区域的自治性。在有利于联动统筹安全保障的基础上，实现基于多元主体联动的安全保障能力提升和联合安全保障问题的全面解决具有重要性。在安全域保障中，安全域的划分可参考信息安全标准化委员会 TC260 的《TC260-N0015 信息系统安全技术要求》进行。①

由于数字学术信息资源服务业务开展具有复杂性，以至于不仅需要采用系列技术手段进行控制，而且需要从保证学术信息资源及云服务业务出发进行安全保障。从理论上看，安全域划分越多，越易于进行多环节安全运行控制。在

---

①　TC260 N0015，TC260-N0015 信息系统安全技术要求［S］. 2004.

有些情况下，安全成本管理往往限制了业务的细化，因此数字学术信息资源安全保障必须从现实出发进行环节上的适度安排，在云业务保障框架下进行安全域合理划分。

数字学术信息资源及云平台的安全域并不是一成不变的，而是依托于技术和应用环境的变化，处于动态演化之中。云计算环境下数字学术信息资源云平台的构成是划分安全域的依据，基于此，可以将安全域划分为物理网络安全域、系统运行安全域和运维管理安全域等。通过安全域保障，无疑可以提高信息安全保障的能力。对于数字学术信息资源云数据中心来说，在物理安全域中可以采用如图 6-11 的措施进行安全保障。

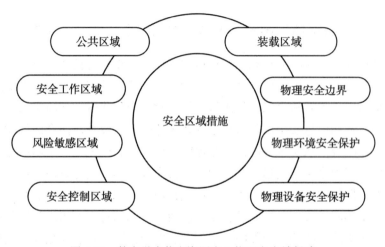

图 6-11　数字学术信息资源中心物理安全域保障

如图 6-11 所示，首先需要建立云环境下数字学术信息资源及云数据中心的物理安全边界，以便在设置的物理安全边界之内，保护硬件和软件设施安全。通过物理结构的划分所形成的安全域，对于安全域内的访问控制是有效的，它可以减少非授权人员接触软硬件设施的可能风险。其实现有助于场所、设施和人员安全管理的开展，从而减少安全隐患。同时，采取相应的安全措施也可以减少来自外部的环境威胁，保障参与数字学术信息资源建设及云服务各方的安全。对于外部交互设置来说，基于安全域的管理最后进入控制区，从而实现外部交互过程中的安全全程风险管理目标。

在物理安全域全面保障的支持下，信息资源安全域、云服务安全域和运维管理安全域结合而成为一体，其等级及信息安全保障目标，定位在以此为依托的安全域划分基础上。信息资源安全涉及学术信息资源数据采集、加工、组织所涉及的全过程，因此云安全域可以按云服务提供方的流程和业务范围进行区分。网络域涉及云服务平台所依赖的网络，网络安全基础上的运维安全域为学术信息资源云服务业务提供进一步的安全环境。如果将国家数字学术信息资源及云计算平台的安全域划分为三级，物理安全域为第一级，信息资源组织及云服务安全域为第二级，网络域配置相关方及用户访问接口安全域为第三级。国家数字学术信息资源安全的联动保障在三个层级中展开，从而确定各主体的安全联动保障职责。

云计算环境下数字学术信息资源及云平台安全域之间的安全隔离在于防止某一层次的安全风险影响其他层级；按功能结构，云计算环境下国家数字学术信息资源云平台安全结构如图 6-12 所示。

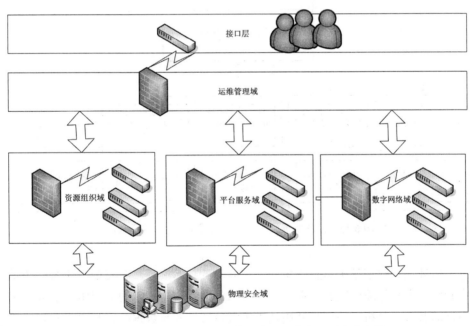

图 6-12　云环境下数字学术信息资源系统与云平台安全域

在云计算环境下数字学术信息资源各层级安全域内，安全保障的实现，要求系统具备相对完整的区域安全防护能力，所制定的信息安全防护策略在于进行层级安全能力的合理配置和面对安全风险的应对。根据安全保障的整体联动原则，各层级安全防护的组织除立足于相应层级的安全域保障外，需要创建多域安全联动机制，从而实现整体化信息安全保障的目标。利用基于层级联动机制的安全保障模型（Netware Security Model based on Synthesized Interaction Mechanism，NSMSI），在于有效构建云计算环境下国家数字学术信息资源安全域联动体系，其联动安全保障的实现模型如图 6-13 所示。图中，国家数字学术信息资源及云平台联动安全保障通过控制中心进行，整体联动安全控制运行中，通过联动控制策略的完善，促进各域的信息安全防护的实施。① 同时，通过域间联动进行双层保障。由此可见，安全域联动控制的实现在整体化安全保护体系的完善中具有关键作用。

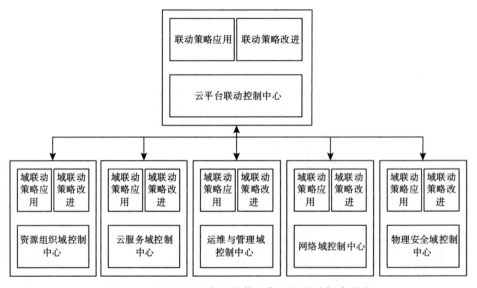

图 6-13　云环境下国家学术信息资源安全域保障联动

　　云环境下数字学术信息资源安全域联动的技术实现，在安全主体的层次联合和跨层安全保障中完成。在基于安全域的全程安全保障的组织中，安全监测数据的获取、分析、处理与利用处于关键位置。监督数据的实时嵌入不仅是安全控制的前提，而且对数字学术信息资源安全状态的评估具有全局意义。就信息安全威胁判断而言，根据分析结果进行同步安全响应决策，对于安全事件的

---

　　① 向军，齐德昱，徐克付，等. 基于综合联动机制的网络安全模型研究 [J]. 计算机工程与应用，2008，44（13）：117-119.

联动响应具有不可替代的作用。① 由此可见，安全保障联动的实现，应以数据监测为中心，进行全程适时交互和安全保障策略的优化。

6.5 数字学术信息资源网络系统分级安全保障与基线建设

学术信息资源网络系统安全不仅存在于系统内的数字资源组织与服务环节之中，而且涉及国家和社会安全的诸多方面，因此在全面安全保障中，应从所涉及的安全主体出发，进行总体安全构架。在安全保障的社会化组织中，应根据系统安全的影响和控制机制，设立相应的安全等级，同时进行统一的安全基线建设。

6.5.1 信息安全的等级保护

信息安全等级保护是各国广泛采用的保障国家和社会安全的思路，也是各系统进行安全保障的基本出发点。② 在国家安全层面，我国进行的涉密信息等级管理，从制度上进行了规范。因此，在国家数字学术信息资源建设与安全保障中，应立足于基本的等级保护规范，针对云环境和大数据网络的安全影响，完善基于安全等级的保障体系。

就具体问题而言，国际上通行的信息安全等级保护理论形成于 20 世纪 80 年代。美国在 1985 年的可信计算机系统评估规则（TCSEC）中，将计算机系统的安全可信度划分为 7 个等级，其安全等级标识为 A1、B1、B2、B3、C1、C2、D；在安全等级管理的推进中，从用户授权、访问控制、认证等方面建立了规范。③ 20 世纪 90 年代初，欧洲四国（英国、法国、德国、荷兰）达成了信息技术安全评估标准共识（ITSEC），确立了信息安全保障中的保密性、完整性和可用性规则，同时将计算机系统安全分为 E0-E6de 7 级别。④ 加拿大于

① 刘勇，常国岑，王晓辉. 基于联动机制的网络安全综合管理系统［J］. 计算机工程，2003，29（17）：136-137.

② 郭启全. 国家信息安全等级保护制度的贯彻与实施［J］. 信息网络安全，2008（5）：9，12.

③ Department of Defense Trusted Computer System Evaluation Criteria［S/OL］.［1985-12-26］. https：//www. zedz. net/rainbow/5200. 28-STD. html.

④ European Communities-Commission. Information Technology Security Evaluation Criteria［R］. 1991.

1989 年发布了《加拿大可信计算机产品评估标准》（CICPEC），此后该标准不断更新。① 1993 年，美国、加拿大、法国等 6 国在各自的信息安全等级保护基础上，联合发布了通用安全评估准则（CC）。② 随后，其作为国际标准 ISO 进行建设和提交。ISO 于 1999 年采纳了 CC2.1，确立了 ISO/IEC15408 体系。③根据信息化建设和信息安全保障的发展需要，采用国际通行方式，确立了信息安全等级保护框架规则。通过对国外技术标准的借鉴，可以形成相对完整的安全等级保护标准体系，供我国信息安全等级保护参考。④

　　通过近 10 年的进一步发展，信息安全等级保障不断完善。从总体上看，信息安全等级保护的基本方式是对信息系统或信息按对国家、社会、公众或个人的负面影响，根据一定的标准划分为若干级别，以此为依据进行管控和监督。在我国，应用于数字学术信息资源系统安全等级管理的依据是《信息安全等级保护管理办法》。在实际应用中，可以根据信息系统遭受破坏后对国家安全，社会公众，法人和其他组织，以及个人的危害程度，按现行的 5 个等级进行界定。⑤

　　表 6-2 按我国信息系统安全等级的基本结构，针对学术信息资源系统的安全影响进行了安全等级描述。从安全情况描述可知，等级安全保障是一个基本的原则框架。针对具体情况的发生，拟在总体框架下进行标准和规则上的细化。这一工作，在中央网信办的集中组织下，由具体的部门进行进一步的规则制定。⑥ 等级安全保护的基点是从各等级安全出发，进行安全保障的等级技术规范并提出相应的要求，据此我们对照《信息系统安全等级保护基本要求》，对相应的等级安全保障能力要求进行了归纳，见表 6-3。

---

① Communications Security Establishment. The Canadian Trusted Computer Product Evaluation Criteria V 3.0 [R]. 1993.

② Common Criteria Project Sponsoring Organizations. Common Criteria for Information Security Evaluation [S]. 1993.

③ ISO/IEC. 15408-1999. Information Technology-Security Techniques-Evaluation Criteria for IT Security [S]. Geneva：International Organization for Standardization，1999.

④ 王文文，孙新召. 信息安全等级保护浅议 [J]. 计算机安全，2013（1）：68-71.

⑤ 公通字 [2007] 43 号. 信息安全等级保护管理办法 [EB/OL]. [2015-12-09]. http：//www. gov. cn/gzdt/2007-07/24/content_694380. htm.

⑥ 公安部信息安全等级保护评估中心. GB/T 22239-2008. 信息系统安全等级保护基本要求 [S]. 北京：中国标准出版社，2008.

表 6-2 信息系统安全等级划分

安全等级	描　述
1 级	信息系统遭受破坏后，其用户和相关第三方主体（包括社会公众、各类组织和个人）的合法权益受损，但国家安全和社会公共利益不会受损害
2 级	信息系统遭受破坏后，其用户和相关第三方（包括社会公众、各类组织和个人）的合法权益受到严重损害，或者使社会公共利益受到一定损害，但不会对国家安全造成危害
3 级	信息系统遭受破坏后，系统用户、相关他人、组织和社会公共利益受到严重威胁，或者使国家安全受到侵害
4 级	系统遭受破坏后，系统用户、相关他人、组织和公共利益受到特别严重的损害，或者使国家安全受到严重损害
5 级	信息系统遭受破坏后，国家安全受到特别严重损害

表 6-3 不同安全等级信息系统的安全保障能力要求

信息安全等级	信息安全保障能力要求
1 级	需要保护系统免受来自各方面的攻击影响，在用户和他人利益受损的情况下可以控制后果；要求能够识别恶意攻击，避免一般的自然灾难的影响，可以控制威胁的扩散，保护关键资源；在系统遭受破坏后，能够恢复关键性的功能
2 级	能够保护信息系统免受来自外部有组织的体系化或关键性的恶意攻击，具有一般的容灾能力；当其他相当程度的威胁发生时，所造成的重要风险可控；能够及时发现关键的安全漏洞；在系统遭受破坏后，能够及时启动应急响应和有效恢复程序
3 级	能够在统一安全框架下使系统免受来自外部较大规模的有组织的破坏性攻击，能够对攻击作出适时应急响应；具有预警机制，可以防范较严重的自然灾害，当相当程度威胁造成主要资源损害时，能够及时发现安全漏洞；当系统遭受破坏时，能够较迅速地恢复绝大部分功能
4 级	能够在统一安全规则下保护系统免受来自敌对恶意攻击，当攻击发生时，可以迅速启动响应机制，作出有效应对；控制攻击扩散；可以应对严重的自然灾难影响，对其他相当程度的威胁所造成的安全漏洞可以发现；在系统受破坏后，可以迅速恢复绝大部分功能

信息安全等级	信息安全保障能力要求
5级	能够在国家安全战略框架下,保护系统免受来自各方(特别是敌对组织)的系统性、关键性恶意攻击,可以迅速监测攻击的发生和影响,作出响应;有效控制因系统攻击引发的国家、社会公共安全影响,可以防控多方自然灾害;当系统受攻击时,受损后能够恢复所有功能

在明确不同安全等级中的基本安全要求基础上,对于学术资源信息系统安全等级保护,应集中于对抗安全威胁的响应。同时从不同级别上进行物理安全、网络安全、应用安全和主机安全保护,保证数据安全、备份和恢复。等级安全技术保护实现的组织涉及安全制度、安全机构、系统建设和系统运维等方面。针对各个方面的问题,可归纳关键的要素及控制点,信息安全等级保护组织框架如图6-14所示。

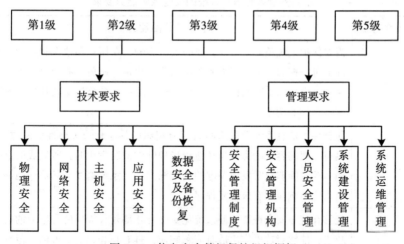

图6-14 信息安全等级保护组织框架

等级安全保障中,拟针对各级安全要求和组织环节,进行技术和管理层面的同步推进。

6.5.2 数字学术信息资源系统安全的管理控制

从实质上看,安全控制贯穿于安全保障的全过程,是安全风险预防、应对、响应中不可缺少的环节。云计算环境下国家数字学术信息资源安全控制需要根据大数据网络条件下的安全风险等级保护的实时控制要求，确立基于安全等级的控制体系，通过安全要素的管理，进行安全风险防范和应对。

从总体上看，层级安全管理理论构架具有扩展应用的针对性，云环境下数字学术信息资源安全控制可以在各等级中，从安全控制结构、安全控制技术和安全控制措施出发，进行国家数字学术信息资源的安全控制的系统化实现。从安全目标上看，应针对云计算环境的作用机制进行安全控制保障，以期为国家安全、公共安全、资源方和用户方安全目标的实现提供安全域保证。基于这一认识，可以从 IT 网络环境下的安全技术风险管理出发，研究云计算的关键安全风险机制变化，以寻求针对云计算环境的信息资源安全控制的技术策略。

美国国家标准与技术研究院（National Institute of Standard and Technology，NIST）在信息安全控制中进行了标准研究与实践，所形成的 NIST SP800 系列已成为指导美国信息安全建设的重要依据，目前已应用于多个行业。该系统的出发点是安全控制中需要对信息系统进行安全分类管理，以便从安全分类中确定信息系统安全等级。由此可见，这一思路比较符合信息安全等级保护的组织要求。美国国家标准与技术研究院推出的 SP800 系列涉及计算机系统安全的关键，因而具有可行性。NIST 定义的控制分为技术、运行、管理控制环节，其安全控制由此进行细化而形成 18 个系列。[1] 美国国家标准与技术研究院的800-53 进一步明确了安全控制涉及的政策、监管、对象、操作和系统等方面的规则，进行了访问控制、责任控制、安全响应控制、人员安全和风险管控的程序化组织。[2]

立足于云业务的安全控制需求，云安全联盟有必要在技术安全周期内进行安全控制协同规划、实施和评估。从行业安全、国家和社会公共安全出发，进行云安全风险的管控具有必要性。对此，一些云安全联盟组织发布的云安全控制准则，体现了信息系统和云平台安全控制的公共化趋势。在这一背景下，我国应加快推进数字学术信息资源系统安全控制的社会化进程。

对于不同领域的信息安全控制，应当有实施上的针对性，以及安全控制的可靠性。此外，面对安全漏洞和攻击的挑战，需要持续改进安全控制技术，以应对不断变化的威胁。[3] 据此，在云环境下的分级安全控制实施中，可以借鉴

---

① Winkler J R. 云计算安全 [M]. 北京：机械工业出版社，2012：134.

② 美国标准与技术研究院特别出版物 800-53 版本 [EB/OL]. [2019-06-13]. http://dx.doi.org/10.6028/NIST.SP.800-53r4.

③ Cloud Security Alliance. Cloud Controls Matrix Version 3.0 [R]. 2010.

NIST 的框架，在相应层级的控制中，推进资源组织风险控制、系统运行控制。

对于不同云服务模式下的安全控制，云安全联盟（Cloud Security Alliance，CSA）构建了云服务安全参考模型。① 在参考模型中，按不同的云服务组织构架对其中的合规安全控制模型进行了映射，从中提炼出了基本的控制措施对象，按控制对象进行程序化的安全监控与管理。从安全控制实施角度，可以依此进行学术信息资源云服务安全控制的云间组织。

值得注意的是，不同云服务交付模式所具有的差异，导致了云服务提供商和用户所承担的信息安全责任差异。在 IaaS 模式下，基于云平台的安全控制主要由云服务提供商进行保障，对底层设施安全和抽象层的安全进行集中控制防护。在 PaaS 模式中，安全的控制范围介于 IaaS 与 SaaS 之间，其中平台安全保障的风险要素和运行安全控制由云服务商承担，信息资源拥有方的资源与服务安全由使用方负责云应用安全。在 SaaS 服务中，安全控制的实施通过服务等级协议（service level agreement，SLA）进行组织，其信息组织安全保障由使用方和云服务提供商进行协调，按律对双方所承担的安全责任进行划分和控制约束。以上三种云服务安全模式的安全控制形式分析表明，云服务的层次越高，服务提供方安全控制的责任越大，相对而言，使用方对服务提供方安全控制的依赖程度也越高。

在云计算环境下，各方面安全需求并非对称的，对不同的安全需求以及不同的信息系统构成，安全控制的组织也具有一定差异。对于国家数字学术信息资源公有云而言，在涉密安全控制中具有更多的规则要求；私有云服务在保证国家安全情况下，更注重用户信息的保密性和使用要求。由此可见，云环境下数字学术信息资源安全控制应包括控制组织、补充约束、强化控制等环节，明确需要进一步的管控内容和相应的强化措施。与此同时，应提供用于安全控制的数据资料、法规条文和标准。另外，在优先保障中，进行控制因素的重要性排序，将其区分为低度、中度、高度影响因素，实现面向安全对象的控制目标。

云环境下国家数字学术信息资源建设和云服务的开展，面临着不同模式和部署的选择，而不同模式与部署中的安全形态决定了安全控制的实现形态。对此，应从基本形态出发明确安全控制的范围和对象。数字学术信息资源的基于云服务部署模式中，其混合云服务部署模式被国内外机构普遍采

---

① Alliance C. Security Guidance for Critical Areas of Focus in Cloud Computing V3.0 [R]. Cloud Security Alliance，2011：1-162.

用。混合云模式下基础设施可以进行多云共享，有利于在资源共建共享中按需进行跨云的资源调用，然而这一模式下的信息安全控制必须采用集中监管、协同管控的方式进行，从而最终形成一个整体安全和云间安全交互控制的框架，以利于集中进行全面控制的安排。对于云安全技术的安全解决方案，还需要针对云计算环境下学术信息资源安全特征与问题，进行安全控制的系统实现。

根据复杂系统安全控制的环境和要素的关联，在数字信息资源安全保障技术框架下的操作，按通用信息安全标准构建学术信息资源安全控制框架是可行的，图 6-15 归纳了其框架结构形成过程。

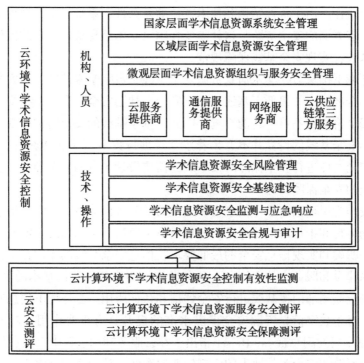

图 6-15　云环境下国家数字学术信息资源的安全控制结构

由图 6-15 可以看到，云环境下国家学术信息资源安全管理、风险监控、安全基线建设、应急响应和安全监督等方面的控制为其核心部件；同时，云环境下国家数字学术信息资源安全控制既包括安全控制构架，也包括对信息资源安全控制实施的监督。

6.5.3   国家数字学术信息资源安全基线建设

云环境下国家数字学术信息资源云服务平台构建并非某一个系统资源的开放利用，而是多系统的协同，其构建主体不仅包括从属于不同部门的学术信息资源机构，而且包括云服务商和数据库服务商。这说明，国家数字学术信息资源的共建共享体系，是一个大数据和云计算环境下的具有开放结构的社会化体系。在数字学术信息资源安全保障中，需要面对的是复杂的网络结构，系统分布的数据资源结构和云技术与数字技术支持环境。因此，国家学术信息资源和数字网络安全不能采用传统的信息系统安全保障方式对云信息系统网络和资源进行安全维护，而应根据国家数字学术信息资源安全控制的特点进行集中管控下的安全协作。由于资源结构和技术支持的复杂性，系统安全兼容性受限，且存在来自多方面的安全威胁，这就需要在国家学术信息资源安全的保障中建立统一的基线，实现安全基线保障规范。

云环境下国家数字学术信息资源安全基线是数字学术信息资源安全保障最基本的安全准线，如果低于基线，国家安全、社会安全、资源系统安全、有关各方的安全将受到不可逆转的影响。因此，基于基线的安全防护被视为一种硬性防护。安全基线的设立并不意味着按基线进行数字学术信息资源安全保障，而是各安全主体进行安全保障时按基线的需要设计各自的安全准线，实现高于安全基线的安全保障目标。

基线作为保障国家学术信息资源安全的最基本保障线，是学术信息资源体系中安全运行和维护的最低保证。云环境下国家数字学术信息资源安全基线建设在于，明确和实现信息安全的最低要求；信息安全基线的作用在于，使数字信息资源建设和服务中的主体和人员在操作中明确各环节最基本的底线要求，同时供安全监测部门按基线进行安全评估和认证所用。云环境下信息安全基线的构建，对于数字信息资源安全保障水准的提升具有重要作用。对云计算而言，Gartner 研发副总裁 Jay Heiser 指出，在云服务利用过程中云服务用户对合同完整性不够和安全条款缺失的失望较普遍存在，认为实现高水平的云计算安全往往需要很长的过程，对于拥有敏感数据的组织而言，迫切需要构建可靠的云计算安全基线。实践证明，在用户参与度较高的云服务中，其安全基线的确立更为方便和可靠，而 IaaS 比 PaaS 和 SaaS 更需确定安全基线。①

---

① Gartner：企业应建立高水平云计算安全基线［EB/OL］.［2016-03-20］. http：//www. chinacloud. cn/show. aspx? cid＝11&id＝12518

美国所启动的联邦风险与授权管理项目（FedRAMP），进行了云安全基本保障及管理研究，提出了在云计算安全管理体系构建中设立云安全控制基线的问题，随后制定了《FedRAMP 云安全控制措施》。这些研究和实践为我国云环境下国家数字学术信息资源安全基线建设提供了参考。① 云安全基线的建设，需要在 IT 安全基础建设上进行拓展，FedRAMP 云安全基线实现了从 IT 适用的《联邦信息系统和组织的安全及隐私控制》NIST SP800-53 向适应云计算环境安全控制的转变。

参考 NIST 800-53 和 FedRAMP2.0，云环境下数字学术信息资源安全基线构建内容涵盖了 17 类安全控制问题。这些问题涉及云资源配置、物理环境配置管理、应急处理、安全监测、安全响应、访问控制、技术管理、安全维护、应急规划等方面。② 按安全基线涉及的各方面内容，可以协同进行物理基线、系统与服务基线、人员基线和资源基线的设立。同时，NIST 800-53 r4 还扩充了访问控制以及系统和服务的基线内容，构建了相对完整的安全链基线控制体系。③

一方面，云计算环境下国家数字学术信息资源安全基线的构建，是一项系统性强的工程，由于参与方众多，且需要云服务方提供安全的云计算服务平台支持和网络服务商的基础保障。在这一环境下，安全基线的构建需求显而易见。另一方面，云计算服务安全基线建设实践表明，多主体参与远比云服务商单一负责安全保障更易实现基于安全基线的管控。这两方面的综合作用，形成了构建数字学术信息资源安全基线的合力。在更广范围内，国家安全主导决定了安全基线控制的实现。COBIT 作为一个 IT 治理框架工具，围绕安全目标、技术和风险之间的关联，定义了基线基础，其安全组件可直接应用于云计算环境安全管理。云环境下国家学术信息资源安全基线的建立，可以结合云目标、技术和风险管控进行规划和管理。按基线标准，云环境下数字学术信息资源服务机构需要在确保安全目标的基础上，同时确认基本的安全技术要求，以保障服务系统和资源系统的正常运行。此外，云环境下国家数字学术信息资源安全基线应以业务系统为主进行确立，在基于不同业务系统的环境中进行安全防护

---

① 赵章界，刘海峰. 美国联邦政府云计算安全策略分析［J］. 信息网络安全，2013（2）：1-4.

② 美国标准与技术研究院特别出版物 800-53 版本 3［EB/OL］.［2019-06-13］. http：//dx. doi. org/10. 6028/NIST. SP. 800-53r4.

③ 周亚超，左晓栋. 网络安全审查体系下的云基线［J］. 信息安全与通信保密，2014（8）：42-44.

基线的划分，同时将业务系统安全基线按不同的系统模块和网络设备进行细化，以形成相应的安全控制线。

云环境下国家学术信息资源安全基线建设，拟在区分不同安全主体需求环境下进行。按相应的基线要求，在安全等级保护中，可以按 5 个不同的级别，确定相应的安全基线；同时在明确基线的情况下，提升安全保障的规范水准。

7 数字学术信息资源存储安全保障

数字学术信息资源存储安全是开展数字信息服务的基本保障，而数据存储安全又必须以数字网络物理安全、数据管理安全和云技术应用安全为前提，即建立在物理管理和技术安全基础之上。这说明，应从安全基础、目标和组织上，进行数据存储安全体系构建和目标实现。按这一内在关系，有必要从云环境下的数字学术信息资源存储安全保障规范出发，在学术资源数据合规管理基础上，研究安全保障与防御构架，寻求合理的存储数据安全保障的实现方式。

7.1 云环境下数字学术信息资源存储安全及其保障规范

云环境下数字学术信息资源存储涉及多个方面，不仅包括信息服务机构建设的各类型数据库存储和服务中用户交互数据的存储，而且包括基于云平台的各系统数字信息存储以及云平台数据存储。因此，有必要明确各方面的安全保障共同需求和云环境下信息资源数据存储安全所涉及的基本方面，以便形成数字学术信息资源的安全保障规范，约束不同情景下的安全保障实施。

7.1.1 数字学术信息资源存储安全保障需求与合规要求

数字信息资源存储安全中最核心的问题是内容安全，即不仅要求保证内容的完整性、对数据攻击的防范和不受干扰的稳定利用，而且需要保证存储内容的涉密和涉权安全。从这一现实出发，我们在初步调查的基础上，归纳了国家安全前提下各主体的基本安全需求问题，随之进行了面向资源拥有方、存储技术支持方、云平台服务商以及用户的网络访问调查，在 2018 年的调查中按分布结构进行样本抽取。

此次网络调查涵盖了所涉及的多元主体，包括数字图书馆工作专业人员、有关云存储服务提供方人员、专业数据维护人员、学术社区构建方、用户及相关人员。通过邮件、问卷等方式进行的调查，联系的受访者达806人，回收有效的完整回帖742份，有效回收率约为92%。为分析样本数据的可靠性，采用统计软件SPSS22.0对调查结果进行了信度检验，Cronbach's α值为0.891，大于0.7，表明一致性较好，① 信度较高。关于调查效度检验，通过来自信息安全领域的10位专业人员对量表的内容效度进行量化评价。

　　由表7-1可知，数字学术信息资源存储的核心安全保障是信息内容的涉权和涉密安全、数据文件安全、存储数据利用安全以及数据库、网络数据平台安全等。学术信息资源存储安全问题虽然涉及多个方面，但全面安全保障的实施核心始终围绕存储内容进行，它包括了以数据为核心的主体安全和客观上的数据及数据设施安全。调研结果显示，数据资源存储载体保障、资源内容合规性保障和数据安全利用保障方面的安全问题是其中的核心问题。

表7-1　　　　　　　　　　学术信息资源云存储安全问题调查

安全内容	安全问题引发
内容涉权安全	存储内容被不合理使用或非合规误处理或调用造成的权益安全
数据保密安全	涉及国家公共安全和个人隐私保护安全
数据完整性与可靠性安全	数据被删除或误加工导致内容受损
	数据被修改或攻击后恢复错误引发安全问题
数据文件安全	数据完全无法恢复而无法使用
	存储数据工具不能正常使用
存储数据利用安全	存储数据处理与访问获取障碍
数据库网络平台安全	数据库使用功能障碍
	数据存储平台安全，导致服务障碍
	数据网络支持中断引发的安全问题

　　学术信息资源云存储载体安全保障问题反映在资源的存储文件、存储载体内容保存、数据完整和安全可靠性上；在用户层面的调查中，对数据文件损坏问题感到困扰的用户高达28%，担心内容恢复安全的用户达20%，其他环节

　　① 张虎，田茂峰. 信度分析在调查问卷设计中的应用 [J]. 统计与决策，2007 (21)：25-27.

的安全隐忧较为次要。

表 7-2 归纳了数字学术信息资源安全问题的问卷调查结果，我们按表中所列的各项安全问题，提交给数据管理员和用户，让其给予 0~10 分的重要性评分（0 表示对安全没有使用影响，10 表示对安全影响的容忍度为 0），在 0~10之间按重要程度给予相应的判断。表中对 100 份问卷进行了汇总，在实际运行中，学术信息资源云存储的数据文件安全主要包括以下问题：①学术资源数据上传、云存储处理和保存的故障；②学术信息资源存储期间出现的数据文件损坏；③存储数据由于受到黑客攻击或其他故障影响导致数据丢失；④文件异地备份异常，导致无法及时恢复。针对四个方面的安全因素，调研结果表明，各种因素对安全影响都是不可忽视的。对于数据上传、存储故障，数据管理人员与用户都十分重视。此外，专业管理人员和用户对直接关联的存储安全问题同样重视。

表 7-2　　　　　　　　　　**数字学术信息资源安全问题**

存储数据安全问题关注度（0~10） 访问调查对象	数据上传、转存故障	存储文件损坏	存储数据丢失	数据异地备份异常
学术信息资源数据管理人员	9.40	8.75	6.33	9.05
学术信息资源数据用户	9.82	9.85	8.90	6.72

除此之外，在数字学术信息资源存储中，数据文件在云服务中的同步更新安全机制，也处于重要位置。在学术信息交流和数据交互中，数据云存储同步处理以数据文件安全更新为目标，以实现同步状态下的双向处理。采用这一处理方式，在数据传输量增大的情况下，级别较高的数据文件同步存在困难；非实时的同步处理有可能引发事故，从而导致更新文件丢失；另外，双向同步所导致的文件原版本丢失，将引起同步冲突。因此，在同步更新技术上，拟加强文件差异检测和数据安全协调两个环节。① 文件差异检测技术可以应用于文件夹文件处理，对于文件移动、重新命名等，拟通过数据协调方式依赖中心节点解决其中的冲突问题。在实现过程中，需要在同步中保证数据完整性，防止文件丢失和文件损坏。由此可见，数据文件同步更新中需要保障数据安全防御和存储完整性。

---

① 张晓杰，刘杰，马志柔，叶丹，高洪涛. 基于操作日志的云存储服务多终端同步算法［J］. 计算机工程与设计，2013，34（11）：3894-3899.

学术信息资源存储内容合规性安全保障体现在上传及存储资源的合规上，从而限制违规资源的存储。由于学术信息资源内容的特殊性及合规处理的难度，这就需要对存储信息的来源可靠性和内容的客观性作出判断，以保证合规上传和存储数字文件的内容真实可信。通过调查发现，当前学术社区活动中，用户利用云存储服务存储学术信息资源时，因误判引发的安全问题时有发生，其情况见表7-3。

表7-3 　　　　　　　**数字学术信息资源存储中的误判问题及其影响**

学术信息资源存储中误判引发的问题 （1表示有直接关系，0表示无直接关系）	存储文件合规	存储数据损坏	内容查询偏差	资源利用障碍
数字学术信息资源云存储文件内容标识差错，导致存储位置偏差	1	0	1	1
数字学术信息资源内容合规判断失误，引发数据文件误删	1	0	0	1
数字学术信息资源数据处理问题引起存储异常	1	1	1	1

在学术信息资源存储中，存在因误判引发的各种问题：其一，文件内容标识的差错导致存储位置显示上的偏差，其结果会直接使用户感到存储文件丢失，或导致内容查询上的偏差和学术资源利用上的障碍；其二，学术信息内容合规判断的失误，将丢失因误判而滤去的内容或者保留本应删除的内容，必然影响到存储文件的合规和资源的合理利用；其三，数字学术信息资源数据处理工具或其他问题引发的存储异常，势必影响到存储文件合规、存储数据保障、内容查询偏差和资源的利用保障。因此，在数字学术信息资源存储中，应从以上几个方面进行合规控制，以保障存储的全面安全。在学术信息资源存储安全保障中，需要进行资源合规处理，为学术信息资源合规组织和利用提供存储保障。

7.1.2　学术信息资源云存储环节安全影响因素

在存储安全中，分析学术信息资源云存储环节要素及其安全影响是重要的，其分析目的在于为构建数字学术信息资源存储安全构架提供依据。因此，有必要在学术信息资源云存储环节基础上，对学术信息资源存储安全影响因素及其相互关系进行分析，以建立基本的安全保障原则。

从总体上看，数字学术信息资源存储是从学术信息资源所有者开始的，涉及资源获取、处理、加工、保存和调用的全过程。IT环境下，数字学术信息资源的存储按分布结构进行体系构架，相应的资源共享与交互多通过定向的

"一对一"或"一对多"方式进行。用户通过系统，对信息资源机构的存储资源进行利用。云环境下，数字学术信息资源存储可以集中在云平台上，其环节包括资源传输、信息存储交互获取，环节关联如图 7-1 所示。

对用户而言，数字学术信息资源主要包括本地数据和网络数据两个部分。本地数据可以通过登录云平台客户端，上传至云存储平台；网络数据则通过相关程序从大数据网络中采集，传输至数据存储平台。学术信息资源云存储过程包括学术信息资源检测、数据转入数据库和资源库中学术信息完整性校验。由于云存储平台中用户存储的资源存在多来源结构和不同的格式，为保障云存储数据与本地同步，有必要进行资源更新检测和存储资源的可用性保证。在此基础上，可按存储规范，将学术信息资源导入资源库中，最后完成对存储资源的完整性校验，以保证学术信息资源存储的安全合规。数字学术信息资源获取和利用在存储资源库中进行，可以分为资源设置共享、数据分享和内容利用环节。学术信息资源拥有者可以按需求将存储于学术资源库中的信息设置为共享，其中资源共享范围具有安全可控性，即可以在有限范围内的安全共享，目标用户在云平台中进行资源下载、在线浏览或转存。

学术信息资源存储安全受诸多因素的影响，主要包括脆弱性、安全威胁和应对措施等。① 其中，安全保障的主、客体关系对象同时决定了影响要素的作用。云计算环境下，数字学术信息资源存储安全的影响因素具有交互性和复杂性，因此，拟将重点放在云环境下要素的关联作用和控制上。

"脆弱性"是指存储资源经受外部攻击其安全结构易受破坏，"脆弱性"是否发生由安全保障对象特征和安全构架决定。数字学术信息资源存储过程中的安全保障，一方面，是学术信息资源云存储的稳定；另一方面，是学术信息资源存储中的体系安全性。为了学术信息资源不被恶意删改或破坏，总体上的安全保障可以概括为完整性、保密性和可用性保障。在利用上，学术信息资源存储对完整性、可用性的要求是基本的；在保密性要求上，反映在涉密、涉权安全保障上，因对象不同而具有不同的情况。②③ 从总体上看，保密性的保障

① 国家信息中心，等. GB/T 20984—2007. 信息安全技术 信息安全风险评估规范 [S]. 北京：中国标准出版社，2007.

② Technical Committee ISO/IEC JTC1 Subcommittee SC 27, Security Techniques. ISO/IEC 27005-2011. Information Technology-Security Techniques-Information Security Risk Management [S]. Geneva：International Organization for Standardization, 2013.

③ Technical Committee ISO/IEC JTC1 Subcommittee SC 27, Security Techniques. ISO/IEC 27002-2013. Information Technology-Security Techniques-Code of Practice for Information Security Controls [S]. Geneva：International Organization for Standardization, 2013.

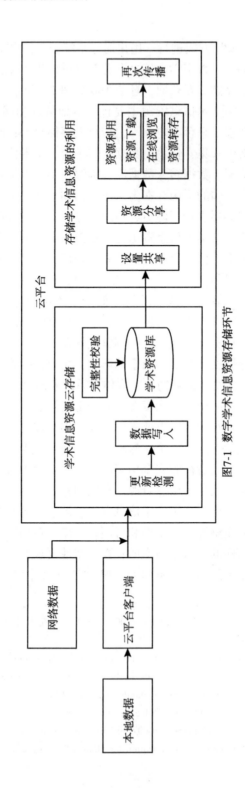

图7-1　数字学术信息资源存储环节

对应着资源的利用范围控制，以应对主体权益和信息泄露所造成的安全影响。因此在资源存储中，拟按规则进行控制。数字学术信息资源云存储的脆弱性区分为技术脆弱性和管理脆弱性。技术脆弱性包括资源传输、控制安全、数据存储和加密安全的稳定性，管理脆弱性表现在云环境下管理制度、组织安全和人员安全方面。

学术信息资源云存储安全威胁的复杂性，不仅包括物理故障、技术操作和数据泄露等方面安全威胁的复杂结构，也存在数据残缺、隔离失效、信息资源安全责任不清和数据威胁等方面的复杂性。面对这种情况，进行数字学术信息资源存储，应根据关键环节节点进行部署，保障学术信息资源的安全合规和有效。

安全保障实施策略，应根据过程的安全威胁来制定。其中：技术保障包括访问控制安全、内容保存安全、数据加密安全等。①② 管理保障主要包括人员操作安全、制度安全及权限安全等。③④

从以上分析可知，数字学术信息资源云存储安全保障需要针对各个环节完善安全保障措施。对于安全监测可选取针对性的安全防御技术对威胁进行及时识别，以有效阻止安全事故发生；而对于潜在的安全威胁，及时检测异常并进行安全预警，与此同时进行容灾安全管理。

7.1.3 国家安全下的数字学术信息资源安全管控原则

在国家安全制度下，数字学术信息资源安全保障的管控处于重要位置。在实施中，其合规管理要求体现在整体安全原则、动态安全原则、开放安全原则、相对安全原则和共同安全原则等方面。

①整体安全原则。数字学术信息资源安全是国家信息安全的一部分，其数字资源的存储应纳入国家信息安全的整体进行部署，将安全管控需要置于国家

① Xu S, Yang G, Mu Y, et al. Secure Fine-Grained Access Control and Data Sharing for Dynamic Groups in Cloud [J]. IEEE Transactions on Information Forensics & Security, 2018, 13 (8)：2101-2113.

② 王于丁，杨家海，徐聪，等. 云计算访问控制技术研究综述 [J]. 软件学报，2015，26 (5)：1129-1150.

③ 胡昌平，万莉. 云环境下国家学术信息资源安全全面保障体系构建 [J]. 情报杂志，2017，36 (5)：124-128.

④ 胡潜，林鑫. 云环境下国家学术信息资源安全体制建设 [J]. 情报理论与实践，2018，41 (1)：33-37，21.

整体资源安全中进行。鉴于数字学术信息资源存储面向科技、国防和社会经济文化发展的特点，需要从国家安全发展角度，面向各系统进行规范建设，在整体安全框架下确保资源的安全性。

②动态安全原则。从信息资源和数字存储技术生命周期看，信息资源安全保障具有时效性，因此，应保障生命周期内处理流程安全的适时控制，以此建立具有动态结构的存储安全保障体系，同时注重信息资源相关主体的多样性，进行安全保障的动态关联，提升安全兼容能力。

③开放安全原则。随着资源载体形式的多样化和信息处理技术的不断发展，面对资源的共建共享，其安全保障也应当是开放的，以实现开放资源利用与安全保障同步。这一背景下，需要确立开放安全的规则，改变固化安全的模式，明确风险的边界，灵活调整安全策略，以适应新的安全保障需要。同时，注重完善信息资源的安全管控方式，提升安全控制的开放性。

④相对安全原则。信息存储相对安全的核心是适度安全，云环境下存储的信息资源类型多样，结构复杂，存在多种内生关联关系。这一环境下，除保障信息安全的硬件、软件环境外，不可能实现资源的绝对安全，但却需要根据信息资源的安全要素进行相对安全的全面保护。其中的可行方法是采用分级安全保障的方式，针对资源在整体中的位置和可用性进行综合安全保障。

⑤共同安全原则。云环境下的学术信息资源安全保障应制定共同安全规则，而将其纳入国家安全和公共安全体系。从资源存储系统内部看，数字资源存储涉及资源的获取、加工与利用关系；从系统外部看，学术信息资源与其他资源具有必然的交互关系。在这一基础上，需要确立共同安全原则，以便实现多资源、多平台的跨领域安全协同保障目标。在实现上，采用面向对象的多元保障联动方式，以从服务链上保障各环节的安全。

对信息资源进行安全的等级划分，是各类存储资源实现安全保障的通行办法。我国在《信息安全等级保护管理办法》中，按信息资源危害程度及其对国家和公众的影响将信息资源及系统进行 5 级安全区分。根据《信息系统安全等级保护基本要求》明确规划了相应的安全保障能力要求。①② 存储信息可以在内容识别合规原则上进行组织，按实际情况进行规则制定，确立学术信息

———————————

　　① 公通字〔2007〕43 号．信息安全等级保护管理办法［EB/OL］．［2019-04-09］．http：//www. gov. cn/gzdt/2007-07/24/content_694380. html.

　　② 公安部信息安全等级保护评估中心．GB/T 22239—2008. 信息系统安全等级保护基本要求［S］. 北京：中国标准出版社，2008.

资源存储安全控制的分级目标，以约束学术信息资源云存储安全保障中的非规行为。

云平台中存储的学术信息资源，其安全保障分级管理的依据是学术信息资源对国家、公众、资源提供者、用户以及相关各方的安全影响程度，采用国家标准和信息资源相关安全法规，实现对学术信息资源的分级存储安全保障。另外，学术信息资源的安全定级需要适应其保密性、完整性和可用性安全的要求，以及学术信息资源机构用户的需要。

学术信息资源机构对存储学术信息资源的安全管理，应以安全保障规划为依据。在数字学术信息资源存储安全管控中，从理论上看，其存储安全保障级别应融入信息资源安全等级保障的总体结构之中。据此，我们可以在全面安全保障5个等级中，确立相应的数字学术信息资源存储安全等级的具体要求和保障规则。同时，科研机构在对其云端信息进行控制时，可以在相应的安全等级中进行，根据相应的分级标准对不同等级下的数字资源进行存储和批量授权，维持云端资源的存储受控状态。

按学术信息资源存储流程，其安全利用环节包括信息传输安全、云存储过程安全及存储信息利用安全。在全面安全保障中，针对安全保障技术对各环节的安全作用，进行基础安全构架。其基于流程的一体化安全保障，如图7-2所示。

数字学术信息资源云存储过程中，需要确保传输至云平台的资源安全性，包括资源的可靠性和传输网络通道的安全性。为了保障可靠资源在传输过程中不被篡改，不受破坏和拦截的影响，需要采用基于安全协议的数据传输方式，同时在传输中对数据进行加密处理。对于云平台而言，其存储学术信息资源安全包括学术信息资源的安全识别与管控。值得指出的是，在资源存储时进行学术信息资源内容安全识别和管控的必要性，除保障资源本身及通道安全外，还应保障存储资源的安全合规性。

云环境下重复数据删除技术的应用在于消除冗余，因而"删除"也是资源存储管理的一项重要内容，然而不合理的删除同样会带来资源的缺失，因此应保证删除的合规性。① 以此出发，有必要将其视为重要的安全环节。在此基础上，应对存储资源进行数据删除安全保障的规范。对存在涉密、涉权信息，

① Jiang T, Chen X, Wu Q, et al. Secure and Efficient Cloud Data Deduplication with Randomized Tag [J]. IEEE Transactions on Information Forensics and Security, 2017, 12（3）: 532-543.

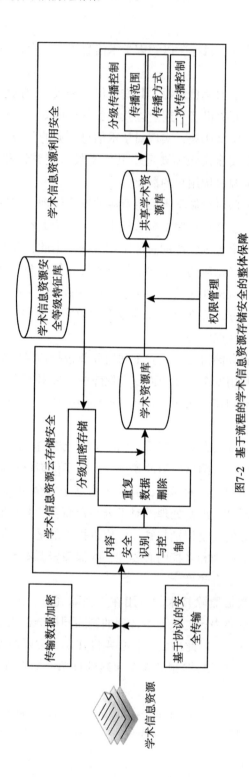

图7-2 基于流程的学术信息资源存储安全的整体保障

应根据不同资源存储安全保障等级，通过加密存储对其安全进行保障。云环境下学术信息资源利用安全包括内容范围控制、利用方式控制和交互利用控制，其目的在于保障学术信息资源在利用过程中的存储资源安全，以及资源所有者的知识产权不被侵害。

存储于云平台中的学术信息资源的共享设置安全和主动分享安全保障，在于使学术信息资源在合规范围内使用，在安全保障中，需要制定细粒度的用户访问控制安全保障机制，通过集中的身份认证进行。从总体来看，存储资源的安全保障各个环节相互关联，因此应在合规管理的基础上，实现面向存储的信息资源安全保障联动。

7.2 国家学术信息资源存储数据合规管理安全保障

云环境下国家学术信息资源存储安全的核心是数据安全，按数据安全组织环节而形成云存储数据安全体系。从数据安全的规范出发，存储数据安全包括：学术信息资源数据迁移安全、云存储数据完整保存安全、数据确定性操作安全和云存储数据访问安全。

7.2.1 国家学术信息资源密文云存储

国家学术信息资源向云迁移前的传输过程中，首先是对数据进行加密，然后将加密处理的数据迁移到云端，以此保证数据的安全性。在学术信息资源存储上传数据处理中，可以通过加密算法改变学术信息资源数据的原有含义，使其不为他人读取。加密算法主要有对称密钥加密和非对称密钥加密两种。对称密钥（Symmetric-key cryptography）加密作为一种简单密钥加密，可进行加密和解密处理，其加密解密密钥具有互逆性，如果 P 为明文，C 是密文，K 为密钥，使用 K 对称密钥便可完成对学术信息资源的加密处理。对称密钥加密典型的应用如 DES、3DES、RC6、IDEA 等。加密中通过相应的算法从学术信息资源数据中创建一个密文，解密处理则将学术信息资源密文解密而成明文。对称密钥的加密和解密，作用于同一个数据文件，在传输中对他人屏蔽。应用对称密钥对学术信息资源进行传输处理，由于复杂性较低，在使用便捷性上具有优势，值得注意的是，对称密钥的安全性远低于非对称密钥，如果使用对称密钥处理涉密文件，其数据传输安全性会受到限制。针对这一现实问题，学术信息资源机构和云服务提供方需要开发两个信道，即将用于学术信息数据传输和交换密钥的通道区分开。用于学术信息资源云迁移的对称密钥安全架构如图7-3所示。应用对称密钥进行数据加密时，公共密钥的共享由学术信息资源机构和云服务提供商双方合作进行安全控制，也可以由双方委托可信第三方承担相应的密钥安全责任，或实时进行数据加密。①

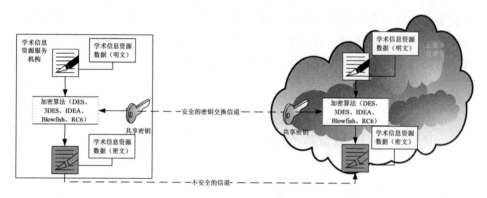

图 7-3　学术信息资源数据的密钥加密安全模式

相对于对称密钥加密，非对称密钥（Asymmetric-key cryptography）在实际应用中的优势在于具有较高的安全性，同时，在操作中密钥传递和管理也易于实现。从算法结构和实用性看，非对称密钥加密适用于安全认证、数字签名和资源数据的管理。因此，云环境下学术信息资源机构在实际应用过程中可以根据实际需求和使用场景做出选择和部署。从实质上看，非对称密钥和对称密钥区别在于是否共享秘密。如果学术信息资源共享数据机构较多，且安全架构复杂，在学术信息资源数据非对称密钥加密中，可以设置公钥（public key）和私钥（private key），进行密钥加密和解密，此时学术信息的资源数据安全保障责任主要由云服务提供方承担。对于云服务创建的公钥和私钥，除服务方负责密钥分配外，还需要建立可信的公钥分配通道和明确私钥使用规范，以便将公钥传送给共享学术信息资源机构，同时在私钥应用中提供安全保障。在实际应用中，云服务提供方可以通过私钥接受来自各信息资源机构的数据，学术信息资源机构需要在整个系统中实现与其他机构的通信。

学术信息资源数据云迁移非对称密钥安全模式中，非对称密钥加密和解密

———————

① Behrouz A. Forouzan. 密码学与网络安全［M］. 北京：清华大学出版社，2009：51-52.

过程表示为：如果密文认定为 C，明文可以表示为 P，加密函数 f 用于加密，解密函数 g 只用于解密；鉴于加密函数 f 和解密函数 g 的不可逆性，因此密文传输中代换便成为其中的关键。与对称密钥加密基于符号的代换相比，非对称密钥加密运算效率受到限制。虽然效率较低，但由于非对称密钥加密将公钥和私钥分离，因而对学术信息资源机构和云服务提供方之间的数据安全保障具有较高的等级。

在学术信息资源数据云存储中，对称加密和非对称加密两种方式各有优点和缺陷。对于学术信息资源机构而言，采用何种方式视各自的需求和使用环境而定，其中比较好的方式是，对二者进行综合运用，以便在不同数据安全保障中选择最佳的数据传输安全加密方式。一般说来，在大数据加密时可以利用非对称密钥加密技术，以提高运行效率，在数字签名和密钥交换中可采用非对称密钥加密。学术信息资源数据加密存储，虽然可以提高云存储信息的安全性，但当机构需要对云端学术信息资源数据进行进一步处理时，加密后的数据往往会影响数据处理操作的效率。此时，云服务提供方因不具有监测学术信息资源机构存储数据的权限，其资源方和用户数据操作安全需要通过其他途径进行，从而难以保证数据的高效处理和利用。

7.2.2 数字学术信息资源云存储数据完整性保障

数字学术信息资源数据的完整性是指存储数据保持原有状态、结构和内容的特征要求，数据完整性作为数据安全保障的一个基本目标，需要保障其不被篡改和免遭破坏，以及避免数据丢失。

为了确保存储数据不被篡改、破坏和丢失，数据完整性验证（Provable Data Integrity，PDI）处于重要位置。云环境下，信息资源的数据完整性，需要云服务提供方和信息资源机构共同保障。除服务保障外，信息资源机构应对其承担主体责任。数字网络环境下，学术信息资源主要存储在本地，本地机构通过数据结构的监测即可确认其完整性；云计算环境下，学术信息资源共享数据迁移至云端存储后，信息资源机构则需要在与云服务提供方的合作下进行数据完整性保障。因而，与 IT 网络下的数据完整性保障相比，云计算环境下学术信息资源数据完整性保障检测需要改变资源方单边检测机制，采用适应于发展的检测方式。对于存储于云平台的数据而言，完整性检测可由云服务方和资源机构共同完成，即由资源机构进行共享存储数据的完整备份，由云服务提供方对存储数据进行结构检测，在对照备份结构的基础上加以确认。但是，这样的检测操作因受限于网络通信的约束，其成本代价和实际效率必然受到限制。

针对云服务提供方和资源方合作中的问题，考虑到信息资源机构计算资源的有限性，以及学术信息资源完整性验证的客观性，对于学术信息资源数据完整性验证，拟引入可信第三方（TPA），在有关机构的授权情况下，进行云端学术信息资源数据的完整性验证。

针对现有云存储系统的数据完整性问题，从云存储数据安全保护出发，构建第三方方案具有可行性。存储数据安全问题涉及三方面主体：云服务提供方提供数字存储空间和计算资源；学术信息机构将数字资源存储在云端；第三方机构代替学术信息资源机构检测云存储数据完整性。通过检验，学术信息资源机构依托云服务进行数据存储保护，同步更新存储数据。由于数据的动态变化使其完整性面临多方面挑战，因而通过 TPA 进行存储数据的完整性验证是必要的。① 目前，针对云环境下数据完整性验证进行的探索中，G. Ateniese 等提出的数据持有性证明（PDP）模型具有现实性。该模型通过使用同态标签技术和相应的协议实现云存储数据完整性验证。② 赵洋等从隐私保护角度进行的数据完整性验证，同时加入了用户数据私密钥保护的内容，有助于存储数据完整性检验向用户数据完整性检验的拓展。③ 从实现流程上看，云存储学术资源数据完整性验证包括初始化、运行和响应三个方面，其存储完整性验证整体框架如图 7-4 所示。

初始化过程中对信息资源机构的数据存储生成公钥（PK）和私钥（SK），同时对存储文件进行处理；通过文件块进行签名并将文件和对应的签名保存在云端，其数据在签名服务器中生成和分发；由 TPA 存储运行函数，从文件 F 索引集合中获取，按文件块生成的信息发送给云服务平台进行处理，云服务提供方接收内容数据，运用 GenProof 生成检测证据，同时传给学术信息资源机构；验证阶段，第三方检测在收到云服务发送的证据后，传输给重签名服务器

① Wang C, Wang Q, Ren K, et al. Privacy-Preserving Public Auditing for Data Storage Security in Cloud Computing [C] // INFOCOM, 2010 Proceedings IEEE. IEEE, 2010: 525-533.

② Ateniese G, Burns R, Curtmola R, et al. Provable Data Possession at Untrusted Stores [C] // Acm Conference on Computer & Communications Security. ACM, 2007: 598-609.

③ 赵洋，任化强，熊虎，等. 无双线性对的云数据完整性验证方案 [J]. 信息网络安全，2015（7）：7-12.

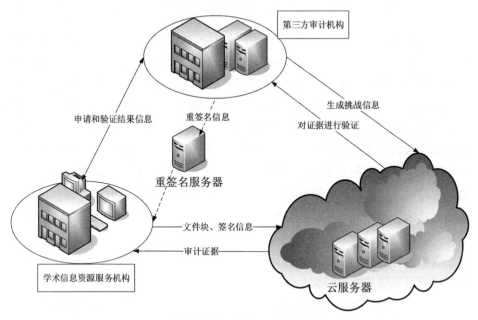

图 7-4   学术信息资源数据云存储完整性验证

进行处理认证并返回第三方，由第三方提供最终验证。①

当数据信任缺失成为影响存储数据安全的最大障碍时，除在技术上通过检测及时发现存储完整性问题外，还需要建立学术信息资源数据存储完整性问责机制。技术和问责两个方面，在数据完整性保障中具有交互作用。一方面，虽然已引入可信第三方检测机制，但对于云存储，整个系统的数据完整性仍需要各方的协同，这样一旦发生完整性安全事故时可以及时处理。在完整性检测中，可以通过数据列表，提供学术信息资源数据存储的云服务交互操作记录，按协议进行管理。另一方面，操作完成后的运行凭单可以单链在云端，发送给学术信息资源机构存储，从而在学术信息资源云存储完整性层面提高安全保障水准。②

---

① 谭霜，贾焰，韩伟红. 云存储中的数据完整性证明研究及进展 [J]. 计算机学报，2015，38（1）：164-177.

② 范振华. 云存储数据完整性验证和问责机制的研究 [D]. 石家庄：河北大学，2014.

7.2.3　学术信息资源云存储数据的确定性删除

　　按完整的存储数据生命周期进行存储数据的确定性删除，是存储数据管理的一个重要方面，对于学术信息资源机构而言，删除那些不必要保存的数据不仅是内容更新的需要，也是降低数据冗余度和应对数据恶意添加或篡改的需要。同时，对于信息资源机构存储在云端的数据，在退出云服务的情况下，也需要安全地删除云存储数据，以确保其他租户利用服务时，原有的信息资源机构的云存储数据不至于被新租用户恢复。由此可见，云存储数据的确定性删除在数据安全利用中是必不可少的环节，这是由于数据没有被及时删除会引发数据泄露的风险。数据确定性删除在于，通过软件方法或物理方法进行数据永久删除。其中：利用软件方法删除数据主要通过数据覆盖等软件方式进行，使数据从逻辑上销毁；物理方法则是对存储数据的载体进行处理，使其不能被恢复，用于保密度高的数据确定性删除。应采用何种方式进行，由学术信息资源机构的数据等级和需要决定。

　　对于学术信息资源云存储数据的确定性删除而言，直接删除操作在学术信息资源数据存储云端进行，通过公钥或私钥的使用，完成云端数据删除任务。这里有一个数据管理权限问题，如果所有的数据采用一个密钥进行操作，那么数据删除将处于公共开放环境之中，其确定性删除安全保障也应与安全保障相对应。如果由机构用户进行存储数据的确定性删除，不同的数据往往需要不同的密钥，从而可能对用户安全管理造成影响。从实用上看，用户即使只删除一个数据条目，也会改变相应数据文件。基于这一现实，在数据确定性删除中，可以引入第三种密钥管理机制对相应的密钥进行集中式管理，以确保密钥在相应的数据删除中安全调用。针对这一方式的密钥使用隐患，拟通过权限管理的方式进行密钥的安全管控。

　　通过软件永久性删除数据，在学术信息资源数据确定性删除中具有适应性，其要点是通过对数据生存时间的控制，在数据生命周期内删除超出有效期范围的数据文件。① R. Geambasu 等通过对数据有效期的管理加密，生成公钥和私钥，以保证数据有效期内的加密使用，当数据有效期结束时，可通过删除

---

① 张逢喆，陈进，陈海波，等．云计算中的数据隐私性保护与自我销毁［J］．计算机研究与发展，2011，48（7）：1155-1167.

文件有效期对应的公钥或私钥进行数据的永久删除。① 在生命周期内对密钥的处理是基于安全覆盖技术进行的，即通过覆盖拟删除的数据，在数据存储及其备份系统中，对存储数据进行实质上的确定性删除。② 关于操作问题，基于信任的云存储数据确定性删除第三方方案具有可行性。对于云存储中分散的数据而言，可以通过第三方进行操作，以实现数据达到特定要求时进行自动删除。在实施中，基于 DHT（Distributd Hash Table）节点的删除具有可信性，问题是 DHT 节点存在的不安全隐私应该得以解决。③ 基于此，目前的数据删除大多是针对密钥的数据销毁，因而难以避免他人通过密钥恢复数据的情况出现，因此，对于确定性删除安全控制的有效途径是进行密钥的安全管理。④

整体而言，云环境下学术信息资源数据确定性删除主要存在两种方式。其一，通过可信第三方对密钥进行集中管理，为云环境下学术资源数据确定性删除提供管理支持；其二，通过分散式管理，由有关方面进行分布式密钥协同管理，使密钥管理的操作灵活。⑤ 从实现上看，云环境下学术资源确定性删除中，在引入可信第三方的基础上，拟采用学术资源机构负责原始数据确定性删除以及云服务提供方负责云数据按生命周期永久性删除的合作方式进行。同时，对于涉密数据采用加密方式进行完整的密文删除。对于开放共享的公共数据资源，可以经过加密，按数据的有效期，由服务方在云端分配密钥对数据进行确定性删除。基于以上两种方法，对学术信息资源云存储数据进行确定性删除，在于提高数据管理的灵活性和确保删除的安全性。

7.2.4 学术信息资源云存储访问安全保障

云环境下学术信息资源存储访问控制的目的在于，开放共享中避免对存储

---

① Geambasu R, Kohno T, Levy A A, et al. Vanish: Increasing Data Privacy with Self-Destructing Data. ［C］// USENIX Security Symposium. 2009：299-316.

② Paul M, Saxena A. Proof of Erasability for Ensuring Comprehensive Data Deletion in Cloud Computing ［M］// Recent Trends in Network Security and Applications. Springer Berlin Heidelberg, 2010：340-348.

③ 冯贵兰，谭良. 基于信任值的云存储数据确定性删除方案 ［J］. 计算机科学, 2014，41（6）：108-112.

④ 张坤，杨超，马建峰，等. 基于密文采样分片的云端数据确定性删除方法 ［J］. 通信学报，2015, 36（11）：108-117.

⑤ 冯贵兰，谭良. 基于信任值的云存储数据确定性删除方案 ［J］. 计算机科学, 2014，41（6）：108-112.

数据进行有害访问，甚至恶意篡改存储的情况发生。因此，访问控制作为存储数据安全保障的重要环节，在运行中是必不可少的。学术信息资源机构之间以及机构和云服务商之间的数据分离，在面向多租户的服务中，存在访问控制结构上的复杂性，因而虚拟机攻击所引发的数据安全问题有待从根本上解决。①

　　传统意义上的信息安全涵盖访问控制安全，其安全保障作用在于，允许授权用户访问相应的数据资源，与此同时，阻止其访问非授权访问的数字资源。对云存储而言，访问控制也是云环境下信息安全保障的重要内容。按访问控制的实施主体和客体，可以区分为自主访问控制、强制访问控制和针对角色的访问控制。表7-4归纳了基本的组织架构和特征。

表7-4　　　　　　　　学术信息资源云存储访问控制类型

访问控制	过　　程	说　　明
自主访问控制	由资源主体按规则自主实施访问控制，在访问授权上明确授权对象和授权访问的资源，同时负责监控整个流程	按三种不同访问控制机制进行访问控制，旨在针对不安全访问的发生场景进行安全控制保障；这三种方式具有的互补性，决定了在实际应用中进行控制组合的可行性
强制访问控制	按存储资源系统的安全规则，强制性地开展访问控制，强调相关各方的合规访问和合规安全保障	
针对角色的访问控制	针对引发的存储安全问题，控制特定角色的访问，定义用户的权限，明确实施细节	

　　在学术信息资源数据存储中，访问控制贯穿数据存储和利用的全过程。数据存储的虚拟化和多租户特征，决定了访问控制在云计算环境下保障安全的关键作用。对于资源建设机构和云服务商来说，采用规定的访问控制授权不仅是保障数据安全的需要，也是维护数据完整性的需要，因此有关各方需要协同进行访问控制安全保障，防止攻击者针对薄弱环节的非法攻击。对于云计算来说，数据资源访问控制存在的问题主要是虚拟化访问、多租户隔离等引发的安全问题。按访问控制的基本安全要求，访问控制的方式需要适应云计算环境下的安全访问需求；学术信息资源存储中的不同云服务安全域，提出了跨域访问的安全保障要求，其中混合云部署模式下的跨云访问安全，需要在学术信息资

　　① 王于丁，杨家海，徐聪，等．云计算访问控制技术研究综述［J］．软件学报，2015，26（5）：1129-1150.

源共享的基础上进行全面授权控制；在多种身份中进行切换时，存在共享资源访问隔离问题，因而云计算环境下的访问控制需要面对这一场景，并进行访问控制中的主体与客体关系优化。

学术信息资源数据云存储访问安全控制，如图 7-5 所示。学术信息资源的访问控制在统一规划下由有关各方在安全区域内进行，通过安全设定和访问控制规范，实现对资源的访问安全保障。① 其访问控制包括：通过用户名和身份识别进行注册和验证，以保障云存储信息资源的安全调用，使数据在访问中不受侵害和损失；针对用户角色进行不同的权限控制，规定系统管理员的操作权限和其他用户的数据使用权限，实现权限安全管控；在学术信息资源混合云模式下，通过设定访问权限，控制信息资源不安全访问和操作；通过云存储数据中心，将授权用户的访问控制权限存入属性列表，以便对具体操作进行安全控制；通过云平台软件操作设置，对删除软件、修改设置进行验证，防止破坏云端配置；通过网络预警机制对非法访问进行识别和响应，对非法入侵进行锁定和排除。

云环境下诸多的安全问题已引起广泛关注，其中的数据访问控制已经成为保障数据安全的关注点之一。当前的问题主要集中在密码架构下的云计算访问控制和多用户虚拟化访问控制方面。

目前，国内外针对云环境下访问控制的研究，主要是对传统访问控制的扩展，使其适应于分布式计算访问控制的安全需求环境。从总体上看，学术信息资源访问控制组织主要包括基于角色的访问控制和基于属性加密的访问控制。

基于角色的访问控制（Role-Based Access Control，RBAC），采用用户角色与用户访问关联控制方式，对不同角色用户的权限进行分配基础上的控制。具体过程强调对用户按不同层次进行权限管控，其权限分配由中心进行强制性统筹。RBAC 所采用的预先分配机制，在于对用户权限使用进行有效管控，从而确保数据存储安全。对于公有云和私有云的安全域之间存在的多种身份和角色问题，RBAC 访问控制模式面临一定的风险，由于缺乏过程中的控制，对发生的安全事故需要进行综合应对。

为了提高访问控制的安全性，需要在 RABC 模型的基础上对访问控制进行改进，其中用户角色的动态信任机制的引入值得关注。用户角色引入了信任

---

① 涂山山. 云计算环境中访问控制的机制和关键技术研究［D］. 北京：北京邮电大学，2014.

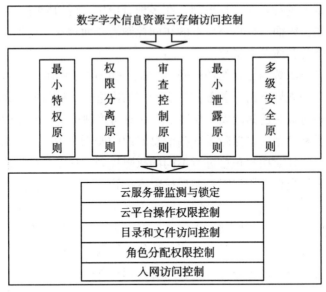

图 7-5　国家学术信息资源云存储访问控制策略

值，可以通过信任值确定用户的信任等级，以便明确用户的访问风险等级。①
从实现机制上看，基于角色的访问控制适应了单一云存储数据访问控制安全环
境，但对于跨域和跨云访问，则需要引入新的访问控制机制。②

　　基于属性加密的访问控制（Attribute Based Encryption -Access Control，
ABEAC），能够较好地保障用户和共享数据的安全。ABE 利用密码学技术，将
用户的身份属性作为密钥用于标识用户身份。ABE 在 2005 年首次应用中就实
现了用户属性集和访问控制的结合，同时通过授权用户加密访问实现了安全控
制目标。③ ABE 的优势在于，通过加解密防止非授权访问入侵，学术信息资源
机构只需要根据密文属性集进行加密即可，而不需要考虑更多的方面。ABE
框架中访问控制对象作为具有某些属性组合的用户集合，由授权机构生成的公

---

　　①　张凯，潘晓中.云计算下基于用户行为信任的访问控制模型［J］.计算机应用，
2014，34（4）：1051-1054.

　　②　王静宇.面向云计算环境的访问控制关键技术研究［D］.北京：北京科技大学，
2015.

　　③　Sahai A，Waters B. Fuzzy Identity Based Encryption［C］//Annual International
Conference on the Theory and Applications of Cryptographic Techniques. Springer，Berlin，
Heidelberg，2005：457-473.

钥和密钥在属性集进行分发，通过公钥和密钥的交互利用达到安全保障要求。ABE 虽然在安全保障中具有较高的水准，但是在云环境下尚存在一定的不足，其缺陷在于：访问控制只支持属性的控制层面，其灵活性有限，从而影响了利用效率。基于 ABE 的不足，V. P. Goyal 等提出了基于密钥策略属性基加密构架（Key Policy-attribute Based Encryption，KP-ABE），按其访问控制策略，由授权机构生成私钥，由数据接收方判断解密条件，只有符合解密条件时才可以对密文进行解密。由此可见，KP-ABE 可以实现共享数据的细粒度访问控制，从而保证了数据访问的安全性。①

J. Betencounrt 等则针对 KP-ABE 存在的密钥生成和分发的限制，提出了基于密文属性的加密方案（CP-ABE）。在访问共享数据时，用户可以直接从数据发送方获取密钥，当用户属性满足访问条件时，数据接收方才可以利用私钥进行解密。② CP-ABE 的访问控制策略和设计更适合于学术信息资源的共享和开放环境。

7.3　数字学术信息资源云存储安全防御与保护

学术信息资源存储安全防御与同期控制作为数字信息整体安全中的存储数据防护环节，在于根据资源合规性上传及存储的数据安全进行防御，从而按来源及其他因素的影响实施同期控制，以形成存储内容的安全基础。由于学术信息资源的来源广泛，其复杂的构成和影响决定了防御控制的必要性，特别是对于可能包含非授权使用的资源和合规性不明确的资源，需要适时鉴别和控制。在实现上，学术信息资源存储安全防御包括资源识别防御和同期控制的组织。

7.3.1　学术信息资源识别与合规处理

大数据时代不仅改变着学术信息资源数据的社会结构，而且改变着信息资源的组织方式。面对数字信息易复制和易传播的特性导致的来源广泛性，为保障所有相关者的权益，在学术信息资源存储中应对非法侵权的资源进行严格管

① Goyal V, Pandey O, Sahai A, et al. Attribute-based Encryption for Fine-grained Access Control of Encrypted Data [C] //Proceedings of the 13th ACM Conference on Computer and Communications Security, 2006: 89-98.

② Bethencourt J, Sahai A, Waters B. Ciphertext-Policy Attribute-Based Encryption [C] // null. IEEE Computer Society, 2007: 321-334.

控，以此确定信息资源的来源合规和安全。针对学术信息资源的复杂性和存储上的分散性，需要在存储中对学术信息资源进行合规来源识别，继而进行及时处理，以防范由于不当存储和传播所造成的侵权。在数字学术信息资源开放共享和分布存储中，进行学术信息资源识别与规范处理的流程如图7-6所示。

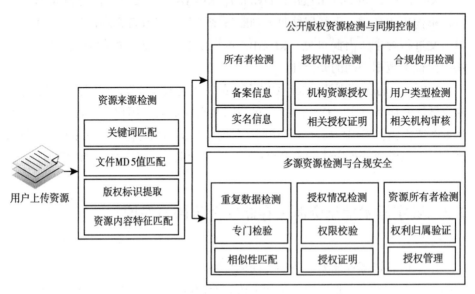

图 7-6　信息资源来源识别与合规处理

　　开放存储情况下，上传的学术信息资源按其发表和流传方式可分为出版资源、非出版资源以及未出版资源。出版资源所具有的出版标识决定了公开渠道的流转。非出版的资源是指非公开发行的资源，其流通渠道有限。① 未出版资源是指尚未正式出版，但已受保护的具有所属权的资源。对这三类信息资源的识别，一方面，旨在明确其中的权益关系，通过来源标识的细化，进行确保其安全基础上的合规存储；另一方面，对于存储于云系统中的数字学术信息资源而言，在于通过检测及时发现存储中的侵权问题，以进行有效的合规处理。通常信息服务主体对资源进行侵权识别时，往往着重于著作权相关的检测，而忽略了未出版资源的侵权和授权使用。鉴于存储资源形式和利用上的改变，需要在知识产权框架下进行相应的变革。

　　如图7-6所示的信息来源识别与合规处理流程中，包含了发表资源或具有

---

　　① 王世伟. 略论灰色文献的八大价值［J］. 图书馆建设，2019（2）：10-17.

著作权的资源检测，未公开发表资源检测和非出版资源检测。著作权资源检测根据规范进行，通过关键内容匹配标识，比对上传资源与著作权资源库资源，从而识别其存储合规性。在学术信息资源数据中存在着非自有版权信息资源上传存储的情况，如科研人员从其所属机构订阅的诸如知网、万方等资源数据库获取的资源，以及从版权所有者和内容分发商处获得的授权使用信息。因此，云存储平台可以与数字出版商合作，获得数字出版商的资源授权信息，通过机构资源授权库，进行订阅资源的自动比对和识别。对于从其他正规渠道获得的授权，可根据相应的授权和证明文件进行授权检测。对于无法提供授权证明的存储数据内容，应考虑资源的合规使用情形，进行相应的合规检测，以验证其合理性和安全性。

对于未出版资源或非正式出版资源的合规检验，需要云平台强化资源数据存储识别功能，避免侵权资源的非合规存储情况发生。对于无重复资源，可以从确认存储主体合规出发进行授权检测，校验确认是否合理存在。

同期控制是针对过程发生的偏差同步纠偏的控制，目的在于保障过程的安全。因此，存储信息资源来源的同期控制贯穿于资源存储的始终。资源来源同期控制应遵循分类控制的原则，对不同来源的授权采用不同的处理形式，其基本情况如图 7-7 所示。

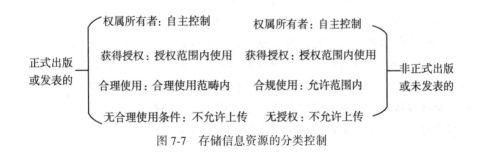

图 7-7　存储信息资源的分类控制

对正式出版或发表的学术信息资源，存储中应对其进行权属所有者验证，当识别为自有版权资源时，允许上传存储，同时自主选择控制后续授权范围。对于权属所有者检测显示非版权上传时，进入授权库检测，以确认机构订阅的资源的存储权限或科研人员合规获得的资源权限，在授权确认后予以存储安全保障。对于经机构审核准予存储的资源，应明确资源上传权限。对于未获授权的情形实行存储权限控制；对于非正式出版资源，如果无重复数据，拟默认所有者的权限。对于重复数据资源，进行存储拦截；对于权属有争议的，按相关权属证明处理。

学术信息资源除各类学术文献以外，还包括诸多网络搜集资源及研究中产生的数据资源，资源的复杂来源和结构决定了对所属内容的合规保障。因此，有必要从内容识别上进行学术信息资源存储的内容同期控制。

学术信息资源非合规内容识别包括三个环节：首先，运用信息识别技术对存储的学术信息资源非合规内容进行过滤，以滤去所涉信息；其次，通过权限检测对涉嫌信息进行处理；最后，对拟上传的资源进行全面合规检测，保证内容的真实性。图7-8归纳了其实现流程。

非合规内容过滤中，利用信息识别技术对云端学术信息内容进行过滤，其过滤方法如异常值监测过滤、非合规内容关键词匹配等。此外，还可以通过基于内容理解的检测锁定具有违规的内容信息源。总的来说，违规不良信息检测可能需要通过资源内容的敏感特征来识别，例如，对于敏感图像资源的过滤就是如此。对涉规学术信息资源进行过滤处理，应保证过滤的准确性。另外，对于合规资源检测涉及的所属机构，可以进一步在机构内进行合规验证。

依据《互联网信息服务管理办法》等相关规定，在信息资源存储中，除需要识别不合规定的资源外，还需要对包含这些内容的资源来源进行管控。因此，云存储中也需要进行针对非合规资源的同期控制。目前，通常的控制内容围绕资源的合规管控展开，包括禁止非规信息的传播和使用等。

在信息资源存储的合规控制中，对于检测结果为"违规"的信息而言，可在过滤阶段将其归入涉嫌违规信息集合。为保证信息的完整性，对集合中可能存在的误判，在此阶段不宜简单地采用删除控制手段；当该涉规资源集合通过下一步检测后，其涉规资源仍为误判时，可在这一阶段采取删除措施。因此，对涉规资源集合的锁定控制需要相关机关的协同配合。其中，对于判定为违规信息资源的留存取证，可结合资源删除处理来进行。

7.3.2　数据安全防御与同期控制

在学术信息资源来源与内容合规识别和过滤的基础上，对学术信息资源存储的全面安全防御和同期控制处于重要位置。资源内容层面上安全问题的全面解决，还需要针对环境风险和系统风险进行有效控制。从内容上看，拟在纵深防御系统中进行数据安全防御，同时对学术信息资源数据安全进行同期控制。

学术信息资源因其特殊性，其存储环境对资源的存储安全具有全局性的影响，在环境作用下，存储的资源和所依据的系统或平台均受到来自多方面的威胁。由于数据资源存储与数据的开发和传输利用具有直接的关联性，因此需要

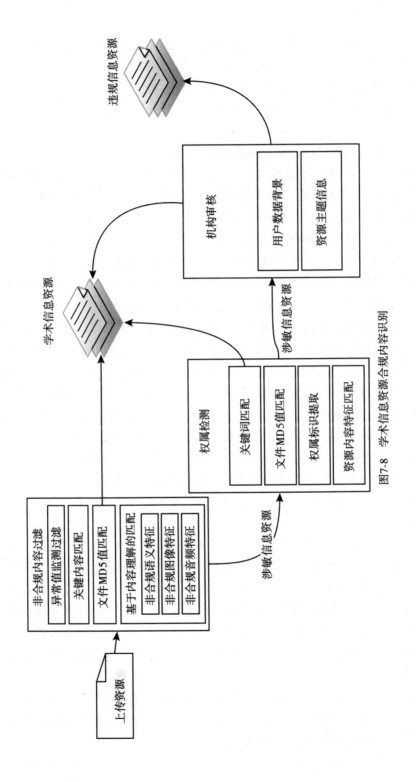

图7-8 学术信息资源合规内容识别

构建多维度的数据安全纵深系统进行安全协防。从分层安全保障上看，进行学术资源数据的安全防御，应依托于从外而内的层级化防御体系，即按数据的存储管理层次构建面向环境安全的平台安全体系，同时在全流程中加以防御。

学术信息资源存储数据安全防御具有层级化、面向对象和全流程的结构特征。

①层级化防御。按数据交互的逻辑关系，存储安全事故的发生与网络硬、软件设施，云存储平台便捷，以及虚拟化数据环境直接相关。通讯设备硬件、数据存储与计算硬软件，是一切数据安全存储的基础层，一旦出现问题，其安全存在不可逆性，这就需要从底层进行把控。云存储平台介于云计算网络与本地系统之间，负责数据存储交互与协议，这一环节的威胁包括数据篡改、泄露等，需要针对平台边界安全制定有效的控制策略，以监控数据异常。基于虚拟计算环境的安全防护，在于进行环境与平台的整体保护，实现拒绝攻击及其变种威胁的防控目标。从三方的关系看，层级保障具有全局性。

②面向对象的防御。存储的安全防御围绕安全保障客体展开，按保障对象，包括存储平台物理资源层和存储抽象与控制层中的设施、架构支持和操作。从学术信息资源数据上看，平台物理层作为基础层的防御直接关系到数据的存储操作安全，与数据存储关系最为紧密。针对这一环节的保障需要强调物理安全措施，同时确立基于平台的数据规则。云平台存储控制是在平台基础上构建的操作逻辑层，旨在实现数据处理和存储资源的调度与分配，针对平台存储安全需要进行合规调度规范与协议制定，构建存储安全防御体系。对于学术信息资源系统与数据层所遭受的破坏，攻击防范主要针对数据内容与软件安全威胁来组织，其中的安全对象具有全局性的重要地位。因此需要部署具有针对性的防御策略。

③全流程防御。按学术信息资源存储安全风险的发生机制，需要从根本上进行保障，其流程包括学术信息资源安全保护监测、信息存储安全预警与响应、数字信息资源存储恢复等。基于流程安全的机制构建作为全流程防御的核心，是开展存储数据安全保障的依据。根据基本环节，拟从学术信息资源的安全保障需求出发，确立面向内容的安全保障体系，完善信息资源存储安全预警与响应机制，同时对存在的外部和内生风险进行管控，适时控制安全风险的影响范围。

根据学术信息资源存储安全保障的基本原则，需要对平台及存储资源进行基于安全需求的同期控制。在同期控制中，建立合理的安全风险响应体系，以完善体系化的资源存储安全保障措施。

在系统实现中，动态预警和响应是信息资源存储安全保障运行中需要面对的现实问题，只有预警和响应有效，才能防范安全风险的扩散和影响。在动态预警实施中，风险数据获取、检测和风险处理作为一个完整的过程而存在。其中：数据获取在于针对系统的边界风险进行实时监控，当存储系统出现异常时，能及时响应和处理，以维持系统正常状态。当系统恢复正常时，也需要根据安全等级要求进行安全数据的监测。数据预处理作为入侵检测和响应环节，在于识别风险数据和所进行的规范化处理，在排除干扰数据的前提下，提取数据特征并进行特征转换。入侵检测在于利用预处理的数据进一步分析时序影响，依据历史数据进行的异常测试分析，在风险控制的框架下形成预警响应提示。在资源存储安全风险管控中，根据入侵检测进行响应是同期控制的最终环节：如果风险为频发，应采用自动响应预案；如果响应无法及时应对，则使用人工响应，将安全影响降至最低。其中的原则是以数据内容的安全为前提，实时启动容灾响应。

7.4　学术信息存储资源容灾

存储资源容灾是学术信息资源存储安全的最后保障手段，在存储资源与资源服务系统容灾中，根据不同的目的和云环境下的数字资源存储方式，可以设计相应的存储资源容灾方案。对于学术信息存储来说，其容灾目的，一是保障学术信息资源的长期保存和利用的延续性；二是保障学术信息存储中资源的可恢复性和完整性。

7.4.1　面向存储资源及其存储过程的容灾组织

为保障学术信息资源存储系统的灾害防范，需要从以下几个方面的要素着手进行组织：数据备份支持，按功能实现数据备份存储的安全；基础设施备用，包括备份系统运行所需的系统运行安全；备用技术能力，为恢复系统的运转提供支撑和保障；运行维护管理，包括运行系统管理、环境和安全管理；灾难恢复处理，提供全方位预案和实现方案。① 以上要素具有相互关联的关系，相对于要素资源的分散配置，云存储平台可以提供灾备所需的设施、技术和

---

① 中国信息安全产品评测研究中心. GB/T 20988—2007. 信息安全技术——信息系统灾难恢复规范［S］. 北京：中国标准出版社，2007.

管理支持，容灾过程中只需要进行有效的调度便可以实现灾备资源的快速配置。同时，云存储平台基础设施的安全性也可以得到充分保障，因此，综合考虑各方面要素资源的影响，采用基于云平台的容灾模式具有合理性。

就安全性而言，不同云服务商环境下的数字资源分散存储，由于实现了数据隔离，因而具有较强的安全性和容灾能力。因为不但可以应对系统攻击导致的安全事故，而且可以应对平台受到攻击导致的安全危机。对于不可抗力因素导致的安全事故，不同云存储模式的安全性相近，都可以自行应对。对于在数据中心平台存储的资源安全容灾，则同时需要外部的支持。另外，可互操作的云存储资源容灾需要进行平台之间的合作，构建一体化的灾害控制体系。

在灾备机制选择中，除了需要考虑安全性外，还应面对实现的可行性。学术信息资源属于重要的基础资源，如果因灾害和攻击而引发大规模数据损坏或丢失，必然带来灾难性后果。对此，应将其纳入社会化容灾体系，从根本上进行数据安全保障。以此出发，面向学术信息资源可生存性的容灾理应在整体安全上进行全局性安排。从体系上看，云环境下学术信息资源存储容灾应采取以学术信息资源机构为主体的实施机制，在技术实现上进行跨越云平台的统一安全部署，如图 7-9 所示。

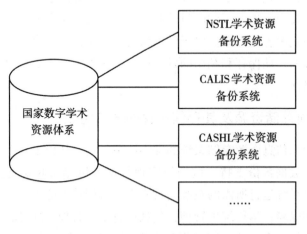

图 7-9　国家学术信息资源存储可生存性容灾组织

图 7-9 反映了国家学术信息资源可生存性容灾组织体系，与国家共建共享的信息资源系统同构，其容灾结构不仅适应了整体容灾恢复的需要，而且支持

了云存储资源的容灾管理。这种全局性容灾目标是，保障国家学术信息资源的可生存性恢复。其中：完全备份是对整个资源系统存储的完整备份，所备资源（包括数据、软件等）不存在遗漏；增量备份是一个连续过程，每次备份只限于相对于前次的增量部分，其他部分则涵盖在前次部分中，因而这是一种动态的备份；差分备份，是每次备份的数据相对于完全备份后补充和修改的数据备份。这三种模式的优势和问题见表7-5。①

表7-5　　　　　　　完全备份、增量备份、差分备份比较

类型 参量	完全备份	增量备份	差分备份
备份所需时间	耗时最长	耗时最短	耗时较短
操作复杂性	复杂性最低	复杂性较低	复杂性较低
备份数据量	数据量最大	数据量较小	数据量较大
数据恢复难度	恢复最易	恢复较难	恢复较易
恢复所需时间	恢复最快	恢复较慢	恢复较快

在备份选择中，各国学术信息资源主体基本上是从各自的资源系统结构出发，寻求与之相适应的存储资源容灾备份方式。我国的学术信息资源存储容灾备份，在大规模重要资源上采用的是完全备份方式，机构资源容灾备份中增量备份方式采用比较普遍，差分备份更多地应用于动态性强的平台资源存储容灾备份之中。对于基于云平台的存储资源容灾备份而言，可以根据情况选择备份方式。一般来说，完全备份比较适合于复杂性不高、数据量较大、恢复较快的场景；增量备份适用于较低复杂性、数据量相对较小，但恢复难度较大的场景；差分备份则适用于复杂性不高、数据量较大、恢复较易的场景。

容灾中所进行的系统恢复，操作顺序是硬件故障排除、操作系统恢复、应用系统启动、开启备份数据。其中，在存储数据恢复中，需要在应用系统和备份数据应用上，结合业务设定恢复的优先级。一般而言，基础性学术信息资源

---

① 林鑫. 云计算环境下国家学术信息资源安全保障机制与体制研究 [D]. 武汉：武汉大学，2016.

恢复的优先级较高，而资源深度利用拟安排在较低级别上。对资源容灾来说，时效性越强的优先级越高。在具体的优先级设置上，可以结合信息生命周期进行考虑。

7.4.2　学术信息资源存储容灾安全保障

对于学术信息资源存储而言，一旦出现损毁性灾难，则应在备份处理基础上，进一步进行全方位的容灾安全保障。在实施中：一方面，采取影响管控措施，防止资源破坏影响的扩散；另一方面，利用灾备技术，保障资源存储能够得到恢复。

云环境下，存储数据的安全和云平台的持续使用安全直接关系到数字学术信息资源的全面安全。对此，AMAZON、Microsoft 等在提供的云服务中部署云灾备方案，以此提升云存储与云应用服务的安全性。按容灾保护对象的不同，云环境下的学术信息资源存储容灾保护可以分为云存储数据容灾保护和云数据应用容灾保护。①

①云存储数据容灾。云存储数据容灾通常采用的办法是构建数据备份中心，由中心专门实现存储数据的保护，同时应对云存储数据受到灾害破坏而不可恢复的情况发生。当云存储安全中心系统遭受灾难而导致数据被破坏时，便可以及时启用云数据备份系统，通过容灾防控来保障云存储中心数据的恢复。云存储数据容灾所采取的方式是数据异地备份，针对云备份中心的数据在调用上可能存在延时问题，应在相应时段内进行备份数据的可用性和一致性保证。通过云备份中心的备份数据，云服务提供商便可以较迅速地恢复云平台服务，从而将灾难所带来的损失降到最低。

②云数据应用容灾。云数据应用备份是对数据存储应用软件系统的备份，其目的是通过云应用备用系统，在云应用系统遭到灾害毁坏时迅速将应用切换到备用系统上，以保障云环境下数据应用服务的可用性。在容灾过程中，虽然全方位的云应用系统容灾能很好地保障云数据应用服务的持续可用性，但由于构建多中心云应用服务系统的成本压力，云应用容灾方案应进行结构上的优化。

按照存储中心和灾备中心的物理距离，其容灾备份可以分为同城灾备和异

---

① 钟睿明. 富云：一种跨越异构云平台的互备可靠云存储系统的实现机制研究 [D]. 北京：北京邮电大学，2014.

地灾备。实施中，同城存储中心和灾备中心处于一个地域，优势在于可以进行数据的同步传输，较好地保证数据的完整性和连续可用性，缺陷是如果出现地域内的自然灾害，对灾难的防范能力有限。异地存储中心和灾备中心处于异地，优势在于对于自然灾害风险的防范能力较强，缺陷在于两个中心之间的数据传输受到一定影响，可能出现数据丢失或传输中断等情况。由此可见，同城灾备和异地灾备各有其优势和缺陷。对此，拟跨域构建云计算数据中心，从而达到更为理想的灾难恢复效果。

按数据存储容灾恢复安全保障的内容，容灾数据中心可以分为数据容灾和应用容灾两种类型的容灾系统。其中：数据容灾主要针对存储数据进行保障，面对灾难发生时云服务系统数据受损而导致访问被终止的情况，安全保障围绕数据的完整性和可用性恢复展开。应用容灾的重点在于保障平台系统提供的数据服务完整，面对灾害破坏，围绕数据存储服务环节展开，以恢复数据处理的可靠性和安全性，从而恢复数据服务功能。[1] 在云环境下，数据容灾和应用容灾相互补充，在功能实现上成为一体。在实际应用中，如果系统存储数据备份完整且具有自动备份功能和容灾功能，那么可以采用应用容灾方式；如果应用系统的容灾恢复在云平台中可以进行，那么可直接采用数据容灾方式。

容灾备份与云存储系统具有有机联系，旨在为云存储系统提供相应的数据保护和恢复保障。容灾备份与云存储系统相互补充，协同完成业务的连续运行和服务的持续任务。云存储系统的灾备建设，可以采用如图 7-10 所示的不同模式。

如图 7-10 所示，"两地三中心"模式是指在同城建立两个可以独立运行的信息资源存储中心，这两个相对独立的中心通过高速链路实行数据同步；正常情况下可以分担业务流量，并能切换运行；灾害情况下，两个中心之间可以进行灾备应急切换，在数据保存完整的前提下保证业务系统连续运行。在这一基础上，为提高应对自然灾难的能力，可以在异地建立一个备份灾备中心，专门为容灾服务。异地中心采用异步复制模式，进行远距离操作。当同城中心同时出现故障时，异地灾备中心可启用备份数据，进行全面业务恢复。

云数据中心存储的信息具有完整性和持续使用性，因此其灾难备份与恢复

---

[1] 金华敏，沈军，等．云计算安全技术与应用［M］．北京：电子工业出版社，2012：71.

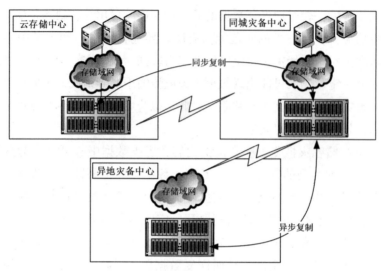

图 7-10   国家学术信息资源云存储灾备系统建设示意图

应该全面支持整个系统的恢复。云数据中心存储资源的虚拟化服务架构，决定了与传统方式截然不同的容灾恢复过程。这一场景下，操作系统、应用程序、存储配置文件和用户数据都被封装在虚拟服务器中，由于具有硬件独立性，因此易于数据复制或在异地数据中心主机中进行备份。从这一逻辑关系出发，学术信息资源云容灾数据备份可以依托数据的多副本存储管理，并由此进行恢复。云环境下存储数据容灾恢复中的数据存储管理、多副本技术、数据复制和容灾恢复检测处于重要位置，这几个方面的组织实施和作用可以作如下概括：

①数据存储管理。云环境下的学术信息资源数据存储管理，是指在运行中对云数据归档、备份和恢复等环节的管理。① 数据存储管理涵盖了数据保存和安全管理的全过程，其中，容灾过程中的安全管理围绕灾前的数据备份、数据损坏恢复以及容灾切换、安全监测和维护进行。作为云容灾重要组成部分的数据备份，是为了应对由于灾难引发的数据损坏、丢失和系统瘫痪，当预警到物理灾害威胁时，实时将数据传输到预定的存储介质中进行保存，以保障存储数据可备用。从管理角度看，复制后的数据移动还必须进行归档存留，完成归档

---

① 王树鹏，云晓春，余翔湛，等 . 容灾的理论与关键技术分析［J］. 计算机工程与应用，2004，40（28）：54-58.

后及时实现存储系统的切换。

②多副本技术应用。多副本技术的应用在于，在多个节点上进行数据存储备份，一旦某个节点出现安全问题，其他节点中的数据自然存在并可用。多副本技术的应用受系统负载、存储效率和副本本身的影响，云计算环境下多副本技术的应用，需要根据云计算的具体应用环境进行组织。云环境下，创建副本的数量和节点分布，应考虑具体的环境影响和用户需求特征。基于应用的副本创建，可以在不同用户的需求环境下进行部署，以控制灾害的影响。因此，学术信息资源云容灾应采用多副本创建策略，全面考虑安全性、数据效率和网络分布结构，从中寻求最佳的方案。

③存储数据复制技术。存储数据复制在容灾中用以支持分布式应用，与数据备份相比，具有容灾恢复快、实时和使用灵活的特点。数据复制按时序特征分为同步复制和一步复制。同步复制的数据在多个节点上同时复制统一数据，即保持所有节点上数据的一致性，如果有变化，那么所有节点上的数据将同步变化。异步复制是一种差时复制，复制的时间节点并不一致，而是根据节点情况进行安排。这说明，节点上的数据并不在某一个时间点完全一致。按复制结果，可安排主机层数据复制、存储层数据复制和交换层数据复制。主机层数据复制可以在主机上复制或通过远程复制来实现。存储层数据复制通过系统存储器 I/O 操作，在存储系统中实现，以保障数据的可用性和一致性。交换层数据复制则是利用网络存储交换功能，实现应用系统之间的数据复制。

④容灾恢复检测。灾害发生时的数据丢失是 CSA 强调的必须面对的安全威胁。为了防止灾害对于云存储数据的破坏，容灾系统应具备灾害预警和容灾恢复检测功能，以便及时响应，实现数据切换，以减少对云端数据的影响。在灾害预警中，可以将周期间隔检测信号，按一定的时间间隔发送至云数据存储中心系统，通过实时返回信号的分析，监测系统的容灾恢复状态。容灾恢复中，涉及磁盘故障的容灾检测，在于避免因磁盘故障导致的数据恢复受阻，从而更好地保障云存储容灾的可靠性。通过数据监测分析，可以进行恢复过程控制，保障存储系统部件状态的安全。①

学术信息资源云存储过程中，不可避免地会遇到自然灾害或大规模攻击的

---

① 钟睿明 . 富云 . 一种跨越异构云平台的互备可靠云存储系统的实现机制研究 [D]. 北京：北京邮电大学，2014.

灾难影响，因而需要建立相应的学术信息资源云存储容灾机制。为了保障云存储学术信息资源数据的容灾安全，有必要构建具有全域特征的学术信息资源数据存储容灾安全系统。从系统构建上看，安全级别应与国家学术信息资源安全保障相对应；从内容上看，容灾功能与资源存储系统应相一致。因此，云存储容灾系统的主体结构可以在三个层面上进行架构，即从数据层容灾、系统层容灾和应用层容灾出发进行容灾系统构建。数据层容灾，在于保障存储学术资源数据灾害情景下的安全响应；系统层容灾，保障云数据服务的可用性以及容灾恢复的时效性；应用层容灾，需要进行灾害的响应和灾害发生时的系统快速切换，以及保障应用的安全性。

网络拓扑结构的可伸缩构架（Storage Area Network，SAN）在数据容灾中具有快速响应的优势。SAN 结构中，由于数据存储管理集中在 SAN 内，因而可以进行有序化的数据交换和高效的数据传输。SAN 优势还在于数据的共享优化和系统的无缝连接，可以较好地适应云计算容灾备份技术的发展环境。采用 SAN 的容灾备份技术，数据存储中心可提供多站点的应用，使之能够快速地进行系统切换，同时通过检测迅速寻找恢复点，在事件结束后返回正常状态。另外，文件层和系统层容灾恢复的实现，确保了容灾恢复的系统结构序化，从而可以更好地调整系统状态，为恢复系统的性能提供保障。同时，对于关键的应用程序和服务器，在容灾恢复中可得到更为优先的考虑，从而有助于减少灾难损失。

云环境下学术信息资源采用混合云服务模式的部署中，私有云安全具有较高的级别。学术信息资源机构涉密或控制传播范围的数据在许多情况下采用私有云进行部署，因此对于学术信息机构而言，也可以将系统容灾数据部署在私有云中。由于在混合云中可以调用容灾数据，从而有利于容灾水平的提升。在实践中，学术信息资源机构的应用程序在不同服务器上运行，备份服务器随之在不同地域部署。[①] 根据数据存储服务与安全保障的一体化原则和整体容灾安全保障的要求，学术信息资源云存储容灾系统可采用如图 7-11 所示的结构。

如图 7-11 所示，学术信息资源存储容灾的物理结构与数字学术信息资源系统服务同构，即在设施配置上，完成安全容灾与服务设置的统一部署，使物

---

① 蒋天民，胡新平．基于云的数字图书馆容灾模式研究［J］．现代情报，2012，32（6）：43-45.

图 7-11　学术信息资源云存储容灾整体结构

理架构形成统一的基础。这样，在容灾备份恢复时，学术信息资源数据可以有效选择传输通道进行数据单向传输或分块传输，以消除远程备份恢复所面临的障碍。这一情景下，当初始备份完成后，灾害响应和恢复中的数据可采取实时备份传输的方式进行，以保障学术信息资源数据的整体安全。

8 云环境下数字学术信息资源服务组织安全保障

以大数据网络和智能技术为背景的云计算发展，在支持数字学术信息资源服务拓展的同时，提出了新的安全保障问题。在这一环境下，数字学术信息资源服务的开放性和跨系统组织，需要相应的服务安全构架。基于这一现实和面向未来的数字学术信息资源服务发展需要，有必要从数字学术信息资源服务链安全出发，确保面向服务的集成安全保障架构，实现基于信任关系的安全管理和基于等级协议的数字学术信息资源服务安全质量监控，从而推进服务安全责任管理的实施。

8.1 数字学术信息资源服务链安全保障

云环境下，基于大数据传输网络的数字学术信息资源服务具有多主体参与的特征，在服务组织上形成了开放式的服务链结构。与服务的链式组织相对应，数字学术信息资源利用安全也必须从服务链安全出发，确保基于服务链的数字学术信息资源全面安全保障的实现。

8.1.1 数字学术信息资源服务链构建与保障协议

云环境下学术信息资源服务不仅需要数字网络和云服务技术的支持，而且需要以信息资源机构为中心的包括网络运营服务、数据库服务和云计算服务在内的多机构合作，其面向用户的服务组织构成了事实上的服务链。从结构和运行来看，数字信息资源服务链可视为多元机构有序组合的开放体系，服务链上的主体之间形成相互依存的供应链关系。

从用户的角度看，数字学术信息资源云服务的利用必然通过信息资源机构的协同来实现，以便通过协作服务平台获取所需的资源和服务。与传统的系统服务相比较，数字学术资源云服务提供更多的服务组合，而这些服务组合则是信息资源机构通过服务链实现的。

这说明，信息资源机构面对的是终端用户，而服务链中的供应方则是服务中的合作者和保障者。在复杂的服务链关系中，以信息资源机构为中心的供应链按相互之间的协议，保障其运行和安全。图 8-1 直观地显示了数字学术信息资源服务链结构和运行关系。

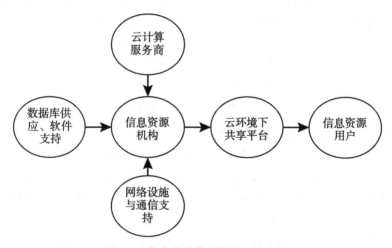

图 8-1　数字学术信息资源云服务链

图 8-1 中，数字学术信息资源服务链的一端为数据库供应和软件支持方，另一端为各类用户。数字学术信息资源服务依赖的网络设施和云计算服务构成了服务业务的实现条件，资源服务的提供者和公共资源网络的共享资源保证了云环境下数字信息服务平台的运行。

在数字学术信息资源服务链构建和服务组织中，2002 年，ITU-T 采用的 SLA 构架对于具有供应链关系的机构具有代表性。在随后的发展中，仍然可以借鉴其基本的服务链构建与安全保障理念。图书馆云服务等级协议（Service Level Agreement for Academic Resource Cloud），是云服务提供商与图书馆机构签订的关于服务内容、双方职责及业务细则的协议。在云服务商与图书馆的合作中，在于确定双方的业务关系和规范。数字学术信息资源云 SLA 协议规定了数字学术资源机构与云服务提供方之间的业务关系和服务链安全准则。

目前应用较多的数字学术资源云服务（如 OCLC WMS、VTLS Open Skies、和 Kuali OLE 等），也都采用了协议方式对服务链关系和业务合作内容进行了规定和约束。而其中，OCLC WMS 和 ExLibris Alma 则将 SLA 作为专门描述框架，用于服务责任和质量参数的约束。从数字学术信息资源云的基本业务、质量参数、服务等级及关系上看，服务协议在服务运行安全中是不可缺失的。

图书馆作为学术信息资源的重要机构，其与云服务商的协议具有普遍意义。除图书馆外，其他数字学术信息资源机构也可以按协议框架组织服务链业务，例如，按国际电信联盟电信标准（ITU-T），基于 SLA 协议框架的服务组织也是在这一原则基础上进行的。SLA 服务等级协议还包括参与方权责和服务规定等基本内容。① 按图书馆云服务等级协议（SLA）的基本架构，其权责主要包含四个方面内容：首先，保障正常运行时间（Uptime Commitment），如 OCLC 保证全天 99.8% 的时间可用；其次，响应时间（Response Time Commitment），如承诺在 3 秒内响应；再次，补偿承诺（Exclusive Remedy），如 OCLC 在没有履行正常时间承诺的情况下，其费用在 50% 以内进行补偿；最后，系统管理，包括监测、维护和安全控制。

与 OCLC WMS SLA 相似，ExLibris Alma SLA 包括订购、服务和支持协议。ExLibris 的签约方为购买 Alma 数字学术资源云服务的机构，协议明确了使用时间及响应等级，在安全运行中提供 24 小时监测服务，进行操作系统、交换机、备份系统和服务端的保障。

综上所述，通用的 SLA 模型，较好地适应了云计算环境的需求，在服务链中明确了签约双方的业务关系，有利于关联双方基于信任关系的服务组织。

在用于保证服务安全和质量的 SLA 协议中，关键问题是访问的可用性。对此，将服务可访问时数作为服务可用性的测度是可行的。采用这种方式，可以在 SLA 服务可用性安全质量保障中，将其作为指标参数进行确定。例如，OCLC WMS 已在其 SLA 中明确了质量参数计算方法如下：

$$Q_0 \text{ 指标} = \frac{T - P - D}{T - P} \times 100\%$$

式中：Q 为安全服务质量指标（即安全服务时数与服务总时数之比）；T 为各月总的运行时数；P 为计划的中断时间（即维护时间按每月 4 小时计算）；D 为该月非计划性的宕机时数。又如，ExLibris Alma 按 SLA 承诺，其云服务

---

① SOCCD：Contract with eNamix for Quality Assurance Service［EB/OL］. The Agenda of the Board of Turstees Meeting at the South Orange County Community College District，https：//www. socccd. edu/documents/BoardAgendaAug13OCR. pdf. 2013-8-26.

的可用指标为：每年正常运行总时数不少于99.5%，计算如下：

$$Q_E = \frac{X}{Y - Z} \times 100\%$$

式中：X为计量周期内正常时数；Y为计量周期总时数；Z为违约的时数。

上式计算的结果，从客观上显示了安全运行的实际状况，其指标按规定在服务链协议中体现。目前，数字学术信息资源云服务在确定安全服务指标和服务参数中尚未形成统一的标准，因此，有必要结合实践寻求更为合理的指标参数。

8.1.2 基于服务链的数字学术信息资源协同安全保障

数字学术信息资源服务链中，合作机构业务的相互衔接构成了相互关联的服务整体，云服务体系上的各机构在实现总体目标的前提下存在着相互依存的关系，这就需要在服务组织和安全保障上，进行基于服务链的相互协调。

协调（coordination）来源于系统管理，对于云计算环境下数字学术信息资源服务链新形成的系统平台而言，协调的目的就是通过机构之间的配合使系统平台运行有序，从而达到易于管控的协同状态，以保证系统服务的正常运行和全面安全。一般来说，需要进行协调的信息资源服务链中的各机构系统往往包含相互矛盾或相互隔离的不同标准体系下的操作。对于这些问题，如果不能通过协调来达成一项各方都能接受的方案，那么整个系统也将会出现异常。对于数字信息资源服务链来说，需要协调各节点上的机构，使其按服务链规范安全运行。

从实质上看，数字学术信息资源服务链中机构之间的协调在于确保服务系统平台的安全和正常运行，即在协调基础上实现系统平台安全运行的目标。这一协调基础上的安全保障，鉴于总体目标的同一性，可称为协同安全目标实现保障。按服务链环节和流程，云计算环境下大数据分布存储和开放服务安全，可以在协同保障体系构架下进行。基于安全链的全要素安全管理的目标实现，可以将安全链要素体系和服务链流程有机结合，即将安全的有序化保障嵌入服务链之中，使之成为一个整体。这样，有利于云计算环境下学术信息资源安全服务的有序化开展，以及针对不同环节的协调。按安全链要素关系，学术信息资源服务链协同安全保障，可以按如图8-2所示的模型进行构建。

云计算下国家学术信息资源基于服务链的共享，是数字学术信息资源共享服务的进一步发展，而机构之间的协同组织与安全保障又是学术信息资源跨系

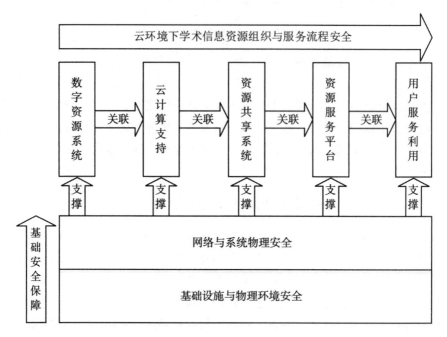

图 8-2 基于服务链的学术信息资源协同安全保障

统服务的前提。学术信息资源云服务的开展，需要机构之间的组织合作，以利
用云计算的优势整合服务链机构的资源，实现面向用户的跨系统融合服务目
标。这一背景下，安全保障必然需要协同进行数据的安全交换、网络与系统安
全支持、跨云安全认证和虚拟化安全保障。协同安全保障的实现中，面向云共
享的数字学术资源跨系统互操作安全、学术信息资源服务平台安全，以及虚拟
化安全保障技术支持是核心。

　　面向用户的学术信息资源服务在于实现基于云平台的数据存储和访问，从
而使分布在网络上的学术信息资源得以跨系统的整合，以便以多种形式提供给
用户。为保障学术资源服务过程中的安全，应制定云服务平台安全保障规则，
确立面向用户的数据链安全机制和访问控制机制，以实现服务安全的体系化。
在云平台安全保障中，拟进行实时安全管理，确保基于服务链的平台全面安全。

　　云环境下学术信息资源服务的开展，不仅与资源组织的质量密切相关，而
且与云服务的安全高效利用有着直接的关系。学术信息资源服务在实现学术信
息资源整合的基础上进行，对信息内容的组织和内涵知识的挖掘需要利用相应
的数据工具来实现。由此可见，云服务平台中的学术信息资源内容开发和知识

组织，应构建于安全可靠的技术环境之中，从而确保资源跨系统融合安全和信息内容开发过程安全，同时进行有效的数据保护和权限的管理。

在基础服务、平台服务和软件服务的学术信息支持服务推进中，应围绕数字学术信息资源的服务集成和面向用户的服务嵌入进行全面的安全保障，即将服务保障与服务安全作为一个关联整体对待，以便形成一个完整的安全体系。在实践中，拟从服务链出发进行实时安全保障监控，使之在较高安全水准上运行；同时突出学术信息资源云服务中的安全管控，确立可信第三方监督体系。

以上基于安全链管理的核心，在于实现全要素的全面安全保障，即从服务链要素出发，进行全程安全保障。在安全链构建中，拟将安全要素与服务要素进行融合，从而对服务安全链中的特定要素进行管控，以实现安全保障的目标。① 应用安全链理论，在于进一步明确安全要素以及安全流程关系，通过要素环节的调节建立一条完整的安全链，从而实现学术信息资源服务全程安全保障的目标。

8.1.3 数字学术信息资源服务链中的云平台安全保障

在数字学术信息资源服务安全保障的协同实现基础上，根据数字学术信息资源服务链结构和云计算的技术特点，采用面向云计算的数字学术资源服务链（SCDL）集成架构具有可行性。在集成构架中，云服务平台起着关联性作用，其安全保障直接关系到平台的虚拟运行、节点组织（数字信息资源提供方、信息服务机构等）和用户的使用。数字学术信息资源云服务链节点之间的交互作用，决定了以云服务为中心的网络架构。从安全角度看，数字资源提供方、拥有者和使用方的位置是平行的，其基本构架如图 8-3 所示。

在数字学术信息资源服务链各节点中，云服务平台处于关联节点位置，通过业务关联，支持服务链云功能的实现。各相关节点根据各自的需求接受服务，最终实现充分安全保障基础上的服务链效益的最大化，从而从平台利用出发，通过服务链提供面向用户的开放服务。

云服务平台在运行中，为各相关节点组织提供软件使用、硬件支持和平台操作。在功能实现上，确保数据存储、基础设施保障等方面协同业务的开展。参考 IBM、微软、百度等云计算平台的体系结构，数字学术信息资源云服务平台可以借鉴其基本构架模型，结合数字信息资源服务的组织特征，构建如图

---

① 雍瑞生，郭笃魁，叶艳兵．石化企业安全链模型研究及应用［J］．中国安全科学学报，2011，21（5）：23-28.

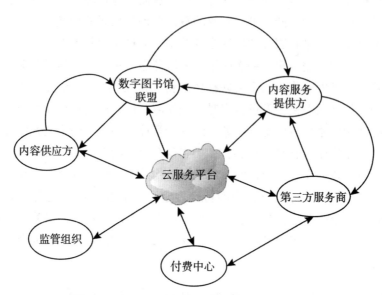

图 8-3　基于云平台的数字信息资源服务链结构

8-4 所示的体系。

　　如图 8-4 所示，数字学术信息资源云服务平台由服务构件层、中间件层、管理运行层、信息资源层和物理资源层构成。

　　服务构件层安全。应用面向服务构架的 SOA 模型，将应用程序的不同功能单元进行配置，在功能服务中进行接口和契约约束。由于接口采用中间件方式部署，其独立于服务的支持平台和操作系统决定了平台服务构架中的交互安全机制。云服务平台采用面向服务的 SOA 架构，在于为各节点用户提供服务关联、服务组织、服务调用和服务访问的功能支持与安全保障。

　　服务中间件层安全。中间件层提供服务链协同的合标构件，其构建包括具有通用性的中间件以及专门的中间件。通用中间件包括消息发送中间件（MOM）、数据中介服务中间件（data mediation service）、可靠性批量文件传输中间件（reliability bulk file transfer，RBFT）、服务组合中间件（service composition）等；专门中间件包括检索服务中间件（retrieval service）、订阅服务中间件（subscription service）等。这些服务中间构件按照灵活的规则进行组合调用，为服务链节点提供支持。由此可见，应按节点关系进行安全保障。

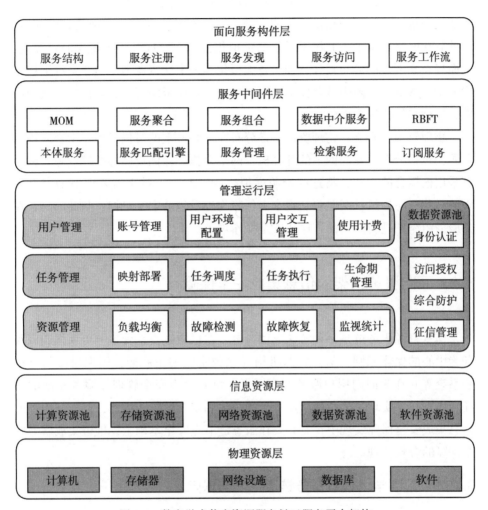

图 8-4　数字学术信息资源服务链云服务平台架构

　　管理运行中间件层安全。管理运行中间件层包括用户管理、任务管理、安全管理和资源管理。由于云计算采用的是松耦合式结构，从而使应用具有较高的独立性和灵活性，然而也使得管理更为复杂，尤其在资源管理和安全运行管理两个方面。目前，虽然各云计算服务商都注意到这一问题，并在基础架构上进行了运行安全保障设计，但云服务平台的安全性仍然是用户普遍关注的问题，这就需要从安全检测、运行管理、负载均衡等方面着手，进行云计算的进一步完善。

信息资源池层安全。资源池层支持用户在任意位置、使用各种终端获取所需的应用服务，为用户提供应用的方便，同时有利于在云端实现其相应功能。云计算在网格基础上，利用了成熟的虚拟化技术，形成了一个庞大的资源池，从而将互联网上的分布式计算和设备虚拟化为云平台资源池。由于资源池层结构复杂，其安全保障拟从存储资源安全、网络数据资源安全、软件资源安全出发，进行整体化安全保障。

物理资源层安全。物理资源层是分布在互联网上的可供云服务平台应用的资源，包括分布在互联网上的计算机、网络设施、存储设施等基础设施。云计算采用松耦合的方式，将这些资源虚拟化的同时，也带来需要应对的安全风险。对此，应通过社会监督从根本上保障物理设施的安全可控；与此同时，在云服务组织中进行严格的程序化安全操作规范。

8.2 面向服务构架的信息集成安全保障

信息资源服务链是一种特殊的供应链，在供应链安全管理上更加强调以服务为中心的保障原则。信息资源机构（如数字图书馆联盟、国家科技信息中心系统等）作为面向用户服务的实现者，负有全面安全管理和服务实施的责任，而在技术实现上，负责应用平台的搭建和安全运行。因此，在面向服务的信息集成安全保障实现中，有必要在服务链节点安全基础上，推进集成服务安全保障的合规实现。

8.2.1 数字学术信息服务链节点安全保障

数字学术信息资源服务链由内容供应方、信息资源服务机构（如数字图书馆联盟）、内容服务提供方和有关第三方等节点构成。各节点实体既是服务链构成的一部分，同时也相互独立并具有各自的运行和管理目标。如何有效解决数字信息资源服务链中各实体的自身目标与服务链整体目标的协同问题，是服务链有效运行和安全保障所必须面对的。因此，有必要以数字学术信息资源服务机构为核心将各节点实体有效集成，通过协调一致的业务处理，为最终用户提供高效、安全的信息资源服务支持。

在基于服务链的集成管理上，当前可用的技术主要有 XML/Web Service 和 DCOW/CORBA 等。DCOM、CORBA 作为对象远程调用协议（OPRC），具有固定性，其基点是依赖于单一解决方案实现最大程度的使用。① 尽管两个协议可以分别在不同平台上实现，但在实施上其应用受到相应的限制。DCOM 运行在 Windows 环境中，CORBA 需要运行同样的 ORB（对象请求代理）产品。虽然其在产品应用中具有互相调用的可行性，但许多高级的服务安全却难以得到最有效的保证。同时，这两种集成方式由于存在资源部署、耦合问题，在数字学术信息资源服务链集成中的应用多受到限制。

基于 XML/Web Service 的方式是当前使用较为广泛的一种主要方式。对于数字学术信息资源服务而言，XML 具有良好的可扩展性。XML/Web Service 具有内容与形式分离的特点，因而便于不同系统之间的数据传输，且具有合理的数据存储格式。在服务链集成中，XML 作为标准交换语言，可以全面支持信息共享。对此，国内外不少学者和研发人员针对不同的应用场景，构建了各具特色的架构模型，且在各领域得到了应用。

XML 应用上的缺陷主要是基于 XML 的供应链集成标准未能统一，集成标准的变化使得应用受到一定的限制。对于这一问题，可以在 Web Service 的应用中进行解决。Web Service 是通过 Internet 标准的松耦合组件，具有开放性和跨平台应用的优势。由于 Web Service 本身所具有的标准复杂性，基于 Web Service 的供应链集成需要在应用中不断完善。

基于 SOA 的数字学术信息资源服务链集成，体现在标准化和柔性的设计上。与以上方式相比，面向服务的构架（SOA）具有通用性和应用于数字学术信息资源服务集成的适应性。对于云环境下数字学术信息资源服务组织而言，还具有灵活性大、共享性强和可扩展性等特点。②

根据服务链的基本结构，按 SOA 框架的数字学术信息资源服务链架构如图 8-5 所示。

以数字图书馆为例，数字学术信息资源服务链主要由内容供应方、数字学术资源系统、应用服务提供方和第三支持方节点构成。对于安全保障来说，服务链安全责任由节点各方协同承担。

①内容提供方的安全责任。内容提供方位于服务链的上游，所提供的资源

① Shim S S Y, Pendyala V S, Sundaram M, et al. Business-to-Business E-Commerce Frameworks ［J］. Computer, 2000, 33（10）：40-47.

② Huang S H, Sheoran S K, Keskar H. Computer-assisted Supply Chain Configuration Based on Supply Chain Operations Reference（SCOR）Model ［J］. Computers & Industrial Engineering, 2005, 48（2）：377-394.

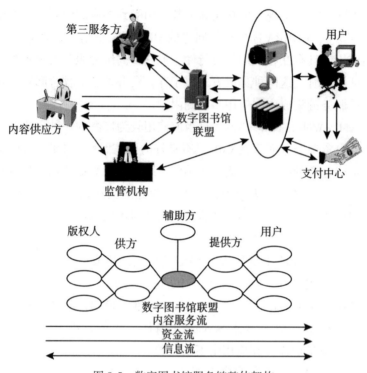

图 8-5　数字图书馆服务链整体架构

不仅包括正式出版文献、多种形式的文本，以及发布在学术资源网上的信息，而且包括各类专业数据库、开放存取学术信息资源和其他学术信息资源。内容提供方主要由数据库服务商、出版机构、学术信息网络和学术研究机构组成。内容提供方的安全责任在于，确保内容的真实性、完整性，知识产权保护条例下的合规性，以及符合国家的安全准则。

　　②数字信息资源机构（数字图书馆联盟）的安全责任。包括数字图书馆联盟在内的信息机构，处于数字学术信息资源服务链的核心位置，负责数字内容的组织、存储、管理和服务。大数据网络和云计算背景下，信息资源机构（如数字图书馆联盟），不仅需要保障系统内的信息资源与服务安全，而且负有对数字信息资源服务链的整体安全保障责任。在这一前提下，服务链有关方所进行的协同是服务安全的基本保障。

　　③应用服务提供方的安全责任。应用服务提供方包括软件和云服务提供方等，其处于服务链的下游。通过软件和应用服务，数字图书馆等机构的数字内

容以相应的途径和方式面向用户需求提供利用。应用服务提供方包括云服务平台的提供，以及包括搜索引擎、个性化定制门户、数据挖掘与知识发现在内的应用支持，是学术信息资源内容服务组织的基本保障。服务中，应用服务提供方的安全责任包括所提供应用的安全（如云平台应用安全），以及对资源拥有方（如图书馆联盟）的安全保障责任。

④第三方支持方的安全责任。信息资源服务链的第三方支持方主要有监管机构、支付中心和辅助数字信息资源服务的通信、网络等方面的支持组织，如数字化网络设施及运行维护保障者。第三方的安全责任在于，从管理上和物理实施上给予服务链安全保障辅助，同时承担相关安全维护的责任。

学术信息资源服务链与供应链一样，存在着服务链各节点的协同运行问题。以数字图书馆联盟为例，信息资源服务机构所主导的内容服务流，将供应方提供的信息资源在第三方技术支持下进行组织，通过应用支持，以适当的形式向用户提供所需的信息和服务，其流程如图 8-6 所示。

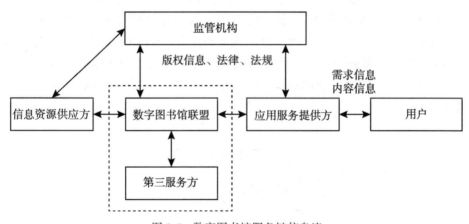

图 8-6　数字图书馆服务链信息流

数字图书馆服务链作为一个整体，其基本功能是面向用户提供其需要的信息内容和服务。在运行中，图 8-6 显示了监管机构对服务链及服务链中各主体的约束关系。一方面，监管机构按分工对服务链进行技术规范和法律法规上的管理；另一方面，各有关方按各自的责任进行系统内的约束和管理。

在面向数字信息资源服务节点的安全保障中，服务链中的各节点组织具有相互协同的协议管理关系。在这一基础上，安全保障的集成化实施还需要多方面的配合。这意味着数字信息资源服务链将内容源方、数字资源机构（数字图书馆联盟）、应用支持方、第三服务方安全进行整合，在监管机构的统一规范下，通过服务集成构造统一的信息服务与安全体系。从云环境下的数字信息资源服务组织上看，这一流程决定了面向服务的整体构架形成。

8.2.2 基于 SOA 的数字学术信息资源集成服务安全保障

面向服务的体系结构（Service-Oriented Architecture，SOA）作为软件架构，将应用程序前端、服务应用、服务注册和服务总线进行关联，从而形成了一个组件模型框架。其中，接口独立于服务硬件平台、操作系统和编程语言。因此，其结构具有构建上的灵活性，有利于框架的通用。

SOA 与面向过程、面向对象、面向组件的体系结构相比，是一种软件组建方式，而不是某种具体的软件产品。它要解决的关键问题是体系构建与应用集成。在应用中，相对于组件，SOA 提高了重用的层次。从实施上看，SOA 在于通过构建可重用的服务来提高响应能力。SOA 的特点是基于标准的、松耦合的、可重用的服务组织构建，有利于屏蔽 IT 环境中底层技术的复杂性。

SOA 拓展了 XML 和 Web 服务的应用，其构建结构带来了 XML 和 Web 服务传统应用上的变革与发展。目前技术条件下，SOA 的具体实现方式是基于 XML 和 Web 服务的应用，因此需要进行全面安全管理和策略上的实现。从组织上看，面向服务的体系（SOA）结构可用图 8-7 所示的基本框架进行描述。

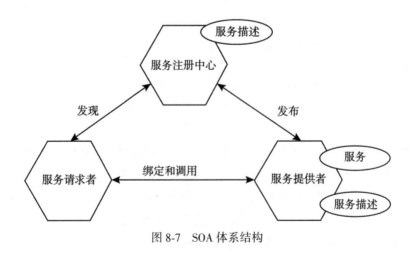

图 8-7 SOA 体系结构

任何面向服务的构架都包含了服务请求者、服务提供者和服务注册中心三方面主体。服务请求通过一个应用程序、软件模块或服务导引来实现，它发起对服务注册中心的业务查询、绑定服务并根据接口契约来执行。服务提供者通过网络寻址接受和执行来自使用者的请求，同时将服务和接口契约发向服务注册中心，为服务请求者发现和访问服务提供保证。SOA 包含了发布、发现、绑定和调用操作，其安全保障拟围绕这些操作进行，以维护发布描述、服务发现定位、注册绑定和调用服务的有序性和合规性。

在 SOA 服务安全操作中，应注意以下几个方面的问题：

服务的封装。服务封装在于将应用程序置于系统之中，在应用中，通过屏蔽复杂性，使用户不受具体实施变更的影响。

服务的重用。服务的可重用，一是降低成本，二是提高效率。然而，重用的持续提出了面向过程和用户需求的适应性要求，需要维护其稳定性。

服务的互操作性。在 SOA 提供的互操作服务中，除功能实现外，同步通信、异步通信安全和系统交互安全是其中的关键，对此应予以应对。

服务的自治。SOA 中服务是由组件组合的模块，其功能实体具有独立性。SOA 架构非常强调实体自治和恢复功能。通常用于自我恢复的技术，如事务处理（transaction）、消息队列（message queue）和集群系统（cluster）。

服务的松耦合。SOA 构架中，服务请求者、提供者以及服务之间的绑定处于松耦合状态。对于服务使用来说，可以不了解服务实现的技术细节，这一情景下，需要在代码和通信协议中进行适应性的变化，以确保松耦合服务安全响应。

服务的位置透明。在面向用户的服务中，应进行敏捷（agility）设计。要使业务与服务相分离，其部署对用户来说是透明的。在这种情况下，要求对其中的响应和调用进行合规管理，以维护正常运行秩序。

标准的接口。SOA 架构中，Web 服务使用需要通过标准接口（WSDL）来实现，同时需要标准化传输方式和标准化协议进行调用。在采用 Web 服务或 XML 创建 SOA 的应用过程中，其标准化的处理处于重要位置，其水准关系到接口稳定和面向用户的访问安全。

SOA 通过网络对松散耦合的应用组件进行部署和使用，对于学术信息资源服务来说，具有以下优势：

编码的灵活性。可通过模块化的底层服务，采用组合方式创建高层应用，从而展现编码的灵活性。

角色明确。构架中的责任主体关系明确，基于角色部署的业务流程和任务划分明确，因而有利于更好地分配资源。

应用广泛。通过定义的服务接口，在 XML 和 Web 服务标准下，可以支持多种客户类型提供多渠道访问。

使用便捷。由于服务提供者和使用者的松耦合关系，有利于开放标准接口，使其具有良好的可用性和便捷性。

结构可调。SOA 是一种粗粒度结构，其总体部署下的具体构建可以随着技术的发展进行调整，模型的伸缩性使其具有对未来发展的适应性。

SOA 模型构建需要相应的具有针对性的安全保障作支持。从总体上看，基于 SOA 构架的数字学术信息资源安全保障需要具有针对问题处理的灵活性，面向不同角色的完整性，适应环境的动态性和面向技术发展的适应性。从安全保障的技术构建上看，可以在 SOA 组件上同时嵌入安全功能键。例如，对于一个预先组装的 SOA 实现来说，在其实现 SOA 分层目标所需的基础功能部件中，部署位置透明和支持互操作的通信协议；在消息处理、服务交互和安全性控制中，进行按服务级别的管理、建模和自治；在基础架构智能中间件技术实现中，支持异构环境的服务安全，使之具有相应的服务级别和可管控性。

SOA 构架下的数字学术信息资源服务链，是由数字学术资源服务机构系统、内容服务和应用服务组成的分布式系统。在面向用户的服务组织中，集成安全保障围绕数字学术信息资源服务链展开，其要点是在数字学术信息资源机构服务安全总体框架下，进行相关主体协同下的安全保障，以实现基于服务链的全面安全保障目标。

8.3 学术信息资源服务链安全信任管理

云环境下的数字学术信息资源服务链节点组织之间信任关系的确立，是服务链安全运行的重要基础。因此，有必要从服务链安全角度进行节点中实体组织的信任管理。在信任与安全管理体系中，安全关系的确立、基于信息安全的服务链信任认证和基于可信第三方的安全监管，是其中必须面对的关键性问题。

8.3.1 学术信息资源服务链中的安全信任关系

信任（Trust）作为社会活动中的基本准则和要求，已形成了多个层面的规范。随着信息化时代社会交往范围的扩展和交互依赖程度的提高，其信任关系的建立至关重要。对于云环境下的数字信息服务组织而言，服务链节点组织之间的安全承诺和信任，是服务安全的基本要素。对于多系统关联和协作，S. P. Marsh 强调了多代理系统中信任的形式化问题，其信任关系分析在计算机系统中具有现实性。① M. Blazz 面对互联网服务的安全问题，将信任管理应用于分布式系统安全控制之中。②

在数字学术信息资源服务链管理与服务组织中，信任被视为服务链组织之间合作的基础。服务链成员之间以及服务链同用户的相互信任，既是服务链运行的需要，也是服务链安全保障和各方权益维护的需要。在"信任"关系的建立和作用方面，A. Josang 等提出了在证据空间和观念空间中描述和确认信任关系的逻辑信任模型。③ A. Abdul Rahman 等在网络空间中提出了一种分布式的信任模型。④ 开放环境下，信任来源于主体之间过去交互的经验积累和相互认知。社会网络环境下其经验积累和认知必然受各方面因素的影响，从而形成了一种社会作用层面上的信任描述和基本信任关系的确立。对于数字信息资源服务链而言，只有明确了各节点组织和用户的交互信任值，才能形成基本的合作信任关系，从而进行可信各方的基于服务链的安全合作。由于信任值在一定程度上难以准确测定，可考虑采用模糊方法进行可信度量。

对于云环境下数字学术信息资源服务链全面安全信任关系的确立，需要对各关联方的信任度进行确认，以明确安全信任的基准。鉴于信任基准上存在的模糊性，可采用模糊推理方式进行判断。在应用上，模糊推理可分为模糊化识别、模糊推理和模糊化处理三个步骤。在实际数据的基础上，按信任影响因素的隶属关系，利用隶属函数将评判结果归入相应的模糊集合中，继而根据数据推测其可信度。与此同时，也可以考虑利用灰色系统理论，进行服务链安全信任关系的分析和确认，其要点是利用灰色聚类计算出实体所属的信任等级。⑤

---

① Marsh S P. Formalising Trust as a Computational Concept [J]. University of Stirling, 1999.

② Blaze M, Feigenbaum J, Lacy J. Decentralized Trust Management [C] //Proceedings 1996 IEEE Symposium on Security and Privacy, 1996: 164-173.

③ Jøsang A. A Logic for Uncertain Probabilities [J]. International Journal of Uncertainty, Fuzziness and Knowledge-Based Systems, 2001, 9 (3): 279-311.

④ Abdulrahman A, Hailes S. A Distributed Trust Model [C]. New Security Paradigms Workshop, 1998.

⑤ 徐兰芳，张大圣，徐凤鸣. 基于灰色系统理论的主观信任模型 [J]. 小型微型计算机系统, 2007, 28 (5): 801-804.

从实践上看，模糊分析和灰色聚类在学术信息资源服务链信任关系分析中具有应用上的拓展性。

云计算环境下，数字学术信息资源服务链和用户管理是开放的、分布式的，而不再限于封闭式可控管理方式的采用。随着云服务的发展，国内外围绕云计算环境的信任模型进行了不同层面的研究。① 在信任关系的构建上，明确了信息资源服务链包含的最终用户、服务提供商和数据拥有者这三类信任主体，定义了三者的形式化描述过程。在这一基本共识的基础上，所采用的信任生成树的云服务组织方法具有代表性。② 在信任关系分析中，通过信任树将服务提供者与请求者的交互行为进行了过程描述，从而使其客观上映射出相互信任关系。通过信任关系分析，可以明确主体间的可信度级别，从而为按可信等级构建的云服务链提供依据。按基于信任关系的数字学术信息资源服务链管理模式，其不安全服务将排除在信任生成树之外，从而确保了服务组合在可信场景中运行。另外，基于证据的云计算信任模型，适用于数据完整的信任关系和实时安全管控。③

云环境下数字学术信息资源服务链关系具有以下特点：

信任的关联性。云环境下学术信息资源服务链中的节点组织并非孤立存在，而是具有相互关联的关系，例如，如果学术信息资源库技术支持方在技术的安全使用上缺乏应有的信任，必然影响到数据库安全，即使数据库供应方信任度很好，也会对数据库购买和使用方造成安全影响，从而导致服务承诺无法履行。基于这一现实，信任关联风险必须面对。

信任的动态性。云环境下，数字学术信息资源服务链信任必然受业务环节变化的影响，服务链上的组织即使没有改变，信任同样会随着组织实体的外部作用因素的变化而改变。其重要原因是一些不可抗拒的风险出现，使得服务链中的实体出现违约情况。然而，从信任管理上看，应区别主观和客观两个方面，从实体组织信任与信任风险两个方面出发进行基于信任关系的风险管理。另外，在信任关系处理上，将信任值作为一段时间内保持不变的特征值对待，

① Wang W, Li Z, Owens R, et al. Secure and Efficient Access to Outsourced Data [C] // ACM Cloud Computing Security Workshop, Ccsw 2009, Chicago, Il, Usa, November. 2009：55-66.

② 胡春华，刘济波，刘建勋. 云计算环境下基于信任演化及集合的服务选择 [J]. 通信学报，2011, 32 (7)：71-79.

③ 方恩光，吴卿. 基于证据理论的云计算信任模型研究 [J]. 计算机应用与软件，2012, 29 (4)：68-70.

这将有利于服务提供方提供安全可靠的服务。

信任的多重属性。数字学术信息资源服务链中信任关系的形成受多重因素的影响，其中起决定性作用的是实体组织的服务理念、管理模式和运行实力。如果仅从单一属性出发进行认识，将无法客观地确认关联方的信任状态。因此，云环境下服务链节点组织之间的基于诚信的行为及能力也是其重要指标的反映。所以，对服务链实体组织的信任关系确定必须综合考虑多重因素的影响。

信任的多层次。云环境下，数字学术信息资源服务链实体组织信任关系存在着多层次问题，如果仅限于从总体上确定信任关系，有可能缺失关键内容。因此，拟从服务链结构层次出发，进行基于服务运行关联关系的信任认证，推行信任等级管理。值得指出的是，云服务信任等级的层次与服务链结构层次具有对应关系，因此可以从服务组织层次出发进行信任多层次管理。

针对云环境下数字学术信息资源服务链信任关系的特点，可以从信任的描述、信任关系认证和信任进化着手构建信任管理模型，其基本的模型原理如图8-8所示。

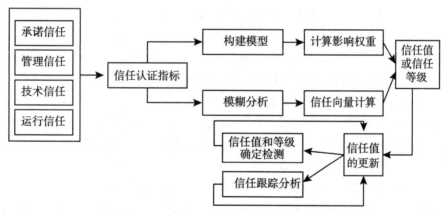

图 8-8　云环境下数字学术信息资源服务链信任关系分析模型

如图 8-8 所示，云环境下数字学术信息资源服务链主体组织信任关系的确立具有以下基本环节：

信任因素的描述。对云环境下数字学术信息资源服务链节点组织信任关系的确定，拟在多个层面上进行，其描述指标包括信息服务与安全承诺、管理信任状况、技术信任和运行信任。信任数据来源于实体组织的服务等级、技术资

263

格认证、国家安全部门的认证证据，以及服务运行的数据记录。

信任关系的分析。通过对云环境下数字学术信息资源服务链节点组织的信任证据和数据分析，按所构建的层次结构确定信任证据和数据权值，在信任认证指标体系中，利用模糊分析方法计算信任矩阵向量，以此为基础进行信任值计算，按信任等级标准形成信任认证结果。

信任关系的进化。信任关系的进化过程是一个不断提升信任等级、提高信任水平的过程。在信任关系分析与确认的基础上，通过对结果的检验和信任关系的跟踪分析，寻求提升信任水准的途径，从而为服务链高效、安全运行提供信任管理上的支持。

8.3.2 基于信息安全的服务链信任认证与保障

以数字学术信息资源机构为核心的服务链节点组织信任关系的建立，以基本的诚信要求和信任实力作保证。在服务组织与安全保障中，有必要通过相关数据的分析进行信任认证，以便按信任等级的要求，进行基于信任关系的服务及其安全保障实现。

基于模糊集合的信任层次分析，对信息资源服务链节点实体的综合信任认证具有可行性。层次分析方法对节点中实体组织的信任证据数据进行组合权重计算，通过模糊定量比较，可以完成对服务链有关各方信任度的综合比较。在比较基础上，即可根据现实的服务规范和安全保障要求，形成易于判断的安全信任等级，实现按信任级别进行服务链管理的目标。

考虑到数字学术信息资源服务链按需构建的特点，拟根据节点实体交互的合规性进行服务链实体的可信认证。如果供应商提供的资源与服务规范程度高，则可信度评级也高，反之，如果出现非规失信行为，则认为节点实体不可信。以此出发对其进行相应的管控。

云环境下数字学术信息资源服务链节点组织信任认证和基于信任认证的安全管理，可以设置相应的级别（如0~5级，0级为完全不信任，5级为完全信任）进行管控。原则上，根据需要确定相应的规则，并对低于安全水准的信任等级实体进行惩罚。

鉴于信任关系与服务安全的关联关系，在服务组织中，应根据信任等级机制进行服务链行为的管控和信任关系的动态监测；在保持信任关系稳定的基础上，对引发信任危机的因素进行管控，从而使服务链运行在较高的信任等级上。

云环境下的数字学术信息资源服务链中的内容服务具有虚拟性，因而存在信任风险威胁，特殊情况下有可能引发信任危机。面对这一现实，有必要进行学术资源云服务的信任评估，以便在评估基础上有针对性地改善有关各方的信任关系，从而达到服务安全运行的目的。

云环境下数字信息资源服务链中的节点实体组织信任认证，将服务的正常运行和整体安全保障结合起来。在信任评估基础上的服务链综合认证，将信任影响要素和安全合规要素集成为一体，其指标体系如图 8-9 所示。

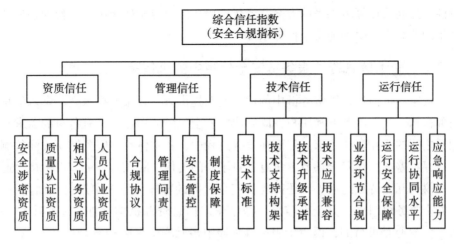

图 8-9　数字学术信息资源服务链节点信任认证体系

如图 8-9 所示，服务链节点信任综合指数从整体上显示了节点的信任程度。从总体上看，资质的完整性和等级是影响主体公信力的重要关联指标；组织管理上的合规协议、问责机制、安全管控和制度保障关系到安全服务的落实；所采用技术的标准化、基本构架、兼容性和升级保障决定了技术信誉和水准；服务运行准则要素则包括了业务环节、运行安全、协同水平和应急响应的可信性。在服务链节点组织信任认证中，可以按指标体系的层次结构进行信任评估，按实际要求设置相应的等级准则。

在服务链节点组织信任认证中，服务提供方的信任证据作为评估依据，应涵盖信息认证的整个指标体系，具体实施中，可按统一规则将证据转化为数字形式，以方便评估数据的采集和处理。

在数字信息资源服务链信任数值的计算上，由于证据形式的多样性，为了便于计算，需要进行证据数据的规范处理，使其最终转化为无量纲数据或等级数据，最后落入一个特定的区间，如 0～5 或 0.0～1.0 等，这样，最终将形成信任等级数。

证据数据的相对权重的计算，由信任指标体系中各项因素的重要性决定，其权重安排可以通过特尔斐专家迭代调查方式来选择。在信任模型的基础上，可通过成对比较确定各因素的重要性，建立矩阵，然后采用权重求解方法计算各层次因素的相对权重，最后进行综合归纳。

通过数字信息资源服务链节点信任认证，一是可以确定服务链各环节的信任等级水平；二是可以找出各环节中影响信任水准的因素。据此，可以提出针对性的提高信任等级水平的方案，或优选服务链节点实体组织，以便通过信任关系的改善提升服务链安全保障水准。

8.3.3　学术信息资源服务链安全保障中的可信第三方监督

数字学术信息资源服务链中的信息资源提供方、云服务提供商、学术信息服务机构、其他服务方和用户，既有协同安全保障的责任，又有各自的需求和相互之间的交互合作需求。然而在服务过程中，各主体参与服务链所关注的侧重点存在差异，在安全环节上负有各自不同的责任，除在服务链节点衔接上通过协议相互支持和约束外，还需要在安全保障的整体化组织中进行全面监管。在安全服务组织上，其全面监督以数字学术信息资源机构（如数字图书馆联盟）为核心是可行的，但由于服务链延伸中多元安全保障的复杂性和动态性，有必要引进可信第三方监督机制。

在实践中，服务链中的各相关方，如云服务商，为了保证持续可靠的服务，必然采取相应的安全保障技术和策略。这些技术和策略既有应用上的共同点，又存在着架构和实现上的差异。如果数字学术信息资源服务链中采用了多个供应商的云服务或不同的数据库产品，其运行和安全保障规范难以在一个基准线上实现，即各自的缺陷有可能导致新的安全问题。这说明，不同云服务提供商采用的服务安全保障措施往往突出某一方面应用问题的解决，而云计算下学术信息资源服务机构的控制权有限，安全技术的采用和策略制定更多地依赖于服务提供商。这一情况说明，云服务提供商的独立性致使安全监管的难度加大。基于可信第三方的学术信息资源服务链及节点监督方式的采用正是为了有效解决多元主体参与的安全监管问题，其监管的基点是监督方所具备的可信资质和公信力。基于可信第三方的学术信息资源服务安全监管，突出多元主体参与下的学术信息资源服务链节点和服务过程监督，按可信第三方监督准则，实施服务安全的全面监督与报告。

云环境下学术信息资源服务的第三方可信监督在于实时发现问题，及时向学术信息服务机构反馈监测结果，督促云资源服务提供商采取合规安全措施，从根本上防止服务提供商逃避安全保障责任，从而提高云环境下学术信息资源服务链的安全性水平。① 基于可信第三方的服务监督方式的采用，还必须结合服务链环境和组织特征进行，同时遵循以下原则：

系统性原则。可信第三方数字学术信息资源服务的监督实施，需要根据服务链节点组织的关联关系和安全要素关系，进行全系统监督，避免面向单一对象的分散安全监管中的不协调情况发生。同时，应结合云计算的发展和应用，与社会化安全保障同步。可信第三方监督中的要素系统应该完整，以确保服务链运行的稳定性和可靠性。

可检验原则。学术信息资源服务的可信第三方监督目标明确、内容具体，在实施上突出安全数据的合规采集和安全隐患的监测与排除，因而需要结合学术信息资源服务环节，进行节点安全检验和评估，提供可检验的具体标准。

可扩展原则。云环境下学术信息资源服务链的开放性和服务的共享性，使服务链与服务安全保障的边界逐渐扩大，从而提出了可扩展安全保障监管问题。在这一前提下，学术信息资源服务的可信第三方监督模式设计也应考虑其扩展性。在大数据和智能网络不断发展的情况下，完善第三方监督扩展机制。

学术信息资源服务链安全保障中的可信第三方监督的优势在于，可信第三方作为专业机构具有较强的数据分析和技术保障能力。云计算环境下，面向服务链环节的安全监督只有在过程数据分析的基础上，才能有效发现安全运行问题，从而有利于采取针对性的安全保障对策和及时应对风险。由此可见，可信第三方服务监督，可以进一步从数字学术信息资源服务链安全监督层面，扩展到国家数字学术信息资源服务安全保障层面。

基于可信第三方的数字学术信息资源服务监督中的相关机构包括学术信息资源服务机构、数字信息资源和云服务提供商、学术信息资源服务平台以及可信第三方监督机构，其中可信第三方机构对学术信息资源服务平台的相关主体和服务平台的安全运行进行监督，同时进行反馈和交互。② 云环境下基于可信第三方的服务安全监督围绕服务链关系进行。在安全监督中，可信第三方机构

---

① 李升. 云计算环境下的服务监管模式及其监管角色选择研究 [D]. 合肥：合肥工业大学，2013.

② 王笑宇. 云计算下多源信息资源云服务模型及可信机制研究 [D]. 广州：广东工业大学，2015.

与各主体机构之间保持双向沟通关系，在数字信息资源安全保障中进行协同。其中，可信第三方通过安全监测及时发现问题，其安全保障实施仍由各相关主体负责。云环境下学术信息资源服务的可信第三方监督如图 8-10 所示。

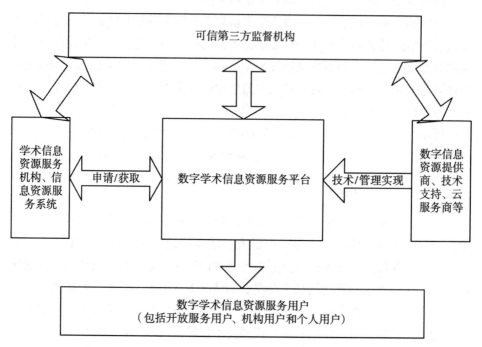

图 8-10　云计算环境下学术信息资源服务的可信第三方监督

可信第三方监督需要在制度层面上对数字学术信息资源服务链中的多元主体安全保障进行检测，以确认其有效性和稳定性。同时，为学术信息资源服务安全的监管提供管理依据。可信第三方监督的实现，从规范上强化了信息服务安全环节监管，有利于促进服务参与方在服务展开中的彼此协同，提升服务的可用性和可靠性水平。

云环境下，学术信息资源机构与相关服务提供商的安全协议往往缺乏有效的约束机制，而可信第三方的服务安全监督的引入，有助于这一问题的解决。另外，以保障服务与用户的安全为目标，可信第三方承担了重要的责任，因而提出了可信第三方信任认证和规范资质的问题。对此，有待于安全保障制度的进一步完善。

8.4 基于等级协议的学术信息资源云服务监控与安全责任管理

信息安全等级保护的核心理念是适度保护，基于安全等级水平的划分，按关键性能指标和关键质量指标的要求进行保障，以取得理想的成本效益。根据实际需求，按不同安全等级要求进行学术信息资源差异化的安全保障，与我国实行的信息安全等级保护相适应，与《信息安全等级保护管理办法》关于信息系统安全等级的划分原则相符合。在这一前提下，为了确保云服务质量安全和运行安全，由服务提供方按服务等级协议（SLA）进行过程监控、报告和问责是重要的保障环节。

8.4.1 基于 SLA 的学术信息资源云服务质量与安全

服务等级协议（Service-Level Agreement，SLA）作为关于网络服务供应商与使用方之间关于服务类型和服务质量的框架协议，其模式随着服务的变革与发展处于不断完善之中。对于云环境下的数字学术信息资源服务而言，云服务提供商将服务提供给图书馆或其他机构时，它是供应商；当需要购买其他服务提供商的服务要素时，它即成为客户。在这种角色的多重性和复杂的交互环境中，提出了基于协议的交互安全和质量控制问题。为保证服务安全质量可评估性和可追溯性，应规范其质量监测和安全保障行为。

在面向服务的等级协议支持下，可以在服务链中定义多重角色的职责，通过 SLA 链保障服务质量和服务安全。在服务实现上供求双方共同协商确定的数字学术资源云服务等级，决定了服务的组织构架。

SLA 在保障服务质量和安全上的作用，决定了应用的普遍性，包括 OCLC WMS 和 Exlibris Alma 在内的诸多数字学术资源云服务，充分利用了服务水平等级框架，来保证服务质量。然而，由于应用的广泛性，关于签约方和最终使用者的相关职责、服务等级质量参数、服务安全的监测等方面的定义尚无统一的规范，其服务质量安全水平有待进一步提升。因此，规范内容和充分保证用户服务质量和安全是应用中的重要问题。

按 SLA 的协议规范，数字学术信息资源机构和云服务提供方的关系，以相关法律为依据进行确立。实践中，其具体规定和操作内容在基本的技术与运营平台上，按国际电信联盟电信标准和数字学术信息资源云服务支持与利用环节进行确定。在这一方面，包括图书馆在内的学术信息资源机构或系统，应将

SLA 协议作为一个双方合作的开发项目来对待，按序进行协议框架的确立、各项服务的规定以及服务参数的拟定。

值得注意的是，云计算服务在大数据环境下发展迅速，其功能运行和利用方式也处于不断变化之中，如何适应面向新的应用需求与环境，应该在协议中得到体现。一般说来，服务的应用程序需要考虑到网络基础服务，以及云服务方可以提供同质化服务的场景，同时将服务安全地构架在云平台的物理环境、硬件、网络和基础软件之上。所有这些保证，在 SLA 中应由云服务商进行明确。同时，在安全运行的原则上，尽量采用技术水平高的部署。对此，在协议中应明确服务质量（QoS）细节。

从学术信息资源云服务架构、运行和使用上看，服务质量（QoS）是一个整体化的概念，包含了安全质量、关键性能质量和运行保障质量。其中，安全是最基本的要求。面对这一现实，SLA 框架中，数字学术信息资源机构与云服务方，需要确立符合实际情况的关键质量指标（KQI）和关键性能指标（KPI），以此作为依据加以执行。按 ITU-T Rec E800 的定义，QoS 为决定服务响应度的服务性能综合效果，是基于用户体验的网络和业务管理综合指标。KQI 作为关键质量指标，是针对不同业务提出的贴近用户的业务质量参数，从数字学术信息资源云服务组织上看，由学术信息资源机构的用户需求与使用体验环境决定，在 SLA 中应加以具体阐述和规定；KPI 作为关键性能指标，是网络层面可监视、可测量的参数，在交互网络中体现在网络性能或网关性能上，在基于数字网络的学术信息资源云服务架构中，涉及服务传输、控制和安全运行。对于学术信息资源云服务而言，以 KQI、KPI 为核心，数字信息资源为依托的安全运行框架如图 8-11 所示。

图 8-11 直观地展示了服务资源与关键质量和关键性能间的关系，进行了基于服务性能、质量保障的云平台运行监测构架。图中通过系统性跟踪测量云服务 KPI 和 KQI 指标，按所得到的服务性能数据便可以生成诊断报告，提供云服务安全运行和性能质量保障依据。

8.4.2 等级协议框架下的云服务安全监测与报告

数字学术信息资源服务安全保障中，云服务监控和质量管理处于重要位置。数字学术信息资源机构使用云服务的安全质量监控可采用监控代理方式进行。监控代理通过学术信息资源服务网络和云服务之间的接口，以一种技术合规的方法进行检测，从而确保云服务按 SLA 协议质量度量标准安全运行。

为实现监测目标，应根据要求的采样率提供 KPI 和 KQI 参数，形成监控

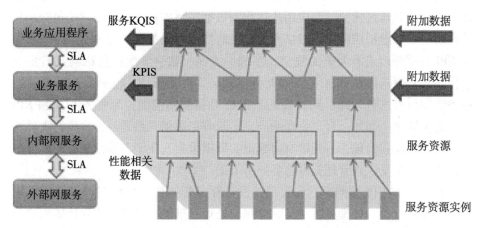

图 8-11　服务资源与关键质量和性能的关联

报告和进行合规响应，其监控的程序化安排和保障是必须面对的问题。根据 SLA 协议要求，结合数字信息资源云服务的合规需求，有必要从监测报告和管理环节出发进行制度化的安排。

　　探测系统是网络操作和管理服务质量的通用工具，对于云服务安全运行和质量监控来说，具有适用性。所采取的方式是通过探测器进行物理数据的获取，以同步显示云服务系统状态，所使用的探测器可以放置在网络中的任意一个节点上，因此比基于网络要素的系统更具灵活性。按实际需要，探测器具有有源和无源两种类型。有源探测器通过向网络中注入通信业务，向服务器发出请求来实现；无源探测器则在不同的服务中提供关于协议等级的视图。

　　探测器创建了一个针对学术信息资源云服务的监控工具，利用探测器可以实时获取评价服务质量的数据，关联基于服务度量标准的信息。探测功能包括：通过持续监测网络要素获取运行质量参数，同时探测云服务中的故障并显示其影响；通过细节探测，获取通信性能数据和节点数据；监控服务使用流量变化，防止用户和合作方滥用；测量的参数包括智能网络平台请求和故障数据等。此外，针对数字信息资源云服务网络的安全运行需要，可以设置针对质量、性能的对应指标，以进行全面安全质量数据保障。

　　数字学术信息资源云服务探测器可以配置在相应的节点上，按 SLA 框架下的质量要求进行配置方式的选择。高等级的端到端的检测宜采用资源探测模式，以全面监测服务供应商提供的服务，通过反映安全性能和质量的参数获取，形成客观的检测报告。

271

通过系统使用检测手段可以获取 KPI 和 KQI，如果探测器数据采集受限，还可以通过其他方式的综合应用达到获取数据完整的目的，这些方式包括用户满意度调查、虚拟访问应用测试和客户机监控数据采集等。按 SLA 协议，KQI 和 KPI 数据粒度应有明确的规定，在这一方面，数字学术信息机构起着主导性作用，其要求应在 SLA 中得到充分体现。实际运行中，监测数据需要通过服务访问节点进行传递，同时确认数据的可靠使用范围，为服务 KQI 和 KPI 保障提供依据。另外，对于主动响应，实时收集数据关系到系统故障的主动预防。对于反应式管理，系统带时间标记的数据采集，在于与其他带时间标记的数据关联，为反应式管理提供趋势分析依据。

在 KQI 和 KPI 监测中，如果事件发生在其影响服务的瞬时，事件数据应及时传输到分析、处理方。在实时监测、处理基础上，对事件的累计影响应分阶段进行处理，在操作上要求分析 SLA 协议框架下的 KQI 和 KPI 数据，以便形成内部报告，为系统内部诊断和生成客户报告所用。在数字信息资源云服务中，内部报告为服务提供方用于诊断系统和安全管控所用，可通过使用中间件应用程序来完成，这些中间件应用程序（如 CORBA、XML 或 SQL 等）具有使用上的便利性。

内部报告限于在学术信息资源云服务保障系统内提交和采用，旨在对实时监测数据进行基于性能、质量的安全分析，为处理事故和维护安全提供响应依据。

在云服务运行中，系统设置的一致性阈值，通过实时报告对可能发生的事故采取纠正行动。由于这一原因，内部报告的生成具有针对运行需要的实时特点。在一个机构中，往往需要多层次的监测报告来反应服务的近期（如几小时内）状况，为不同等级的诊断和应对提供支持。

与云服务内部报告相应，系统应在约定的时间周期内以 SLA 规定的形式为客户提供外部报告。外部报告在数字学术信息资源服务链安全保障中为有关各方采用，旨在控制云服务整体安全和进行稳定的关键性能和关键质量保证。

从基于 SLA 的管理上看，内外部报告构成了完整的体系。在云服务运行中，对于所需的服务来说，需要通过监控和性能报告进行系统诊断、故障预防及处理。对于具有 SLA 协议的服务链节点中的信息资源机构或其委托的可信第三方来说，需要从整体和环节上保障协议的关键性能、质量指标和服务链的安全。

需要指出的是，SLA 协议所规定的 KQI 和 KPI 指标是服务要求的最小设置，其检测报告也是以此为依据提交的。然而，如果存在等级协议水平提升或服务需要符合更加严格的 KQI 或 KPI 指标要求时，那么 KQI 或 KPI 指标的调整就应该在 SLA 中得到反映。因此，SLA 对所有支持服务的 KQI 和 KPI 指标，应有客观等级要求上的全面反映。

SLA 是一个各自定义期望值的服务和应用之间的共同协议，其中定义了当背离这些期望值时应采取的措施，而这些措施必然与 KQI 和 KPI 监测报告内容相对应。这一现实，也是双方必须面对的。

根据 SLA 定义，KQI 和 KPI 数据报告应强调以下问题的解决：

①在数字学术信息资源云服务 KQI 和 KPI 数据报告中，出于安全保障的需要，作为一致性测量指标应按 SLA 规定的方式加以确定，在内部报告中，根据云服务的等级要求，按一定频率进行上传。

②在云服务安全质量事故处理流程中，云服务安全质量监管中心根据 SLA 定义的一致性检测频率，进行响应和事件处理。

③对于数字学术信息资源服务链中的云服务节点，信息资源机构将根据外部报告协同云服务提供方，共同解决 SLA 框架下的安全事件防范和整体安全与关键性能、质量问题。

8.4.3　服务等级协议下的安全责任管理

数字学术信息资源云服务所采用的 SLA 协议下的协同组织方式，决定了协议各方的安全责任，因此以 KQI 和 KPI 为核心内容的监测报告，经合规认证后应成为各方所负安全责任的基本文件。由此可见，在协同安全保障中，拟按 SLA 契约进行追溯问责基础上的安全责任管理。问责管理中所面临的安全风险和性能质量问题，一是来自服务方的技术漏洞和运行管理欠缺；二是来自资源机构和用户。这两方面包括：云计算资源的恶意使用，不安全云服务应用程序接口，恶意攻击识别缺陷，共享服务技术漏洞，数据损坏，服务传输以及应用过程中的其他影响因素等。这些问题的处理拟在合规原则下按 SLA 契约进行。SLA 协议具有法律文书意义上的约束性，因此各方都应承担各自对于违反契约规则的行为后果，一旦发现有不当行为，即对行为的责任方进行追责。

可问责性（accountability）将主体及其行为的因果关系进行绑定，在基于协议的协作中，使交互各方能够从行为影响出发追溯到行为主体的责任。因此，可问责是云服务链中基于 SLA 协议的问责追溯的可行方式，实施条件是需要有基本的责任数据支持。

目前，问责方式的应用尚需从简单问题向基于服务框架的复杂问题方向发展。其中，对于具体问题的解决，Kiran-Kumar Muniswamy-Reddy 的解决方案具有现实性。在服务链的节点组织责任划分和问责中，通过云溯源（Provenance for the Cloud）进行责任体系的架构。其中，溯源即为有向行为的追溯，以 DAG（Directed Acyclic Graph）方式来表示。DAG 的含义为：节点具有各种目标属性，通过文件、元组或数据集来表达；节点具有关联属性，两个节点之间的关联表示节点之间具有依赖或协同关系。在溯源分析中，云服务问责溯源应按以下四个方面的要求进行：

数据完整性。云服务安全监测数据应覆盖具有关联关系的节点环节，数据的因果逻辑关系记录要完整，避免出现记录中的数据链缺失。

数据独立性。云服务中的数据记录应相互独立，即避免加工后的分析数据与原始数据混合，记录中同时避免数据冗余。

数据可用性。数据可用性是指数据应该具有的价值密度，即应保留关键数据，而滤除无关数据，同时数据处理上应支持多种形式的应用查询。

云服务溯源问责处理，通过溯源感知存储系统（Provenance Aware Storage System，PASS）进行。PASS 作为一种透明的关联数据存储系统，在应用中支持自动识别与分析工具，可以在目标溯源中用于网络存储。系统通过应用操作调用数据，用于 DAG 中的溯源分析。在溯源关系分析中，对某一数据文件系统调用时，由 PASS 构建一条依赖于该文件的记录进程；当某一数据文件存入系统时，由 PASS 提供存入文件指向。云服务问责溯源构架如图 8-12 所示。

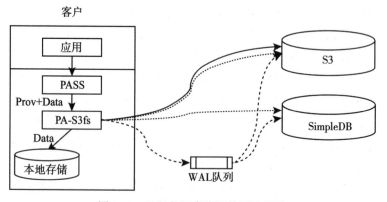

图 8-12　云服务问责溯源数据流程图

从图 8-12 可知，问责溯源总体上分成两个部分：其一是客户端，其二是云服务端。其中：客户端系统内核中配置了 PASS 及 PA-S3fs（Provenance Aware S3 File System）。在运行中，PASS 用于监控应用进程中的系统调用，在生成的溯源关系中将溯源记录数据发送给 PA-S3fs。整个运算中，要求 PASS 具有客户端文件的版本识别和处理功能，旨在生成溯源数据迁移记录。PA-S3fs 感知溯源中的 S3 文件系统，属于用户层文件系统，具有数据调用和转移的功能。S3fs 属于用户层 FUSE 文件系统，在溯源中提供与 S3 交互的文件系统接口。在应用上，PA-S3fs 扩展了 S3fs 的功能，使其可以直接为 PASS 提供接口。PA-S3fs 作为缓存设置，可以将数据保存在所用的临时文件库中，同时将溯源记录进行存储。当云服务责任事件发生时，PA-S3fs 可以按协议将文件数据与溯源记录一并发送，进行云端处理。

图 8-12 展示了问责溯源数据流架构，其溯源记录与数据存储协议如图 8-13 所示。

云服务问责溯源记录和数据存储协议与云溯源系统构架相对应，可分为两部分，即第一部分形成，第二部分确定提交。

第一部分为溯源第一阶段，在客户端进行。在发出应用 CLOSE 文件或 FLUAS 时，执行以下程序：

生成一个数据文件的副本，由客户端向云存储服务器发送，并使用临时文件命名；与此同时，在当前的日志事务（Log Transaction）中利用系统唯一通用的识别码（Universally Unique Identifier，UUID），抽取对应的数据文件溯源记录，将记录块保存成为日志记录，存放入 WAL 队列中，同时保有当前事务的序号。

第二部分为溯源第二阶段，在客户端 PA-S3fs 提交任务并收齐属于一个事务的数据包时，按以下步骤执行：

将大于 1KB 的溯源记录数据保存成为单独的 S3 对象，更新属性值，保留一个指向 S3 对象的指针；使用 BatchPutAttributes 对溯源记录进行处理并存储入 SimpleDB，在 SimpleDB 中允许权限用户调用并保存；执行 COPY 指令，将 S3 临时对象按相应的持久 S3 目标进行复制；删除 S3 临时对象，同时使用 SQSDeleteMessage 指令从 WAL 队列中删除本次事务消息。

综上所述，Kiran-Kumar Muniswamy-Reddy 等提出的解决方案，是由云服务客户端和服务平台共同实现的。这一交互方案的优势在于，可以及时地处

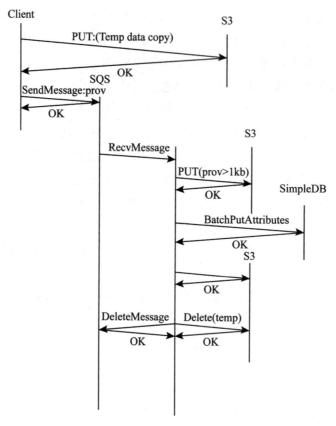

图 8-13 云服务问责溯源记录与数据存储的协议

理客户端发出的问责溯源请求，从而及时地进行安全保障的溯源问责。采用这一方式需要云服务与本地客户端相互配合，由客户端收集操作的数据，通过云服务记录和存储目标数据进行处理。这一方式的采用，在亚马逊 SQS（Amazon Simple Queue Service）等服务中具有面向用户的服务保障优势。

　　该方案存在的问题包括：客户端操作记录的真实性直接影响到溯源结果；记录的客户行为，以及云服务商的行为问责，需要通过检测报告的分析处理来实现。因此，对于学术信息资源云服务 SLA 协议中的服务方安全责任的溯源和责任化管理的实现，拟从支持问责的可信云架构出发，根据问责时间周期理论，进行工作流程、数据层和系统层的安全监测，按所形成的监测报告数据，进行实时溯源，推进安全质量责任的实时追溯和合规处理。对于分布式系统和虚拟机的可问责性问题，拟进行专门化实现，在按节点日志数据进行溯源分析的基础上，进行相应的安全责任管理构架，其实现有利于基于 SLA 框架下的节点实体安全责任管理的进一步发展。

9 云环境下数字学术信息资源利用安全保障

数字学术信息资源建设和服务组织的最终目标，是有效地提供利用。云环境下的数字学术信息资源利用依托于安全、可靠的服务支持，其中存在的服务安全利用保障问题值得专门重现。实现学术信息资源安全利用的目标在于，围绕服务访问、用户身份认证、信息交互传播和基于云服务的信息共享利用环节，进行基于多元主体安全的信息利用保障。

9.1 数字学术信息资源服务用户身份认证与访问控制安全

数字学术信息资源云服务中，云端的用户身份具有跨界特点，身份管理同时受架构的影响。对于用户的跨域信息利用，拟采取集中方式进行身份管理，这样有利于简化流程，达到将访问控制从本地的多个应用转移到管理中心的目的。这一场景下，用户数据可以通过 Web 服务来访问。

9.1.1 数字学术信息资源用户身份认证

用户身份认证和访问控制在数字信息资源服务中，是保障其安全和服务有序进行的关键环节。为了保证云环境下的信息资源与数据利用的安全，有必要强化云端身份认证的合规和兼容，从而成功实现用户身份管理，以保证访问者身份符合云端架构要求。因此，可以将身份作为扩展的结构对待，以便在云服务中实现访问准入和应用。

用户身份认证旨在统一不同域中的数字用户身份，通过相应的技术标准认证获取安全领域的身份信息，以使用户可以安全地无缝访问所需服务和数据。

基于大数据网络的云计算服务利用中，用户身份认证直接关系到访问控制授权、联邦或单点登录、用户账户管理、合规审计，以及云平台构架下的业务执行。

与其他网络的共同之处是，数字学术信息愈来愈多的应用被集成到网络之中，这就提出了身份认证的网络化扩展问题，其用户身份的集中管理有助于网络身份的安全共享，从而保证访问控制的合规进行。

从云服务的网络效应看，数字学术信息资源云服务在集成认证的情况下，可以通过联邦式单点登录在结构中添加新的 SaaS 应用，即通过自动处理将集成认证分散至各域，以便在身份结构和应用间可以建立更多的连接关系。

为方便操作，认证上的授权可以采用分布方式，此间的联邦身份认证可以有效地解决相应的问题。在实现中，可以在分布系统中进行面对云端的身份认证。

"联邦"在防火墙内更为通用。机构可以定义不同组织间防火墙内的信托关系，允许通过地域代理验证确立远程域的信任关系，这样便可以把多个域连接在一起，让访问登录对终端用户透明。联邦模型使用基于 XML 的开放标准 SAML，在安全领域之间交换认证和授权数据，实现网上的单点登录。

联邦认证的采用，需要通过本地账号实现用户身份管理。对应云端的用户管理，每个应用将以不同方式管理用户身份，这种管理可以在应用内部进行。一般情况下，采用联邦用户账号准备 API，可以实现本地账号的自动同步。

云服务平台构建中，需要添加身份的相关性。对于 SaaS 应用来说，整合身份管理包括实施访问控制和支持审计两方面内容，这一挑战主要来自多租户的需求和 SaaS 提供者所作的应对。对于多数 SaaS 应用，审计日志往往存在数据混杂的问题，这就需要一个松耦合的身份管理平台来支持。

云级别身份认证的关键是单对多的集成，以及通过网络效应来获得相应的延伸，与此同时，采用开放标准进行身份管理。

数字学术信息资源云服务用户身份认证中，在轻量级访问协议（DAP）的基础上，拟进行身份管理的外化延伸，即将公有云或私有云里 Web 应用的关键身份功能进行外化，以便更有效率地管理多个应用身份。外在管理的要点为：访问控制从本地应用执行，外化为网络代理；联邦验证从 Web 应用外化给网络服务器或代理；通过代理集中活动记录，同时进行审计；可以利用外部用户目录，而不是内部用户数据库；对于云端应用，按用户和事件属性进行外化授权管理。

云端身份管理标准化，对于外化管理具有现实性，这一问题在 LDAP、X509 和 HTTP 认证中已得到充分体现。目前采用的云端身份标准如：联邦单点登录的 SAML；联邦账号管理 SPML；可扩展访问控制标记语言 XACML。

数字学术信息资源云服务基于 Web Services 的松耦合，需要一个完整的安全服务框架为上层应用提供安全保障。实现跨域 Web Service 的访问控制，则需要建立不同服务域之间的信任关系和相应的访问控制机制。这一情况下，联邦可以提供一种简单、灵活的机制，在基于信息安全的基础上来识别和验证来自各域的用户，以便在可信联邦域内为其提供 Web Service 的无缝访问。从这一基点出发，可以形成面向服务的联邦身份认证框架，以实现数字学术信息资源云服务的安全管理。

联邦身份认证（Federated Identity Authentication）提供一个架构简洁的身份认证模型，用于身份管理和跨域资源的访问授权。联邦共享信任身份需要实现动态的安全控制，从而为用户在联邦服务之间导航提供体验，同时保障多种不同身份认证的实现。

联邦身份认证提供多用户系统互通的管理方式，可跨域访问服务资源，进行安全认证和授权。联邦涉及的主体包含身份提供者（Identity Provider IdP）、授权用户、服务提供者（Service Providers SP）以及服务发现者（Discovery Service，DS）。其中：IdP 负责对用户身份认证和用户属性管理；SP 负责对访问资源进行授权和访问控制；DS 的功能在于为用户提供 IdP 的选择。以上组件之间使用安全性置标语言（Security Assertion Markup Language，SAML）在 Web 服务安全产品之间互操作，保证端到端安全交换用户、资源和授权等信息。① 联邦身份认证按使用方式，可分为集中、分散和混合三种形式。

数字学术信息资源云服务联邦身份认证采用安全属性交换（Security Attribute Exchange，SAE）架构，其要点是以虚拟联合方式实现联邦身份认证。SAE 使用基于 SAMLV2 的基础协议集，通过 HTTP GET、POST 以及 redirect 方式传输用户实体身份信息。② 这种形式实现了不同域名下的认证用户信息交互，通过安全的门户直接交换认证用户属性。在面向用户的服务中，浙江高等学校数字图书馆（ZADL）实现了与 CALIS、NSTL 等系统的协同，其服务平台架构和服务组织，采用如图 9-1 所示的身份认证架构。在 ZADL 架构中，各分中心既是服务提供者（SP），又是身份提供者（IdP）。这里，需要一个发现（Discovery）服务（WAXF）过程。当用户未经过认证访问 SP 时，通过发现

---

① 倪力舜.基于联邦的跨域身份认证平台的研究［J］.电脑知识与技术，2011，7（1）：53-55.

② 何琳.我国区域性高校数字图书馆联盟建设现状调查分析［J］.图书馆，2010（4）：61-63.

（Discovery）来确定相应的 IdP 验证操作。对此，发现服务（WAYF）可以部署在 ZADL 中心节点上，也可以在分中心选择部署，以实现 WAYF 均衡。

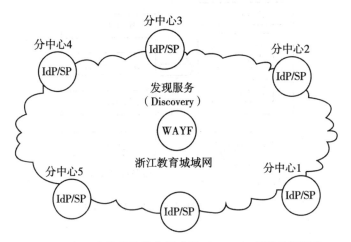

图 9-1　浙江高等学校数字图书馆（ZADL）逻辑认证架构

浙江高等学校数字图书馆认证具有一定的代表性，其构架显示了安全可靠的部署特点，适用于地区性的数字学术信息资源共享服务。

如图 9-1 所示，ZADL 分中心的内部架构由 IdP 和 SP 两部分构成，各分中心的 IdP 在原有各高校身份认证系统的基础上加入。运行中，认证凭据和属性凭据由两个 IdP 形成。其中，认证凭据为用户产生一个 name Id，用作联邦认证中的用户唯一标识；属性凭据为用户身份信息的属性值，从用户库中获取，用于反映用户可访问的资源。在实现中，分中心 SP 提供并保护分中心的受控资源，通过 SP 的断言接受其属性请求和访问控制请求。分中心的逻辑结构如图 9-2 所示。

在图 9-2 中，资源提供者与用户之间存在着的基本关系，通过身份认证进行确认。认证中，SP 保护受控资源，用于接受用户请求，属性请求器按用户 name Id 向认证 Id 请求用户属性，访问控制器决定用户访问的受控资源。

在 ZADL 的实例中，联邦身份认证实现了数字图书馆用户在学术信息资源云服务中一次登录、全网访问。在数字学术信息资源云服务单点登录中，身份通过联邦认证来确定；与此相应，ZADL 依托的 CALIS 系统由于采用联邦认证的混合模式构建，因而具有单点登录、全网访问的功能。在实现中，CALIS 的虚拟参考咨询、文献传递等全面支持统一身份认证的单点登录交互访问。当前，我国包括数字图书馆在内的学术信息资源机构的用户身份认证，大多采用

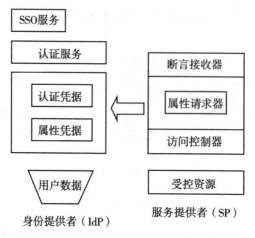

图 9-2　ZADL 分中心认证内部逻辑架构

各自的系统数据库而非采用开放的数据服务方式。鉴于 Open URL 技术广泛应用于不同类型资源的整合之中，对于学术信息资源服务机构而言，联邦身份认证以 Open URL 为桥梁，进行基于集成管理系统（ILS）用户数据的认证具有可行性。其中，图 9-3 显示了 OpenURL 认证过程架构。①

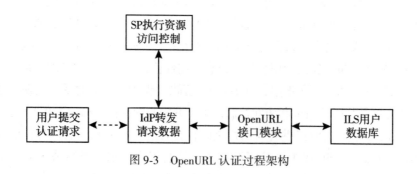

图 9-3　OpenURL 认证过程架构

如图 9-3 所示的身份认证中，用户在统一的 Web 界面中，提交身份认证请求，由相应的 DS 选择 IdP 进行验证。目前，对于联邦身份认证接入认证平台方式，Open URL 接口模块可以允许在信息资源机构的 OPAC 服务器上运行，

----

① 高咏先．区域性高校图书馆资源共享运行机制研究——以浙江省高校数字图书馆项目为例［J］．情报探索，2011（6）：70-73.

因而系统开发易于实现。值得注意的是，认证中应控制访问该接口的密钥，用于授权的 IDP 对接口的访问安全支持，以及 IDP 判断用户信息的合法性。

9.1.2 数字学术信息资源用户访问控制安全保障

访问控制通过定义用户身份的不同属性来限制用户的访问和权限。学术信息资源迁移到云端，其服务发生了相应的变化，从而导致学术信息资源用户访问控制难度加大。这一情况下，访问控制面临以下几个问题：学术信息资源服务与学术信息资源数据处于分离状态，从而需要访问获取分布式数字资源；学术信息资源机构与云服务提供商需要通过服务等级协议确定合作关系，二者之间需要安全信任作保障；在混合云部署中，面临多租用户的访问控制，需要进行合规安排；虚拟化技术漏洞在访问控制中提出了虚拟安全保障分布构架。

在面向用户的服务实现中，访问控制是从系统与用户交互出发进行安全保障的关键环节。访问控制安全在于两个基本方面：经身份认证的用户被授权访问服务与资源，同时防止非规用户的非授权访问发生；访问控制同时作为云环境下信息安全保障的重要方面，是维护服务与资源利用权益的基本手段。从总体上看，云环境下数字学术信息资源服务访问控制拟采用自主方式和强制方式两种构架进行。

表 9-1　　　　　**数字学术信息资源云服务访问控制实现方式**

访问控制策略方式	访问控制的实现要点	实施策略说明
自主性访问控制	从身份认证和访问规则出发进行自主访问控制，在访问控制构架规则中，由服务主体决定用户的认证授权，以明确访问的资源和服务，其访问控制策略具有完全自主的特征	两种不同的访问控制策略，具有的共性是保障信息资源和服务访问安全，其区别在于安全责任上的差异。对于多主体联盟系统的访问而言，多采用强制性控制方式；对于学术资源系统平台为基础的服务，采用自主方式更具优势。这两种方式可以进行相互协调，在应用过程中可根据信息资源服务的不同进行组合运用
强制性访问控制	从云环境下的资源与服务访问安全结构出发，确定身份认证和访问控制准则，着重保护系统服务和资源安全，在安全许可的情况下进行合规访问，这种访问控制因而具有强制性，其原因在于安全保障的目标所致	

在学术信息资源云服务体系中，访问控制不仅是保障学术信息资源服务合规访问和资源安全的需要，也是控制用户访问行为、维护各方面正当权益的需要。其中，接口和用户访问层面的控制贯穿于云服务资源安全利用全过程之中。云服务的虚拟化和多租户特征，使得访问控制在云环境下处于关键地位。一方面，用户利用云服务需要经过身份认证基础上的访问控制，使授权用户得以访问所需资源；另一方面，资源服务方也需要通过控制访问，防止恶意攻击者对信息资源与服务的非法攻击。当前，学术信息资源访问控制中的问题在于：访问控制技术方式应适应虚拟化访问、多租户隔离的安全需求，访问控制的管理方式应根据技术发展进行变革。云环境下学术信息资源云服务存在跨域访问安全保障的问题，主要表现在以下几个方面：混合云服务部署下云与云之间的跨云访问控制，需要进行基于跨云身份认证的访问控制；云环境下用户的复杂角色关系，需要进行身份切换认证和控制；多租用户共享资源中的隔离，需要界定交互访问行为。

学术信息资源云服务访问控制策略，如图9-4所示。云环境下数字学术信息资源服务的访问控制及其规范，客观上由国家安全体制和数字学术信息资源服务安全与资源安全保障的目标需求所决定，同时受云环境及数字学术信息资源与服务用户实际需求的影响，由学术信息资源服务机构进行具体的架构和实施。① 从服务利用的角度看，访问控制内容包括以下几个方面：通过用户名和口令识别，在云客户端验证通过后允许利用云学术信息服务和资源，阻断没有通过身份认证用户的任何操作，即实施用户入网访问控制；根据用户角色进行权限控制，按系统管理员、一般用户和审计用户进行权限控制和授权，保障一般用户的应用操作和系统管理员的相关操作及审计用户的权限。目录和文件访问权限控制，包括数据文件增删权限等。混合云服务模式下，通过访问权限控制学术信息资源服务的访问操作；通过分配资源属性，将访问权限存入属性列表，对数据的访问和执行操作进行控制，防止用户对数据的越权操作；在删除软件、修改设置等操作上进行验证，防止攻击者破坏云端服务器配置；通过网络预警和云服务器监视，对非法访问进行记录和处理、锁定和排除。

云服务存在的诸多安全问题中，涉及的访问控制备受关注。目前，云环境下学术信息资源服务中的访问控制主要采用密码机制进行，对于多租户和虚拟计算访问控制，有待于进一步改进。

---

① 涂山山. 云计算环境中访问控制的机制和关键技术研究 [D]. 北京：北京邮电大学，2014.

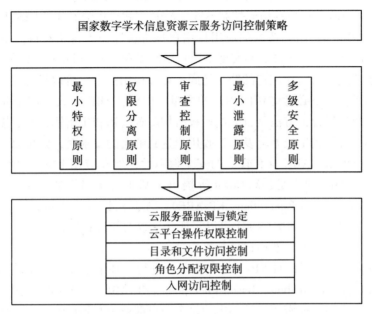

图 9-4　数字学术信息资源云服务访问控制策略

当前，在传统访问控制基础上的扩展中，应关注以下两个方面的问题：

基于角色的访问控制（Role-Based Access Control，RBAC）。通过 RBAC 用户角色与访问权限的关联，对用户的访问权限进行分配。在具体实现中，按用户不同的角色层次进行访问权限配置，系统可在不同权限层次对用户访问进行控制。其中权限分配可以由系统管理员按条例进行。RBAC 强调对权限的预先分配，并不针对用户访问权限的使用进行实时监管控制。鉴于用户角色的复杂性和云服务部署安全域之间的交互影响，采用 RBAC 模式进行访问控制，其安全保障面临较大的风险，主要是缺乏过程控制机制，有可能在安全事故发生后才做出反应，从而延误控制。

为了提升云环境下访问控制的安全水平，需要在 RBAC 基础上对访问控制方式进行改进，如对用户角色的识别引入信任值，确定用户的信任等级。① 从使用机制上看，RBAC 方式适用于云内部，对于跨云访问控制，还需采用具有针对性的安全控制方法。

---

① 张凯，潘晓中．云计算下基于用户行为信任的访问控制模型［J］．计算机应用，2014，34（4）：1051-1054.

基于属性加密的访问控制（Attribute Based Encryption-Access Control，ABEAC）。与基于角色的访问控制不同，ABE方式可以兼顾用户隐私和共享数据安全。ABE通过密码技术的应用将用户身份属性作为密钥对待。ABE最初由A. Sahai等提出，通过加密实现了用户属性集和访问控制的结合。① ABE的优势在于通过加密防止用户的非法访问，在多租用户中，机构只需要根据属性集进行加密，而不必考虑访问用户的数量。因此，ABE方式可用于面向属性值组合的用户集合，方法是首先由授权机构配置公钥和主密钥，然后按接收用户属性集进行私钥生成并分发；接收用户达到解密的要求时，则可以利用私钥对数据进行解密。ABE具有较高的安全保障性，但在应用上的灵活性却受到限制。对于ABE的不足，V. Goyal等提出了基于密钥属性的加密方式（Key Policy-attribute Based Encryption，KP-ABE），强调由授权机构按访问控制策略生成私钥。KP-ABE的优势在于可以实现共享数据的细粒度访问控制，缺点在于密钥的生成和分配仍然通过授权机构进行。②

J. Betencounrt等针对KP-ABE的不足，进行了基于密文策略属性基的加密（Ciphertext-policy Attribute. Based Encryption，CP-ABE），其中的加密改为由数据发送方生成和分配密钥，访问中的每个用户都被分配到属性组中，从而以用户属性组满足访问控制策略为判断依据，对数据接收的私钥利用进行控制。③ CP-ABE的设计更适合云环境下学术信息资源的细粒度访问控制要求。

9.2　云环境下数字学术信息资源共享安全保障

云环境下数字学术信息资源共享服务具有跨系统组织特征，基于云服务的资源共享所具有的开放结构，决定了安全保障的整体化实现。以此出发，有必要通过信息共享影响因素分析明确其中的基本关系，针对共享资源服务与利用环节，进行有利于服务有序发展的安全控制和保障实现构架。

---

① Sahai A, Waters B. Fuzzy Identity Based Encryption [C] //Annual International Conference on the Theory and Applications of Cryptographic Techniques. Springer, Berlin, Heidelberg, 2005: 457-473.

② Goyal V, Pandey, Sahai A, et al. Attribute-based Encryption for Fine-grained Access Control of Encrypted Data [C] //Proceedings of the 13th ACM Conference on Computer and Communications Security, 2006: 89-98.

③ Bethencourt J, Sahai A, Waters B. Ciphertext-Policy Attribute-Based Encryption [C] // null. IEEE Computer Society, 2007: 321-334.

9.2.1　云环境下学术信息资源共享中的安全影响

IT 环境下的信息资源共享在信息资源共建基础上进行，且共享往往限于信息的获取，从内容上难以有效进行交互利用。云环境下，学术信息资源共享的开放和跨系统组织，其共享服务可以通过云服务方式进行。

从共享服务实现上看，云环境下资源共享包括学术信息资源共享发起、云中的共享资源组织、资源共享利用和共享资源撤销。学术信息共享服务中的资源既包括学术信息资源机构提供的资源，也包括支持科学研究的软件工具和用户共享的知识。对于用户提供的信息，允许用户上传并设置为共享资源，由云平台提供支持。云平台对共享资源的管理，包括对共享资源的关联组织、对有限范围内共享的资源进行加密以及重复数据删除等。云平台提供的共享资源和服务，更加快速、高效，用户可以通过服务进行多种形式的资源共享利用，同时可以根据自身的需求对资源进行撤销或删除。

学术信息资源共享服务组织环节中的各主体交互决定了共享安全保障的形式和内容。从共享流程中的各环节关联上看，其安全影响可区分为云计算应用引发的安全威胁、云共享服务的安全威胁和共享服务利用安全威胁等方面。

云环境具有服务定制化和兼容性高的优势，然而在应用中也面临着外部攻击的威胁从而带来了学术信息资源共享中的安全风险。学术信息资源共享在开放环境中进行，对于涉密的资源不会纳入其共享服务范围，因此并不直接涉及国家机密和安全。但在大数据与云计算背景下，数据处理技术的发展，大数据挖掘却有可能获取相关的涉密信息，导致被动泄密的产生。此外，存在用户上传设置为共享的学术信息资源的非规涉密问题，如果缺乏审核控制环节，也会导致安全事件的发生。

由于云存储和计算资源具有租赁使用的便利，而租赁者在技术能力具备的情况下有可能利用便利条件进行攻击。攻击包括资源恶意破坏和占用等，从而导致服务无法正常开展。这是由于云服务商固定时段提供的计算资源有限，而资源滥用可能导致正常租户的宕机情况发生。此外，密码破译等也会引发用户的共享安全。同时，云环境下的攻击者还有可能利用租赁的虚拟机，使用多层跳板技术对共享平台进行协同攻击，为追责处理设置障碍。

如果云环境下的学术信息资源共享集中于云平台中进行，在用户对云平台中的共享资源进行转存操作时，必然导致云平台共享资源的多副本出现。如果不采取有效的安全措施，不仅会使大量数据冗余，而且会导致共享资源不受控制的利用，从而产生知识产权纠纷。同时，共享资源的多副本也可能导致资源删除上的障碍。

在数字学术信息资源共享服务中，云服务提供商可以利用自己的信息资源组织共享服务，也可以与信息资源提供者合作进行服务组织。同时，共享服务更主要的形式是学术信息机构主导的包括云服务商在内的多方面机构的协作服务实施。这一背景下，提出了学术信息资源共享中的多元主体安全协同问题。

云环境下，学术信息资源共享需要各主体共同保障服务安全。在共享服务中，学术信息资源机构负责资源的安全保障和过程管理，此外，还需要对云服务商提供的安全保障进行监督。云服务商在共享安全中的职责是确保业务系统的可信性和可用性。对于 PaaS 和 SaaS 服务，还需完成对上层云服务的安全监督。

云环境下学术信息资源共享模式已发生深刻变化，多租用户资源共享安全是必须面对的问题。① 在多租用户的资源共享中，一个用户可对应多个应用，同时一个应用也可对应多个用户，这就需要在其间实现用户和资源的安全隔离，以控制交互中的安全风险。学术信息资源共享中，用户数据和共享资源同时存在于云平台中，如果缺乏有效的安全隔离和数据管理，数据的混同和泄露必然引发共享安全风险。鉴于云计算环境对学术信息资源共享的直接影响，为保障学术信息资源共享安全，需要从信息资源共享安全要素出发，分析其中的关联作用，以寻求有效的信息共享安全保障措施。

9.2.2   学术信息资源共享安全影响因素

云环境下学术信息资源共享安全影响要素是安全保障中必须面对的，分析客观影响因素及其作用，在于寻求安全因素的有效控制方式，以构建可靠的安全保障支持系统。②

服务安全构架、安全威胁响应和信息共享安全组织是信息共享安全的三个方面，在学术信息资源共享中，安全保障对象及安全主体直接影响这三方面的因素作用。因此，在进行安全共享安全要素识别和分析时，应注重安全保障对象与主体责任的关联作用。

---

① Mietzner R, Leymann F, Unger T. Horizontal and Vertical Combination of Multi-tenancy Patterns in Service-oriented Applications [J]. Enterprise Information Systems, 2011, 5 (1): 59-77.

② 国家信息中心，等. GB/T 20984—2007. 信息安全技术 信息安全风险评估规范 [S]. 北京：中国标准出版社，2007.

　　一方面，在信息共享组织中，由于云环境下的松耦合关系，致使共享系统出现结构上的松动，即体现为系统的脆弱性。由于脆弱性的影响，当系统受攻击时易引发共享安全事故。另一方面，信息共享的组织由保障对象及其服务与安全需求决定，复杂动态环境下的组织构架往往存在不同程度上的脆弱性。从安全组织上看，信息共享安全保障需求可以概括为完整性和可靠性两方面。学术信息资源共享服务中，往往对资源的完整性、可用性要求较高，对共享安全的要求往往从用户体验出发，对具体安全环节的规范有所缺失，从而导致了安全风险的加大。学术信息资源共享的脆弱性反映在技术脆弱性和管理脆弱性两个方面：前者主要存在于共享信息资源传输、内容访问和控制之中；后者体现在安全组织和共享资源所有者的协同管理上。

　　云环境下，学术信息资源共享安全威胁来自环境中的各要素影响，其安全威胁主要包括基础设施故障、操作技术漏洞、权限滥用、恶意网络攻击等。其中的应对风险包括隔离失效、数据丢失威胁、安全响应滞后、安全责任不清和数据残留等。[1] 从信息共享全过程看，信息共享的组织不仅影响到共享内容的完整性、及时性和面向用户的针对性，而且存在着共享资源的可靠性、真实性和合规性等方面的保障，即共享资源的安全保障。因此，在信息共享组织中，应同步采取相应的安全措施，其安全保障措施应由安全保障主体提供，包括有效的技术和管理措施。[2] 其中，技术包括密码技术、安全检测技术等，安全管理组织与安全技术相适应，涉及多个层面安全保障的实现。

　　云计算环境中，服务安全构架、安全威胁和信息共享组织与学术信息共享安全保障直接相关，信息资源共享安全保障主体和对象与三方面要素的关联如图9-5所示。

　　由图9-5可知，学术信息资源共享组织层面的脆弱性在影响共享服务安全构架的同时，也会影响到安全事故的响应水平；来自内外部的安全威胁直接引发安全事故，同时关系到安全构架。从实质上看，决定信息共享组织的是服务安全保障对象及其资源共享与安全保障需求；与此同时，信息资源共享安全保障中的资源所有者、云服务商等决定了基本的服务组织和安全平台构架，关系

---

　　① Jithin R, Chandran P. Virtual Machine Isolation ［M］//Recent Trends in Computer Networks and Distributed Systems Security. Springer Berlin Heidelberg, 2014：91-102.

　　② VivinSandar S, Shenai S. Economic Denial of Sustainability (edos) in Cloud Services Using Http and Xml Based Ddos Attacks ［J］. International Journal of Computer Applications, 2012, 41（20）：11-16.

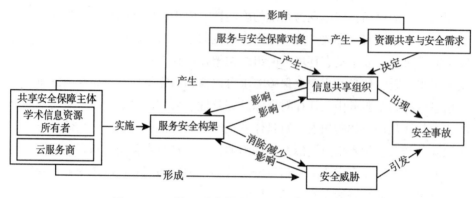

图 9-5　云环境下学术信息资源共享安全要素作用

到服务和安全保障的实现。值得指出的是，共享资源所有者和云服务商之间的
分工合作始终处于重要位置。其作用在于针对学术信息资源共享中的脆弱性和
安全威胁，制定合理的安全保障措施，推进全面安全保障的实现。

　　综上所述，学术信息资源共享安全保障的实施可从脆弱性和安全威胁防范
出发，针对学术信息资源共享服务安全环节，构建完整的安全防御与保障体
系。对于相应的安全保障措施，需要考虑安全攻击的可能后果，以预防和控制
安全攻击的影响。同时，布置安全恢复操作。在技术上，安全保障措施的重点
是资源共享中脆弱性和安全威胁的处理，拟采取针对性的技术手段，防止安全
事故的扩大。在管理上，由于学术信息资源共享主体的多元性，应注重多元主
体的统一协调。

　　云环境下学术信息资源共享流程决定了全程安全保障的实施，从发起信息
资源共享，到基于云共享的信息组织利用和共享信息资源目标的实现，其间的
安全受相应要素的影响。基于此，拟从针对环节要素的影响控制出发，进行安
全保障的技术实现。对于学术信息资源共享来说，基于流程的安全保障如图
9-6 所示。

　　在学术信息资源机构发起信息资源共享时，针对信息资源共享所涉及的内
容和权属安全，进行共享资源的内容和所有权安全检测，同时保障信息安全传
输；由于共享信息资源的来源广泛，需要对共享资源进行安全监控，以此保证
共享信息资源的合规性；在云共享信息资源的组织中，进行必要的副本关联和
重复数据的删除，保障应有的信息资源安全质量；在共享信息资源的利用中，
可能产生的安全威胁包括恶意访问攻击和不安全的信息交互等，因此需进行有

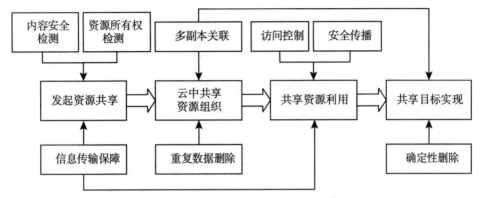

图 9-6　学术信息资源共享流程的安全保障

效的访问控制；在保证信息安全传播中，通过统一的方式进行访问授权和服务合规管理；在学术信息安全利用中，保护信息资源所有者的权益不受侵害；信息资源共享目标的实现中，适时进行用户访问交互信息的处理，安全处理冗余信息，同时进行多副本关联信息的确定性删除。

9.2.3　基于多主体的学术信息资源共享安全保障实施

学术信息资源共享安全保障应注意适应多主体环境，实现多方合作下的共享信息资源的安全保障目标。IT 环境下的学术信息资源共享在学术信息资源机构系统中进行，相应的安全保障在各机构系统中进行部署。云环境下，资源共享转移到云中进行，因此应由多主体保障共享信息资源的安全。云环境下的学术信息资源共享组织与实现需要资源所有者、云服务提供商及共享资源用户的共同参与，鉴于资源所有者在共享服务中的主导地位，拟由信息资源机构全面协调各参与方的安全保障行为。如图 9-7 所示的安全保障组织形式反映了其协调组织关系。

学术信息资源所有者在信息共享安全保障中，负责信息共享安全保障的全面实现，通过与云服务方和信息共享用户的协同，保障学术信息资源共享过程安全。

从数字学术信息资源共享服务及用户的信息利用上看，资源所有者在组织面向用户的信息共享服务过程中，需要对学术信息资源共享安全范围进行明确规定；同时，在服务提供的同时，明确各环节参与主体的安全责任，合规组织基于信息资源共享流程的安全保障实施；在安全保障的推进中，同步进行安全

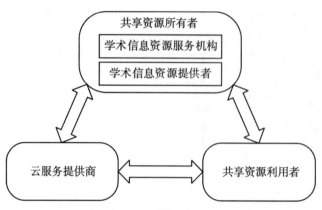

图 9-7　多主体参与的学术信息资源共享组织

风险评估与控制。

　　学术信息资源共享安全保障的全流程实现还需要资源所有者与云服务提供商和资源利用者的合作。与云服务商的协作中，学术信息资源云服务商着重于云服务平台的安全和信息资源机构的云环境安全保障。同时，信息资源的所有者应从管理和技术出发，配合云服务商进行安全保障的无缝衔接；当安全事故发生时，进行相应和恢复。一方面，资源所有者与云服务方还需建立高效的沟通机制，以便进行安全交流，避免人为安全事故发生。另一方面，信息资源机构在与资源用户的协同中，保障用户应有的访问控制权限和安全域权限，同时强化用户的安全意识。

　　此外，在不同安全等级共享学术信息资源中，信息资源服务机构应采用针对性的安全保障措施，以实现与安全等级相符合的保障目标。在等级安全保护中，从保障规划到安全保障责任的落实，都应注重技术与管理的融合，实施一体化安全保障策略。

　　在学术信息资源共享安全保障中，为了保证资源、系统服务和用户的安全，有必要进行学术信息资源共享安全防护与保障的整体架构。图 9-8 从安全检测、保障实现和用户安全结合的角度进行了学术信息资源共享安全的系统性安排。

　　借鉴多重安全防御模型，图 9-8 构建了数字学术信息资源共享安全保障的总体模型。在全面推进信息资源共享安全保障中，体系模型采用多层防护方式进行构建。学术信息资源共享安全按内容安全、资源数据传输安全、多副本共享与关联删除安全、共享资源用户使用安全、信息安全预警响应和共享资源恢

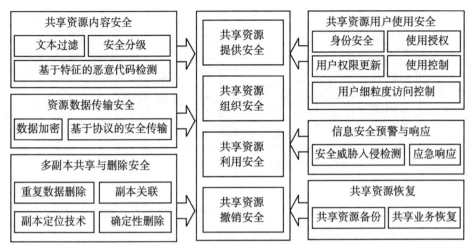

图 9-8 学术信息资源共享安全保障的总体模型

复安全进行架构。

图 9-8 中，共享内容、数据传输、多副本共享与删除和用户使用安全保障，同时也是对学术信息资源共享脆弱性的加固，旨在强化对攻击的防护。信息资源共享安全预警和响应在于，及时发现对共享服务的攻击，同步反馈给安全主体，以做出及时响应，从而降低对资源及共享的伤害。共享资源恢复在共享资源遭到破坏后进行，旨在及时恢复共享服务的运行，避免资源的丢失。

以上六个方面的安全保障操作，围绕共享资源内容安全保障、共享资源组织安全保障、共享资源利用安全保障和共享资源撤销安全保障进行。鉴于共享资源安全保障的多方参与特征，可以采用安全协议的方式进行组织。例如，对于传输数据的加密处理，可采用通信双方的加密通信 SSL（Secure Socket Layer）协议；对于其他环节的安全，也可以采用相应的协议来完成。

共享信息内容的安全检测是数字学术信息资源共享安全的核心，因而在全面安全保障中，应对其进行相应的规定。图 9-9 从技术实现的角度展示了安全检测流程。

图 9-9 中，共享学术信息资源在内容安全检测中，可以通过共享信息资源内容中的恶意代码检测、内容过滤和共享资源安全级别设置来实现。恶意代码检测方法可分为特征代码检测方法、代码语义检测方法或从已有的恶意代码样

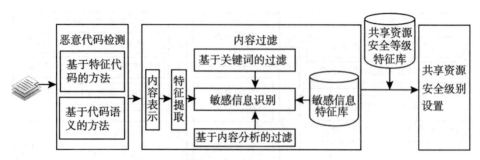

图 9-9　学术信息资源共享内容的安全检测

本中提取代码特征比对方法来实现。① 在检测中，各种方法都需要依赖于恶意代码特征库进行对比，因此应注重特征数据库的选择。内容过滤通过对信息内容标识和特征抽取来识别违规信息的内容，识别主要依赖于关键词过滤或基于内容过滤，通过特征匹配来判断共享资源的安全。②

对于信息资源共享安全级别的设置，应按国家安全准则，在法规框架下根据共享信息的范围和主体的合规条例进行。凡涉及国家、机构机密的资源，不允许设置为共享。对于限制共享范围的信息资源，允许范围内用户之间共享，对此可采用共享信息加密的方式组织，以保障其在特定范围内的安全共享。

对于云环境下学术信息资源共享中形成的多副本，应按规定进行确定性删除。对此，图 9-10 进行了多副本安全共享和关联删除的系统构建。该方案针对学术信息资源的安全共享需求，对共享资源所有权验证和副本关联及安全删除进行了规范。

在共享学术信息资源上传时，资源所有者向云平台提出上传文件请求，云平台即进行相应的判断。如果云资源库中不存在拟上传的资源，则允许上传，同时将上传者信息及相关权限存入信息资源所有者信息库。在共享资源上传中，由于采用了重复数据删除方式，学术信息资源基本上仅有一份存于云平台中，为了避免孤本数据损坏，云平台普遍进行了备份存储。除备份外的其他多副本，在确定性删除时，可通过多副本的关联进行备份外的多余副本删除。

---

① 冯登国，赵险峰．信息安全技术概论（第 2 版）［M］．北京：电子工业出版社，2014：235-237.

② 刘梅彦，黄改娟．面向信息内容安全的文本过滤模型研究［J］．中文信息学报，2017，31（2）：126-131.

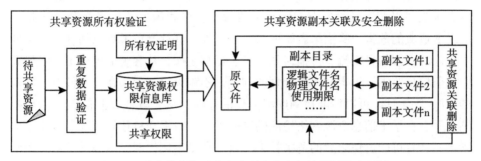

图 9-10　学术信息资源共享多副本安全与关联删除流程图

9.3　学术信息资源交流与传播安全保障

学术信息资源交流与传播安全保障在于构建良好的网络交互环境，通过实时监测和防御及时发现并锁定内容虚假和学术不规等不良信息，进行不良信息发送主体的监管和信息的同步删除，以保护合规学术信息的安全交流、传播和利用。从内容上看，违规信息涉及内容虚构、误导他人或侵权违规等方面的问题；从来源上看，发送主体的不良或恶意行为导致了虚假、违规信息的出现；从安全监管角度看，按网络信息交流与利用规范，有必要从虚假、不良信息监控和知识产权保护着手，进行学术信息交流与传播内容安全保障。

9.3.1　不良学术信息交流与传播内容识别

大数据网络背景下，信息易复制、易传播的特点从客观上导致了学术信息交流与传播内容控制的难度加大；与此同时，通达、便利的交流传播渠道，以及交互网络的社会化利用，导致了不良信息影响范围的扩大。因此，在学术信息的交流与传播中，应进行不良信息的全面监测和控制，从而净化学术信息资源交互利用的社会环境，保障信息交互获取和利用上的安全。

从不良学术信息的产生和影响机制上看，可以将其大致区分为虚假学术信息、学术抄袭信息、泄密学术信息以及其他违法信息。

虚假学术信息是一种虚构的、不以学术研究和探索为基础的信息，是学术研究造假的产物，即学术研究上的"谣言"，与社会活动中谣言的性质一样。但从内容和形式上看，学术虚假信息比社会谣言更具欺骗性，对学术活动和社会的危害难以准确量化。例如，2003—2006 年的"汉芯"事件学术造假，研发者围绕"汉芯"陆续发布的所有虚假信息，对我国的芯片研究和高科技产业发展造成的危害，除当事者骗取科研经费外，其社会危害难以估计。该事件中，汉芯虚假信息交流、传播时间之长、影响之深，从客观上提出了学术研究中虚假信息监测、锁定和实时处理的问题。不难设想，如果在该事件发生之初的 2003 年 2 月，可以精准检测虚假信息的存在，从"疑似虚假信息"传播控制入手，在学术信息资源网络检测的基础上，及时提交科技管理部门和国家监管部门，有可能避免之后的危害扩大。这一典型案例说明，虚假学术信息识别和管控的重要性。

学术抄袭信息是指行为主体（研究人员或相关人员）剽窃、占有他人研究成果，将其伪造为自己的成果所形成的信息。与虚假学术信息相比，抄袭的信息往往会进行表层的改动或学术数据的伪造，因而也是一种实质上的虚假信息。学术抄袭其实是一种违背学术道德和科学精神的表现，与物质产品生产、经营活动中的"假冒伪劣"相比，具有同样的恶劣影响。近年来，我国高等学校在人才培养中，对学位论文的抄袭行为进行了严格的监管，对已取得学位的抄袭者，除行政和纪律处分外，一律撤销所授予的学位。同时，学位论文提交授权时，须提交者进行论文属自己独立完成的事实承诺。这一情况表明，在云环境下的学术信息交流与传播中，亦应同步进行相应的监管，以确保交流传播信息的安全。

泄密学术信息是指违反保密规定发布或交流的保密范围内的学术信息。泄密学术信息可分为两类：其一，信息发布或交流主体缺乏保密意识或因其他原因，对他人传播涉密学术信息；其二，利用不正当手段违法获取保密学术信息，并对外交流或传播。泄密学术信息按规定和规范，只限于相应保密级别内的流动，不会以公开发表或出版的形式存在于数字学术信息资源网络和公有云服务平台之中。然而，由于 e-Science 的推进和数字学术信息内网的应用，存在着学术信息跨系统流出的风险，而且面临网络攻击的威胁，从而提出了学术信息交流与传播中的泄密防范和基于保密等级的安全保障问题。因此，学术信息泄密对国家安全和学术研究安全造成的影响必须面对。

其他违规学术信息主要包括涉及敏感内容的信息和内容涉及恐暴场面或违背社会道德的信息。这些信息往往以多种形式出现，即存在于数字音、视频和其他多种载体之中。敏感信息的形式和内容往往难以准确判断，因而具有界限上的模糊性和使用上的相对性。然而，在面向用户的云学术信息资源服务中，不可能回避其影响的存在。对此，应确立敏感信息的相对识别机制，按专门细则进行识别，按作用面进行监控。

　　值得注意的是，对于学术信息交流与传播中存在的不良信息影响，应在安全保障内容层面上予以解决。表9-2按不良信息的来源影响和监控组织进行了归纳。

表9-2　　　　　　　　　　　　　　　　**不良学术信息及其影响**

不良信息类型	不良学术信息来源	不良影响及危害	监控方式
虚假学术信息	来源于学术造假，是学术研究或相关人员为了骗取研究经费、学术名誉地位，采用非法手段伪造科研数据、方法或成果而产生和发布的信息；另外，其他主体为了扰乱学术研究秩序，恶意干扰学术研究，所进行的没有任何事实作依据的学术信息虚构或对学术信息的恶意篡改	从信息内容和形式上看，对国家和社会的危害巨大，学术造假即学术研究上的造谣，与社会谣言相比，更具欺骗性，其直接危害不仅存在于经济方面，而且会影响到科学研究的发展规划和国家利益。因此，其危害难以量化，负面作用体现在学术上的假、伪、劣	通过事件要素的识别和查询，进行虚假信息的锁定，追寻虚假信息的来源主体，进行合规处理
学术信息抄袭	来源于学术研究或相关人员，为了获取某种利益，违规剽窃、占有他人的学术研究成果，而将其伪造为自己成果的行为，学术信息抄袭包括学术数据抄袭、内容抄袭、研究结果抄袭，虽然抄袭在文字表述上作了某种掩饰性变动，但实质上是被抄袭成果信息的伪版	学术抄袭直接将他人的学术成果伪装为自己的成果，而进行发表，是一种严重的学术腐败和丧失学术道德的行为，抄袭信息的传播同时使被抄袭成果的创造者利益受损。这种投机所形成的信息干扰了正常的学术活动	通过学术信息内容过滤，利用查重系统进行比对，撤出抄袭版信息，恢复正常运行
泄密学术信息	有关人员由于学术安全和保密意识薄弱，违反保密规定在保密范围外发布或提供具有涉密内容的学术信息；或者是使用数字化工具、数字网络而引发的学术保密信息的泄露；第三方恶意获取学术研究保密信息，而在涉密范围外进行发布	学术研究中的涉密管理关系到国家安全和国家利益，同时影响到相关的主体机构，因而具有严格的保密等级要求；超出安全范围的涉密学术信息传播，不仅影响到学术研究，而且会带来多方面的不良后果，其危害难以估计	按国家保密法规，锁定疑似泄密的学术信息，合规永久删除泄密信息

续表

不良信息类型	不良学术信息来源	不良影响及危害	监控方式
其他违规信息	涉及内容敏感，对国家安全和社会具有负面影响的信息，如内容涉及恐暴场面或违背社会道德标准的信息，其他违规信息来源复杂，包括信息内容的不分场景传播，有意引发他人对信息内容的误读以及其他负面影响的出现	其他违规学术信息内容敏感，且具有模糊性和相对性。其影响：一是直接影响，如对信息接受者的误导；二是潜在影响，导致负面行为的产生。其他违规学术信息往往以多种形式吸引接受者的注意，其负面影响应予以关注	进行敏感信息内容关联分析，合规锁定敏感信息的传播，进行安全监督

由表 9-2 可知，不良学术信息虽然类型多样，来源和结构复杂，且影响机制不尽一致，然而从不良信息的发布和传播主体看，其动机相似，大多表现为学术不端和为了谋求不恰当利益进行的学术造假，其行为与信息交流和传播的法规相对立。所以，在不良信息的管控上，应有统一的法规可依。在不良学术信息识别和监控的技术实现上，虽然判断各类信息的具体操作和方法各异，但监测技术的应用却具有相同的组织程序。一般而言，首先针对信息内容进行过滤；然后通过比对数据库进行不良内容的发现，在细粒度比对基础上进行锁定；最后，按规定采取相应的措施。

鉴于虚假学术信息具有与社会谣言相似的性质，所以可以借鉴谣言识别方式进行虚假学术信息的识别。例如，阿里巴巴达摩院发布的"AI 谣言粉碎机"技术，依托神经网络和深度学习方法，对有可能为谣言的信息进行多维度分析，并进行集交互画像、信息内容和传播节点于一体的综合判断。实践中，在预定场景下的判断准确率已达 81%。① 由于虚假学术信息判断标准的客观性和内在的逻辑关系，所以开发基于大数据分析的识别系统，可以较好地发现疑似虚假的信息对象，继而结合其他方法进行锁定。

对于抄袭信息的鉴别，知网、万方等采用的查重方法和服务，已十分成熟，只需将其应用于学术信息交流与传播信息内容对象之中，便可以有效地解决识别和安全控制问题。敏感信息的判断，可以在云端通过计算资源与敏感特

---

① 新华网. 阿里开发 AI 谣言粉碎机 谣言识别准确率达 81% [EB/OL]. http：//www.xinhuanet.com/local/2019-03/01/c_1124178146.htm. [2019-04-02].

征的相似度分析来识别，如敏感图像识别和特征分析，已具有很高的辨识度，可以适应学术信息场景。对于泄密信息和其他违规学术信息的识别，亦可以通过相应的规则，在各专业领域进行。

9.3.2 学术交流与传播平台中的不良信息监管

云环境下的学术信息交流平台具有数据量大和开放使用的特点，由于面向的服务对象、内容和功能上的不同，可分为多种类型。从广义角度看，其社会化交流平台包括图书馆学术交流社区平台、学术信息开放发布与交流平台以及云服务商提供的多种类型的学术交流平台。在学术信息交流平台中，可采用如图 9-11 所示的方式进行监管。

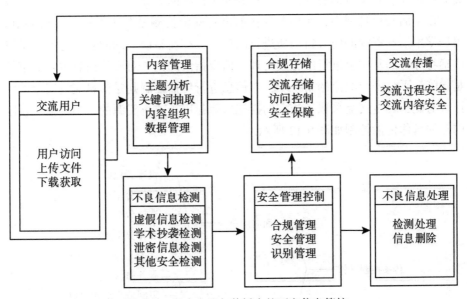

图 9-11 学术交流与传播中的不良信息管控

图 9-11 显示了学术交流平台中的不良信息监管流程。学术信息交流用户既是信息发布者，又是信息获取者。对发布者向平台上传信息文件的管控，着重于上传内容的规范管理；对具有疑点的文件内容提交不良信息检测；在不良信息检测结果基础上进行安全管控处理；经合规管理进入合规存储或删除程序；对合规文件进行管理和安全保障；对不良信息进行处置；对合规存储文件提供交流传播支持，同时反馈交流系统。

图 9-11 所示的不良信息管控架构具有对云环境下学术信息资源交流与传

播的适应性。据此，可以为现有系统平台的优化提供模型参考。在总体架构基础上，各平台应形成适应于其环境的安全体系。对此，在整体应用上，各平台可以相互借鉴。

百度网盘存储和交流的学术信息，其安全监控主要集中在交流内容的识别和传播控制两方面。在交流信息的内容识别与控制上，通过自审、举报和平台审核三者结合来实现。其中平台采用的是统一的审核策略，按信息的合规判断准则决定。由于学术信息内容的特殊性，其内容识别策略有可能会造成学术信息的误判。在传播控制上，百度网盘采用的是用户与平台交互的传播控制方式，虽然能控制信息的传播过程，但在涉及版权的学术信息传播控制上其功能有待完善。对此，可以从面向学术用户的内容识别和安全合规要求出发，进行交流检测和针对不良信息的监控，提升安全保障的等级。

在全面安全管理中，实现差异化的内容安全检测是其中的一个重要环节。根据学术信息资源的内容特征所进行的检测，存在易误判的问题，这就要求在明确特殊性的基础上进行细粒度处理。值得指出的是，对交流信息内容的审核是保障云平台安全交流的第一步，对信息进行传播控制则是信息交流安全的保证。对此，百度网盘采取了相应的措施保障，用于防止资源的不当传播。百度网盘的具体传播控制如图 9-12 所示。

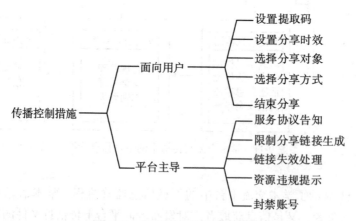

图 9-12　百度网盘传播控制措施

从信息传播行为控制的实施来看，百度网盘信息资源传播控制措施可分为面向用户和平台主导两种形式。面向用户的传播控制措施包括资源传播前后控制，可以通过设置来控制资源的传播和分享。在用户注册使用服务时，百度网盘通过服务协议告知用户违规内容管控规则。在用户信息交互中，对涉敏、侵权资源进行删除，同时对违规信息的分享行为采取措施。

从信息交流与传播关系和安全等级上看，进行学术信息分级传播控制是可行的。为保障分级传播安全，需要能够监测异常传播行为的发生。

异常行为是指用户不符合其常规的行为，包括账号使用异常和传播异常等。用户账号使用异常除用户自身的主观原因外，一般是账号被盗用或多人混用而导致情况异常。用户行为异常对学术信息传播的影响，会随着开放交流和交互服务的发展日益扩大，因而需要进行必要的异常行为检测和控制。在学术信息云交流传播中，为保障云端学术信息的传播安全可同步开展用户异常行为检测和控制。云环境下用户异常交流信息行为检测流程如图 9-13 所示。

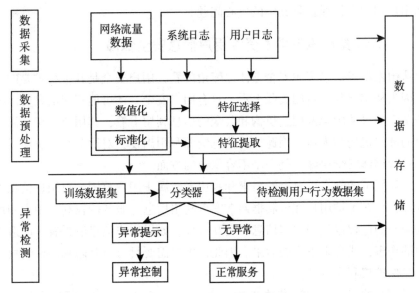

图 9-13　异常行为检测流程图

用户异常行为检测中：首先是数据采集，通过汇集平台的流量数据、系统及用户数据，为异常行为检测提供准备；然后，通过数据规范进行处理，建立标准化数据集，同时进行特征提取，从标准化的数据集中抽取用户行为异常的特征数据组合；最后，进行异常行为识别，采用多种方法进行分类器构建，完成基于异常识别结果的异常控制。

学术信息云交流平台面向具有交流和传播需求的用户进行构建，对于高等学校来说，师生和研究人员所交流的学术信息包含大量未发表的学术成果信息。在这一背景下，用户对信息的权属及授权比较关注。为了保障其交流与传播安全，有必要对交流信息进行相应的审核与交流检测，以保障其安全性。

在普遍意义上，所有未通过正式公开流通的学术信息，都应具有相应的授权，对此可以在交流服务平台上以协议的方式加以确认。

9.4 学术信息资源用户信息安全与知识产权保护

云环境下学术信息资源安全利用中的用户信息安全和用户权益保障是一个普遍存在的问题，正当的安全与权益保障是有效利用云服务和国家数字学术信息资源的前提。在用户权益安全保障中，包括个人隐私在内的用户信息安全防护和用户知识产权保护是其中的核心问题。

9.4.1 云计算环境下学术资源用户信息安全保障

从国家学术信息资源安全整体保障角度看，用户安全是其中很重要的一部分。因为从用户与信息的关联上看，只有用户安全，才可能实现信息资源的全面安全。如果从国家部门、机构和公众的信息利用上看，其用户范畴已涵盖了所有的部门机构和人员。因此，从信息资源利用出发，对服务与资源使用者的权益进行整体安全保障，是一个不容忽视的方面。

云环境下的学术信息资源需求和利用者皆属于用户范围，对用户信息安全的保障，旨在维护用户在法制框架下安全利用信息与服务的权利。用户利用信息和服务的过程也是用户与信息的交互过程，如果用户信息泄露有可能造成对用户的伤害，或带来不良的后果。因此，用户需要具有对其隐私的保护权，这种隐私保护权利应得到认可。

对隐私的定义，1890 年由美国法学家 Samuel D. Warren 等提出后，逐渐得到普遍认同。云环境下数字学术信息资源用户的个人数据和合规交互活动信息安全受法律保护，应禁止其他主体非法侵扰、恶意传播或利用。学术信息资源交流与传播中的用户隐私权侵犯，包括侵权采集用户个人信息、非法泄露个人数据和通过非法交易数据获取利益等。网络活动中对隐私权的侵犯具有侵权形式多样、侵权手段隐蔽、侵权后果严重的特点。例如，学术信息资源云服务中，由于数据管理权与所有权分离，如果云用户个人信息被恶意占用，安全追责将会更加困难。因此，需要从整体上部署用户个人信息安全保护。

用户在利用数字学术信息云服务过程中，个人信息安全保护主要依托云服务所提供的保障进行，而用户与云服务商的安全协议则是安全保障的依据。协议基本上由云服务方提供框架，虽然用户可以同服务提供方进行协商，但在实际过程中选择、调整的余地有限。当前，国内外的一些主流云服务商（如百度、华为、亚马逊、谷歌等）所提供的服务隐私保护条款，在信息采集、信息披露和信息删除安全保障承诺上普遍存在局限性。目前面临的重要问题是，云环境下用户隐私保护缺乏统一的安全保障标准指导，而用户却需要应对侵犯个人信息的后果。

对于学术信息资源云服务而言，还存在着学术信息资源机构和云服务提供方的信息服务安全协同问题：一是云服务提供方与信息资源机构之间的安全协议；二是信息资源机构对最终用户的个人信息安全保障承诺。在这种情况下，信息资源机构对于云端用户的个人信息保护必然依托于云服务商的责任承诺来进行，而信息资源机构却难以控制。这意味着，云环境下数字学术信息用户的个人信息安全风险将会进一步扩大，从而对服务和资源的安全使用带来挑战。

从总体上看，关于数据隐私的法律与安全监管规定，各国都存在未形成统一规则的问题，如欧盟国家普遍重视对个人数据的处理和保护，美国的相关规定却比较宽松。从个人信息安全保护上看，欧盟《有关个人数据处理和电子通信领域隐私保护的指令》具有严格的安全保障上的指令意义，其关于数据保护的规定值得借鉴。

云环境下学术信息用户的个人数据，部署在相应的学术信息资源机构本地，按云共享的服务架构，存在混合云部署中的跨云访问以及云服务提供商对访问信息的调用问题。因此，学术信息资源用户的个人信息安全保护必须由学术信息资源机构和云服务商共同实现。鉴于数字学术信息资源机构的主体作用，拟由信息资源机构按国家法规进行整体上的安排。

云环境下的学术资源数据迁移至云端，其管理权与所有权的分离引发了新的安全风险。云环境下学术资源数据安全和用户数据安全，应在数据生命周期内进行基于数据链的安全保障协同。

对于用户数据来说，安全保障的环节包括：通过创建者安全地生成数据，定义数据属性安全级别；在进行加密后，将数据传输到云端，其过程安全保障通过加密技术来实现；数据存储中，围绕数据的完整性、可用性和保密性进行安全管控；用户云端数据的使用，在于验证用户的数据修改权限，维护数据的使用安全；用户数据归档则需要将数据迁移至固定的存储设备并长期安全保存；当云数据生命周期终止时，确保数据的彻底删除，以避免数据的泄露。

云环境下用户数据及隐私安全保护应按照统一的法规和安全协议进行，基于云数据生命周期的责任划分是其中的关键。在用户数据安全保障中，应明确各环节的权责主体及范围，规定用户数据的安全管控、侵权责任以及赔偿等。学术信息资源机构在与云服务提供商的合作中，必须强调对用户数据和隐私安全风险的主动防控，而不是简单地将其归入云服务提供商的安全操作。主动防控的重点是云端存储用户数据的安全分级，以及安全等级上的合规管理和安全权限的控制。对于云环境下的学术信息资源服务而言，学术信息用户数据在云端的安全处于十分重要的位置。云环境下学术信息资源用户数据的安全保护应按数据权限进行，表 9-3 归纳了其中的安全权限分配结构。

表 9-3　　　　云环境下学术信息用户数据权限与安全保障责任

责任 机构	用户数据位置安全	数据安全责任	数据保管权安全	数据环节安全
本地学术信息资源机构	机构数据库安全	数据创建者与使用者安全责任	学术信息资源服务机构管控安全	数据生成安全 数据传输安全 数据使用安全 数据清理安全
学术信息云服务机构	云端数据存储安全	数据管理者与调用者责任	学术信息资源云服务提供商管控安全	数据传输安全 数据存储安全 数据使用安全 数据归档安全 数据销毁安全

与单一系统的信息用户隐私数据安全不同，云服务中数据迁移到云端的安全机制有别于彼此隔离的系统，其安全保障已从单一主体责任变为共同主体责任。表 9-3 反映的责任关系存在于用户数据安全的各个环节。在双主体安全保障中，用户数据安全更依赖于云服务提供商。因此，在云服务商履行安全责任的同时，也应限制其擅自调用、删除、修改等数据操作，并强化按协议进行安全保障的合规性。在安全保障问责上，需要对安全管控规则进行细化，以明确云服务环节所承担的具体责任。根据服务协同要求，学术信息用户数据的信息安全责任主要由学术信息机构和云服务方按安全协议进行保障。用户数据的使用、归档和销毁安全责任由云服务方承担。推进用户数据安全的责任管理，对于减少隐私安全事故、管控风险具有基本的保障作用。

从总体上看，用户数据安全在学术信息资源机构、云服务提供方与用户的安全互动基础上展开，因此应将其纳入云环境下学术信息资源安全管理流程之中，促进云环境下用户隐私保护的规范化和制度化。为了适应基于云计算的数字学术信息资源服务的发展，在依法保护网络隐私权的同时，拟采用隐私增强技术进行安全环节上的保护支持。

隐私增强技术（Privacy Enhancing Technologies，PET）从功能上看，是指用以强化个人隐私保护的技术，其利用有利于在数据保护法框架下用户数据保护的强化。云环境下安全保护增强主要包括隐私安全管理工具的使用和安全在线访问的用户数据防护强化等。当前，虚拟化网络用户安全平台构建和智能管理的安全解决方案，有助于用户信息和隐私安全保护水平的提升。

9.4.2 学术信息用户知识产权保护

云环境下信息资源服务中的用户知识产权保护，是用户权益安全保障的一个重要方面。国外发生的 Hotfile 案以及在国内引起关注的百度文库侵犯知识产权的纠纷等，提出了信息利用权属问题。云环境下学术信息资源知识产权保护具有复杂性，如果仅考虑用户具有著作权的正式发表文献，以及在现行制度框架下本人具有权属的包括学位论文、正式交流的学术成果在内的学术信息资源，则无法解决云环境下的用户知识产权全面保护问题。早在 2009 年，谷歌的在线办公软件 Google Docs 由于出现漏洞致使用户存储文档被不知情共享，而出现侵权。此后，涉及用户和知识产权的数字文件侵权事件屡有发生，在这一情景下，有必要在学术信息资源云服务中对用户知识产权予以界定和全面保护。

一方面，云环境下学术信息资源服务的开放性和用户信息交流的社会化共享性，使得用户知识产权保护面临着新的挑战。另一方面，云环境下海量的学术信息资源存储和传播，使得用户具有权属关系的信息交流更加难以控制。这些都是云环境下用户信息产权保护所面临的新问题。具体而言，完全可以区分用户知识产权的对象及权属关系，对于正式发表及具有完备的法律判断依据的信息，可归为一类；对于用户上传或提供交流的学术信息，由于具有交互影响的模糊性和缺乏规则上的直接判据，可归为另外一类。

对于第一类用户信息资源的知识产权保护，由于具有与学术信息资源机构所有信息资源相同的特征，可采用与之相同的方式，进行用户具有权属关系的信息资源和其他知识信息的产权保护。其中，正式发表的文献包括具有著作权的著作、论文、专利等，其他具有权属认证关系的主要有硕、博士学位论文，国家基金项目研究报告和会议交流文本等。对于用户拥有的这一类型的学术信息知识产权保护，可归入云环境下学术信息资源知识产权安全保障体系，进行无差别地统一保障。

对于第二类用户信息资源的知识产权保护，由于缺乏规则上的支持判据，且各国知识产权管理规则存在差异，导致了国际标准和规则的非一致性。因此，可以在我国知识产权保护法律框架下，按国家制度化管理法规和条例，针对云环境下信息资源安全保障中的用户安全规范进行处理，以求规则和标准上的一致。

第二类用户信息资源主要包括用户上传到学术信息资源机构的服务接口或提供到云端的信息，以及利用云平台存储和交流的信息。如果这些信息被不合理占用，或被第三方标为自己权属的信息，就会形成对信息原创者（用户）的权属侵犯。对此，存在针对监控、鉴别的控制问题，即在用户交互信息的环节中控制安全风险的发生，同时对侵权事件进行管制。另外，根据学术信息的保护周期，可以按生命周期进行管控。这一措施类似于专利所有者对专利保护的有效期，即在有效期内实施保护，有效期外实行公开共享。

对于用户存储的学术信息资源，如果仅为上传信息的用户使用，或待定赋权者所用，而并非用于交流和共享，则应采用多租户云服务部署模式，进行面向用户的学术信息存取支持。在这一服务架构下，拟采用沙盒技术进行云环境下多租用户的安全隔离，以防止对信息资源的入侵。

在云环境下学术信息资源应用部署中，用户可以将自己的信息资源存取应用部署在云端，以协议方式委托给云应用管理系统管理并负责安全保障。这里，存在云服务提供商的基础安全保障和安全功能配置问题，如果在过程中出现不当，将直接影响学术信息资源安全和用户的知识产权安全。这说明，学术信息资源基于云服务的存取应用开发，应考虑环境和多租户的相互影响。对这一问题的解决，拟采用应用隔离和环境监控方式，对易发生的安全漏洞进行弥补。此外，还应针对不同应用制定相应的资源安全策略，以保证用户存取的安全性。

为了保障云环境下用户学术信息资源存取的安全性和用户权益，对云环境下多租户的应用安全隔离具有现实性。面对多租用户和攻击环节的安全性，沙盒技术可应用于虚拟空间中的安全隔离，以此降低攻击和侵权风险。另外，沙盒技术的回滚机制可以消除痕迹影响，使用户信息安全存取保持正常状态。① 在应用中，CWSandbox 基于 API 的监控和隔离，适合于学术信息资源用户的应用场景，因此可以在应用中进行拓展。

引入沙盒技术可以较好地解决学术信息多用户应用的安全隔离问题，以便在沙盒虚拟空间中正常实现各自的功能。沙盒控制模块功能在于对任务进行分配、监测分析和虚拟控制。将沙盒技术应用于云环境下用户学术信息存取应用部署，可以按用户需求实现各自的任务，同时根据安排设置优先级，完成对任务的排序，锁定对虚拟机的控制权等。云环境下用户学术信息存取应用部署沙盒如图 9-14 所示。

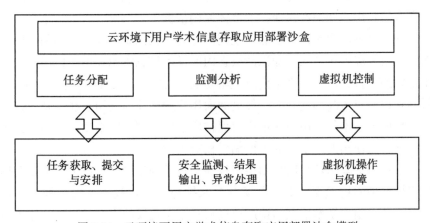

图 9-14　云环境下用户学术信息存取应用部署沙盒模型

在部署中，沙盒监测分析是部署中的关键模块。通过类型匹配构建平台和虚拟机的关联，沙盒控制模块实现对虚拟机运行目标文件的状态监测，对其进行记录，实现控制保障。

云环境下学术信息面向社会共享的传播与利用，是学术信息资源系统服务走向开放共享的必然趋势，其中突出的问题是社会化利用，而知识产权则是有序化信息利用和基本所属权保障的关键。因为，只有合规保护用户知识产权和公共资源的著作权与专属权益，才能促进云环境下学术信息开放服务面向用户的拓展。从用户知识产权安全保证出发，云环境下用户学术信息知识产权保

---

① Jana S，Porter D E，Shmatikov V. TxBox：Building Secure，Efficient Sandboxes with System Transactions ［J］. In IEEE Symposium on Security and Privacy，2011，41（3）：329-344.

护，应着重于以下几个方面：

①云环境下学术信息用户知识产权保护规范的确立。学术信息按国家关于知识产权保护的法规和学术信息资源共享的基本准则，可以进行学术信息资源权属者及服务机构的协议安排。① 对于用户而言，可以通过学术信息共享协议进行授权和保护约束规范。在此基础上，实现用户知识产权保护下的学术信息交流与共享目标，同时规避云服务中的信息用户及相关知识产权风险。基于这一原则，学术信息资源机构、云服务商、数据库服务商和学术信息用户在服务协议中，已形成了基于知识产权保护规范的知识产权保护共识，对学术信息知识所有权、开发数据的分配和用户权限进行约束和保障。这一基本规范原则，便是学术信息用户知识产权保护的整体原则依据。

②学术信息用户知识产权保护规则的完善。在知识产权保护和利用的总体框架下，云环境中包括用户知识产权在内的学术信息资源知识产权保护，应着重于规则的完善，以确保学术信息能够进行正常的传播，同时进行合规开发，在控制知识产权风险的基础上，促进面向用户的传播与利用。在规则完善过程中，云环境下学术信息用户知识产权保护应予以规则上的细化，以加大保护力度，明确合法使用的界限，减少模糊侵权行为的发生。

③云环境下学术信息用户知识产权保护技术的发展。在数字学术信息用户知识产权保护的技术支持上，需要针对保护环节进行技术发展规划。在现阶段，主要针对用户学术信息知识产权授权和基于授权的安全保障进行保护技术的研发和应用组织。在技术实现上，强调学术信息资源机构和云服务提供商的技术协同，以及智能识别基础上的知识产权管理的实现。

④提高学术信息知识产权保护意识。云环境下学术信息资源机构和用户的知识产权保护意识淡薄是导致用户知识产权保护合规实施的负面影响因素。在这一意识状态下，一旦发生信息用户的知识产权纠纷，不仅无助于问题的解决，而且易于引发新的矛盾，从而影响面向用户的学术信息交互访问和开放利用的实现。因此，学术信息资源机构需要重视云环境下的用户知识产权保护问题，除对工作人员培训外，同时也应对学术信息用户进行服务交互，改变信息用户的知识产权保护意识滞后于开放服务发展的局面，使信息服务利用效益与知识产权保护意识得以同步提升。

---

① 袁纳宇. 基于云计算技术的信息服务与知识产权保护——由百度文库"侵权门"事件引发的思考 [J]. 情报资料工作, 2011 (5)：68-71.

10　云环境下数字学术信息资源
风险管控与安全测评

云环境下数字学术信息资源风险管控是有效组织全面安全保障的关键环节之一，由于数字学术信息资源组织和服务的环境要素和多方面因素的关联影响，在安全保障中应建立有效的安全风险识别机制。同时，针对大数据背景下的云安全保护服务安全需求，进行风险监测，完善安全风险控制系统，通过风险测评保障系统实现安全目标。

10.1　数字学术信息资源系统安全风险的引发与识别

数字学术信息资源按其应用目标，依托于信息网络设施和技术，按一定规则进行采集、处理、存储、传输和面向用户的服务。在这一过程中，各方面因素既是支持信息资源组织与服务的要素，同时，各方面存在的缺陷和漏洞也会影响到数字学术资源各环节的安全。一定环境下，各方面因素对安全的影响导致了学术信息资源的安全风险。从这一现实出发，在风险控制中应明确风险的形成和关联影响，以便在有效识别基础上进行安全风险的管理。

10.1.1　云环境数字学术信息资源安全风险的引发

数字学术信息资源风险是指数字学术信息资源组织与服务中的安全隐患，在内外因素的影响下所导致的不确定威胁和危害。面临风险威胁，有效的风险防范与管控是实现学术信息资源安全的基本保证。根据我国信息安全技术和信息安全风险评估规范标准（GB/T 20984—2007），以及学术信息资源组织与服务中的安全威胁及其影响，可以将其归纳为硬件风险、软件风险、数据风险、系统风险和人员风险。每一方面的风险引发，都与对应的威胁和相应方面的脆弱性息息相关。

①硬件安全风险。数字学术信息资源组织与利用硬件是软件运行的依托和系统架构与运行的物理支持。学术信息资源系统中，硬件安全风险包括网络设备风险、系统设施风险、通信交换设备风险、数据存储设备和处理设备风险以及物理构架风险。硬件风险威胁包括设施缺陷和来自内外部的影响，可区分为物理环境风险、设施运行和管理风险。

②软件安全风险。数字学术信息资源软件是一系列按照特定功能的计算机操作指令的组合，在学术信息资源和网络中具有全面数据管理和应用组织的支持作用，是信息资源组织和服务的基础保证。学术信息资源组织与服务系统中的软件风险不仅包括操作系统、数据库软件存在的风险，而且包括应用软件和工具的安全风险。云环境下，软件的功能拓展和应用在得到迅速发展的同时，也提出了安全风险的深度防范问题。要求针对软件的威胁，进行基于风险控制的恶意代码、系统入侵、系统渗透识别和针对安全漏洞的恢复保障。

③数据安全风险。数据存在于学术信息资源系统之中，按存在形式，数据分为源代码、数据库数据、系统文档等。学术信息系统中的数据可以区分为内部和外部数据。内部数据风险是系统运行和操作数据存在的风险，包括数据丢失、数据调用失效等；外部数据风险为系统存储数字学术资源数据的风险，包括存储资源数据库破坏和误删除等。数据风险由窃取信息、通信渗透、数据应用入侵、错误数据输入、数据流量过载等因素引发，涉及系统数据的完整性、保密性和可用性以及安全事故的出现。

④系统安全风险。学术信息资源系统安全风险是指信息资源服务系统组织和运行上的风险，涉及信息资源组织与服务流程中的各个环节，包括信息资源采集风险、处理风险、存储风险、开发利用与服务风险，系统运行环境要素、资源要素、技术支持和服务架构等要素决定了风险的引发和控制关系。同时，学术信息资源的脆弱性和服务链节点的耦合关系决定了风险识别与控制上的整体性。

⑤系统人员安全风险。云环境下的数字学术信息资源组织与服务不仅需要网络运营方、数据库提供方、云服务提供方和信息资源机构的协同，而且需要数字信息资源机构人员和其他方面的人员合作。这一基本的协同和合作关系，决定了系统的整体安全。由于各合作方独立运作，人员安全管理难以有效统一，从而引发了人员安全风险。其中，各方人员对系统构成有着各自的理解，人员的误操作往往会诱发数字学术资源信息系统的人为风险，因此在风险控制中，应予以特别重视。

从以上五个方面风险因素的分析可知：对于硬件风险、软件风险和数据风险，应着重于技术层面的风险管控，同时从管理层面进行支持；对于系统风险和人员风险，可从管理层面进行组织，同时予以技术安全支持。这一组织路径，从客观上看具有普遍性。

云环境下学术信息资源组织与服务具有动态性的系统架构，系统功能构架和运行随着环境变化和技术更新而变化。因此，在系统安全运行保障中，应根据硬、软件配置、资源组织、信息服务的安全保障目标，进行安全风险的管控，其风险控制机制如图 10-1 所示。

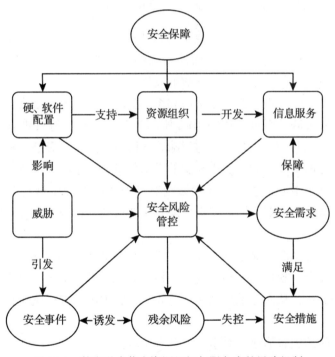

图 10-1　数字学术信息资源组织与服务中的风险机制

数字学术信息资源系统运行中，安全风险管理针对安全威胁的应对和安全事故管控进行组织，在面向硬件资源组织与服务安全保障的实现中，确保各主体的信息安全。基于此，应从系统的安全运行需求出发，从威胁的角度着手，进行安全风险的识别和控制。从来源上看，系统威胁出自系统的内外部威胁，如果未能及时应对，将有可能演化为安全事件，因此应根据其发生环节，进行有针对性的管控部署。

安全措施是应对系统安全风险的重要环节，安全措施针对安全威胁和安全事故而制定，旨在应对内外部安全风险，控制影响，以满足系统的安全保障需求。然而，在系统的脆弱性和内外因素的影响下，安全措施的作用毕竟有限，对于未能消除的安全事故残余风险，应提交安全风险管理系统进行应对。

根据风险要素分析所进行的管理构架，在于从整体上对学术信息系统资源组织与服务中的风险的有序管控，以形成完整的安全保障链条，以便实现对硬、软件资源和服务风险的有序管理和控制目标。

10.1.2　学术信息资源系统安全风险的识别

学术信息资源系统中，风险要素之间具有相互作用的关系，系统的脆弱性导致安全威胁防御中的漏洞，从而使系统的完整性、可用性和保密性受到破坏，最终引发学术信息系统安全事故的发生。

按系统动力学原理，在安全威胁和系统脆弱性存在的情景中，对应的学术信息系统风险关联关系可以用图 10-2 所示的节点关联进行直观表示。因果关系图中的一切关联均为正相关，这意味着各因素之间交互影响，从而决定了安全风险的多方面交互机制。图中显示的学术信息资源系统硬件风险、软件风险和数据风险处于中心位置，其要素影响对其他风险的产生具有关键作用。另外，不同的威胁直接对不同的安全保障对象造成破坏，因此应针对脆弱性进行风险管控。

根据风险关系图所显示的风险，在学术信息资源系统的安全风险识别中，可围绕硬件安全、软件安全和数据安全核心问题，进行基于安全威胁与系统脆弱性的影响分析，从而寻求从系统运行和人员管理出发进行风险管理的基本策略。

数据风险的关联形成。对学术信息资源数据资产直接造成破坏的威胁包括站点入侵、服务攻击、非授权操作、数据通信故障等。数据风险和硬件、软件风险具有连带关系，因而需要围绕数据安全进行一体化风险管控。

硬件风险的关联。学术信息资源系统硬件风险包括配置风险、使用风险和管理风险。其配置应与软件和数据管理功能相适应，硬件的基本构架同时存在着设计的漏洞和运行中的操作问题。在实现中，这些问题与软件和数据管理直接相关，因而需要从其中的关联关系出发进行识别和风险管控。

软件风险的关联。软件功能的实现架构在一定的软件环境中，强大的软件安全功能如果没有相应的硬件保障，也将无法实现；同时，应用软件和数据管

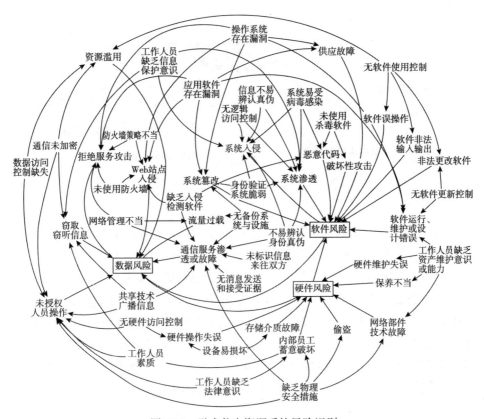

图 10-2　学术信息资源系统风险识别

理调用及服务直接相关。基于这两方面的问题，需要进行数据、软件和硬件的整体安全保障。

　　鉴于硬件风险、软件风险和数据风险之间的关联关系和数据安全在学术信息资源组织与服务各个环节的核心位置，在关键风险要素分析中，可以构建以数据安全保障为核心的数字学术信息资源安全数据风险模型。从总体上看，数据风险的检测可以从系统数据管理与作用出发进行监测，按其中的基本关联关系可区分为数据通信故障、数据服务攻击、数据未授权操作、数据流量过载、数据资源滥用、数据窃取或占有和 Web 站点入侵。

　　在各关联因素分析的基础上，根据风险因素的影响，可构建如图 10-3 所示的数据风险来源模型。图中，按风险来源和影响进行了风险控制的识别构架。在构架中，只要监测到以下七个来源的某方面异常，即可启动风险控制响应。

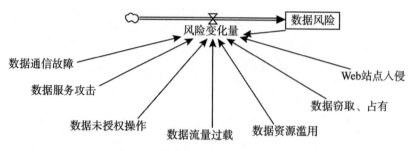

图 10-3　学术信息资源数据风险识别

图 10-3 中，学术信息资源数据七个方面的安全威胁，在不同环节对学术信息资源数据产生影响，如果缺乏针对性的风险管控措施，必然会对数字资源的安全构成持续性危害。因此，应对数据风险进行进一步分析。

在围绕七个方面的安全风险威胁分析中，2017—2018 年，我们对 10 个 CALIS 成员机构作了调查和安全风险监测结果的分析，发现影响最大的是数据未授权操作、数据流量过载、数据窃取和占有，其他影响依次是数据通信故障、数据服务攻击、数据资源滥用和 Web 站点入侵。考虑数据风险对数据保密性、完整性和可用性的影响，其综合结果见表 10-1。

表 10-1　　　　　　　　　安全威胁对数据风险的影响

威胁来源	风险影响排序	数据保密影响	数据完整性影响	数据可用性影响
数据未授权操作	1	✓	✓	✓
数据流量过载	2			✓
数据窃取、占有	3	✓	✓	
数据通信故障	4			✓
数据服务攻击	5			
数据资源滥用	6		✓	✓
Web 站点入侵	7	✓		✓

授权操作作为学术信息系统最严重的安全威胁，尤其值得关注。这是因

为，学术信息资源系统是一个操作频繁、资源利用范围广的开放系统，需要在严格的授权登记上进行操作。一方面，这要求对未授权访问操作和系统互操作进行严格监控，防止对系统的渗入，同时进行数据保密性、完整性和可用性安全管控，避免非法获取数据的情况发生。另一方面，对于内部的操作也需进行越权误操作风险控制，以及时发现存在的隐患。

数据流量过载是由于网络和通信配置不当，同时未能进行数据流量的均衡控制，而造成数据传输的可靠性出现问题。过载问题表现为网络流量的异常变化，以及因链路堵塞使数据传输不能安全地进行。另外，IP 的分布在不同程度上也影响着数据访问的通畅。对此，在风险监测基础上应采取优化配置的策略。

数据窃取或占有与未授权操作有着相似之处，都是由一定的管理漏洞所引发，其实质是，内部非规人员破坏了数据的完整性和保密性。不同之处是这种窃取行为还对数据产权造成了破坏，而且破坏更具隐蔽性和针对性。窃取或占有的数据还可能包括通信业务数据和用户数据，对此应采取更严格的安全保障与风险控制措施。

数据通信故障是由于网络通信配置或构架不稳定所致，在不稳定状态下，系统的通信存在着切断的风险，从而导致无法从系统中获取数据和传输数据。数据资源作为获取数据及组织服务的基础性保障，一旦出现故障，要求在短时间内迅速恢复，因此在风险控制中应着重于事故响应。

数据服务攻击是一种最常见的网络攻击形式，目的在于使学术信息资源系统无法正常提供资源或服务。① 在系统运行中，攻击者往往利用网络上的非法主机发动集中攻击，从而使数据和服务中断。② 由于数据服务攻击的范围广影响大，在风险管控中，应着重于攻击监测、锁定和处置。

数据滥用实质上是一种恶意使用数据的侵权行为，存在于系统与环境之中。对于机构内部操作和管理人员，应按规范进行数据使用的监督；对于与信息资源机构合作方人员，应进行合规协议的风险控制；对于用户则进行数据使用中的侵权监管。对于所有人员，都应进行利用数据的安全防护。

① 陈秀真，李生红，凌屹东，李建华. 面向拒绝服务攻击的多标签 IP 返回追踪新方法 [J]. 西安交通大学学报，2013（10）：13-17.
② Alomari E, Manickam S, Gupta B B, et al. Botnet-based Distributed Denial of Service (DDoS) Attacks on Web Servers：Classification and Art [J]. International Journal of Computer Applications, 2012, 49 (7)：24-32.

Web 站点入侵是频发的一种入侵风险，入侵风险往往由漏洞引发，入侵破坏主要包括对页面内容的恶意修改、虚拟链接或非规链接的植入等。Web 访问是用户利用学术信息资源服务的主要方式，一旦站点遭遇入侵，数据服务可用性遭受损害的同时，也会对其他方面产生很大影响。因此，需要重点防护和进行风险监控。

学术信息资源组织与服务威胁对系统的破坏，与系统的脆弱性关系密切。因此，学术信息资源风险识别应根据风险与脆弱性关联影响，对系统风险因素关系进行分析。表 10-2 综合归纳了各方面要素的关联作用，归纳了我们近三年来的跟踪调查和监测分析结果。

表 10-2　　　　　　　　　　安全威胁与脆弱性对应关系

风险威胁 / 脆弱性	未授权操作	数据流量过载	数据窃取与占有	数据通信故障	数据服务攻击	数据资源滥用	Web 站点入侵
应用软件漏洞	✓				✓		✓
硬件设施控制	✓						
消息发送和接收证据				✓			
软件使用控制						✓	
备份设施与系统		✓		✓			
使用防火墙隔离					✓		✓
标识信息往来双方标识				✓			
网络管理细节		✓		✓	✓		
数据通信加密	✓		✓			✓	
数据访问控制	✓					✓	
物理安全措施	✓			✓			
入侵检测配置	✓			✓			✓
共享技术保障	✓		✓	✓			
专业人员素质	✓		✓				
安全管理规则	✓						
系统隔离构架					✓		✓

风险威胁 / 脆弱性	未授权操作	数据流量过载	数据窃取与占有	数据通信故障	数据服务攻击	数据资源滥用	Web 站点入侵
操作漏洞监控					✓		✓
身份安全认证				✓			

从风险威胁与学术信息资源组织和服务构架脆弱性关联分析中可以看出，多种威胁因系统的脆弱而产生作用，使系统受损，导致安全事故的发生。因此，可以从风险防范和安全等级要求出发，对系统抗风险性提出要求。从总体上看，威胁存在于系统内外部，且无法避免，但是脆弱性可以通过安全手段进行改变，以便在应对威胁中保证信息资源系统的安全。

系统脆弱性、管理脆弱性和技术脆弱性。技术脆弱性涉及软件漏洞、操作漏洞、访问控制以及网络安全措施部署；管理脆弱性集中在人员方面和安全实施上，涉及安全制度、人员安全素质和安全水平，以及安全体系架构和响应控制组织等。这两方面的问题存在于学术信息系统风险的全过程，需要从整体上进行风险控制的应对。

10.2 数字学术信息资源云计算服务技术和管理风险控制

2013 年，云安全联盟（Cloud Security Alliance，CSA）将云安全威胁归纳为数据泄露、丢失，账户或流量劫持，不安全接口和服务，恶意内部操作，服务的滥用，审查不充分，以及共享技术的漏洞等方面。

与此同时，国内外对云服务在各领域的应用进行了探索，在服务安全保障中，从技术、管理和法规角度的安全风险管控构架为服务组织提供了保障。对于数字学术信息资源云服务而言，拟从基本框架出发，结合学术信息资源云服务中的现实问题，进行面向应用的拓展。

云计算服务中，无论对于服务链中的云服务商，还是使用云服务的包括图书馆在内的学术信息资源机构而言，都需要协同解决安全保障问题，其关键是保证服务资源的安全可用性，确立风险共担的信任关系。在这一前提下，面对学术信息资源风险因素的影响，可以从安全技术风险和安全管理风险两个基本方面入手进行风险识别和控制。

10.2.1 云环境下学术信息资源安全保障中的技术风险控制

云服务按其模式的不同，应采用具有针对性的技术风险控制策略。① 根据陈驰等对 IaaS、PaaS、SaaS 的安全构架分析，在数字学术信息资源云服务中，有必要对 IaaS、PaaS、SaaS 三种云服务风险进行区分，以形成针对具体问题的风险识别与控制方案。IaaS 将计算设施的应用和基本的计算资源进行部署，实现基础设施即服务；PaaS 将客户所采用的开发工具应用部署在云端，实现平台即服务；SaaS 提供云计算基础设施上的应用程序，实现软件即服务。按云服务部署三种不同模式，其风险控制和安全保障具有不同的机制。IaaS、PaaS、SaaS 三类云服务模式的技术风险如图 10-4 所示。

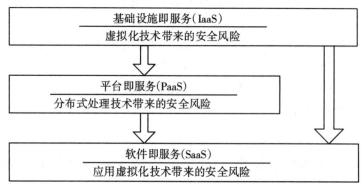

图 10-4　三类云服务技术风险

基础层的 IaaS 模式，安全保障在于面向基础设施的安全使用，控制虚拟化技术引发的基础设施服务安全风险；平台层的 PaaS 模式在于应对分布式处理技术带来的安全风险，进行开发应用和服务安全保障；软件层的 SaaS 模式，围绕应用虚拟化技术进行风险管控，保障应用服务、软件功能的安全。在风险控制与信息安全保障实现中，三种模式都需要进行环节上的安排。

（1）IaaS 安全风险控制

采用 IaaS 模式，底层的基础设施风险控制与安全由云服务提供方保障；在此基础上，学术信息资源组织与资源服务风险由信息资源机构负责应对。

---

① 陈驰，于晶，等 . 云计算安全体系 ［M］. 北京：科学出版社，2014：26-44.

由于虚拟化技术的多租户应用，使得 IaaS 信息安全保障和安全风险控制发生了新的变化，所面临的风险主要存在于主机、网络和数据资源层面，见表 10-3。

表 10-3　　　　　　　　　　　　　**IaaS 技术风险来源**

主机风险	网络安全风险	数据安全风险
恶意代码攻击 非法用户获取访问权限 主机的安全运行缺陷 安全风险影响扩散 主机的安全策略问题 学术信息资源安全冲突	网络 DOS 攻击等 网络监听、入侵 传统网络安全防护边界消失 恶意虚拟机进行的网络攻击 虚拟机共享物理网络安全风险	数据存储的位置不确定 数据有效隔离障碍 数据丢失 数据残留 数据传输过程安全性能保障困难 数据安全迁移面临技术挑战

IaaS 的网络风险来源于网络空间虚拟化和使用虚拟化，通过虚拟交换的多租用户进入，必然导致共享物理网络资源的风险发生。这说明，通过虚拟交换机实现资源按需调用的同时，需要控制使用风险。在 IaaS 服务流程中，多用户对服务的利用，存在着数据存储转移中的安全问题，需要进行基于多租用户的风险监管。

（2）PaaS 安全风险控制

一方面，PaaS 的风险来自于为用户提供的分布式软件开发、测试环境和部署之中，接受服务的用户必须对 PaaS 提供商的应用程序环境进行安全使用和控制，以保障应用程序开发、部署和使用安全。另一方面，PaaS 平台通过分布式处理可以实现服务器群间的协同工作，这就需要对群间安全风险进行监控。在面向用户的需求响应中，其分布式文件系统需要进行面向用户的网络数据文件集中呈现，其中的安全问题同样应该关注。

当前，分布式文件系统 LUStore、Hadoop、GoogleFS 等已经广泛应用于数字信息资源系统之中，因而应用中的风险需要面对，特别是在用户无需考虑文件存储位置的情况下的操作安全风险不可回避。从实质上看，在分布式同步技术的应用中应解决分布式处理数据的一致性问题。在 PaaS 平台中，分布式处理技术是实现 PaaS 的关键技术，其技术安全保障和风险控制因而处于关键位置。PaaS 层级保护，以及分布式处理技术本身的安全风险和应用安全风险便成为其中的关键。PaaS 技术风险来源见表 10-4。

表 10-4   **PaaS 技术风险来源**

数据安全风险	应用风险
数据存储和迁移风险 组件失效 处理速度限制 多用户应用访问 服务器频繁故障	平台的开发环境不安全 PaaS 提供的编程模型不明确 PaaS 提供的编程接口复杂 用户应用及其运行环节配置不当 多租户应用安全隔离问题 服务器分配组织问题

由于 IaaS 提供的基础设施不涉及应用服务部署，因而不需要考虑风险防控与安全防护风险；而 PaaS 提供的是基于平台的开发和应用部署，与服务及应用安全息息相关，其中涉及应用环境风险控制和安全责任的划分，以及安全防护规则的制定。因此，PaaS 除在整体上受 IaaS 主机风险、网络风险的数据风险影响外，还存在 PaaS 应用安全风险和数据处理风险问题。

（3）SaaS 安全风险控制

在 SaaS 提供的服务中，用户面临的安全风险在于，其安全保障由云服务商负责，其对服务安全的依赖性使得风险难以自控，而只能强化风险管理方责任的履行。对此，云服务提供商必须保障多租户的数据隔离安全，同时确保对于多用户的可用性和及时的用户响应。SaaS 平台中，安全风险控制的重点，在于强化合规应用的安全性和数据迁移风险的可控性。SaaS 平台提供商可以将应用部署在私有云服务器上或在第三方提供的设施上进行部署，如果采用公有云部署，各机构数据则存在集中存储引发的风险。为了保持较高的数据可获取性，多地部署下的用户数据复制风险也必须应对。总体而言，SaaS 用户由于对数据的安全性缺乏控制能力，面临着更为复杂的安全风险结构，应将其作为一个核心问题解决。SaaS 安全风险响应层次如图 10-5 所示。

由图 10-5 可以看到，虚拟化技术作为 SaaS 的核心技术，围绕服务安全的风险控制，以技术应用风险管控为核心展开。在服务中，用户通过网络进行应用资源访问，对其访问接口安全、访问实现和应用程序操作安全应予以全面保障。SaaS 虚拟化技术风险来源结构见表 10-5。

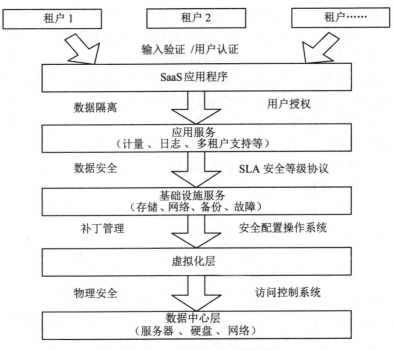

图 10-5 SaaS 安全层次结构图

表 10-5   **SaaS 技术风险来源**

数据安全风险	虚拟化应用安全风险
数据存储和迁移风险	多租户架构下的应用隔离安全
组件失效	应用管理复杂
处理速度未满足	用户端虚拟空间运行软件
多用户并发访问	客户端的外设端数据泄露
服务器使用故障	数据传输安全

由表 10-5 可知，SaaS 技术风险主要来源于主件失效、应用管理复杂、虚拟空间运行、客户端数据泄露等，其关联影响因素存在于虚拟化应用之中和设施运行的安全。对此，应予以全面管控。

10.2.2 云环境下学术信息资源安全保障风险控制

与 IT 架构不同，学术信息资源云服务中数据的所有权和管理权相互分离，其中用户在云端的数据必须由云服务方提供安全保障，由于用户不能从技术上直接控制云数据安全，因而需要从管理角度实现对风险安全的控制。云服务提供商由于没有云数据的所有权，无法直接对数据进行内容管理，其数据管理安全受到限制，也需要和数据拥有方进行合作。同时，云服务方无法控制用户使用端的相关操作风险，对于安全保障需要管理层面上的实施。对于云计算面临着的管理挑战，应从以下几个方面进行风险管控的组织。

人员管理风险控制。云服务提供商方面的管理人员非规或恶意操作，也是引发存储在云端的学术信息资源安全事故的原因，其后果是对云服务形成直接的威胁，可能导致学术资源数据泄露和数据无法正常利用。因此，必须对人员进行合规操作要求和行为规范。

运营管理风险控制。数字学术信息资源云服务链节点上的硬件、软件提供商负有合规运行的责任，其中存在的安全风险应得到合规的管控。其中，采用相关技术构建的云平台安全，需要按节点之间的安全链关系进行基础设施和相关技术的风险监测，有效控制风险的形成和影响。这是因为云服务链中任何一方安全链断裂都会影响到全局，进而造成云服务故障或服务终止。

安全监管风险控制。在具体实现中，应强化分级安全保障中的风险控制监管，针对云环境下信息安全边界的模糊化和安全主体的多元化构成，应进行安全风险管控的系统化实现，其要点是在开放网络环境中，针对虚拟技术的漏洞，进行体系化的安全管理监督，落实安全责任，进行安全认证，实现对云计算服务的监管目标。

合规审计风险控制。合规审计包括对云服务链中的节点协议和相关责任的审查，协议上的漏洞和隐患需要在审计中发现并弥补。因此，审计的客观水准直接关系到基于协议的业务运行安全，审计中的风险控制在于消除各方面安全因素的影响。对于云计算 SLA 而言，合规审计风险控制围绕协议执行的风险展开，强调对云服务各方履行协议中的监督和控制。

物理安全管理风险控制。包括学术信息云服务在内的云计算构架中，物理安全是云安全的基础支撑，从各种因素引发的云安全事故来看，物理安全保障和安全风险控制处于重要位置。由于物理安全因素的直接关联性，可以从基础设施安全管理和物理安全环境风险管理出发，进行云服务物理安全层面的自然环境、使用环境和物理操作风险等方面的威胁监测，以便从管理出发实现安全保障的目标。由于密钥的管控与云服务中的主体操作权限直接相关，除技术保护规则外，责任管理的落实是其中的基本环节。混合云部署中，用户还需要进行跨云平台操作，在多个密钥中实现不同的操作转换，由此引发的密钥风险，需要相应的控制机制作保障。

用户身份管理风险控制。用户身份管理的合规性、完整性和可靠性直接影响到学术信息资源服务的安全，对用户身份管理的风险进行控制，在于确保身份认证和基于身份授权的合规，以防止有可能出现的身份混乱。由于身份的复杂性，其管理风险控制在于身份属性管理和身份管理中的入侵防御，以消除内外部人为因素的影响。

控制权风险控制。与 IT 架构相比，云环境下学术信息资源具有跨系统组织和多元主体融合服务的特点，因而控制权的削弱已成为不争的事实。对于学术信息资源机构而言，一般通过服务链节点协议进行存储数据在云端的安全使用控制。对于云服务提供方，不可能行使完整的控制权；学术信息资源服务机构由于控制权的削弱，信息资源安全保障的主动权必然降低。因此，需要对控制权风险进行有效管控和合理安排。

隐私保护风险控制。云环境下的用户信息存储在云端，用户认证和身份信息的利用也存在分散问题，从而加大了用户隐私保护的难度。因此，云环境下学术信息用户隐私保护，不仅涉及学术信息资源服务机构，而且需要云服务方针对用户的隐私安全进行保护协同。因此，隐私保护风险应进行统一控制，以保证学术信息资源服务机构和用户的信息安全。

攻击取证风险控制。学术信息资源云服务中，资源的分布组织和虚拟化管理，带来了漏洞监测和攻击防御的困难。同时，对于攻击证据的取证，需要从多方面进行。由于多租户的接入和虚拟化服务的应用，造成了取证的复杂性，增加了攻击取证的难度。对此，应进行面向过程的风险控制。

安全测评风险控制。安全测评是云环境下数字学术信息资源安全保障的全面实现需要，也是进行信息安全风险控制的环节。因此，安全测评的准确性、及时性和客观性决定了风险控制和安全保障的水准。其中的风险控制在于对测评的可信度进行控制，使其保持在应有的水平等级上。

法律差异风险控制。一方面，云环境下学术信息资源的开放共享和正常的国际交流，不仅是学术研究发展的需要，也是共享学术成果的需要。另一方面，开放交流带来的安全隐患和系统风险也必须应对。其根本方式是通过法律保障来实现。然而，由于各国法律上的差异，导致安全上的冲突。对此，应进行法律差异风险评估，在法律原则基础上维护国家信息安全。

云环境下学术信息资源安全管理风险控制的最终目的是完善风险防御和信息安全保障的系统功能，实现面向组织结构、业务流程和云服务对象的安全风险分层管控目标。图 10-6 归纳了云环境下学术信息资源安全风险分层管理关系与构架。

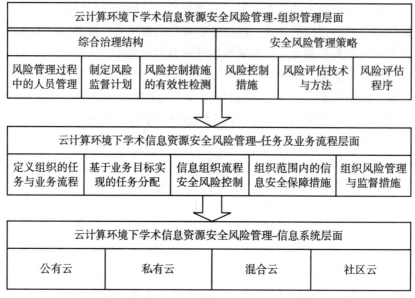

图 10-6 云计算环境下学术信息资源安全风险分层管理框架

    如图 10-6 所示的模型中，在学术信息资源风险控制的基础上，拟推进以风险管理为中心环节的全面安全保障。在这一前提下，学术信息资源安全管理在组织管理、业务流程和信息系统层面上展开。这三个层面的风险管理构成了一个完整的体系。

    组织管理层面上的学术信息资源安全风险管理，包括综合治理结构和安全风险管理策略两个方面。综合治理结构从风险过程中的人员责任、风险监控计划和风险控制有效性检测角度进行组织；安全风险管理策略针对风险控制、风险评估技术、风险评估程序进行确定。其中，由于涉及不同人员的安全职责，所以需要进行管理权责的分配。信息安全风险控制措施应强调有效性检测和安全风险监督计划的落实。

    在学术信息资源安全管理业务流程层面上，进行组织任务与核心流程的定义，完成基于业务流程和目标的任务分配，在信息资源组织流程的风险控制中，推进信息资源安全保障的实施，以及安全风险管理监督的开展。其中，定义组织的任务与业务流程，确定安全保障任务优先级，定义信息流安全和范围，以及明确组织风险管理与监督方式，处于重要位置。

信息系统层面上的学术信息资源安全风险管理，旨在接受来自管理层级业务流程层的信息安全控制指令，按相应的云服务部署控制系统安全风险。具体实现上，针对公有云、私有云、混合云和社区云服务进行安全风险的管控。

10.3 云环境下学术信息资源安全监测与响应

学术信息资源安全保障中，全过程的信息安全监测是进行安全风险控制的一个重要方面。通过对信息资源组织与服务流程安全数据的获取和分析，为合理的安全控制提供依据，同时在安全预测的基础上，进行安全风险的预警与响应，从而实现云环境下学术信息资源全程安全保障的目标。

10.3.1 云环境下学术信息资源安全监测

云环境下学术信息资源安全监测是进行安全风险控制与安全事故防御的一个重要方面，其基本操作是对信息资源系统和云服务过程中的风险和安全数据进行分析和报告，以达到监控安全、及时发现并处理安全事故的目的。按学术信息资源活动安全检测的对象，其基本操作主要涉及用户、应用程序和系统等。所进行的操作是将采集的信息安全状态数据，同步进行分析和评估，按安全运行标准对照评估数据，以便及时发现异常，为事故处理提供依据。安全监测的目的在于，将安全风险控制在合理的范围内。云环境下学术信息资源安全监测过程如图 10-7 所示。

信息资源安全监测作为学术信息资源安全控制的重要组成部分，在安全保障中的作用在于：通过对学术信息资源服务链中各节点环节的信息安全监测实现全流程安全风险的控制，以及对突发安全事故的响应。云环境下学术信息资源具有分布结构和分散利用的特点，而且多用户交互和面向应用的服务开展，其安全漏洞和隐患的存在更为普遍。这一情景下，仅仅依赖于学术信息资源机构的监管和云服务方的安全保障，已难以应对安全事故的影响。同时，学术信息资源系统的脆弱性，使之更容易成为网络攻击者的目标，不少攻击的发生无法事先预知。因此，对信息资源系统与服务安全进行实时监测是应对威胁、控制风险的有效措施。通过实时监测数据分析和评估，有助于安全事故的实时响应和风险的随机防范。

另外，云环境下学术信息资源安全监测数据也是系统安全水平的实时反映，因而，安全分析结果亦可用来验证安全控制的有效性。由于安全控制都是

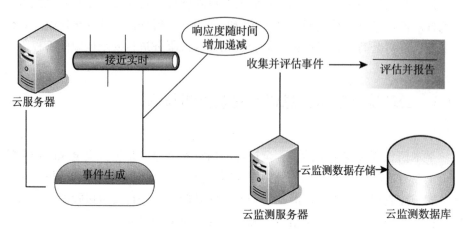

图 10-7   云环境下学术信息资源安全监测及反馈

面向过程执行的，而信息安全监测中的事件数据采集和分析结果可以向安全控制反馈，因此在数据反馈中，可以做出判断：如果安全控制是有效的，那么受控对象的安全事件就不会无规律地出现；反之，如果信息安全监测数据异常，那么针对相关安全事件的控制则没有发挥应有的作用，而应进行修正。云环境下学术信息资源安全监测功能包括资源系统安全漏洞和错误的检查，以及学术信息资源机构和云服务提供商的风险控制缺漏和响应检测。安全监测在安全协议与监测规则的基础上进行，以确保安全监测的有效性，以便在安全协议规定的可控范围内对安全漏洞及攻击响应进行管控。① 同时，云环境下学术信息资源安全监测还在于为打击云计算信息犯罪提供证据支持。另外，云环境下学术信息资源安全监测数据可作为用户行为、资源系统运行的可信取证数据而存留。

云服务系统本身具有生成安全事件的检测能力，在云服务组织中，通过系统配置可以生成安全事件，进行风险识别和安全运行的测试，为系统完善提供依据。在实际运行中，通过对操作系统的配置，按风险控制规则生成审计或系统事件日志，这一场景下操作系统可以根据强制标签访问控制，最终生成相应的安全事件控制数据集。云环境下学术信息资源组织与云服务平台基础设施、基础网络、中间件等层面都存在着安全监管的问题，因而可以通过安全事件控

---

① NIST Special Publication 800-37 Revision 1, Guide for Applying the Risk Management Framework to Federal Information Systems, A Security Life Cycle Approach [EB/OL]. [2016-03-20]. http://dx. doi. org/10. 6028/NIST. SP. 800-37r1.

制数据集进行面向流程的应用，形成相应的安全事件对策。在实际监测中，安全事件数据的应用直接关系到安全事件分析和评估结果，因此应在大量的安全事件数据中进行针对事件的精准调用，以响应紧急的安全事件，从而发挥信息安全监测的应有作用。

云环境下学术信息资源安全监测，需要进行安全事件的区分和分析，同时针对信息安全监测的等级进行排序。数字学术信息资源安全风险管理，将信息安全事件监测标准与数字学术信息资源安全风险场景结合，实时处理与安全事件直接关联的数据，避免安全监测数据的滞后处理。云环境下学术信息资源安全监测，除安全事件发现和安全等级处理外，对安全事件的控制预期也十分重要，这就需要进行安全响应效果分析。值得指出的是，对于云环境下学术信息资源安全监测，并不是风险数据采集越多就越好，而是要强调信息安全监测的关键数据处理效率。基于此，采取的方式有两种：一是进行信息过滤，即在信息安全监测数据来源处保证数据质量；二是与信息安全监测核心数据集进行对照，根据安全需求从对应的安全监测区域调集安全监测数据。

通过学术信息资源安全监测，可以获取表征信息资源安全状况与风险的数据，其数据可作为系统安全的判断依据。通过采取数据与安全事件发生数据的对比分析，可以显示系统相关的信息安全态势，继而在安全态势分析基础上进行云环境下学术信息资源安全警示。按学术信息安全事件的发生原因和影响大小，可区分为简单事件的检测报警和复杂事件的检测预警。其中：简单事件由单一因素引发，可以进行及时响应和事件处理的恢复；复杂事件往往由多重因素引发，需要进行关联分析，确定其中的关键要素影响，在恢复中需要多方面协调。无论是简单安全事件报警与指示，还是复杂安全事件的警示，都需要依据安全风险响应规则，利用安全事件数据集进行监测结果分析，从初始事件发生态势判断中进行安全示警和监控指示。学术信息资源安全监测的实现，如图10-8 所示。

云环境下学术信息资源安全监测，在于进行安全事故报警和应对安全事件的提示，以便启动安全事件的响应。从实施上看，学术信息资源安全监测与安全应急响应是相互衔接的两个环节，其基础是安全事件的合规管控。在学术信息资源安全监测与响应的信息安全控制规则下，通过信息安全事件监测显示学术信息资源安全状态，通过风险管控进行事件响应，从而将云环境下学术信息资源安全风险控制在允许的范围内，以实施有效的信息安全控制防护。

在系统信息安全监测与响应中，网络环境下的 P2DR 安全模型，在医疗卫

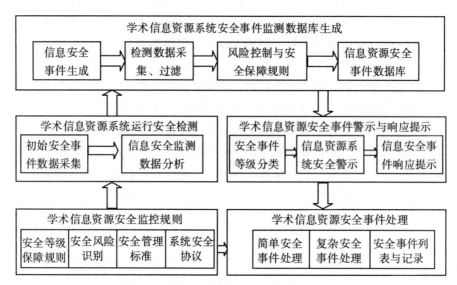

图 10-8　数字学术信息资源安全监测框架

生、金融等领域的信息安全监测与应急响应中得到应用。① 其安全模型的基本
描述为：安全风险控制与安全防护在风险分析、漏洞监测和执行提示基础上进
行，通过系统实施，并实时进行响应执行。其中，P2DR 安全模型强调安全监
测、应急响应和安全防护的过程循环，旨在适应云环境下信息安全控制环节。
对于学术信息资源安全监测与响应控制来说，在整体组织模型中，应将云环境
下学术信息资源安全监测、系统安全控制、信息安全防护和用户安全保障进行
无缝衔接。

借鉴 P2DR 安全模型，云环境下学术信息资源安全响应可以作为整体安全
监控中的一个环节对待，因此，在实现上安全响应可以分为响应前、响应中和
响应后三个阶段。响应前是在云环境下学术信息资源安全控制规则上的监控，
按安全恢复状态进行信息安全响应准备。为了准确快速地响应、实时处理安全
事故，需要明确安全事故处理的规程，在分级保护框架下对安全事故进行处
置。云环境下学术信息资源安全事故包括信息资源系统故障、数据泄露或丢
失、服务攻击、不安全关联等，在安全响应中拟根据不同的安全事故来源制订

① 黄勇. 基于 P2DR 安全模型的银行信息安全体系研究与设计 [J]. 信息安全与通
信保密，2008（6）：115-118.

应急预案，以保障云环境下学术信息资源安全响应的精准性。安全响应中，从学术信息资源安全监测数据所反映的安全环节和问题出发，可追溯安全事件的引发因素，定位安全响应操作，通过相应的信息安全保障措施进行及时应对，将攻击破坏的损失降到最低。响应后，主要是在事故处理基础上完成系统恢复，及时修复信息资源中的安全漏洞，巩固学术信息资源安全防护体系，同时完成相应安全事件报告，为相关方面的人员责任追究提供证据。

云环境下学术信息资源安全响应，除技术实现外，还需要人员的介入，通过人员参与进行针对复杂安全事件的控制和风险防御，落实信息安全控制方案细节。因此，云环境下学术信息资源安全响应需要从整体上纳入安全保障之中，进行人员管理。从长远发展看，应着重于相关人员的素质提升和处理能力的提高，以应对云环境下学术信息资源安全事故的动态变化，弥补安全响应技术措施在应用中的不足。

由于学术信息资源机构和云服务提供方在 Iaas、PaaS、SaaS 模式下责任的不同，其安全事故发生后的安全响应存在一定的差别。在 Iaas 和 PaaS 框架中，系统操作和应用程序的安全信任边界由学术信息资源机构和云服务提供商所处环境决定，因此，学术信息资源机构和云服务提供方需要协同进行信息安全检测和安全事件响应的准备，对云计算环境下出现的漏洞或攻击，分工协作，及时采取有效的安全措施。对于 SaaS 模式而言，也应在明确学术信息资源机构和云服务方具体责任的基础上，进行基于安全响应责任管理的安全风险控制。学术信息资源机构和云服务提供方在不同模式下的安全监测和安全事件责任，见表10-6。

表 10-6   学术信息资源机构和云服务提供方的安全事件责任

模式 环节	IaaS 模式	PaaS 模式	SaaS 模式
运行安全监测	学术信息资源机构负责监测网络接口安全、主机入侵事故、虚拟机运行、应用程序漏洞、数据保存安全事件等；云服务方负责监测网络设施、数据处理、存储和其他配置资源的安全监测	学术信息资源机构监测对应用程序的入侵和学术资源系统漏洞等；云服务提供方负责监测所提供的共享网络、运行开发环境系统设施和应用程序漏洞及入侵等	学术信息资源机构负责监测系统、应用程序和数据库的入侵以及应用漏洞；云服务方负责监测部署服务器的环境安全、运行安全和部署的应用软件漏洞与攻击检测，同时进行网络设置安全监测

环节\模式	IaaS 模式	PaaS 模式	SaaS 模式
安全事件响应	学术信息资源机构负责虚拟服务器上的安全事件响应、数据丢失、损坏响应，以及入侵事件处理和系统恢复；云服务负责网络设施、所提供的硬件和环境安全恢复	学术信息资源机构负责受影响的学术信息资源用户安全响应，对应用程序进行补救，对事件进行取证和响应；云服务提供方负责平台事故安全响应，通知学术信息资源机构入侵或损坏结果及恢复状况	学术信息资源服务机构负责学术信息资源组织与服务安全响应，通知受影响的用户，与云服务提供商合作针对安全事件采取补救措施；云服务提供商负责网络设施及硬、软件事故响应，通知相关的入侵行为和安全管控结果

由表 10-6 可知，IaaS 提供的是网络、处理、存储和其他基本资源的服务，其安全监测围绕这些方面的安全运行进行，响应主要限于设施层面的安全事故响应和恢复，其中，学术信息资源机构负责网络接口和机构部署的软件、操作系统、应用程序与数据安全事故响应。PaaS 平台作为集成相关应用主体的平台，将应用服务的运行和开发环境交付学术信息资源机构使用，云服务方负责应用主体平台的安全监测和相关应用的安全事故响应与恢复，学术信息资源机构作为使用方，负责平台使用的安全因素和环境监测，同时负责入侵、漏洞等方面的安全保障。SaaS 模式由于提供的是软件即服务，其软件运行又以网络设施和硬件为基础，因而需要对网络交付、云服务设置和软件平台进行全面安全监测和事件应急响应，信息资源机构负责数字资源组织、操作与服务安全监测和服务安全响应，同时监督云服务方的安全响应实现。

10.3.2 云环境下学术信息资源安全合规响应与监控的实现

学术信息资源安全监测和响应，建立在合规原则基础之上，因此对其过程应进行合规审计。鉴于合规审计在传统外包中的重要作用，在云环境下的学术信息资源安全控制中，同样需要针对所面临的信息安全控制问题进行规则上的审计。云环境下安全监测与响应合规审计包含内部管理合规、信息安全合规和外部安全协调合规审计，在内部和外部流程的确立上，明确符合安全协议法规、标准的规范，以便在实施上满足各方面的合规需求。

学术信息资源安全事故监测与响应中的合规审计目的在于，对履行安全监测与响应操作的机构和人员，明确权限责任和操作规范，确保其安全性、有效性和合理性。云环境下的学术信息资源管理中，为了符合安全监管合规要求，在学术信息资源机构与云服务方的协议中，应明确安全框架下的安全防御和监控责任及权限。从实现上看，数字学术信息云服务安全监测审计涉及以下问题：

确立以学术信息资源机构为主体的安全责任监管体系，在安全法规框架下进行学术信息资源安全监测与响应的管理权限规范，在国家安全监督体制下，开展信息资源机构协同云服务商的安全监测与响应合规审计和评估。

进行云安全标准在学术信息资源安全监测与响应中的合规应用，在标准化审计框架下确立云服务商与学术信息资源机构之间的安全监管协同关系，按服务链流程技术监测标准，进行云信托协议审计和技术监测的控制。

根据服务等级协议在云安全保障中的约束，进行基于协议的学术信息资源组织中的安全监测合规管理，通过安全认证引入可信第三方监管机制，同时确立用户安全权益保障的监督策略。

合规安全监测与响应审计是实现学术信息资源安全保障目标的需要，在学术信息资源机构和云服务融合过程中，应该注重各方面安全主体参与云资源安全监督和控制的合法性，推进社会化监督的实现。

在学术信息资源组织与服务安全保障中，云服务方负有重要的安全责任，除云服务主体内部的安全监测与控制响应外，还受学术信息资源机构、国家管理部门和公众用户的监督。同时，对云服务提供方而言，在服务中必须遵守IT流程控制规程，以内部和外部需求为主导，合规处理复杂的安全关系。由于在安全审计或安全事件响应与安全监控中，难免会出现不合规的情况，因此应进行统一的部署和处理，以满足多方面的合规性要求。从长远发展上看，单一主体的责任管理必然被总体流程的合规控制取代。

合规安全监控需要安全操作和内部控制的结合，其中合规监控管理涉及监管法规和内部制度规范。如 KPMG 提出的基于合规安全审计的防控构架，具有对学术信息资源云服务安全风险控制的针对性。其中：第一防线在于通过合规监测和内控，进行风险识别、评估和实时响应；第二防线通过强化合规协作管理进行整体化风险管控；第三防线在于强调学术信息资源安全监测方法、流程和标准的合规管理，以提高安全控制的水平。与此同时，云服务提供方和学术信息资源机构可以在风险管理和合规监控的基础上，进行管理和技术层面上的安全保障全流程实现。

云合规安全监管的关键环节包括风险监测、关键控制、检测报告、事件响应、安全评估和系统保障。① 云合规安全管控是学术信息资源机构和云服务提供方实现风险监测、关键风险控制、安全响应报告、安全评估和系统安全运行保障的基础。其中,合规控制主要是基于安全风险的监测、控制和测试,其监测结果用于支持安全运行。学术信息资源机构和云服务方可以通过定义安全操作标准和关键指标提交控制实施报告,安全控制效果的持续改进依赖于实施过程的评估报告,其报告在安全风险控制改进中,起着重要的支撑作用。

从控制功能上看,监测与控制的融合有助于促进云安全合规管理的推进。另外,对监测与控制的薄弱环节,拟采用控制补偿方式进行。

在数据安全监测和处理上,尽可能清理匿名私有数据,在确保数据安全风险可控的前提下,合规处理明文数据与密文数据的关系,实行数据的安全隔离。

采用独立于云的权限使用加密手段,在安全保障中针对虚拟机安全监控的缺陷,扩大云外数据和应用程序的监测范围,从而加大安全监控和保护力度。

对于更高安全级别的对象,采用特定的控制措施来满足各方面的安全要求,从而提高安全监测与控制的抗风险能力。

使用托管的私有云监测方式。按托管私有云关系,进行包括基础设施、平台使用、应用软件和学术资源数据在内的托管监测基础上的安全事件响应。

学术信息资源云服务系统中,数据的开发涉及基础设施、云平台和应用开发工具等方面的安全操作,因此需要面对基础安全和共享安全两方面的问题进行监管。

数据开发过程的合规监测与安全事件响应监测包括文件操作、编码检测、控制变更和开发容错等环节的管控。② 其中每一环节都需要安全合规监测与控制,即按流程进行标准化的操作,对存在的非标准流程环节进行合规安全检测与响应。对于学术信息资源开发涉及的其他系统,按基本的安全条例对可能导致的恶意入侵、网络信息窃取等行为进行管控,以保证信息资源不受内部的误操作和外部攻击的影响。

学术信息资源云服务系统流程与封闭系统的业务流程相比,有着组织实现上的差别,其区别在于信息资源的结构和服务架构上的不同。但对于学术信息

---

① 操作风险管理及与内控、合规管理的有机结合 [EB/OL]. [2016-03-20]. http：//wenku. baidu. com/link? url = b9vUGQ2PqlCQqFYeSb99WkONRhzGoARajVMbRIkTlSdsIzuR3FJiundiy9YdUQMWEocmHTGxYoTsTQAj3crjkH1Kx8tcKY0zhbMTRgbUfcu.

② ISO/IEC 27002-2013. Information technology - Security techniques - Code of practice for information security controls [S].

用户而言，在服务使用中却具有相同的流程。如果将学术信息资源机构与云服务方作为一个整体对待，二者具有一致性。从这一认识出发，可以按系统理论，对其进行一体化的信息安全合规响应和监控。在服务利用中，系统用户通过服务界面发出请求，用户进行身份验证后，系统提供相应的服务，如果服务需要细化，则进行与用户的持续交互，直到用户访问的终止。学术信息系统服务中涉及用户访问、数据传输和利用，因此在保障服务的同时需要维护系统和用户的安全，针对各环节的部署进行安全监测和风险控制，通过故障响应和威胁攻击防范保障系统与用户安全。

图 10-9 归纳了用户访问中学术信息资源系统安全监测与风险管控流程，在面向用户的服务中展示了各方面的关系。其监测和管控涉及以下方面：

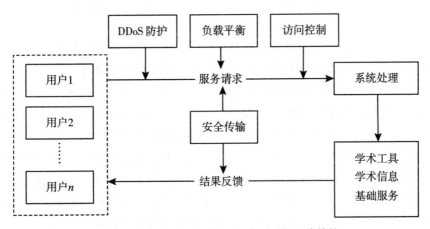

图 10-9 学术信息资源系统安全监测与风险管控

拒绝服务攻击。分布式拒绝服务攻击（Distribute Denial of Service，DDoS），使系统在同一时间遭受破坏，从而导致数据无法调用、网站无法运行，致使服务终端功能丧失。[1] 拒绝服务攻击的隐蔽性提出了实时攻击监测的问题，其监测可以在系统内部或通过外包组织进行，控制方式包括行为分析控制和基于测试的控制。[2]

---

[1] 文坤，杨家海，张宾. 低速率拒绝服务攻击研究与进展综述 [J]. 软件学报，2014（3）：591-605.

[2] 李禾，王述洋. 拒绝服务攻击/分布式拒绝服务攻击防范技术的研究 [J]. 中国安全科学学报，2009（1）：132-136.

网络负载均衡。随着数据量的增大和利用率的提高，流量过载已成为影响系统安全的重要因素之一。利用负载均衡技术可以有效地解决这一问题，因而可视为一种安全保障措施。在负载均衡处理中，需要进行流量监测，以便将过载请求分布到多个后台进行处理，从而保证系统正常运行。

安全传输控制。安全传输是影响系统与用户安全的又一问题，数据传输监测与控制的目的在于，通过数据与用户交互过程监测，及时发现数据传输异常、锁定攻击点，排除攻击，保证数据不被窃取或篡改。在传输控制中，符合安全协议的响应技术包括安全套接字层技术（SSL）、虚拟专网技术（VPN）等。

访问控制监测。在监测中针对学术信息系统访问控制等级，对访问身份、权限进行监管，保证用户及操作人员的合规安全访问，从而控制系统资源和用户信息的风险发生。

学术信息资源系统的风险随机存在，当系统防御失效的时候则需要及时进行预警和响应，通过事件处理，锁定攻击并制止对系统的破坏。

通过学术信息资源系统内部预警可以及早发现威胁并加以响应，预警中所监测的威胁信号包括登录异常、程序运行异常和资源流量异常等。[1] 从入侵检测角度看，可以区分为误用和异常。[2] 误用检测在于发现存在的违规或恶意操作，一旦非合规操作行为出现，便认为威胁发生，即进行预警。这一模式的缺点是只能识别已知的操作威胁，因而需要不断更新恶意攻击识别特征数据库，以对新的攻击进行判定。异常检测模式会对用户正常操作和程序正常运行进行默认，当用户或程序的操作不满足默认模式时则判定为威胁发生。这一模式的优点是可以检测出未知的攻击，缺点是检测系统需要对应用环境进行部署。云环境下学术信息资源系统基于网络的运行环境，使得其用户行为模式复杂多变，因此可以采用以异常检测模式为主的形式，结合误用检测处理进行，其实现如图 10-10 所示。

在学术信息资源系统运行风险预警控制中，行为数据库构建、行为数据处理、入侵检测和事件响应是其中的关键。

行为数据库构建。监控学术信息资源系统运行，需要采集运行数据和用户数据。所采集的数据包括系统网络运行流量、用户访问记录和系统操作日志

---

① 赵忠华. 基于机器学习的入侵检测研究［D］. 济南：山东大学，2009.
② 李战春. 入侵检测中的机器学习方法及其应用研究［D］. 武汉：华中科技大学，2007.

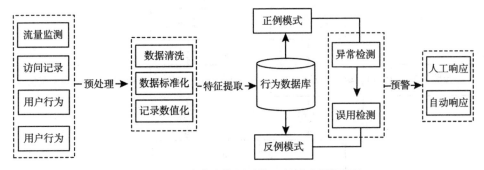

图 10-10 学术信息资源系统运行风险预警管控

等，由于这些数据来源和格式上的不同，需要进行数据处理上的规范，将其纳入行为数据库。在检测中，这些数据的不同属性和特征构成了风险检测的数据基础。

行为数据处理。在行为数据库中，应对采集到的行为数据进行处理，统一数据格式，过滤无用数据，进行数据清洗，将标准化处理后的数据按属性特征进行保存和调用。

系统入侵检测。采用误用检测和异常检测相结合的方式进行，通过误用检测进行初判，如果存在则进入响应，如果未发现则进入异常检测，并通过异常指标作出判断，同时提交响应。

事件响应。在学术信息资源系统入侵事件响应中，按系统运行规则对相应的入侵行为及其后果进行处理，及时控制风险，进行数据保护隔离，同时按条例进行事件结果提交。

学术信息资源系统在接到安全预警后还需要对入侵威胁程度进行判断，以决定是否需要进行管理上的干预。这一处理的依据是系统安全运行管理条例，如果入侵风险可以自动识别和控制则进行自动响应，如果涉及面广、影响难以自动控制，则需实施人员干预。学术信息资源系统风险响应整体管控部署如图10-11 所示。

如图 10-11，自动响应控制目的是同步实现对入侵风险的响应，使系统免受进一步的影响，所采用的方式包括锁定并处理攻击点，切断攻击源，对疑似攻击源强制下线。对资源访问请求进行控制，可启用多重认证系统，实施降权访问等。与此同时，对入侵损害进行评估与记录。

当自动响应无法应对攻击或入侵安全风险时，按监测判断进入管理程序，

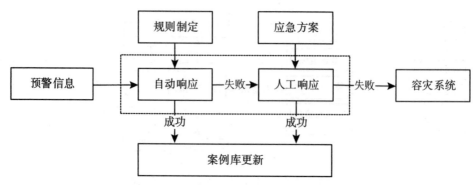

图 10-11 学术信息资源系统风险响应管控

其管理过程在合规基础上由相关人员负责处理。在处理过程中，检测系统提交学术信息资源系统风险预警数据和攻击入侵违规恶意行为数据，由安全管理责任人按条例进行处置，同步恢复系统运行，同时存留处置文档、反馈到监测系统。

10.4 云环境下学术信息资源安全测评

云环境下学术信息资源组织与服务中的安全保障，不仅需要高水准的安全保护体系支持和全方位的安全风险控制措施，而且需要对安全保障的有效性、完整性和可靠性进行评估，并对安全水平进行测评，以不断完善安全保障体系。云环境下学术信息资源安全测评，应立足于学术信息活动中的安全需求，根据云环境下的资源与服务组织架构，进行信息安全的系统结构描述；针对其安全控制措施，衡量安全控制的设计、实施水平，通过安全控制的评测，及时发现安全保障中的缺陷并加以完善。从总体上看，学术信息资源安全风险控制和安全保障设计的有效性衡量，很大程度上依赖于安全评测的开展。评测基础上的安全评估，在学术信息资源安全保障的组织与实施中进行。

10.4.1 云环境下数字学术信息资源安全测评依据和流程

云环境下的安全问题已成为制约学术信息资源服务发展的因素之一，面对存在的云安全风险，安全事故发生后的处理应适应资源环境的变化，确立事前检查预防机制，以便实现有效的安全控制目标。学术信息资源机构，将应用于服务的学术信息资源数据存放在云端，需要确定合理的安全控制标准，实时开展学术信息资源云服务过程中的安全控制测评和管理评估，以确保安全控制与保障作用的正常发挥，从而提高云环境下国家学术信息资源的整体安全性。云环境下学术信息资源安全测评与管理评估，如图10-12所示。

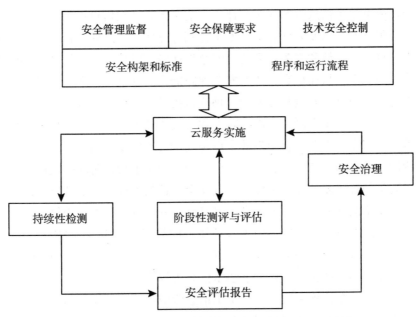

图10-12　云环境下学术信息资源云安全测评与管理评估

云环境下数字学术信息资源系统安全测评与管理评估，具有云系统服务的应用特点，因而可以借鉴云系统的安全评估模型和可信计算机系统的安全技术评估方法。云信息资源系统的安全测评建立在系统安全运行基础之上，云环境下学术信息资源安全测评也不例外，因而可采用信息系统安全评估的方式。信息系统安全测评经历了较长期的发展，已形成系列规范，其中包括美国早期的《可信计算机系统评估准则》、信息系统安全控制评估指南（SP800-53A）以及英国发布的信息安全管理实施细则（BS7799-1：1999）等。这些安全测评标准虽然公布时间较早，但其基本构架在后来的发展中得以延续。

ISO/IEC1799：2000在安全管理中确定了相应的管理模式，旨在为信息系统安全等级保护提供指导。在系统安全保障中，美国联邦信息系统安全控制评估指南（SP800-53A）明确了系统评估的规程和针对规范、行为、机制、人员的测评模型。

　　云环境下学术信息资源安全测评可以在信息系统测评的基础上，根据云安全控制与信息系统安全保障的关联关系，对测评环节进行相应的调查。云安全联盟（CSA）所发布的云安全控制 3.0 确定了云计算服务的基本安全原则，可用于协助云计算整体安全风险评估，其控制框架涉及 16 个领域，对于学术信息资源云服务具有适应性。

　　云环境下学术信息资源安全测评，目前主要集中在信息资源系统安全保障测评、云服务安全以及云计算平台安全检测等方面。从总体上看，云计算应用于学术信息资源存储和服务，需要云安全作保障，以控制学术信息资源机构采纳云计算的风险，从而提高整体的安全保障能力。立足于学术信息资源云服务组织中的现实问题，安全测评的内容理应包括学术信息资源云平台安全。云环境下学术信息资源安全测评，面临着大规模应用技术异构安全、物理网络设施和虚拟环境安全，以及多租用户共享设施安全等现实安全问题。

　　我国对信息系统的安全测评及其标准制定经历了较长时间的发展，已形成了相对完整的等级测评和评估体系，其安全评估的推进，为云环境下国家学术信息资源安全测评的开展打下了良好的基础。安全等级测评作为信息系统安全测评应用广泛的方法，同样适用于云环境下的数字学术信息资源的安全测评。据此，可以将云环境下国家学术信息资源安全测评归纳为四个方面：学术信息资源及云安全测评准备；云环境下学术信息资源安全测评方案编制；学术信息资源及云服务安全测评实现；数字学术信息资源与云服务安全测评报告。云环境下学术信息资源安全测评流程如图 10-13 所示。

　　云环境下学术信息资源安全测评准备包括安全测评标准的采用、测评框架的确定、安全测评的组织准备，同时通过学术信息资源云系统现状安全调研，为测评方案的编制提供准备；在云环境下学术信息资源安全测评方案编制中，进一步确定云安全测评内容和数字学术信息资源系统与云服务安全指标体系，完成信息资源安全和云平台安全测评方案的制订；在信息安全现场测评中，完成测评方案实施，进行测评数据采集和分析，进行测评报告的准备；学术信息资源云服务测评报告中，根据现场测评进行结果归纳。云环境下学术信息资源安全测评，通过工作单元组织进行，其工作单元包括测评项目、测评方式、测评对象、测评实施和结果判定程序，其架构如图 10-14 所示。

　　如图 10-14 所示，云环境下数字学术信息资源安全测评的实施，先应明确具体的测评项，决定安全保障测评方式和数据来源，按测评对象的特征联系进行测评操作，在合规分析的基础上提交结果。

　　在实际操作中，测评方式的选择由测评对象特征和测评目标所决定，一般

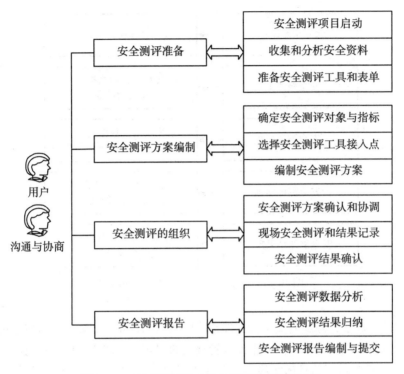

图 10-13 云环境下学术信息资源安全测评流程

可通过日志记录和检测获取数据的方式来实现。测评内容和对象具有关联性，由安全保障与风险控制的要求决定，合规安全测评报告的形式，旨在为安全管理提供依据。

云环境下学术信息资源系统服务涉及多元主体的协调、虚拟化服务组织和资源共享等方面的安全问题，因此针对云环境下学术信息资源系统的安全测评需要先界定测评对象，明确相关的安全责任方。在学术信息资源云服务中，在进行全面安全保障的综合评估的同时，应同步开展针对某一对象的安全测评，如学术信息资源云存储安全等级测评、数字学术资源云服务安全测评等。按这一思路，可以根据拟定的测评标准和安全环节进行组织。

在实际操作中，首先确定云平台的安全保护等级，然后确定相应的安全控制测评指标，在实际操作中获取相关数据，通过与安全保护相关等级要求的比对，提交安全测评结果。对于学术信息资源服务机构和云服务提供方确定的安全测评项和等级指标，可以参照目前的《定级指南》等相关标准来确定。为了保

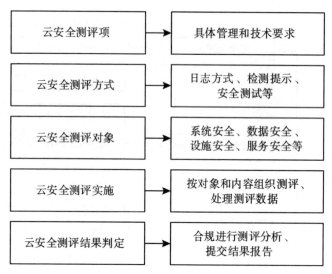

图 10-14 学术信息资源云安全测评组织

证测评的客观性，除实时安全管控外，阶段性的综合安全保障测评可以通过可信第三方进行，以便在安全测评中发现管理上的问题，在双方协同中进行改进。

在云安全测评的具体实施中，存在着云供应链多方合作构建云服务平台的情况。面对云供应链的多方合作中的安全链保障问题，应在测评中强调其合作安全的重要性，从而进行体系上的调整。由于多方合作服务安全测评的相对复杂性，需要根据合作服务测评对象的责任归属，进行基于安全链指标的安全测评体系构建。

从总体上看，云环境下学术信息资源安全测评是信息系统测评基础的拓展，因而与信息系统测评流程具有一致性，所不同的是测评对象和测评组织上的差别。对于云环境下国家学术信息资源安全测评而言，应着重于虚拟化安全测评、数据安全测评和云应用安全测评等，同时在实施中不断进行完善和改进。

10.4.2 学术信息资源安全测评的指标体系确立与采用

在云计算安全测评标准中，相对成熟的是信息系统等级保护体系。在安全保障中，等级保护落实在管理和技术层面上，因而可以以此出发，进一步细化管理和技术层面的各项指标。[1] 根据《信息系统安全等级保护基本要求》，技

---

[1] GB/T 22239—2008，信息安全技术信息系统安全等级保护基本要求 ［S］.

术安全相对应的测评内容包括物理安全测评、网络安全测评、主机安全测评、应用安全测评和数据安全测评；与管理要求相对应的测评内容包括管理安全等级测评、安全管理机构测评、安全管理人员测评、安全管理系统测评、系统运维安全测评等。由于云安全测评涉及范围广，对象结构复杂，因此可以在技术和管理测评构架基础上，针对具体的应用环境，进行管理与技术相结合的面向安全对象的测评，以有利于安全保障水平在具体环节上的提升。

《可信云服务认证评估方法》为云环境下学术信息资源安全测评指标体系的构建提供了一定的参考。① 数据中心联盟可信云服务工作组从可信云服务认证评估标准和方法出发，将可信云服务评估归纳为云数据库服务、云主机服务、对象存储服务、块存储服务和云引擎服务，提出了可信云服务评估的16项指标和86个子项。②

我国云安全测评主要集中在对云服务提供商的服务安全评估，以及在云服务组织和使用上的运行安全测评，在测评中需要从技术和管理上对云信息系统安全进行测试和评估。因此，云环境下学术信息资源安全测评拟将安全管理与安全技术测评结合，同时进行内部以及外部安全控制指标的细化。见表10-7。

表 10-7　　　　　　　　　　学术信息资源云安全测评内容

分类	安全指标	安全内容	适用模式
技术安全测评	应用内容安全	代码使用安全、数据隔离安全、内容合规安全	SaaS
	中间件接口安全	接口控制安全、中间件使用安全、环境安全	PaaS
	虚拟化安全	虚拟机安全、虚拟隔离安全等	IaaS
	基础设施安全	入侵防护安全、接入控制安全、设施运行安全	IaaS
	物理安全	物理设施安全、风险控制安全、容灾安全	IaaS
	数据安全	数据存储安全、数据备份安全、数据传输安全	SaaS、PaaS、IaaS
	身份认证及访问控制安全	身份管理安全、权限控制安全	SaaS、PaaS、IaaS
	合规审计安全	协议安全审计、访问权限安全审计、数据完整性安全审计	SaaS、PaaS、IaaS

---

① 何明，沈军. 云计算安全测评体系研究［J］. 电信科学，2014（Z2）：98-102.

② 可信云服务认证标准和评估方法［EB/OL］.［2016-03-20］. http：//www.chinacloud.cn/upload/2014-09/14090116518353.pdf.

续表

分类	安全指标	安全内容	适用模式
管理安全测评	安全管理制度	安全管理制度合规、安全防护协调	SaaS、PaaS、IaaS
	人员安全管理	操作人员管理、第三方人员安全管理	SaaS、PaaS、IaaS
	风险评估管理	风险管理制度、风险控制流程	SaaS、PaaS、IaaS
	系统运维管理	系统运行与维护安全、虚拟机配置管理安全等	SaaS、PaaS、IaaS
	应急响应管理	应急响应安全时限、应急响应流程安全	SaaS、PaaS、IaaS
	加密以及密钥管理	密钥生成、管理流程安全、加密解密机制	SaaS、PaaS、IaaS
	安全监控制度	资源池运行状况监控、网络运行监控与虚拟资源监控安全	SaaS、PaaS、IaaS
	数据安全管理	过程合规管理、数据安全期控制、管理系统完善	SaaS、PaaS、IaaS

云环境下学术信息资源云安全测评技术，围绕学术信息资源组织与云服务平台的安全防护能力进行选择。对于数字学术信息资源云服务而言，物理安全和基础设施安全在不同服务模式下都具有安全运行的基础支撑作用，如果物理设施管理存在安全隐患，整个学术信息资源云服务安全也将难以保障。虚拟化安全评测需要作为核心内容对待，突出虚拟配置安全、隔离安全和管理安全。另外，在不同云模式下存在着不同的测评关键问题：PaaS 服务模式下需要突出开发环境安全、接口安全、多租用户安全，以及相应的措施安全；SaaS 强化的是应用安全测评、内容合规控制测评和网络安全测评等。而技术安全测评中的数据安全、身份认证安全、访问控制安全、技术安全审计以及管理安全的各个方面是各种模式的共性需求。

从管理安全上看，需要安全的管理策略、合规的管理措施、规范的访问控制、严格的系统运维管理和实时应急管理，其管理安全要求可以在信息系统安全测评的基础上进行细化。不同层次上的安全防护决定了相应的测评内容和指标，对此应在不同环境下体现。

云环境下国家学术信息资源安全测评的推进，需要由相关部门、云服务提供商和学术信息资源机构协同推进，在学术信息资源安全链构建中进行面向系统与服务安全的实时测评，以提升全面安全保障水平。

在云环境下学术信息资源安全测评中，针对不同信息资源机构和服务系统的不同运行方式和对象，拟进行安全测评的分项组织。对此，我们在 NSTL 国家工程技术数字图书馆的学位论文资源共享系统中进行了局部试验。安全测试以系统日志为依据，对安全事故的监测与响应内容归纳为应用接口安全、用户访问安全、内容提供安全、数据完整安全、知识产权安全、用户信息安全、拒绝服务安全、系统入侵响应安全、应用软件功能安全、容灾备份安全、网络通信安全和物理设施安全，即按日志中的安全事故类属归为以上某一个或多个方面。在此基础上，对安全响应与控制数据按事件处理流程记录进行安全环节上的分析。在安全事件发现上区分为主动（1）、被动（0），在安全事件响应方式上分为自动（1）、人工（0），在安全处理规范上分为合规（1）、非合规（0），在安全恢复时限上分为实时（1）、超时（0），在安全事件处理用户满意度上分为满意（1）、不满意（0），在操作上，即形成对安全事件及响应的实时记录。以此出发，可以直观展示单项事件的安全测评结果。如果用户访问失效，由系统监测主动发现并进行自动响应，按规则在预设时限内恢复，且获用户满意评价，其安全测评为"5"；如果某一项和多项测评为 0，则安全测评不足"5"（最低为"0"）。由此可将其定义为 0~5 级测评标准，如累积 10 天的记录和测评结果，即反映学术信息资源系统统计意义上的安全等级。基于记录的评测见表 10-8。

表 10-8　　工程技术图书馆学位论文资源共享系统服务安全测评记录（部分）

学位论文共享服务安全事件(按序记录)	学位论文资源安全事件响应评测										综合测评等级分
	安全事故发现		事件响应方式		安全管理规范		安全恢复时限		用户安全评价		
	主动(1)	被动(0)	自动(1)	人工(0)	合规(1)	非规(0)	限时(1)	超时(0)	满意(1)	不满意(0)	
用户 A:访问数据库失效	1		1		1		1		1		5
用户 J:端口通信故障	1		1		1			0	1		4
系统操作:数据共享障碍	1		1		1		1		1		5

续表

学位论文共享服务安全事件(按序记录)	学位论文资源安全事件响应评测										综合测评等级分
	安全事故发现		事件响应方式		安全管理规范		安全恢复时限		用户安全评价		
	主动(1)	被动(0)	自动(1)	人工(0)	合规(1)	非规(0)	限时(1)	超时(0)	满意(1)	不满意(0)	
用户 H:访问权限变动		0		0	1		1			0	2
共享合作机构:数据查询故障	1		1		1		1		1		5
系统入侵检测:安全攻击	1		1		1		1		1		5
……	……		……		……		……		……		……

通过 10 天的日志记录,对发生的 97 项事件的安全综合测评总分为 473,则该时效安全测评等级为 $473/97 = 4.778$,达到了较高的等级水平。

在学术信息资源安全保障中,可以根据实际情况,设定安全标准等级,按测评结果进一步分析其中的细节,从而进行针对性的管理控制。

11 学术信息资源安全监管制度建设与法制化管理推进

云环境下国家战略层面上的数字学术信息资源安全保障的实施，建立在安全监管制度上，同时以完善的法制体系作保障。在法制基础上的制度化信息安全监管中，需要面对全球化中的学术信息资源开放共享需求，以及公共资源共享中的国家利益和各方基本权益的保护问题，实现国家安全监管下的学术信息资源安全保障的社会化目标。基于这一认识，拟从制度建设、权益保护、标准化管理和法制体系出发，进行信息资源安全保障的战略实现。

11.1 全球化背景下国家学术信息资源安全监管的制度保障

建立有效的国家信息安全监管制度，对于学术信息资源安全保障具有基础性支持作用，其制度建设在国际信息化环境中，已成为各国关注的关键问题。随着大数据技术的广泛应用和基于数字网络的云服务发展，学术信息资源组织与服务利用已跨越了单一的学术研究的界限，形成了适应国际化研发环境的开放格局。在开放服务构架下，学术信息资源安全监管需要从网络安全、数据安全和服务安全的角度进行部署，旨在实现制度化监管的安全保障目标。

11.1.1 全球化对学术信息资源安全监管制度的影响

全球化是当今人类社会发展的一种必然趋势，它表征了各国跨域交流和合作关系的不断加强，从而促进了产业链的全球化延伸、经贸关系的多边化、知识创新成果的交互利用以及学术研究的跨国融合。除科学技术作为第一生产力的驱动外，基于互联网的信息资源开放利用和数字网络活动的跨域融合决定了网络空间的拓展。在这一背景下，除加快信息化步伐外，信息网络安全的全面保障，已成为各国必须面对的共同问题。对于学术信息活动而言，需要在推进安全保障的社会化实施中，强调信息资源安全监管制度建设，以实现系统封闭的安全监控向制度化安全监管的变革。

全球化背景下，信息资源与信息活动的安全监管制度建设，受以下几方面因素的影响：

①互联网空间共享。互联网空间共享是全球化的重要特征，同时也是科技创新、产业发展和社会文明建设的保障。在共享空间的同时，网络安全处于重要位置，需要从制度保障层面进行整体上的架构。网络通过物理链路将具有广域分布结构的工作站、主机和各种数据设备组成纵横交织的开放设施，从而达到共享和交互利用的目的。全球化背景下，网络空间既是信息存在与交互作用的空间，也是人们基于网络的活动空间。网络空间可视为所有信息系统和活动的集合空间，是一个边界模糊、结构复杂的巨大系统，其虚拟性、动态性和网络活动的安全需求，提出了共享网络空间的安全保障问题。从网络空间结构和网络空间共享上看，网络空间共享安全包括互联网基础设施安全和网络活动空间安全。从安全监管制度上看，需要进行通信设施安全制度、计算资源安全制度、存储设施与服务设施安全制度，以及互联网+安全规范制度建设。对于学术信息资源活动而言，应以互联网空间共享安全制度为保证，进行学术信息网络活动的制度化监管和有序化安全保障的组织。

②全球化资源环境。国际信息化发展中，各国经济的交互作用导致了产业结构的变化。资源和生产要素在全球范围的配置已成为现代社会发展的必然趋势。在这一过程中，一是各国经济联系的加强，产业的相互渗透和相互依赖程度日益提高；二是国际经济发展中，需要以市场为基础，以科学技术生产力发展为支持，以最大经济效益的整体化发展为目标，通过分工、贸易、合作投资的战略实施，实现相互融合。尽管在这一发展趋势下，仍然存在着单边主义和保护主义障碍，但全球化发展趋势却不可逆转。无论是发达国家，还是发展中国家，必然会在生产要素的全球化配置和科技与经济的全球合作中构建其发展战略框架。在我国所倡导的人类命运共同体构建和战略发展中，信息资源已成为关系科技进步、经济与社会发展的关键要素。全球化资源环境中，信息资源的国际化交互利用随之成为人们关注的一个重要问题。鉴于学术研究的开放性和学术成果的共用性，需要从数字学术信息资源的组织、交流和利用上适应全球化资源配置环境，在促进国内外学术交流的开放发展中，确立我国学术研究发展上的优势。从学术信息资源建设上看，我国数字学术信息资源系统结构具有适应全球化发展的特征，数字学术信息资源分布式存储和跨平台交互的实

现，为学术研究的交流与合作提供了新的支持条件。然而，在开放交流的同时，学术信息所涉及的知识产权和相关权益，则需要从制度上予以保障。对于分系统的学术信息资源组织而言，其安全保障与监控在系统内进行，其风险易于控制；对于全球化开放环境下的学术信息资源来说，必须确立基本的制度构架，以及建立在学术信息资源安全监管制度基础上的实施规范。

③大数据服务影响。大数据具有数据量大、来源分散、冗余度高和动态性强的特点，在数据利用上需要新的处理模式和技术才能有效实现。学术活动领域的大数据服务，通过大规模数据获取、存储、处理和分析集成工具，在多源海量数据快速流转的基础上实现。大数据服务所采用的技术，其功能远超单一集合数据技术，其技术如果违规使用将带来严重的安全威胁。这是由于大数据与智能云计算密不可分，其处理并不是采用相对封闭的面向用户的组织模式，而是采用分布式架构，对跨平台海量数据进行分布式数据挖掘，同时依托云计算的虚拟化功能来实现。其中，大规模并行处理、分布式数据库和云计算平台的扩展应用，以及大数据对象的安全必须面对。对于大数据服务中的问题，系统数据的安全模式难以适应，因而需要从管理制度上，确立大数据服务安全模式，明确其中的安全主体及其关系，以便从管理和技术环节融合上进行全方位安全监管。从监管内容上看，大数据服务安全制度构建目标在于，适应大数据技术环境与应用环境，针对网络大数据完整性安全、泄露风险管控、非法篡改入侵监管和来源对象安全，进行制度层面上的保障。

④智能化技术发展。在数字信息资源管理与服务中，新技术的开发和应用在给人们带来方便的同时，会不可避免地引发新的安全问题，如 e-Science 环境下的远程数据交互传递和处理，在数据工具平台利用中，也会面临学术数据和研究成果的泄露风险。对其中的风险除采用技术安全手段弥补外，还需要进行 e-Science 安全监管制度上的保证。智能化技术带来的安全挑战还包括面向用户的智能交换与机器学习、学术信息的智能化搜索，以及智能化数据搜索和采用授权等方面的问题。其中，机器学习在与用户交互中可以方便地采集用户思维和反应数据，从而会导致隐私泄露。目前，深度学习和神经网络带来的安全威胁不容忽视，其威胁包括两个方面：其一，恶意攻击者利用深度学习算法功能进行大规模网络攻击，扩大攻击效应和影响；其二，神经网络和深度学习技术的应用，使用户信息安全受到直接的威胁，导致安全风险控制难度加大。这两方面的综合作用，从技术层面上看，只能通过机器学习和硬件网络技术安全构架加以解决，然而其措施往往滞后于技术应用的发展。因此，必须从制度上明确技术安全使用的合规。对于技术应用安全风险，安全监管制度建设中应

明确监管主体、对象和安全保障的基本目标，以便适应于大数据与智能交互背景下的服务安全保障需要。

在以上各方面因素影响下，各国采取相应的安全策略，根据各自所面临的问题和制度管理理念，进行了相应的管理监督实施。

美国作为信息化发展水平领先的国家，对于互联网资源的拥有和基于互联网的服务具有优势。因此，在互联网空间管理和网络信息资源建设与开放利用中，美国在信息监管制度上强调信息自由以及隐私保护，同时强化美国国家安全制度保障和法律保障。在制度和安全法规建设中，2009 年 5 月，美国联邦政府发布了《网络空间政策评估：保障可信和强健的信息与通信基础设施》报告，2011 年 5 月，美国司法部、国土安全部等六部门进行了"网络空间战略"有关云计算信息资源控制和安全保障部署，2014 年 2 月，奥巴马宣布启动美国"网络安全框架"，并通过设立的网络办公室实施。此后，美国发布的一系列战略性文件和一系列战略安排，从信息安全制度上进一步完善了信息安全监管构架。其中，2017 年 12 月 8 日，美国发布了"美国国家安全战略"，一方面进行了美国国内信息安全监管的制度完善，突出了防御风险和打击恶意网络行为的社会监控措施；另一方面，针对全球化风险，细化了安全制度下的网络攻击监管策略和应对危机的管控规则。美国所采取的应对战略集中反映了数字信息资源网络空间安全监管的制度化发展需要。

英国针对互联网发展中的学术信息资源安全监管的现实，在整体化安全保障制度框架下，以控制和打击网络犯罪和保护社会信息安全为主旨，进行了分行业的信息安全监管制度建设与完善，在法规基础上的实施中，围绕网络空间安全、数字资源安全、服务组织和利用安全，进行关于技术安全、管理与服务安全监管的社会化实施构架。

面对包括学术信息资源服务在内的网络构建、资源组织和服务发展，欧盟国家在推进经济整体化和区域发展的同时实施了适应欧盟发展的网络信息服务与安全战略。如始于 2010 年的"欧洲数字化议程"，作为欧盟 2020 战略的七个重要规划领域之一，旨在推进欧洲统一信息服务，提升欧盟成员国公共信息服务水平。在网络信息服务的战略实现中，欧盟将网络安全问题作为一个全局性问题对待，从运行制度上提出了建立网络信任关系、治理网络环境和保障网络资源安全的战略实施构架。2012 年建立的欧盟在线信任标识制度，对降低网络欺诈风险发挥了重要作用；2013—2019 年，欧盟所建立的非法内容报告制度、在线平台监管制度、信息服务供应商行业安全规范制度，在网络空间、网络信息资源和数字信息云服务利用上发挥了重要作用。值得指出的是，针对网络犯罪，欧盟建立了统一的监控平台，针对网络攻击对各国的影响，以网络必须恢复和攻击快速响应为理念，形成了统一的欧洲网络与信息安全机构（ENISA）和应对网络攻击快速反应的计算响应机制（CERTS）。在协同监管制度下，其制度化管理对策在欧洲网络安全战略中得以实现。欧盟的一系列制度建设，将学术信息资源安全监管纳入其中，因而也是云环境下数字学术信息资源安全的制度化管控的基本保障。

　　日本在信息化建设中注重发挥网络的优势，先后颁布了三大国家信息化战略（e-Japan），形成了一个循序推进的战略框架。在战略实现中，包含了日本数字化科技信息资源建设的内容。同时，在数字资源服务中注重科技创新文化的培育，其中 2015 年完成的第四期计划强调了跨领域、跨部门的服务协同。2016 年以来，日本在加速发展云计算服务和智能制造的同时，将网络空间安全和信息安全提升到国家战略水平高度。根据 2013 制定的日本信息安全综合战略，由日本内阁负责协调军工、企业、社团组织和研究机构等主体的信息网络建设与安全监管活动，明确基于行业管理的网络设施基础运营商、内容提供商和技术开发部门的安全保障责任，同时强调硬、软件安全制度规范，以保证"网络安全立国"的制度化实现。与此同时，日本政府进一步进行了信息行业安全标准的制度化实现，在安全认证上进行资质管理。

　　随着互联网产业的迅速发展，俄罗斯的网络信息服务已进入高速发展期，在学术信息资源建设上，"俄罗斯电子图书馆"的实现，为科、教、文、卫领域的社会化利用和基于网络云平台的科技成果的转化奠定了新的基础。在俄罗斯《2011—2020 年信息社会发展规划纲要》的落实中，网络信息资源服务与安全制度的完善处于重要位置。其中，领导国家安全的国家技术委员会，负责统一的技术政策制定。通过政策实施，进一步完善国家政治安全、公共信息安全、产业信息安全、通信和网络安全监管制度。在制度化的安全保障实现中，俄罗斯强调国家信息安全政策制定和制度建设中的个人信息安全，按社会信息安全和国家信息安全的利益关系，进行了国家和社会安全基础上的公民自由获取和使用信息的制度构建。俄罗斯强调国家信息安全的利益关系，进行了国家和社会安全基础上的公民自由获取和使用信息的制度构建。俄罗斯还通过信息化和信息网络的规范管理，在制度上将信息安全、经济安全、国防安全、生态安全和社会安全作为基本安全，进行保障与监管组织。俄罗斯的信息安全制度建设，具有完整性、协调性和可控性的特点。

　　纵览国外的信息安全管理制度建设，其共性特征是将学术信息资源安全纳入国家战略层面进行制度安排；在信息安全制度建设中，立足于本国实际，从国家网络安全、数据保护安全、信息服务基础设施安全、控制安全风险、打击网络犯罪出发进行安全监管的制度化实施。

信息化和全球化环境下，我国围绕信息化建设、信息资源共享、网络基础服务组织与监督等方面的问题，进行顶层制度安排和安全保障监督体系的完善。1984年5月，邓小平明确提出"开发信息资源，服务四化建设"的要求；2001年8月，中共中央国务院决定组建国家信息化领导小组；2014年2月，中央网络安全和信息化领导小组成立；2018年3月，根据中共中央《深化党和国家机关改革方案》，中央网络安全和信息化委员会建立。在国家顶层设计与部署下，我国学术信息资源安全保障与监督具有制度上的优势和全球化发展基础。在国家战略组织架构、顶层设计、制度安排下，国家学术信息资源安全保障监管的水准不断得到提升。

11.1.2　国家学术信息资源安全监管制度构架

全球化过程中的网络安全处于关键的核心位置，对于学术信息资源安全保障和安全监管而言，应在网络安全基础框架下进行。国际社会对网络信息安全的监管与环境治理大致可区分为以下四种情况：网络信息活动主体自律为主，进行政府指导下的自治约束；对网络信息安全强调立法保障和行业监督，政府进行宏观层面上的战略控制；确立网络安全中政府管理和监管的有效性和实质作用，以此进行网络环境治理和行为约束；政府部门进行网络安全保障的同时，负责全面监管，实现全面管控。以上方式的采用，与各国国情和体制相适应。其中，政府进行的战略管理和安全监管的制度化推进，以及多元主体的法制保障与监督，是全球化网络信息安全监督的主流，也是我国采用的制度模式。

国家学术信息资源安全监管制度安排，不仅需要应对全球化网络环境安全风险和挑战，而且必须面对多元主体的交互关系和整体化安全保障的实现问题。对于网络空间活动安全而言，完全的网络自由必然导致网络秩序的混乱并引发难以控制的安全问题，强制性的集权安全保障和监管将导致网络信息交流、组织和正常使用的限制，因而需要从顶层设计上进行基于法规的管理约束。信息安全结构的复杂性、交叉性和趋变性，需要从多个层面进行监管制度的架构。首先，应考虑的是国家网络主权和社会稳定安全；其次，是物理安全和学术信息资源内容安全。同时，必须从多元主体权益保障出发进行网络信息活动的安全监管。

国家学术信息资源安全监管制度在顶层安排基础上，围绕安全主体、对象和结果进行架构，图11-1从总体上描述了其中的基本关联关系。

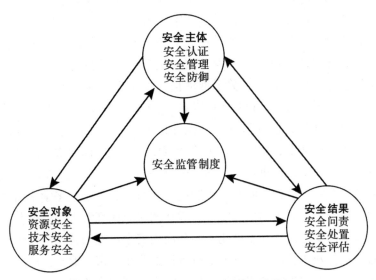

图 11-1　学术信息资源安全监管制度构架

　　图 11-1 所示的国家数字学术信息资源安全监管制度，具有三方面的交互作用特征，这说明制度构架应在三维结构上进行安排。首先，应明确履行安全保障责任的主体及其活动，即确认其安全资质、安全管理和安全防御职责及权限；其次，在此基础上，应对安全对象进行制度上的规范，拟从资源安全、技术安全和服务安全保障出发来实现；最后，安全结果作为安全保障的实施后果，其制度包括问责制、处置制和评估制等方面的内容。从对象、环节和结果的关联上看，三方面的制度构架具有相互协同的特点，例如，对于云环境下系统技术安全的监管，涉及采用技术的安全认证、技术应用中的安全保障以及技术安全事故引发后的问责和处置等方面的监管问题。从监管体系构建上看，进行基于三维结构的制度设计具有科学性和可行性。从目前情况和面向未来的发展上看，各国所形成的制度可以从以上方面进行进一步完善。

　　学术信息资源安全监管中，对于主体安全活动的监督、管理主要包括以下方面的内容：

　　①信息安全认证。在信息安全认证制度建设中，国际上已有通行的认证内容和准则，业已形成了相对完善的认证制度，我国的信息安全认证中心由国务院信息化工作办公室、国家认证监督管理委员会等八部委授权成立，依据国家有关强制性产品认证、信息安全管理法律法规进行专门认证，以确认法定上的

安全资质。近20年来，我国信息安全认证制度下的安全认证的体系结构不断完善，制度层面上的法定认证包括：国家保密局按《涉及国家秘密的计算机系统集成资质管理办法》规定的涉密计算机信息系统集成资质认证，工信部按《计算机信息系统集成资质管理办法（试行）》进行的计算机信息系统集成企业资质认证，公安部按《关于推动信息安全等级保护测评体系建设和开展等级测评工作的通知》所进行的信息安全等级测评而认证，国家统一的CCC强制性产品认证，以及信息安全标准化组织基于国际标准的认证等。此外在行业和企业层面上，按安全认证管理制度，已在不同层次上展开。在学术信息资源安全监管中，拟进行认证体系的进一步完善。

②信息安全管理。信息安全管理制度建设直接关系到数字学术信息资源系统运行和管理安全，我国的信息安全管理在国家总体部署下由各行业系统和机构确立，着重于安全管理的制度化实施和面向安全风险的管控，如医疗卫生系统推进的信息化安全管理，从制度上所进行的防止失密、泄密，环境安全、数据使用安全等方面的规定和实施等。信息安全管理制度的建立，在于从制度层面上明确安全保障的主体责任和信息安全保障的范围、对象、关系和内容，从而进行安全保障的规范，规避由于制度缺陷引发的安全风险。对于云计算环境下的数字学术信息资源云服务安全保障与监管而言，信息安全管理制度所包含的内容包括服务链节点组织协议安全管理、安全责任区分、数字资源管理与服务安全环节管控，以及安全响应和风险控制权限规定等方面的内容。由此可见，信息安全管理制度建设应与环境相适应，同时按各安全要素的影响明确安全主体的关系，进行基于责权的制度化配置和安全保障实施监督。

③信息网络安全防御。IT环境下的信息网络安全防御主要包括：防火墙技术的采用，以隔离外部网络的攻击；内部与外部网络之间的访问控制和数据保护，利用密码技术进行数据加密传输和解密使用；基于主动防护的入侵检测、非法信息识别和应对等。在这一模式下，主要依赖于防御技术进行入侵防护，而较少依赖于制度上的保证。大数据和智能云技术的发展，使传统意义上的安全防护经受了来自各方面的挑战，从而提出了纵深防御的问题。在深度防御模式下，内外部网络已趋于较深层次上的融合，需要在深度检测基础上进行主动的攻击响应和动态安全风险的防范。这一情景下，深度检测必然涉及复杂的管理权限安排，同时需要合规防御监测的技术保障，以便在应用安全监测的同时，控制检测过程中的安全风险。对于用户而言，既保障其信息安全，又不至于对其个人权限产生负面影响。信息安全防御制度主要从防御的内在关系和要素出发进行合规安排和规则上的约束。

④信息资源安全组织。学术信息资源安全围绕信息资源安全、信息技术和服务安全进行制度安排，其监管目标在于保障学术信息资源组织和服务流程的全面安全。云环境下的信息资源安全保障已不再局限于数字信息资源本身，而涉及软件服务资源、平台资源、计算资源和基础设施资源。这是由数字信息资源的深层次内容挖掘、智能处理和虚拟空间中的传输和使用所决定的。从这一现实出发，信息资源安全制度拟针对安全保护的资源对象进行构架，在构架中进一步调整 IT 环境下的物理设施安全和数据资源存储安全保障的结构，实现一体化资源安全目标。从信息资源安全目标来看，计算资源和基础设施安全监管制度应从简单的物理设施安全管理和维护，拓展到物理设施和计算资源整体安全监管，即实现设施使用环节与基本构架的安全控制；服务资源和平台安全管理制度处于信息资源安全的中间层次，制度保障在于确保平台服务安全目标和虚拟网络空间活动的安全，应从基本的安全标准和规则出发进行管理细节上的安排；信息内容层面上的资源安全保障，围绕学术信息资源数据存储、转化、处理和调用展开，不仅需要考虑数据本身的安全，而且需要面对内外部数据环境的安全。以上这三个方面的保障，在制度设计和责任划分上应予以进一步明确。

⑤信息技术安全控制。信息技术安全控制不仅包括信息技术的漏洞弥补和缺陷克服，而且涉及技术应用所带来的安全隐患控制，如智能技术应用于交互服务所引发的用户隐私泄露风险等。鉴于这一现实，应针对这两个基本方面进行信息技术管理安全的保障和制度上的安排。对于信息技术所存在的缺陷和隐患，在制度上可以通过技术安全性能测评和认证进行，取得信息技术行业认证证书，按安全等级标志在规定时间内确定其采用范围和使用环境。对于数字学术信息资源平台架构等方面的综合管控问题，应从平台构架设计规范、环境出发进行安全管理环节的合规安排，以便对其进行制度化约束。对于信息技术应用所引发的安全风险，在制度上拟强调技术合规应用的评估，同时按信息安全法规及现行的管理条例，在学术信息资源系统网络中进行细化。综上所述，信息技术的安全管理和制度上的保障，是制度设计中的重点内容之一。

⑥信息服务安全保证。信息服务安全保障涉及面广，且各个环节具有关联性，因此应从所涉及的诸多方面进行安全管理制度上的完善。服务安全管理制度建设不仅在于对服务安全保障的关联主体行为进行制度上的约束，而且在于从制度化管理角度保障各有关方的权益和合规安全维护。对于云环境下的数字学术信息资源服务平台而言，可以归为服务平台及使用安全的各个方面。学术信息资源服务安全管理制度按国家网络安全顶层架构进行分系统确立，在具体领域的服务安全管理中，拟进一步落实总体制度框架下的现实安全问题的解

决。从实施角度上看，学术信息服务安全管理制度主要包括服务组织管理安全制度、学术信息资源服务链安全管理制度、学术信息资源用户安全行为规范制度、学术信息资源服务环境安全保障制度等。服务安全管理制度建设，在于进行服务保障的制度规范，实现服务与安全治理的同步化。

学术信息资源安全管理围绕结果的制度安排，包括安全问责制的建立、安全处置权限规定和安全评估的规则确立。

信息安全问责制度。云环境下学术信息资源组织与服务空间具有网络化的虚拟特征，其交互关联关系边界模糊，同时，服务链结构复杂，存在安全链控制上的困难，动态环境下，一旦发生安全事故，其责任追究往往处于滞后状态。面对这一现实，应从管理角度出发，建立目标明确、处理及时的问责制度。目前情况下，对于云服务提供商与学术信息机构合作推进的学术信息云服务，以及学术信息资源机构跨系统协同服务，其安全保障责任往往通过协议方式进行。对于学术信息系统内部管理而言，其安全问责仅限于在系统内部进行处置。显然，由于问责上的缺陷，限制了学术信息资源安全保障的全方位实施。对此，拟从国家法规层面和制度层面进行信息安全问责管理，确认责任的法律关系和管理规则上的关系，以便明确各节点的安全职责，提高服务中的责任自控水平。

信息安全处置制度。在生产安全事故的处置上，我国已形成完备的报告和处置制度，按国家安全生产监督管理总局发布的《生产安全事故信息报告和处置办法》，各生产行业在制度上适应了现代条件下的安全生产需要。相对而言，信息安全处置制度有待于在动态复杂网络环境下进一步完善。从国家安全和学术信息资源系统安全保障组织上看，等级防护制度是安全事故处置的基本依托。从现实情况考虑，对于重大信息安全事故的报告和处置，应按国家安全法规进行，对于学术信息资源组织与服务安全事故的处置，应针对安全影响，在区分等级的基础上，在相应的管理监督层面上进行；对于日常的安全责任事故及信息资源系统与局部服务安全事故，为了保证响应的及时性，可在业务环节中进行合规处置，以及适时报告。在信息安全事故处置中，拟按安全责任和控制权限，进行处理、惩罚和报告制度上的安排。

信息安全评估制度。信息安全评估包括系统内评估、所属管理部门评估和第三方评估。按评估的内容，包括信息安全风险评估、信息安全保障评估，以及信息资源安全、信息技术使用安全、用户和信息业务环节安全评估等。云环境下的学术信息资源系统安全评估的制度安排应从多方面出发针对不同目标、不同环境进行构架，使之形成一个完整的体系和制度框架下的操作规范。对于整体安全风险的评估，在制度上采用第三方评估和国家有关部门监管下的系统

354

评估方式具有可行性。对于安全管理和安全环节上的评估，可采用国家、国际和行业标准，进行网络系统实时监测和阶段性评估。这一分层评估在制度上的安排，有利于数字学术信息资源安全水平的提高，同时有助于安全风险的及时控制和安全保障的改进。

11.2 国家数字学术信息资源安全法制化管理与法规体系的完善

随着互联网应用的迅速拓展，网络信息安全已成为各国关注的焦点，围绕基本的权益保障和国家与民众安全的维护，法制化管理的推进和法规体系的完善已成为必然。在全球化环境中，学术信息资源安全保障法规建设与基于安全环境治理的法制管理的推进，是实现全面安全保障目标的重要基础和环节。

11.2.1 学术信息资源安全保障的法制环境

学术信息资源的组织、服务与利用依托全球化网络空间而实现，因而互联网安全直接关系到学术信息资源的安全。从实质上看，互联网空间并非独立于现实社会的完全虚拟空间，而是社会政治、经济、科技、文化活动的关联空间，其安全治理和保障关系到各类职业活动的开展和社会运行。

我国学术信息资源安全保障在全球网络化环境中进行，除所面临的技术环境、资源环境对安全保障的影响外，法制环境作为影响学术信息资源安全保障规则与安全治理的因素是各国必须面对的。从信息化中的国际交往与经济全球化实现上看，各国法制化管理及其体制的交互影响，在国际社会的法制化建设推进是两个基本的问题。因此，可以从这两个方面出发进行法制环境的影响分析。

信息安全在法律、法规上的体现，包括法律、法规和条例层面的文件。在互联网信息安全立法过程中，各国的制度、社会环境是必须考虑的主要因素，出于战略上的考虑，各国形成了有利于自身发展和安全的法律、法规体系。因此，在国际交往中，也存在不同法律法规相互交融和适应的问题。

长期以来，美国的互联网基础设施建设和基于互联网架构的信息服务组织，具有全球主导性地位，世界各国对美国互联网服务的依赖不可避免地会影响到互联网信息安全法制管理。互联网发展初期，美国通过了《电信法》，明确提出互联网世界与真实世界一样，需要进行管控；随后在互联网迅速发展的背景下，互联网立法不断跟进，围绕互联网运行和安全与权益保障，颁布了

130 多部法律文件，涵盖美国安全、互联网信息安全、隐私保护、知识产权、网络犯罪控制和信息自由权利等方面的内容。美国的信息法律，在保障公共安全的同时，强化了对网络攻击和恐怖袭击的制裁，其中《国土安全法》对涉及互联网安全的行为监控和惩治黑客的内容都有相应的条款。另外，2012 年颁布的《互联网隐私权利法案》，规定了互联网使用中的个人隐私数据安全内容，与《隐私权法》《在线隐私权法》和《儿童网上隐私权保护法》相互补充而形成了隐私保护完整的法规体系。与此同时，美国各州也推出了关于互联网信息安全的法律，规定了具体的处置办法。

英国根据社会发展的需要，针对互联网信息安全出现的新问题，在原有法律的基础上进行法律规范升级，通过多种方式促进互联网秩序的形成和基本权益的维护。与美国的分散立法模式相类似，英国互联网信息安全立法主要针对网络安全、数据保护、内容监管和谣言侵权行为进行相关法律的制定。近 20 年陆续颁布的法律包括《通信监控权法》《计算机滥用法》《调查权管理法》《公共秩序法》等，同时在相关法律中明确了信息犯罪的条款，如《反恐怖法》中明确规定，在网络等媒体上发布或导致恐怖信息传播的行为构成犯罪。2018 年，英国制定了新《数据保护法》，在数据保护法律条文中明确了以下内容条款：执法中调取公民个人数据时必须经数据拥有者的同意，且对公民的隐私和敏感数据应进行遮盖处理；任何情况下收集的个人数据必须是合法的，对收集的个人数据不得以与收集目的不符的方式进行处理；任何以执法为目的的个人数据收集和处理，必须与严密执法过程相关；个人数据传输后，查实传输数据的违规时，必须通知相关主体。从英国立法过程上看，信息安全法律既有和美国相同的覆盖面，又有着英国法律的固有特色。

德国在 2016 年版《网络安全战略》中，提出了安全与发展均衡原则，即兼顾安全和发展两个基本方面。以此出发，德国在发展原则基础上进行了安全法律的完善。在网络安全立法上，最重要的是《联邦信息技术安全法》和 2015 年通过的《网络安全法》。其网络安全法案不是一个法典，而是一个类似于修正案的修改法规。在德国信息安全立法中，强调对个人信息的适度保护，避免因安全保护过度而影响到信息的开放发展。就实际情况而论，欧洲对个人信息的保护最为严格，美国其次，德国的法律调整目标在于适度放宽保护，以促进信息化发展。

法国政府将网络空间安全纳入国家长期发展战略，持续制定了一系列政策法规，形成了一个完整、多元、适度的政策、法规框架。在行政管理中，国防和国家安全总秘书处（SGDSN）全面负责信息安全的保障实施。为了更好地保护国家信息网络，法国网络与信息安全局（FNISA）负责依法对敏感的政府网络进行实时监控，以发现和处理网络攻击。法国陆续颁布和修改的信息安全法律包括信息系统安全法规、国家数字安全法等。在信息安全执法中，法国具有严格的实施制度，如2018年5月，法国国家信息与自由委员会受理关于谷歌采取"强制同意"政策收集大量用户个人信息用于商业广告的投诉，依据《通用数据保护条例》进行了判罚。

与分散立法不同，日本通过颁布网络基本法，指导相关的信息安全法律法规制定与修改，从而达到系统地规范立法的目的。日本《IT基本法》是整个日本信息安全法规的基础，具有相对稳定性。在此基础上的专门法律包括打击网络犯罪和隐私保护法等。日本《关于禁止不正当入侵网络行为法律》规定了处罚不正当侵入网络行为条例，《反黑客法》规定了对黑客攻击的处置，具体界定了擅自使用他人身份密码侵入计算机网络的各类违法犯罪行为。自2003年日本议会通过与网络隐私权和个人信息保护相关的五项法案以来，《个人信息保护法》等法律不断完善。为了防止涉及日本国家安全的特定秘密信息泄露，2013年日本颁布《特定秘密保护法案》，明确规定了特定秘密保护人员资格、法律责任及法律规定。从整体上看，日本的网络信息安全法案具有体系完备和针对性强的特点。

俄罗斯信息安全保护法律在安全制度的基础上不断完善，体现了保障国家信息安全和公民自由获取信息的同等重要性。为了维护网络安全，俄罗斯通过颁布《联邦信息、信息化和信息网络保护法》以及在现有法典修订中增补网络信息安全相关法律条文，进行信息化与网络安全法律的完善。俄罗斯信息安全法将信息安全保障概括为以满足信息关系中所有主体利益为基础的全面安全保障。同时强调国家安全保障的法律基础和政策法规，陆续颁布和修订了《安全法》《国家秘密法》《联邦安全服务法》《参与国际信息交流法》《个人信息法》《信息技术与信息保护法》《电子签名法》《著作权与邻接权法》等。由此可见，俄罗斯的信息安全法律既有战略层面的法规，又有面向各领域的信息法律细则。

欧盟的法律按一级立法和二级立法进行架构：一级立法为一些基础性条约，类似于基本法律的意义；二级立法在基本法律基础上进行，包括条例（Regulation）、指令（Direction）和决定（Decisions）。2019年6月，欧盟2019《网络安全法案》正式施行，这是欧盟继《一般数据保护条例》（GDPR）、《非个人数据自动条例》之后的又一部网络安全顶层法律设计，也是欧盟随后陆续出台的《电子隐私条例》《电子论据条例》的先行法律支持。2019年的《网络安全法案》（EU Cyber security Act），进一步适应了新时期欧盟网络安全治理环境，该法案的执行以及此前的《网络安全法案》（EC 526/2013）废除，对于欧盟和全球化网络信息安全具有重要影响。

全球化环境下各国信息安全法律、法规体系，一是立足于各自的信息安全保障国情进行制定和完善；二是适应国际信息化环境。遵循国际法律规则、寻求国家合作，是各国必须面对的问题。在网络空间与信息安全的国际化法治规则构建中，联合国信息安全政府专家组和国际电信联盟发挥着重要的指导作用。作为各国表明立场、达成共识的平台，其协商构建规则已成为各国的共识性规则。根据信息社会世界首脑峰会（WSIS）关于设立互联网治理开放论坛的决议，2006年11月，联合国国际互联网治理论坛（IGF）正式成立并开展活动，由于有来自社会公民和部门的代表参与，基于多层面的管理和安全倡议形成了较大的社会反响。对于多边层面的网络信息安全国际规则的形成，欧洲安全与合作组织和上海合作组织等发挥了积极的作用。基于安全法规的国际化，其协调建设已成为一种趋势。此外，涉及互联网空间安全规范的国际组织还包括欧洲理事会等。欧洲理事会2001年11月通过的《网络犯罪公约》被认为是首个针对全球网络空间安全的国际公约，公约自通过之日起，除欧洲理事会成员国外，已有包括美国、日本等国在内的16个非欧洲理事会成员国加入。①

2017年12月，中国国家互联网办公室和浙江省人民政府在浙江乌镇主办的第四届"世界互联网大会·乌镇峰会"，提出了"携手共建网络空间命运共同体"的理念，会议强调了唯有共同构建多边、民主、透明的国际互联网治理体系，才能让互联网更好地造福全世界的共识。乌镇峰会的倡议在国际合作开展网络信息安全法律、法规建设中的积极作用，受到国际上的关注。

在信息安全与权益保障的国际法规建设中，各国已具有相对完整的体系，其中在国际上达成一致的是知识产权保护法。在这一方面，世界知识产权保护组织（World Intellectual Property Protection Organization，WIPO）发挥着重要的作用。2018年12月5日，WIPO发布的《世界知识产权指标》（WIPI）年度报告，进一步展示了信息化环境下国际知识产权保护的重要性。对于信息资源安全来说，知识产权安全的法制化管理，具有相对完备的法律体系支撑。

11.2.2　我国学术信息资源安全保障法律体系的完善

学术信息资源安全的法制化保障在国家安全法律基础上进行，同时以专门

---

① 方芳，杨剑. 网络空间国际规则：问题、态势与中国角色［J］. 厦门大学学报（哲学社会科学版），2018（1）：22-32.

化的法规为支持。从广义看，法律包括法律文件、具有法律效力的解释及行政机关为执行法律而制定的规则、条例或规章等。因此，学术信息资源安全法律体系的完善应在多个层面上进行。

我国的学术信息资源安全法制管理，随着互联网的发展而处于不断变革与完善之中，从总体上看，互联网关系到国家发展、科技进步和经济与文化繁荣的各个方面，随之而出现的安全保障问题，也关系法律建设的诸多方面。对于学术信息资源安全保障来说，也应从这一基本层面出发进行组织。2016 年 11 月，我国颁布的《网络安全法》明确了立法的重点是对网络安全作出全面制度安排，强调网络主权意义上的基础设施保护、网络安全等级保护、网络安全监管与应急响应、网络实名制监督等规则，具有法定意义。

在学术信息资源安全法制化监管中，围绕基于网络的信息资源管理与服务安全保障问题，我们将有关法律、法规文件的颁布，进行了关联；将所包含的网络设施与网络空间安全、网络信息资源组织与传播安全以及网络信息服务与利用安全内容，从法律文件与司法解释、法规与部门条例和政策文件与行业规范角度进行了归纳，见表 11-1。

表 11-1　我国学术信息资源网络与服务安全有关法律、法规文件颁布

形式 内容	网络设施与网络 空间安全	网络信息资源组织与 传播安全	网络信息服务与 利用安全
法律文件与司法解释	《全国人民代表大会常务委员会关于维护互联网安全的决定》（2000），《中华人民共和国国家安全法》（2016），《中华人民共和国国家秘密法》（2010）	《全国人民代表大会常务委员会关于加强网络信息保护的决定》（2012），《中华人民共和国网络安全法》（2016），《最高人民法院最高人民检察院关于办理利用信息网络实施诽谤等刑事案件适用法律若干问题的解释》（2013），《中华人民共和国国家安全法》（2015），《中华人民共和国国家秘密法》（2010），《著作权法》（2010）	《中华人民共和国网络安全法》（2016），《最高人民法院关于审理侵害信息网络传播权民事纠纷案件适用法律若干问题的规定》（2014），《中华人民共和国国家安全法》（2015），《反不正当竞争法》（2017）

续表

形式 / 内容	网络设施与网络空间安全	网络信息资源组织与传播安全	网络信息服务与利用安全
行政法规与部门条例	《中华人民共和国计算机信息系统安全保护条例》(1994)，《计算机信息网络国际联网安全保护管理办法》(1997)，《中华人民共和国电信条例》(2000)	《信息传播权保护条例》(2013)，《计算机软件保护条例》(2013)，《国务院关于授权国家互联网信息办公室负责互联网信息内容管理工作的通知》(2014)，《互联网文化管理暂行规定》(2011)，《互联网信息内容管理行政执法程序规定》(2017)	《互联网信息服务管理办法》(2000)，《互联网上网服务营业场所管理条例》(2016)，《规范互联网信息服务市场秩序若干规定》(2011)，《电信和互联网个人信息保护规定》(2017)
政策文件与行业规范	《关于加强党政机关网站安全管理工作的通知》(2014)，《全国等级保护测评机构推荐目录》(2014)，《关于加强国家网络安全标准化工作的若干意见》(2016)	《关于加强国家网络安全标准化工作的若干意见》(2016)，《互联网新闻信息服务新技术新应用安全评估管理规定》(2017)，《互联网新闻信息服务单位约谈工作规定》(2015)，《信息网络传播权保护条例》(2006)	《即时通信工具公众信息服务发展管理暂行规定》(2014)，《互联网信息搜集服务管理规定》(2016)，《互联网论坛社区服务管理规定》(2017)，《互联网群组信息服务管理规定》(2017)，《互联网新闻信息服务许可管理实施细则》(2017)

由表 11-1 可知，我国的法制建设和基于互联网的国家安全、信息安全立法和一系列法规、条例的颁布，为包括学术活动在内的网络信息活动和数字资源的安全保障奠定了坚实的法律基础，其法律构架涵盖了信息资源体系建设与服务安全的各个基本方面。在法律层面，2000 年第九届人大常委会十九次会议通过的"全国人民代表大会常务委员会关于维护互联网安全的决定"，以及 2012 年 1 月国务院颁布的"国务院关于废止和修改部分行政法规的决定"，对入侵国家事务、国防和前沿科技领域计算机系统，制作与传播病毒，通过互联网攫取国家秘密等行为，明确了依据刑法有关规定的刑事追责法规。与此同时，2015 年颁布的《中华人民共和国国家安全法》和 2016 年颁布的《中华人民共和国网络安全法》，在国家学术信息资源安全保障法制化实施中，具有基础性作用。在行政法规、部门条例层面，近 20 年来我国颁布了一系列针对各

时期发展状况和安全保障实施的规定及部门条例；其中的许多条例多次修订，旨在适应信息化发展环境中安全保障新秩序的建立。多次修订的条例如：2011年9月颁布的《中华人民共和国电信条例》于2014年、2016年两次修订；2001年12月20日国务院颁布的《计算机软件保护条例》，于2011年、2013年修订。这一情况，与国际上信息安全法规的修订相一致，显示了我国的全球化安全保障战略的实施。在具体的政策文件和行业安全规范制定中，国家工业和信息化部2013年公布的《电信和互联网个人信息保护规定》对个人信息作出了详细的界定，明确了电信与网络服务机构使用个人信息的法制规定，以及对个人信息保护的法律责任。2017年5月2日国家互联网信息办公室发布的《互联网信息内容管理行政执法规定》，规范了互联网信息管理部门依法履行职责和合规执法行为。从立法、司法、执法上看，我国信息安全法制管理具有严密性、规范性和公益性的特点。在学术信息资源安全保障中，提供了依法合规管理的基本保障。

鉴于数字学术信息资源网络的快速拓展和信息技术的不断进步，在信息安全法律方面，各国都需要进一步完善。对于学术信息资源来说，拟从以下几个方面着手：

①进一步加强网络空间与信息安全保障法律建设的国际合作。在构建人类命运共同体方面，各国在网络空间安全领域的合作具有重要性。在政府层面，各国的安全保障、个人信息和公共安全保护都需要在全面的国际信息安全法制理念和制度上加以确认。对于国家学术信息资源安全保障法律构架而言，国际上比较一致或比较相容的是学术信息资源知识产权保护、个人信息与隐私权保护、互联网物理设施安全保障等方面的法律、法规，其法律对象、内容和处理方式具有相容性。在全球化发展中，具有法律冲突的是信息自由的法律界定、网络空间安全解释、国家信息安全法制原则和数字信息技术的使用规范等方面的问题。其中，一致性由基本的共同需求和认知决定，冲突的方面则由各国制度、信息化发展水平、资源占有和各自的发展利益所决定。对于这两方面的问题，可以在全球化发展战略协调中，寻求全球共同利益的立法基点和准则。

②在学术信息资源网络安全保障政策文件、条例和规范实施中，将具有长期稳定性的准则进行提炼，从而上升到法规和法律层面。信息安全政策、学术信息资源部门安全条例和行业安全规范，具有针对特定问题进行管控的特点，且存在着一定的时效性，一旦环境变化，其政策规定和条例规范会随之作出改变；然而在变化中，一些基本的原则规定不仅不会发生改变，而且会进一步上升成为一种法制化的共同准则或普遍性的法律条规。这种变革，有利于法律体

系的完善，同时有助于强制性安全保障作用的发挥。云环境下的学术信息资源安全监管条例中，基于安全协议的责任管理和处置条例，随着智能化服务的发展，有必要在现行条例的基础上，通过立法程序，充实相应的法律、法规内容。

③在现行法律框架下，在数字学术信息资源安全法制化管理中，针对实施中的具体情况，对相应的司法解释、行政法规、部门条例和行业规范进行细化。我国的学术信息资源安全监管在全局性法律、法规和国家行政规定与行业规范的基础上进行，这一点与世界各国所面临的情况相同，因此，学术信息资源安全法制化管理往往限于相关法律、法规的采用，在具体实施上则执行部门化的条例。这一实际情况，需要在大数据、智能化和全球网络发展中加以改变。具体操作上，需要围绕数字学术信息资源安全保障对象、过程和结果，进行以学术信息资源行业和云计算服务行业为主体的安全法规和法律保证上的细化，以形成相对完整的云环境下国家数字学术信息资源安全管理法律保障体系，确立面向实际的法律执行机制。

④面对学术信息资源安全保障中的新问题，进行基于全面安全保障的法律体系完善。信息安全法律必须适应于不断改变的信息环境，而信息环境的改变源于网络信息技术和数字智能技术的发展和各国学术研究与学术信息交流的不断进步。面对这一现实，各国在各自的法制领域，不断进行了相关法律文本、法规和条例的修订。可以设想，在动态环境中，如果某项新的智能交互技术出现，并在面向用户的学术信息交互服务中得到应用，在为服务对象带来方便和利益的同时，如果安全措施滞后，将会引发新的安全问题。基于这一现实，有必要进行与技术创新和环境变化同步的安全法规的修订或制定。针对这一问题，在法制体系建设中，可充实新技术安全监管的内容。在国际范围内，学术信息安全保障法律体系的完善，已成为各国普遍追求的目标。在这一工作中，需要立法机关、专业机构、行业组织、信息资源服务部门以及用户组织的共同努力，以确保学术信息资源服务与安全法律保障的协调发展。

11.2.3 学术信息资源安全保障法制化管理的推进

实现学术信息资源安全管理的法制化，不仅是国家安全和发展的需要，也是云环境下学术信息资源内容开发与深层利用的需要。只有在安全的法制化管理基础上，信息资源大数据服务才能得到有序化发展。我国的网络安全立法和学术信息资源安全保障的法制化管理，处于不断完善之中。这一方面，与世界各国发展所面临的问题具有相似性。对于已具备的法律体系，尚缺乏对于国家数字学术信息资源安全管理的直接针对性，因而在法制化管理中，基本上是法制框架下的以行政为主的条例化管理。鉴于当前的实际情况，有必要在大数据时代，以国家安全法、网络安全法为依据，在学术信息资源安全法规、部门条例、行业规范全面执行中，推进我国数字学术信息资源安全法制化管理的全面实施。根据我国的具体情况，全球化环境中的国家学术信息资源安全法制化管理推进路径如图 11-2 所示。

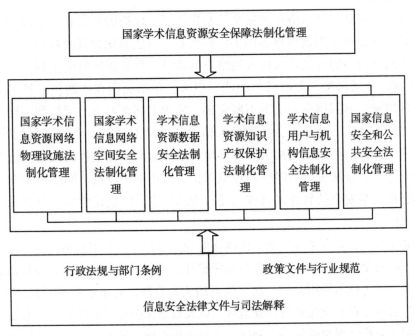

图 11-2　我国学术信息资源安全保障法制化管理推进

　　国家学术信息资源安全保障法制化管理面向信息组织和服务流程安全进行构架，按安全对象、过程和约束的法制管理目标与内容，包括学术信息资源网络物理安全法制化管理、学术信息网络空间安全法制化管理、学术信息资源数据安全法制化管理、学术信息知识产权保护法制化管理、用户个人与机构信息安全法制化管理和国家信息安全与公共信息安全保障法制化管理。在安全管理的实现中，以上六个基本方面的安全以行政法规与部门条例为保障，以政策文件与行业规范为指导，以国家信息安全法律文件和司法解释为依据，组织全方位实施。

　　①学术信息资源网络物理安全法制化管理。网络信息基础设施安全、数

字存储设备和通信交换安全是物理安全保障的核心安全，在安全保障中通过技术手段进行攻击识别、运行监控与容灾响应。然而安全技术的开发和应用，需要合规管理作保证，而合规安全技术又必须依赖于法制管理来实现。基于这一现实，学术信息资源网络物理安全法制化管理以网络安全法为基础，进行物理安全监控的合法授权，攻击监测技术的实施规范，计算机网络犯罪的侦破和依法控制。在全球化范围内，还包括对跨国犯罪的处置和共同安全利益的维护。

②学术信息活动网络空间安全法制化管理。保护国家信息安全的网络空间活动立法已成为当前世界各国关注的焦点，其法制化管理的目标在于净化网络空间环境，通过法治来规范网络空间活动，保护国家网络主权安全。自美国1984年通过第一部网络空间法案以来，包括美国在内的信息网络高速发展的国家，其网络空间法案不断完善，实现了网络安全与网络利用同步发展的目标。在这一背景下，我国学术信息活动网络空间安全的法制化管理，旨在建立良好的网络空间法治管理环境，依法监测多元主体的网络交流与信息交互行为，合法进行网络空间环境保护，防止网络侵权、网络攻击和恶意使用有损网络安全的软件工具或入侵行为的发生，以创建学术信息资源网络生态文明。

③学术信息资源数据安全的法制化管理。数据安全不仅包括学术信息资源数据载体安全、数据结构安全和数据完整性、可用性与传输安全，而且包括数据组织与加工技术使用安全。这一层面的法制管理，着重于数据存储、处理、开发与服务流程安全保障的合规监督，以及数据保护秩序的维护。学术信息资源数据法制化管理中的另一个问题，是对违规存储、传播与利用数据的依法监管和处置，其管控权限在国家安全法、网络信息安全法律框架下，按学术信息资源数据安全管理条例或规定进行确认。基于网络的学术信息资源开放共享对数据安全提出了新的挑战，这就需要在法制化管理实践中，进行数据安全监管体系的完善。

④学术信息知识产权保护法制化管理。学术信息知识产权保护的法律依据是知识产权法，学术信息知识产权安全保障体现在知识产权保护的有效性和合规性上，只有依法、合规进行知识产权保护才能确保学术信息知识产权的安全。由于云环境下学术信息资源服务的开放性，其知识产权保护往往通过授权的方式进行，一般情况下，由学术信息知识产权拥有者通过授权方式，明确共享范围和限定学术信息资源的使用权限。在实际操作中，可以在协议框架下进

行，例如，对于学位论文的开放共享，在法制化管理中，作者在声明不存在违反学术道德规范和侵权行为，且承担法律责任和法律后果的基础上，将独立完成的论文按规定提交共享。

⑤用户个人与机构信息安全法制化管理。用户个人信息安全保护立法是个人隐私保护的进一步发展，国际上已达成了基本的共识。在我国，《中华人民共和国个人信息保护法》自 2021 年 11 月 1 日起施行。在个人信息保护法律框架下，学术信息资源用户个人信息保护的重点是用户身份信息、信息资源服务访问和相关系统运行日志中行为数据的安全保障。对此，在具体问题处理上，拟建立相应的规则、接受第三方监督。对于机构信息，其法制化安全保障的目的在于，保护机构信息不受侵犯，以维护机构的安全利益。鉴于学术信息智能化交互服务的发展，对于通过人机交互及其学习方式获得的用户个人行为数据，在保护中拟强化安全。

⑥国家安全和公共安全法制化管理。学术信息资源组织与开放服务所涉及的国家安全和公共安全问题，集中体现在国家秘密的保护、敏感信息的传播和公共信息秩序的干扰等方面。对于国家安全保障，由于已有完整的法律和规定，在实施中可以采用等级安全保障方式，在相关部门监管下进行。对于有损于公共利益的信息传播，我国已具有相对完整的安全监管条例，拟在条例执行基础上进行公共信息安全的维护。在国家安全和公共安全的法制化管理中，存在着各国安全保障的协调问题，在协调过程中，在平等交往和信息对称原则基础上的国际法规体系的完善是其中的关键。因此，需要进一步促进国际安全合作和国际公共安全空间建立。

综上所述，国家学术信息资源法制化管理的实施，是一个由浅层向深层发展的过程。针对当前的现实问题，有必要改变强制手段采用过多，而法制化管理滞后的状况，通过法制体系的优化，适应大数据时代的学术信息资源社会化利用和全面安全的需要。

11.3 学术信息资源组织与服务权益保护与安全监督

大数据时代，学术信息资源跨系统组织与云服务中的权益维护是信息安全保障中值得关注的现实问题。这是由于，保障各方面主体的法定权益不受侵犯也是安全保障的一个重要组成部分。立足于云环境下学术信息资源拥有者、服务链机构、信息用户和其他主体权益的关联关系，根据权益协同维护与保障原则，进行法制化管理基础上的信息权益保护体系构建具有安全保障的全局性意义。

11.3.1　学术信息资源组织与服务中的权益主体及权益构成

学术信息资源组织与服务中的主体权益，是指其受法律保护的主体权利和利益，主体权益保护是学术信息资源有效利用和价值发挥的前提。按云环境下学术信息资源组织与服务的关联关系，其主体包括网络运行服务商、云计算服务商、数字学术信息资源提供商、学术信息资源机构和各方面用户。这些主体权益保护和安全保证由各自的目标活动所决定，且受数字化网络环境和国家法制环境与制度的约束。从总体关系上看，明确其中的主体权益结构和交互关系，是有效保障权益安全的基本出发点。

（1）学术信息资源机构权益

我国学术信息资源机构作为学术信息服务的主体，包括公共图书馆系统、国家科技图书文献中心（NSTL）、中国高等教育文献保障系统（CALIS）、中国科学院文献情报中心、中国社会科学文献情报中心、中国国防科技信息中心以及各行业和地方信息中心和图书馆等。这些机构承担着科学研究、公共文化、教育和各行业信息资源服务的社会责任，是国家学术资源服务的主体机构。机构以承担公益服务为主，由国家负责建设投入和服务的宏观管理。国家学术信息资源机构的社会定位决定了基本的权益结构和制度安排，从总体上看，机构的权益还包括对合规拥有学术信息资源内容的开发权和技术的使用权。

学术信息资源组织与内容开发的自主权。学术信息资源机构所拥有的信息资源包括多种形式的数据库、数字期刊、会议文献、报告、学位论文和用户提供交流的学术信息数字文档等。这些数字学术信息资源不仅需要长期保存，而且需要组织开发，以提供多种形式的利用。由于学术信息资源在采集渠道、方式上的差别和学术信息资源主体专属权的不同，必须通过法律法规确认学术信息机构对信息资源内容的开发权，以及在内容开发和组织基础上的传播权。只有在这些基本权益得到保障的情况下，才能进行内容服务的深化和拓展。与此同时，学术信息资源机构所购软件的技术使用权或特定专利的使用权也必须得到保障，以支持数字信息服务的业务开展。

维护学术信息资源系统安全运行的管理权。学术信息资源系统安全运行是获取效益的基本保证，学术信息资源机构作为学术信息服务链的主体，具有维护服务安全的职责，在职责基础上的权利配置具有关键性。系统安全运行管理在国家安全和信息法律、法规框架下，按规范要求进行确认，包括对学术信息资源来源的安全问责、学术信息资源知识产权安全确认、学术信息网络传播内容安全管理、学术信息资源服务链安全管理和学术信息用户安全管理等权限。鉴于我国学术信息机构的系统所属关系，其安全管理权拟在国家集中监管下，分部门、系统进行。

学术信息资源服务组织和合规发展权。学术信息资源价值最终通过面向用户的服务来实现，公益服务的社会效益，以及用户受益于服务获得的经济发展效益决定了国家对机构建设的投入。对于辅助于公益服务的经营性学术信息服务实体而言，直接经济效益和社会效益决定了实体的存在和发展价值。在国家创新发展环境下，学术信息机构服务组织处于重要位置，其权益保障包括合规服务的自主组织，学术信息资源服务创新，技术保障中与内容服务商、云服务商和相关供应商的合作等方面的运营保障。

（2）网络基础设施运营服务商

学术信息资源组织与服务架构在大数据背景下的互联网基础之上，其物理构架由网络基础设施及运营服务商提供，学术信息网络空间软件和云服务平台支持服务由各方面供应商提供，数字信息内容服务依托的数据资源产品由数据库服务商提供。在产业链构成中，这些供应商虽然具有分工明确、责任分明的特点，然而与数字学术信息机构的合作，却有着相应的权益保障要求，其主要内容包括：

按规范进行经营和服务的权益。网络基础设施、软件和数字信息资源的提供，应按国家资质规定、规范要求和相关条例合规进行，由国家行政部门依法认定网络设施、计算机服务软件、信息资源数字产品和服务提供者从事经营活动的权益。网络基础设施、软件和学术信息资源数字产品提供者在经营权许可的范围内从事经营和服务活动，通过经营服务获取利益。经营权的获得，同时保障了经营方开拓服务市场的权利，因而其经营权认证和管理具有十分重要的社会意义，在实施上保障了信息服务的有序发展。

安全运行维护中的监测和处置权。互联网基础设施、软件服务和学术信息资源数据库等，需要在安全环境下进行安全运行保障，因而赋予提供方的安全保障责任和设施、软件运行与数字产品监测权限具有重要意义。维护、监测权在法制化管理基础上按协议进行规范，供应、维护、监测权在法制化管理基础上的规范，包括供应、维护方对相关运行数据的采集、处理和分析责权规范，旨在支持其对于设施危害和事件的处理。网络设施、软件服务和数据库提供商，由于具有相应的处置权配置，才能针对安全问题进行实时处理，从而保证设施和服务的安全使用。对于学术信息资源服务而言，安全监测与处置需要在合规协同框架中实现。

网络基础设施、软件和数字产品技术发展权。信息化中的学术信息资源服务构架在不断发展的信息技术基础上，因而网络基础设施、软件和数据库提供商必须致力于技术的发展和应用。目前阶段，其发展体现在新一代互联网发展和大数据、智能云计算技术的应用上。对于不断发展的技术，学术信息资源机构和终端用户需要主动适应。从总体上看，提供商的技术发展权在服务链基础环节上保障了学术信息资源组织与服务水平的提升。

(3) 学术信息资源用户的基本权益

学术信息资源用户包括具有学术信息资源利用需求和利用信息服务条件的社会成员，按主体形式可区分为个人用户和机构用户两类。在学术信息资源服务利用中，虽然各类用户的需求和利用存在使用范围与利用机制上的差异，但是他们对信息资源服务利用的基本权益却具有一致性。其中，学术信息资源用户的基本权益包括用户对资源与服务的利用权、通过服务获取效益的权利，以及用户秘密的保护权。

①用户对学术信息资源和服务的利用权。根据国家法律和促进社会发展的公益原则，用户对学术信息及开放服务的利用是一种必要的权利，这是由国家学术信息资源服务的公益性决定的。所不同的是，对于涉密和需要控制范围的信息和服务利用，其权限按规范在相应的范围和安全域中进行确认。因此，学术信息资源用户利用资源和服务的权益，是一种由学术信息服务范围和用户范围所决定的公益性信息服务利用权，即在该范围内用户所具有的服务享有权。在确保国家利益和他人利益不受侵犯的前提下，用户的信息服务利用权是一种基本的社会权利。此外，用户对产业机构的服务利用，以信息公平和合理市场化为基础进行权益保障。

②通过学术信息资源服务获取效益的权利。学术信息资源用户对服务的需求和利用以"效益"为基础，是一种对实现自身某一目标所引发的服务利用

与信息采用行为。无论是公益性服务，还是经营性服务，其用户效益都必须得到保障。这里，需要指出的是，用户对学术信息服务的利用过程是一个复杂的交互过程，它不仅涉及服务本身，还由用户自身的素质、状况、环境等因素决定，而且还具有一定的不确定性，因此对"效益原则"的理解应该是在风险和影响可控的前提下用户获取效益的权利。

③用户个人信息和秘密保护权利。特别是在学术信息交互服务中，智能交互学习技术的采用和内容交互有可能导致用户信息或身份信息的泄露，从而对用户带来利益上的损害。当前云服务中的用户行为数据和基本信息的泄露已成为影响用户合法权益的重要问题。在这一情景下，无论是用户提供的基本信息和来自用户方的状态信息，还是"服务"提供给用户的结果信息，都具有一定的排他性，如果泄露将会对用户造成损害。对于机构用户而言，还涉及机构权益保护和安全等方面的问题。因此，用户秘密保护权利必须得到认可。

(4) 国家安全、公共利益和他人权利

学术信息资源服务在一定的社会环境中进行，是一种在社会信息组织和约束基础上的规范服务，而不是无监管、无社会约束的服务。学术信息资源服务以国家安全和社会受益为原则，任何一种服务如果违背了这一原则，有损于国家、公众或他人的合法权益都将受到约束和处置。国家安全、公共利益和他人权利保护主要包括以下内容：

①国家安全、国家和公共利益。对国家安全和国家利益的维护，是学术信息资源组织与服务必须遵循的基本准则，任何一项服务或活动，只要违背了这一准则，都必须受到政府部门、公众和行业机构的制止。在服务中，国家利益和公共利益是两个相互关联的方面。为了保障国家信息安全、国家利益和公共利益，政府部门应具有对学术信息资源服务的管制权、监督权、处理权，而公众则在政策、法律范围内行使舆论权和监督权。这两方面的权利作用体现在对国家利益与安全维护、社会权益与道德维护和公众根本利益的保障上。

②政府部门对学术信息资源服务的调控和监管权利。政府部门相应的权利包括：行业结构调控、投入调控、资源配置调控权等。管理权包括国家学术信息资源公益服务管理和市场服务监管两个方面，对学术信息服务的监督在政府强制性约束基础上依法确认。政府"权利"的行使通过信息政策颁布、执行，发展规划的制定与实施，以及行政约束方式进行。

③与学术信息资源利用有关的他人权利。在学术信息资源服务和信息资源

利用中，信息服务的承担者、提供者和使用者都必须以不损害他人（第三方）的合法利益为前提，否则服务和信息资源利用行为将随之被制止。基于网络的学术信息组织和服务，有可能存在有损于他人利益的情况，例如，知识创新服务中，违背条例的不正当竞争信息提供将直接影响相关他人。从总体上看，学术信息资源服务如果从法律、道德上违背了第三方的社会利益，必然导致其利益受损。在他方利益保护中，一是应注意他方正当利益的确认；二是必须以基本的社会准则为依据进行约束。

11.3.2　学术信息资源主体权益保护关系与安全监督的关键问题

大数据时代，云计算技术条件下的学术信息资源组织和服务中的主体权益结构，具有多元交互作用特征，从客观上形成了相互依赖的协同利益保障格局。

学术信息资源机构权益保障依赖于网络运营服务商、软件和数据库服务提供商的合规经营，以及系统的安全运行和技术发展；同时，权益维护又以国家安全、公共安全和利益保障为前提，在所拥有的资源组织上，确保机构发展和用户权益与安全维护。

网络基础设施、软件和数字资源提供方权益，一是取决于自身的安全经营技术发展和使用维护；二是与学术信息资源机构协调进行面向学术信息资源组织与服务环节的系统保障。同时，还应保障国家安全、公共利益和环境中的第三方权益不受侵犯。

学术信息资源用户应有的权益，以学术信息服务机构为核心进行保障，以网络信息基础设施及服务的合规利用为前提，旨在获取学术信息服务利用效益，其中，身份和个人信息安全权益保障以及对国家利益的维护处于核心位置。

对于国家安全、公共利益和第三方权益的保护，学术信息资源机构、网络基础设施、软件与数据服务商，以及各类使用者之间具有协同保障的关联关系，其保障需要在国家政策、法规和基本的管理层面上得以实现，同时也需要有关第三方的参与保障。

基于学术信息资源主体权益关系的利益维护，其核心问题可以归纳为网络设施与服务运行安全、学术信息资源知识产权安全、学术信息资源用户信息保护安全和国家、公众、他人权益保护安全。其中的相互关联关系见表11-2。

表 11-2　　　　　　　数字学术信息资源主体权益保护与安全保障

权益主体	权益保护结构	权益保护中的安全保障需要	安全监督关键问题
学术信息资源机构权益	合规拥有学术信息资源内容开发权与技术使用权，维护学术信息资源系统安全运行的管理权，学术信息资源服务组织和合规拓展权	学术信息资源网络安全运行保障，学术信息资源组织与开发知识产权和授权安全，学术信息资源技术安全，学术信息资源服务用户与相关主体安全	学术信息资源主体权益的关联作用和关系决定了基本的安全保障监督构架，其中的共同问题，也是需要面对的关键问题，包括：学术信息资源网络物理设施与运行安全；学术信息资源知识产权和授权安全；学术信息资源用户信息保护安全；国家安全、公共安全和第三方信息安全。这 4 个基本方面的内容，决定了社会化监督体系的构建
网络基础设施运营、软件和数据库服务商权益	按规范进行网络构建、网络运行、软件与数据库服务的权益，安全运行与维护的检测、处置权，网络实施、软件和数字产品技术发展权	学术信息资源网络设施安全，网络运行与软件服务安全，学术信息资源组织与服务支持物理环境安全，用户使用安全，国家及公众信息安全	
学术信息资源用户（包括个人用户和机构用户）权益	用户对学术信息资源与服务的利用权，用户通过学术信息服务获取效益的权利，个人用户和机构用户的信息安全保障权益	用户使用学术信息资源和利用服务需要保障身份安全、个人信息和机构信息安全，以及服务中的交互信息和秘密保护安全	
国家安全、公共利益和他人（第三方）权益	国家安全保障、国家利益、公共利益维护、与学术信息资源服务相关的他人权益保护，政府部门面对学术信息资源服务的调控和监管权	国家安全、公共安全和信息服务相关方信息安全保障，网络设施安全运行中的社会安全控制，学术信息资源产权安全、机构和使用安全	

　　由表 11-2 可知，国家学术信息资源权益保障中的安全监督，拟从以下四个方面进行组织。

　　①网络物理设施与运行安全保障监督。物理网络（Physical network）是互联网中由各种介质（包括光缆和其他通信设施）连接起来的主机、路由器、交换机等物理设备所形成的基础设施网络，对于目前普遍采用的传输控制网际协议 TCP/IP，可用于逻辑网络连接，使其物理层和数据链路层保持与 OSI 规定的一致性。开放系统互联参考模型（Open System Internet，OSI）是国际标准

化组织和国际电报电话咨询委员会（CCITT）联合制定的互联网参考模型，为互联网系统提供了功能结构框架，以此出发，在服务于学术信息资源组织与传输的网络构架中，其物理设施安全监督在规范基础上进行。对于供应商和服务商而言，应接受相应的行业和国家层面的监督。在面向学术信息资源的云服务部署中，拟按照具体的规范要求进行。对于通用基础软件的安全，涵盖了软件代码、体系结构风险、身份鉴别、访问控制、完整性等方面的问题，拟按等级保护相关标准进行监测和控制。学术信息资源组织与服务中的应用软件（Application Software）由于具有对特定应用的针对性，且可以实现应用程序的集合，因而拟立足于具体的安全应用需要，在一定的规则下进行安全监督。在此基础上，学术信息资源系统运行安全监督，包括物理设施安全质量控制、物理设计网络连接安全监督、学术信息网络运行安全监督、软件安全监测与软件安全保护监督等，监督的组织实现在国家安全法基础上进行，以学术信息资源机构的业务管理与安全运行为核心，进行各方面责任监督和安全权益的保障。

②学术信息资源知识产权与授权安全监督。国家学术信息资源的共享性和服务的公益性决定了知识产权与授权资源安全监督的特殊性。一方面，在基于共享协议的知识产权保护模式中，允许在不损害知识产权拥有者基本权益的情况下，以署名权保护为原则，对内容进行标识、组织和开放提供。对于数据库服务商提供的学术信息资源数据库，按协议规定的使用权限范围和服务组织约束来进行产权保护。对于这两方面的问题，按国际准则和我国知识产权保护法，在学术信息资源组织与服务中，进行规则制定和合规实施。另一方面，对于学术信息资源提供者而言，提供交流和共享的学术信息资源，可以选择不同的方式和手段，以约束学术信息传播与利用中的权限，确保知识产权不受侵犯。例如，云计算环境下的云存储学术信息资源组织与利用，需要学术信息资源机构、商业数据提供商、学术信息资源提供者和云服务商进行协调，在合规签署的协议中明确知识产权保护的范围、责任和条例，以此对学术信息的使用权限、处置权限、衍生成果的权益分配、知识产权转让方式等作出明确规定，为云计算环境下学术信息资源产权保护监督提供依据。2012年，我国国家知识产权局主导建立了云计算知识产权实验区，旨在推动云计算环境下学术信息知识产权保护的法制化发展。试验表明，大数据背景下的云服务发展，需要国家知识产权保护法律体系的进一步完善，在完善中对原有知识产权法规需要作出的调整包括数字信息资源出租权、传播权、衍生服务开展权和处置权等方面的内容。与此同时，在学术信息资源知识产权保护的社会化监督中，还存在知识产权保护技术的规范应用问题，特别是对学术信息资源用户与服务交互中的

知识产权识别和保护的界定问题，需要在制度和实践中进一步完善。

③学术信息资源用户信息安全保障监督。关于个人数据隐私的法律规定和信息监督规定，国际上尚未形成统一，如欧盟对个人信息的处理只有在规则条例指导下才能进行；相对而言，美国却显得较为宽松。从国际上对个人信息保护的发展趋势上看，在欧盟的《有关个人数据处理和电子通信领域隐私保护指令》中，严格的个人信息保护逐渐成为一种共识。对于我国学术信息用户个人和机构信息安全监督而言，应有严格的执行规范。学术信息资源云服务利用中，用户在云中的个人信息安全保障普遍依赖于云服务商提供的服务，虽然有安全协议作保障，但从责任规避的角度看，难免出现安全责任不明和安全义务不清的情况。同时，对于学术信息资源云的跨境服务和用户信息的跨国处理，将引发新的安全隐患，从而带来安全监管的困难。另外，云计算环境下的用户信息安全保障还存在着用户信息的保存权限和操作权限分离的问题，使得用户信息及隐私保护面临跨域协调上的困难。从用户信息安全保护的实现上看，仅凭技术手段或管理上的操作已无法实现全面安全保障的目标，其结果必然侵犯用户的合法权益。鉴于这一现实，学术信息资源服务中的用户信息安全监督拟建立在现行安全保障体制与保护基本构架之中，其目的在于实现对用户信息安全保护组织与实现环节上的全面监督，强调法制化手段的应用和监督制度上的落实。在安全监督的实现上，拟引进第三方进行监管；同时，明确用户信息安全保护的责任条例，采用追责方式进行违规行为的处罚。另外，对于机构用户，需要进行机构信息安全的界定，明确安全保护等级和范围，确立以学术信息机构为主体的用户信息安全监督实施条例。

④国家安全、公共权益和相关第三方权益安全保障监督。学术信息资源组织与服务所涉及的国家安全、公共权益和第三方权益安全问题，是不可避免的现实问题，如利用公共平台对他人信息的非法入侵和恶意调用，以及有损于公共安全的信息恶意传播等。对此，在学术信息资源权益保障安全监督中应予以全面应对。从网络的社会化利用与发展上看，国家安全和公共利益的维护不仅是国家和社会治理的需要，而且是所有个人和机构权益保障与安全发展的需要。因此，学术信息组织与服务中的各方面权益主体都必须重视这一点。2013年美国斯诺登事件，在全球触发了网络安全、公共安全和个人安全的高度警觉，使得网络空间安全监管和国家、公众与组织信息安全监督成为世界性的焦点问题。对于学术信息资源组织与服务而言，基于互联网的体系架构，提出了开放服务和信息共享中的基本权益保护问题，因此在适应现实和未来的发展中，应同步实施国家利益、公共利益和相关第三方权益安全的保障和监督。我

国的学术信息资源服务，具有国家主导下的集中安全保障监管优势和基础，在实际操作中，拟由学术信息资源机构按律进行约束，对利用网络危害国家和公共利益的行为进行实时监控和报告。在法制化管理框架下，协同相关监督部门进行取证、处罚。对于用户而言，强调合规利用信息资源和服务，在安全监管体系内采取相应的措施。对于服务链中的网络服务商而言，应明确安全协议中的合规运行义务，确保服务中第三方的安全。

11.3.3　学术信息资源权益保护与安全监督的组织实施

从总体上看，网络信息服务和其他行业一样，也需要监督，信息网络的社会化利用和全球化发展，决定了包括学术信息在内的服务权益保障的社会组织构架。这意味着，以部门、系统为主的信息服务监督，必然向社会化监督转变。

学术信息资源服务的开放化、社会化发展，以大数据技术和云计算为特征的网络建设和面向用户的服务组织，需要在主体权益保障中构建社会化的信息安全监督机制，以支持学术信息资源社会组织与服务的有序开展，同时提供网络信息基础设施、系统与应用软件、云服务平台、学术资源组织与服务安全的监管保证。相对于以部门和系统为主体的监督，我国的学术信息资源建设在信息化条件下已从系统组织转变为基于数字网络的开放共享组织，与社会化服务组织相适应，权益保障与安全监督应同步实现开放化。

行业性。学术信息资源服务链的延伸和节点组织的交互作用，提出了学术信息资源及相关行业监管的问题，各方面的权益和安全保障已从综合性的宏观管理向精细化的行业保障方向发展。

系统性。随着学术信息资源服务链的不断完善和发展，基于学术信息资源组织与服务流程的系统性权益保障与安全监督已成为一种主流形式，以此提出了合作和协同监督的要求。

适应性。网络发展的动态性和环境变化，提出了学术信息资源权益保护与安全监督组织上的适应性问题。从监督实施上看，一是需要适应未来技术的发展；二是适应全球化的学术信息活动的开展。

学术信息资源权益保护和安全监督在组织实施上，应坚持以下原则：

①公开原则。学术信息资源的共享性和服务的社会化发展，决定了权益保护和安全监督的开放化，云环境下学术信息资源服务系统限制的突破，提出了开展公益性服务要求。在全球化背景下，学术信息交流的国际化，需要进行权益保障的全球合作，实现学术信息资源共享的公开监督，同时保障学术信息资

源主体的各方面权益。

②公正原则。学术信息资源组织与服务权益涉及多元主体，其权益结构复杂，且实施监督的主体与接收监督的客体之间关系日益密切，从某种程度上说，已呈现纵横交错的权益关系。在这种情况下，单一的权益纠纷，有可能带来全局性的利益保障安全问题。因此，在学术信息资源权益保障与安全监督中，拟采取多元主体参与的方式进行基于共同规则的监督，实现权益的均衡化和合理化。

③利益原则。学术信息资源权益保障与安全监督必须维护有关各方的正当利益，以利益维护为前提的原则即利益原则。如果脱离学术信息资源机构、网络设施支持、软件与数据资源保障，以及国家安全前提下的用户利益、公共利益和第三方利益维护，其权益保障及安全监督将失去实际意义。这说明，只有坚持各方正当权益的维护，才可能体现学术信息资源服务的社会公益性。

④系统原则。社会化的学术信息资源组织与服务中，权益保障和安全监督是一项系统性很强的工作，不仅涉及学术信息资源服务的各种业务和环节，而且涉及资源拥有者、服务基础设施和服务支持者等方面的主体和客体。这就需要在监督体系构建中，系统地进行基于多方面社会因素的监督组织，从全局出发进行关联监督，避免局部可行而全局不可行的情况出现。

⑤发展原则。学术信息资源权益保障与安全监督体系一旦形成，将保持一定时间内的稳定性，但这并不意味着其监督将永远不变。事实上，随着大数据与智能技术的发展，由需求引动的学术信息资源组织与服务将会发生新的变化，面对新的权益结构和安全交互关系，有必要进行监督内容、结构和方式上的相应变革。因此，在构建监督系统的时候，应立足于未来发展，以适应其动态环境下的权益保障与安全监督需要。

与此同时，在学术信息资源权益保护与安全监督中，还必须以法制化管理为基础，进行有利于现实问题解决的系统构建。从社会全局出发的学术信息资源权益保障与安全监督体系结构如图11-3所示。

我国学术信息资源权益保障与安全监督的社会体系可以归为政府宏观管理下社会化监督的实现。社会化监督体系中，政府主导体系的构建和政策引导下的法制体系建设处于核心位置。其中，实施监督的主体包括政府部门、行业用户和社会公众，以三大主体为基础，进行行政监督、法律监督、行业监督、用户监督、第三方监督和舆论监督。

①行政监督。学术信息资源权益保障与安全的行政监督由政府部门承担，

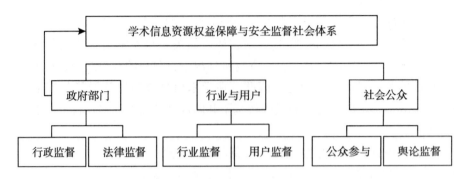

图 11-3　学术信息资源权益保障与安全监督的社会体系构建

其监督内容包括信息服务机构、网络基础、软件服务和信息资源数据库提供等方面的认证、审批、注册和安全监管。行政监管围绕学术信息资源主体权益和基本的业务环节展开，在中央网络安全和信息化委员会办公室的集中统筹下，由政府部门承担监督组织与实施责任。我国的学术信息资源权益保护与安全监督，由国家工业和信息化部、科技部、教育部等部门协调实施对各系统、行业的监督管理，同时国家质监总局、国家保密局、国家知识产权局等部门负有对相关权益主体进行安全监督的责任。在学术信息资源权益和安全监督的实施中，学术信息资源机构和相关组织接受政府部门的监管，同时进行自我约束。

②法律监督。法律是社会运行的基石，学术信息资源权益保障和安全监督中，法律的基本准则，以及对各方行为的强制性约束，是组织社会化服务、维护各方正当权益和安全的根本保证。信息安全法律的强制作用虽然限于对违法者的行为惩处（即依法制裁违法行为），但其教育警示和引导作用在学术信息资源权益与安全保障中却具有普遍意义。法律监督具有严格性、客观性、规范性、稳定性的特点，对于学术信息资源服务而言，严格意义上的法律监督不仅体现在权益保障与安全监督层面上，而且从根本上维护信息秩序和学术信息生态环境的安全。同时，制度层面上的各方权益保护体现了国家意志，因而是其他主体参与监督的基本出发点。学术信息资源权益保障与安全监督的法制化实现，还在于明确监督的主、客体关系，规定各方的法律责任，确定有效的监督体系。

③行业监督。信息服务的行业监督随着信息服务业的发展而不断完善，其基本的监督组织形式为信息服务各方面的行业协会监督或机构监督。对于学术信息资源权益保障与安全监督的行业实施来说，所涉及的行业包括信息

资源服务行业、信息设备生产行业、软件行业、数据库行业和通信服务行业等，因此需要多行业的监督参与。从总体上看，行业监督在于行业组织对行业内成员的约束和按行业规则进行的管控，以及对行业成员合法合规行为的利益保护，包括学术信息服务在内的信息设施及服务监督，围绕服务市场监督、行业合作安全与权益保障监督、行业合规监督进行。在行业监督中，进行行业成员的安全认证制度建设是一种普遍认可的有效方式，有助于权益和安全保障的完善。

④用户监督。学术信息资源权益与安全保障中的用户监督可采用通行的用户参与方式进行。用户监督在组织形式上是指用户或用户组织在法律允许的范围内，对信息服务的安全质量和利用效果进行评价和衡量，以便在权益受损或面临安全威胁时通过有效途径进行自我保障的一种监督，如同商品经济发展中的消费者协会一样，当消费者正当权益受损时，由消费者（用户）组织进行消费者合法权益的维护。由此可见，用户监督对行政监督、法律监督和行业监督具有互补作用。相对而言，我国包括学术信息资源用户在内的用户监督组织尚不健全，其社会化程度有限，关于这方面的监督，需要在信息服务的社会监督中不断完善。

⑤社会公众参与和舆论监督。社会公众参与学术信息资源权益保障和安全监督的目标在于，维护公共权益和公共安全，同时积极维护国家利益与安全。就实现途径而论，公共参与将随着社会化服务的开展而不断完善。舆论监督以国家利益、公共安全和社会道德规范为准则，对学术信息资源组织与服务中的非法行为进行舆论上的谴责，对模范遵守法律准则和坚持道德标准的行为进行鼓励。这种监督的形式更多地通过媒体合规报道来实现。数字网络环境下的媒体发展和用户交互网络的作用发挥，对于舆论监督起到了助推的作用，有利于网络空间治理和环境优化。

以上各方面的监督既分工又合作，从而形成了政府主导下的学术信息资源权益与安全监督的社会体系，其制度保障构成了新的发展基础。

11.4   法制化管理中的国家学术信息资源安全标准

信息安全标准在学术信息资源组织与服务安全保障中的作用已引起各国的关注，作为法制化安全管理的重要方面，信息资源安全标准建设和完善也是我国学术信息资源服务中必须面对的问题。从标准制定、发布和实施上看，学术信息资源安全相关标准的应用，对于获得最佳的安全秩序，保障多元主体的安全权益具有重要意义。

11.4.1 云计算环境下的学术信息安全标准及其应用

学术信息资源组织与服务在云计算环境中展开，在安全标准的使用上，采用 ISO 27001 信息安全标准体系（其前身为英国的 B97799 标准）。ISO 27001 体系由国际标准化组织发布，作为信息安全管理标准被广泛采用，因而 ISO 27001 认证已成为安全保障的必备条件。

云安全标准化管理推进中，各国均展开了研究和实践。美国国家标准与技术研究院（National Institute of Standards and Technology，NIST）在为云计算的高效安全运行提供标准参考的服务中，专注于政府的安全策略和安全路线，提出了《云计算标准路线图》《云计算参考体系构架》《公有云中的安全和隐私指南》，以及"美国政府云计算技术路线图"。NIST SP800 系列在美国作为指导安全体系建设的主要标准，被用于包括学术信息安全在内的国防、医疗、金融等领域的安全保障。实践表明，NIST SP800 是一套相对完整的安全标准体系，强调了信息系统的安全分类，突出了信息系统的安全等级，进行了安全标准实施中的细节规范。SP800 将安全区分为技术、运行和管理三大类，然后将其细化为 18 个系列，以此为依据进行了运行、监督、操作、系统、行为等方面的安排，实现了安全控制、审计、追责、评估授权、应急计划、事故响应、风险和信息完整等方面的标准化管控。就应用情况而言，NIST SP800 适应了安全保障技术与管理发展的需要。

ISO/IEC JTCE/S27 云安全标准主要集中在安全评估、安全技术、安全身份管理与隐私保护、安全服务与安全控制、安全管理体系方面；ISO/IEC 27036 在"供应商关系的信息安全"中制定了云服务安全指南和基于 ISO/IEC27002 标准的云计算服务信息安全控制使用规则。在标准化构建和规则使用中，着重于云计算环境下信息安全问题的处置与解决，对于身份管理和隐私保护，规定了基于 ISO/IEC 27018 的公共云服务数据保护控制措施的使用。

云安全联盟（CSA）重点关注的是云计算安全方法标准化问题，所形成的文件包括《云计算关键领域安全指南》，该指南分为 3 个部分、14 个控制领域，从安全构架、治理和实施角度进行了部署。

我国云计算标准制定、颁布与实施适应了云计算和网络信息安全的治理和保障需要，且与技术发展同步。2012 年成立的全国信息安全标准化委员会云计算标准工作组协同推进了云计算标准化工作，从整体上对云安全框架、云安全管理、云安全技术和云安全服务进行了规定。SAC/TC260 和 SAC/TC261 着重于"信息技术、安全技术、信息安全管理体系审核认证"；云计算领域的"信息安全技术云计算服务安全指南"和"信息安全技术云计算服务安全能力要求"，对于信息资源云服务安全保障与监管具有规则上的指导意义。

从云服务安全技术标准规范上看，国际标准化组织和各国的工作主要集中在云安全基础架构、云安全管理机构、云安全通用技术标准方面，主要关注指导政府部门和公共云计算安全。相关的行业标准化协会主要关注云计算服务技术安全标准和互操作利用安全标准。由此可见，云计算安全标准在总体层面上已形成国际、国家和行业层面的共识，且在发展中提出进一步深化合作的要求。

对于更广范围内的信息安全标准建设，国际标准化组织和信息化发展处于先进水平的国家，已具有完整的安全标准体系。在整体安全框架下，其安全标准建设与信息化水平保持一致。信息安全标准体系的建设与基于体系框架的标准制定、颁布、实施与修订，国际和各国采用的框架在结构上具有共性，其基本构架见表 11-3。

表 11-3　　　　　　　　　　信息安全标准建设体系与内容

安全保障方面	安全标准方向	信息安全目标、内容与采用
信息安全基础	信息安全标准术语	用于信息安全防护与保障中各项活动的规范，统一相关的基本用语、定义和概念，为信息安全设计、技术开发、组织管理、行为活动和监督提供标准解释
	信息安全实施指南	为信息安全的实施保障提供指导，包括信息安全合规管理实现、身份管理、责任规定、网络安全、设施安全、数据安全保障和事件响应的安全标准指导
	信息安全框架与模型	规定信息安全各类主体的关系与责任，制定信息安全框架标准，规范信息安全模型；以标准化框架模型为基础，约束各方要素，提供安全标准构架参考

续表

安全保障方面	安全标准方向	信息安全目标、内容与采用
信息安全产品与技术	信息安全设备	制定用于安全防护的设备安全标准，保障安全设备使用安全，包括网络安全设施、防火墙、入侵检测系统设施、服务器、虚拟网关等安全标准，为设施设计、开发、生产、安装和使用提供标准约束
	信息软件安全	为软件设计、开发和应用提供安全标准，包括接口安全、虚拟机安全、存储处理安全、密钥安全等方面的软件安全标准
	设施与技术安全测评	为开展设施和软件安全测评提供标准，包括各类设施和软件产品的安全测评标准制定，以及测评规则与技术标准的制定
运行与服务安全	运营安全	在信息设施运行安全保障中，制定相应的安全标准，规范服务运营安全目标、安全环节和安全目标的实现
	服务安全	针对信息服务的开展，制定服务资源、服务业务开发和用户安全标准，对服务安全运行提供规则性约束
	运行与服务安全监测	制定运行与信息服务安全测评方面的标准，规范服务访问检测和侵权监测技术行为
信息安全管理	管理标准基础	信息安全管理标准基础具有框架和内容上的保障作用，其标准制定包括安全认证标准、设施与通信安全、个人信息保护安全管理、数据保护安全、服务链安全以及数字学术信息采集、存储和使用安全等方面的标准，其管理基础框架是实施安全标准的指南
	管理支持技术	信息安全管理需要相应的技术支持，其管理支持的技术安全标准包括安全配置基线技术标准、安全审计流程标准、安全认证技术标准、安全责任技术标准、安全风险测评技术标准等
	信息安全监督	其标准制定包括全面信息安全监管标准，第三方关于服务安全测评标准和行业安全监督标准

云环境下国家学术信息资源安全保障的标准化实现中，表 11-3 展示了基

本的安全标准构架和面向数字学术信息资源与云服务安全的标准建设。鉴于信息安全标准的普遍适用原则，标准制定涵盖了安全基础、安全产品、安全技术、安全服务、安全运行和安全监管的各个环节，涉及各方面的主体安全和流程安全。从国际标准、国外和我国国家标准制定与实施上看，信息安全标准具有以下四个方面特征。

①国际上的共识。无论是国际标准，还是各国制定的标准，其在基本原则、信息安全标准术语、概念、范围、指南方面都有一定共识，由此确定的信息安全标准框架和模型可以相互借鉴和认可。从信息安全标准分类和面向安全设施、数据资源、软件安全运行和管理监测的安全上看，国际标准化组织信息安全分技术委员会的指南得到全球范围内相关行业的一致认可，其标准作为国际技术标准被采用。就实质而论，信息设施、软件、资源与服务安全最终需要从技术层面进行标准化的架构，这一现实从客观上决定了安全技术标准的制定机制，同时也决定了适应于技术发展的安全监管标准的制定。

②标准内容的多面性。从需求上看，应用于云环境下学术信息资源组织与服务安全保障的信息安全标准具有面向安全问题的特征，而不同行业、社会层面和对象的复杂问题，却带来了标准内容组织上的困难，因此必然需要对各方面的安全问题进行提炼，寻求关键问题安全标准的解决方案；与此同时，在面向多元对象的信息安全保障中，其安全标准的制定同时涉及技术标准、认证标准、监测标准、服务运行标准等方面的操作与实现问题。这两方面的关联决定了信息安全标准的整体结构，由于安全保障过程和环节标准化管理要求，需要从技术、管理和过程角度进行安全标准体系构架，在内容制定上推进系列标准的制定与实施，从而有利于信息安全保障基于标准管理的协调。

③安全标准对环境的适应性。信息安全标准在动态环境中进行建设，其环境变化源于技术的发展，新的技术出现和广泛应用不仅改变着互联网环境、信息交互和资源服务环境，而且由此引发社会信息形态的变化。新的信息结构形态和安全问题的产生，必然对原有的安全标准提出挑战。因此，信息安全标准必须与技术、社会和网络环境变化保持一致。面对这一现实，国际标准化组织有关机构确立了相应的研究与报告制度，在变革中适时推出安全指南和安全威胁调查报告，同时根据环境变化同步进行信息安全有关标准的修订。信息化环境下，各国无一例外地采用了不断修订标准的办法对安全标准进行补充、调整和修订。在信息安全标准的实施管理中，逐渐完善的标准评估机制为标准化发展创造了新的条件。

④信息安全标准的可操作性。可操作性既是信息安全标准固有的特点，也

是信息安全标准制定与采用的基本要求。从标准化目标和信息安全标准作用上看，其内容具有对实际安全问题识别、处置及管控的针对性和安全保障的有效性。在此基础上，信息安全标准在政策、法律指导下进行制定和实施，其作用体现在基于标准规则的操作上。因此，信息安全标准的执行规范十分重要。另外，信息安全标准的客观性是操作中必须注意的，例如，入侵监测中的系统响应值，只能按标准规定进行检测和处置，不允许任何人为地介入或改变，否则其操作效果将偏离标准值，从而失去信息安全标准的应有作用。对于这一现实问题的解决，信息安全标准执行中应予以制度上的保障。

11.4.2 学术信息资源组织与安全保障标准化的同步推进

数字学术信息组织的标准化推进，是一种必然的发展趋势，在实现中已形成了标准化的数字学术资源共享和基于标准协议的互操作利用。从组织技术应用和资源建设上看，有必要在强化数字信息标准化组织的同时，强化信息的安全保障功能。以此为基础，同步确立信息安全标准管理体系，推进基于可靠安全保障的标准化内容组织与服务。

信息资源组织标准化需要标准层面上的安全保障支持，其中涉及多媒体数字化标准、数据结构标准、数据共享标准、数据存储标准和数据平台安全标准等方面的问题。

①多媒体数字化标准与安全标准应用。多种媒体形式的信息组织不仅需要统一的标准来规范，而且需要相应的安全标准来约束，在 ISO、CCITT 的长期协同努力下，经过 30 年的发展，其标准建设实现了与技术和需求的同步发展。基于语义表示的 MPE4-7 实现了对复杂音、视频信息资源的标准化描述、内容关联、处理和存储，在多种形式媒体信息描述符标准集中，定义了描述符的方法和标准化描述符的相互关系结构，由此进行了内容组织规范。在大数据网络迅速发展过程中，多形式媒体信息标准化组织存在着相互关联和分布存储的互操作安全问题。因此，在多媒体数字化处理过程中，应同步实现过程安全保障，从标准化组织中的安全问题着手，进行信息安全标准的嵌入应用。

②数据结构标准与元数据安全标准应用。网络信息资源组织与开发中，学术信息资源数据结构标准采用的是元数据体系。元数据体系作为一种用于描述数字信息内容的架构，按信息资源基本的内容特征和相互关系进行组织，从而保证数字信息资源被计算网络系统自动识别、提取、分析和组织，所有这些工作，需要基于一整套符合安全规则的标准来约定。在组织实现中，其通用标准用于描述网络信息资源的 DC 元数据等，作为数据结构标准，元数据规则提供

了一种框架体系和描述方法，通过其编码规则，将来源各异的数字信息资源归入统一的标准体系之中；与此相对应，也需要实现过程安全、操作安全、数据发布安全、数据组织安全、数据转化安全和数据管理安全的标准化，进行数据结构标准与安全标准的应用融合。

③数据共享标准与共享安全标准应用。学术信息资源元数据共享是开展共享服务的基础，长期使用的 239.50 协议，提供了 Client/Sever 体系结构下客户机与服务器之间的数据交换规则，保证了 C/S 的交互和标准化的数据搜索与查询。由于云数据有可能采用不同的标准进行组织，在元数据共享中需要对其进行进一步加工和整合，通过清洗、转换、加载来实现操作目标。因此，学术信息资源机构在数据共享的互操作过程中，应同步保证操作安全和数据安全。学术信息资源元数据体系之间的映射关系处理是元数据安全互操作的关键，按元数据之间的内在关系可区分为语义映射关系和结构映射关系，其映射需要通过中间件或网关来完成。针对这一机制，元数据共享中的操作安全涉及元数据安全、网关安全、中间件安全等。对此，在数据共享标准应用的同时，应着重于信息安全标准的规范应用。

④数据存储标准与数据安全标准的应用。云环境下数字学术信息资源的长期存储，随着环境的变化存在着来自多方面的障碍，面对存储数据的格式与调取障碍，其标准化建设具有重要意义。其中的数据迁移（Data Migration）值得专门的关注，对此已有不同场景下的解决方案，因此也应有相对完整的标准体系。从数据的安全存入、保存和利用上看，其安全标准在存取数据不被篡改、破坏和侵犯的前提下进行建设，除学术信息资源数据密文存储安全保障外，还应包括学术信息资源数据虚拟化安全，涉及存储系统的物理安全和运行安全保障。在标准采用中，一是按标准进行隔离安全域中的安全工具部署；二是进行存储安全的标准化监测，以确保虚拟资源的安全。这两方面工作的最终目标是保障数据存取的环境和过程安全。

⑤数据平台标准与应用开发接口安全标准应用。云计算环境下数字学术信息资源数据平台建设在于，提供面向需求的数据组织、开发查询和利用的安全接口，以达到通过接口进行数据共享的最终目标。在平台开发和利用中，一是要推进标准化，二是要维护平台安全。云环境下学术信息资源数据平台，需要解决不同云平台之间的接口问题，实现面向服务的接口集成。在标准化实现中可由第三方提供应用管理模块，学术信息资源系统应用开发人员发布接口，通过接口描述文件提供使用。在学术信息资源数据服务组织中，第三方应用管理平台可以通过本地部署将接口信息发送到平台进行统一管理。在这一过程中，

接口安全标准的制定和采用处于重要位置，其标准化安全管理围绕平台结构安全、接口构建与管理安全、接口发布与使用安全，以及学术信息资源数据应用安全进行。

在学术信息资源组织与安全保障标准化的同步推进中，需要将具有普遍适用性的信息安全标准应用于学术信息资源标准化组织过程之中，因此系列标准的采用是必须面对的现实问题。为了推进信息安全全面保障的标准化实施，全国信息安全标准化技术委员会于 2018 年 9 月归总的 17 项国家标准正式发布，所发布的标准于 2019 年 4 月 1 日起正式实施。17 项标准包括 GB/T 36618—2018《信息安全技术 金融信息服务安全规范》，GB/T 36619—2018《信息安全技术 政府和公益机构域名命名规范》，GB/T 36626—2018《信息安全技术 信息系统安全运维管理指南》，GB/T 36627—2018《信息安全技术 网络安全等级保护测试评估技术指南》，GB/T 36630—2018《信息安全技术 信息技术产品安全可控评价指标》（包括 GB/T 36630.1—2018 "总则"、GB/T 36630.2—2018 "中央处理器"、GB/T 36630.3—2018 "操作系统"、GB/T 36630.4—2018 "办公套件"，GB/T 36630.5—2018 "通用计算机"），GB/T 36631—2018《信息安全技术 时间戳策略和时间戳业务操作规则》，GB/T 36633—2018《信息安全技术 网络用户身份鉴别技术指南》，GB/T 36635—2018《信息安全技术 网络安全监测基本要求与实施指南》，GB/T 36639—2018《信息安全技术 可信计算规范服务器可信支持平台》，GB/T 36644—2018《信息安全技术数字签名应用安全证明获取方法》，GB/T 15843.6—2018《信息技术 安全技术 实体鉴别 第6部分：采用人工数据传递的机制》，GB/T 34953.2—2018《信息技术 安全技术 匿名实体鉴别 第2部分：基于群组公钥签名的机制》，GB/T 36624—2018《信息技术 安全技术 可鉴别的加密机制》。从以上标准内容、功能和操作实现上看，具有对细节问题的明确处理规定，因此在信息安全标准的应用中，拟针对学术信息资源组织标准化环节进行细节安排和采用。

面对网络全球化应用发展所带来的挑战，和国际上的标准化管理一样，我国的信息安全标准建设正处于不断发展和完善的过程之中。对于一些新的安全问题的出现，不仅在标准化层面上，而且在法律、法规层面上，其制度建设与实施都处于相对滞后的状态。对此，应在实践基础上，进一步推进信息安全标准体系的建设。在学术信息资源安全领域，拟注重以下问题的解决：

第一，在信息安全标准顶层设计中，全面部署各领域的安全标准，实现与网络信息服务标准管理的同步，同时注重相关标准的协调。从 2019 年 4 月实施的 17 项国家标准上看，其内容涵盖了面向不同领域的信息安全和基于安全操作环节的各个方面。对于学术信息资源标准而言，其中的云安全标准同样涉及各基本方面的核心问题，因此应注重标准建设的总体规划；在标准制定时，拟参照国际标准，在国家通用安全标准框架中进行规划和实施。对于通用标准的建设，应体现云环境下信息安全保障的共性，在此基础上进行安全基础、安全技术、安全产品、安全服务、安全监测和管理上的规则制定，在加强信息安全技术开发的基础上，提升新技术环境下信息安全标准的操作性能。

第二，在学术信息资源标准化组织中强化面向过程的信息安全标准的落实。在信息载体技术标准化中，网络设施物理构架、系统运行维护中拟采用通用安全标准进行构架；在学术信息内容组织技术标准化推进中，根据数据采集、处理、存储、调用的安全规范进行数据安全标准的选择；在信息资源开发过程中，进行基于互操作的跨系统安全标准执行；在信息服务业务组织中，推进服务业务标准和服务安全标准的融合应用。鉴于学术信息资源组织环节的关联性和安全主体的多元特点，需要从数字资源载体安全、传输安全、内容组织安全和服务安全的管理保障和技术支持出发，将安全管理和安全技术标准结合应用，在面向过程的安全规范中进行保障。

第三，在学术信息资源服务标准化实现中进行安全标准执行的责任管理。在加强信息安全职能管理中，建立和完善学术信息资源安全标准管理制度，在各安全环节进行标准化安全审查，及时发现其中的安全标准执行问题并加以完善。由于云环境下学术信息资源组织与服务存在着跨系统的安全问题，在安全标准执行责任的划分中，需要在法规基础上进行协议管理。对这一问题的解决，其行业标准具有基本的约束作用，因此拟在强调安全标准责任的同时，通过行业机构的自律和基于可信第三方的评估和监督，发挥学术信息资源安全标准的应有作用。

11.4.3　基于安全标准的学术信息资源安全责任管理

IT 信息系统环境下的学术信息安全标准已具有相对完整的体系，随着云环境下的数字信息安全保障实践发展，学术信息资源安全保障的标准化发展构架正处于新的变革之中。其中的安全责任管理，旨在从组织、监管层面为基于服务链的学术信息资源安全保障提供全面支撑。

在安全责任管理中，学术信息资源安全等级标准按《信息系统等级保护基本要求》确定，学术信息资源云服务安全保障在等级标准基础上进行规范；以此出发，进行安全审查。我国网络审查制度的建立和云安全标准的采用，为学术信息资源安全责任管理提供了依据。美国联邦政府的云计算服务安全审查制度（FedRAMP）强调了安全基线的建立和审查。实践证明，安全基线标准的建立具有普遍适用性。参照美国等国家体系和国际上通行的准则，我国按规范要求制定了"信息安全技术云服务安全能力要求"标准，且在安全审查中进行了实施。

按安全能力标准，学术信息资源建设要求进行统一的安全审查；在学术信息资源机构参与下，参照相应的规范标准构建云安全基线。在审查中，由相关的管理部门或第三方评估机构对云计算服务商提供的服务进行安全测试基础上的评估。学术信息资源机构所属系统负责对评估结果进行确认，按规定通过安全审查，同时将审查结果进行公布。

云服务提供商的安全能力是从事云服务并保障安全所必须具备的，其要求体现在系统开发与运行安全保障、系统与通信维护安全、访问控制安全、平台配置管理安全、运营安全、应急响应与容灾安全、合规审计安全、风险评估与控制安全、人员安全，以及物理环境安全方面。这些方面的基本能力由云服务运行安全目标所决定。从学术信息资源云服务实施上看，安全能力可区分为安全配置能力、安全技术能力和安全管理能力，其基本能力面向安全环节的组合由服务流程决定。按"信息安全技术云计算服务安全能力要求"标准，其基本能力要求描述和评估结构指标见表11-4。①

表11-4　　　　　　　　学术信息云服务提供商的安全能力要求

服务环节	信息安全要求	信息安全能力
物理设施与环境保护	基础设施运行安全	具有机房选址、设计、建设和设备与环境安全保障能力
系统平台与资源配置	平台系统、平台资源安全	具备云平台安全开发和提供的能力，以及对相关资源供应商的安全管理能力
系统与通信维护	网络通信安全	所使用的系统保障云计算平台网络通信安全
访问控制	访问控制安全	具有进行用户身份识别与监控的能力，具备权限管理和保障授权用户安全合规操作的功能
配置管理	配置管理安全	云服务商对云平台进行合规配置和安全管理的能力

---

① 云计算服务安全能力要求［EB/OL］.［2016-03-20］. http：//wenku. baidu. com/view/3e5d836b19e8b8f67d1cb95e. html？from＝search.

续表

服务环节	信息安全要求	信息安全能力
运营维护	运营维护安全	具备维护云平台物理设施、软件和平台运行的能力，具有设施、软件、工具、技术安全保障能力
应急响应与灾备	安全事件应急响应与容灾	提供安全事故应急响应方案，具有事件响应符合安全等级的水平能力，具备确保灾备系统恢复的能力
合规审计	安全合规审计	云服务商按安全标准要求，根据用户需要，开展合规安全审计工作，符合法制化管理规范的能力
风险监测与评估	安全风险监测与安全评估	建立风险监测和安全评估机制，具备合规开展监测和安全评估的认证资质或合规第三方保证融合的能力
人员管理	安全责任管理	确保信息资源组织与云服务人员安全责任的履行，具有完整的规章制度和实施责任管理的能力

由表 11-4 可知，云环境学术信息资源安全审查需要按信息安全审查的通用标准和规则进行，在此基础上可根据学术信息资源系统的实际情况建立规范。在规范建立中，可以参照表中的内容，进行设施安全、存储数据安全、通信安全、访问控制安全、跨云安全认证、安全风险监测与应急响应等方面的细化，以确保基于标准的安全基线建立。

信息安全能力认定与安全审查，旨在落实学术信息资源云服务安全责任和监管责任，从而实现全面安全保障目标。通常情况下，基于标准化协议的安全责任认定是易于实现的方式。目前，基于 SLA 服务等级协议的安全责任管理虽然具有法制上的约束作用，但在执行过程中调查取证和责任的认定都比较困难。这就需要在相关安全标准的执行上，进一步明确有关方的安全责任和义务。

从责任主体来看，学术信息资源云服务安全责任主体包括云服务提供商、学术信息资源机构和协议中的第三方。根据不同的服务模式和资源组织方式，其责任具有不同的结构。其中，主要责任见表 11-5。

表 11-5　　　　　　学术信息资源云服务安全协议中的实施责任

安全责任方	信息安全责任履行
云服务提供商	在服务范围内按安全法规和协议对云服务安全履行责任，对其服务链中的供应环节承担合约责任或安全监管责任

安全责任方	信息安全责任履行
学术信息资源机构	学术信息资源机构作为云用户，承担并履行信息资源安全保障责任，云部署服务操作安全责任和开展业务的安全责任
第三方承担机构	第三方承担机构包括向云服务商提供硬、软件的供应商，学术信息资源机构的数据库供应与服务商等，同时包括按协议承担安全保障的第三方，其安全责任的履行与业务承担范围相同

表 11-5 归纳了协议明确、责任分明情况下的各方安全责任履行和划分，其责任处置按信息安全和相关法律进行，责任的细化按相关安全标准进行区分。然而，对于结构复杂的学术信息资源云服务组织而言，多主体的跨界合作，使得安全责任边界变得模糊，因而存在着共同担责的情况。对这一问题的解决，可在明晰责任边界管理的基础上，按基于云服务的信息资源供应链和流程环节进行安全责任的落实，以实现安全责任节点化和明细化。

表 11-5 对云服务提供商和学术信息资源机构的安全责任划分，与云服务模式直接相关：在 SaaS 服务模式中，云服务提供商需要履行应用程序、软件、操作层、资源虚拟控制层和物理网络资源层面上的安全保障责任，学术信息资源机构承担所拥有的信息资源安全、客户端安全和运行安全责任；在 PaaS 服务模式中，云服务提供商履行云服务平台安全、操作系统安全、虚拟资源安全、网络物理层和控制层安全责任，学术信息资源机构承担应用部署管理安全、机构拥有的信息资源数据及使用安全责任；IaaS 服务模式中，云服务提供商履行虚拟资源层、控制层和物理网络资源层安全责任，学术信息资源机构承担操作系统部署管理、应用部署使用和机构拥有的信息资源数据及使用安全责任。

与此同时，在云服务合作组织中，存在着混合云部署和服务商之间的合作问题，对其安全责任的划分可以通过业务分类管理进行。对于第三方责任，由于具有按法规、标准和协议执行的可操作性，可以进行具体责任的细化和明确。

值得关注的是，基于安全责任划分的问责处置，应在制度管理基础上进行响应时间的限制、安全保障指标设置、协议退出解释、违规处理和安全应急的规定。

11.5　国家数字学术信息资源安全治理

学术信息资源安全治理是从源头上进行安全风险管控、营造全面安全保障环境的需要。学术信息资源的社会共享性以及在创新发展中的作用，决定了国家安全框架下公共利益和多元主体权益保障的目标实现。按社会治理和公共治理的法制原则，面对网络安全的全局性影响，需要从环境治理、目标定位和路径选择出发，进行安全治理的组织和实施。

11.5.1　网络环境与学术信息安全治理

中国互联网络信息中心（CNNIC）于 2019 年 2 月发布的第 43 次《中国互联网络发展状况统计报告》显示，截至 2018 年 12 月，我国网民规模达 8.29 亿，在过去一年的网络安全调查中，有 27.3% 的网民称个人信息被泄露，17.7% 的网民遭遇账号或密码被盗，14.5% 的网民经受到病毒或木马攻击。2018 年，我国 APP 已达 449 万款，几乎大部分使用者都遇到了个人信息被服务商过度采集、泄露和滥用的威胁。这说明，网络安全随着互联网服务的发展，已成为影响全局的社会问题。

为了"共建网络安全，共享网络文明"，我国针对社会公众关注的热点问题，从 2014 年开始，于每年 9 月的第 3 周举办国家网络安全宣传周活动，营造网络安全人人有责、人人参与的良好氛围，通过提升公众的网络安全意识，推进网络安全治理和网络空间生态环境建设。2019 年，国家网络安全宣传周由中央宣传部、中央网络安全和信息化委员办公室、教育部、工业和信息化部、公安部、中国人民银行、国家广播电视总局、全国总工会、共青团中央、全国妇联等部门联合举办，主题是"网络安全为人民，网络安全靠人民"。在党的十八大以来网络安全领域取得重大成就的基础上，宣传周围绕贯彻落实《网络安全法》和数据安全管理、个人信息保护等方面的法律、法规、标准，通过多种形式和渠道开展面向全民的宣传活动，发动社会组织、媒体和公众广泛参与。从网络空间安全保障和安全治理推进上看，网络安全宣传周体现了政府主导、大众参与共建安全环境的宗旨。

对于网络环境的保护，各国呈现出从安全防护与保障向全面治理和生态环境建设方向转变的发展趋势。2012 年，美国政府颁布了《互联网用户隐私权利法案》，按律对企业在使用网民个人隐私数据中的违规行为进行治理；2018

年，英国制定了新的《数据保护法》，对公民信息保护提出了新的治理原则；日本按《个人信息保护法案》对个人信息的保护权利、宗旨及治理原则作了规定；在互联网服务迅速发展的俄罗斯、欧盟、加拿大、韩国、印度等国家和地区，均将面向个人信息安全的治理置于重要位置，如印度制定的个人数据保护规则，对各方面问题的处理做出了规定。

值得借鉴和关注的是，欧盟《通用数据保护条例》的颁布及其在数据安全治理中的应用。《通用数据保护条例》（General Data Protection Regulation，GDPR）为欧洲联盟执行条例，其前身为 1995 年制定的《计算机数据保护法》；2018 年 5 月 25 日，欧洲联盟出台了《通用数据保护条例》并严格执行，被称为最严数据安全保护条例。2019 年 7 月 8 日，英国信息监管局发表声明称，英国航空公司因违反《保护条例》被罚 1.8339 亿英镑。欧洲《通用数据保护条例》分为序言、GDPR 地域适用范围、个人敏感数据、问责机制、数据主体权利（知情权）、数据主体权利（访问权、更正权和可携权）、数据主体权利（删除权、限制处理权、反对权和自动化个人决策相关权利）、数据处理者、数据泄露和通知、数据保护官、GDPR 下的数据处理者等部分，具有针对具体环节的安全保护条款和治理规定。欧盟的个人数据安全保护与治理，适应了互联网安全空间活动的治理需要和新的网络环境。

联合国"信息社会世界峰会"上，在信息社会引发的全方位安全问题讨论中，互联网治理论坛参与者不仅有来自参与国的政府，而且有来自私营部门、行业和公众的代表。这一情况表明，网络治理的国际化已成为共同面对的现实问题。在网络安全治理中，其治理理念所存在的差异性冲突、一些国家的"先占者主权原则"和多数国家坚持的"人类共同财产"原则，需要在全球化进程中形成协调共识。我国在网络服务全球化进程中，致力于互联网治理的国际合作、网络空间主权的维护和国际化中人类命运共同体秩序的确立，其倡议和治理规则的提出，在国际上产生了重要影响。在这一基础上，我国互联网空间治理反映了新时代的信息安全保障与信息化不断发展的要求。

学术信息资源安全治理在网络安全治理的基础上进行，随着网络安全法的实施及相关法规和条例的执行，我国学术信息资源安全治理向法制化、社会化、规范化发展。2017 年，国家互联网信息办公室发布了《互联网论坛社区服务管理规定》《互联网群组信息服务管理规定》《互联网跟帖评论服务管理规定》和《互联网用户公众账号信息服务管理规定》等规范文件。对于基于互联网治理的学术信息网络交流与服务组织实施，具有重要的安全保障和环境治理意义。

从治理对象、治理协同关系、治理组织实施上看，学术信息资源安全治理与网络环境和网络活动治理具有不可分割的关系，在治理体系中具有以下几个方面的关联：

①网络治理是学术信息活动空间与环境安全的保障。无论是学术信息资源组织与资源系统建设，还是学术信息交流与利用，都离不开网络支持。从学术信息资源基于互联网的服务链构成上看，学术信息资源提供和云服务组织都存在着网络基础设施安全和基于网络的主体活动安全问题。因此，云环境下学术信息资源服务安全保障中，网络环境保护和治理处于重要位置。数字网络条件下，信息资源组织与服务安全保障无一例外地将网络基础设施与运行安全置于其安全链环节中进行安排，其安全保障实施往往处于分散状态，从而影响到安全保障的全面实现。针对这一普遍存在的现实问题，网络治理的全面实施在于构建安全的网络生态环境，旨在为包括学术信息资源组织与服务在内的各种网络活动提供安全的网络支持环境。

②学术信息资源安全治理中，学术信息网络安全处于重要位置，其治理的全面实现是对网络治理的深化与拓展。互联网及其应用发展不断改变着学术信息资源的存在形式、载体传输、内容组织和资源服务形态，原有的学术信息资源的系统安全保障随之发生变化。网络虚拟空间安全、云服务安全是必须面对的现实问题，对于其中深层结构的明晰和安全风险要素的控制，需要进行深层次的部署。这说明，学术信息资源网络和基于云计算的大数据服务的开展，需要进行学术信息资源网络深层安全治理；其安全治理的全面实施不仅拓展了网络安全治理的范围，而且深化了治理层次。这一基本的治理关系表明，网络治理为学术信息安全治理提供了基础构架和保障，而学术信息资源安全治理则提升了网络治理在专门领域的水准。这两方面的交互，对于网络信息环境和网络应用安全具有重要意义。

③学术信息资源安全治理与学术网络活动治理的有机融合。基于互联网的学术信息资源安全治理，从治理对象上看是学术信息资源及其内容组织与服务活动。然而，从深层治理的角度看，虚假学术信息的责任主体（包括虚假学术信息的制造者、发布者、传播者等）也应在治理之列，以便从源头上维护学术信息资源良好的生态环境。由于学术信息资源的提供、传播和组织主要通过各主体的网络活动来实现，对相关违法违规主体的治理也应通过网络来实现。因此，有必要将学术信息网络活动纳入学术信息资源治理的范围，即实现学术信息资源治理与学术网络活动治理的有机融合。从网络治理的角度看，有关行为主体的网络违法、违规行为应作为治理的一个重要方面。对于学术信息

资源治理而言，拟将其活动纳入常规监测与治理之中。

④学术信息安全治理和网络治理面向国家安全、公共安全和各方面合法权益保护的一致性。从治理的目标实现上看，网络治理和学术信息资源安全治理，不仅是生态环境建设与维护，而且是面向国家安全、公共安全和各方面合法权益保护的目标实现。其中，为信息安全保障提供良好的生态环境条件是实现安全目标的需要。在这一前提下，学术信息资源安全治理和网络安全治理有着不同的着重点；学术信息资源安全治理着重于学术活动信息安全环境，网络治理则在更广的范围内保障国家网络主权和网络空间安全。按照这一构架，学术信息资源安全治理在国家安全法和信息安全法律框架下进行，集中于国家学术信息资源各方面主体权益保障和合规信息资源组织与服务的安全开展，其目标在于治理各种违规现象，建立有序化的学术信息网络活动秩序，为学术信息资源服务发展提供保障。

11.5.2　学术信息资源安全治理的目标和原则

学术信息资源安全治理，旨在创造保护其网络设施、系统及相关主体不受损害的安全环境，为学术信息资源的可用性、完整性、规定范围内的保密性、内容真实性和不可否认性保护提供安全支持。学术信息资源安全治理，通过对信息记录、处理、存储、共享、传输、服务和利用中的故意损害或威胁等行为进行惩处和制止，为学术信息资源活动的有序开展和安全提供保障。学术信息资源安全治理作为一种主动安全保障，其法制化推进具有重要的安全支持作用。

学术信息资源治理以国家安全、公共安全和学术信息资源各方的主体权益保障安全为目标，围绕学术信息网络空间安全、学术信息资源内容安全、学术信息资源机构与服务安全、学术信息资源利用安全进行信息活动治理组织，在政府主导、公众参与、法制治理和行为规范原则的基础上开展。其中，网络治理作为基本治理保障发挥着重要的支撑作用。学术信息资源安全治理目标与组织结构如图 11-4 所示。

学术信息资源安全治理拟从以下四个方面着手：

①学术信息资源网络空间安全治理。学术信息资源网络空间即进行学术信息发布、交流、组织和服务的虚拟信息空间，是各类主体进行学术信息交互与利用的硬、软件支持环境，也是学术信息资源存在与转移的环境。因此，网络信息空间安全是学术信息资源安全的基础，进行网络空间治理，旨在监测、控制危害学术信息安全的行为，进行网络空间活动规范。在学术信息资源网络空

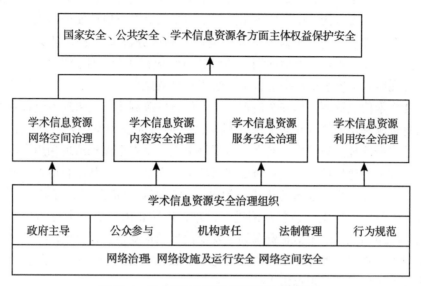

图 11-4 学术信息资源治理目标与组织结构

间治理中，对危害网络安全、非法入侵网络系统、恶意攻击、破坏网络秩序、损害网络物理设施，以及利用学术信息网络非法获取利益等方面的行为进行处置和对引发的后果进行处理，是其中的核心问题。此外，学术信息网络空间治理还包括网络生态环境保护和网络行为规范。

②学术信息资源内容安全治理。学术信息资源内容安全是指学术信息资源发布、交流、组织和服务中的内容真实性、完整性保障，其安全治理在于对影响学术信息资源内容安全的因素进行整治，通过对引发信息资源安全的行为主体进行有效控制和法律、法规上的处置，避免当事人行为的再次发生或效仿当事人的他人类似行为的多次发生。学术信息资源内容安全治理贯穿于影响内容真实性和完整性的全过程，包括学术信息资源来源安全治理、学术信息资源内容揭示与组织安全治理、学术信息资源存储内容安全治理、学术信息资源交互利用中的安全治理等。在治理中，同时涉及多种媒体形式的内容转化和映射安全治理，以及学术信息资源内容知识产权保护与使用权益保障安全治理。

③学术信息资源机构服务安全治理。学术信息资源机构治理是学术信息资源安全治理的主体，其治理组织，一是对机构系统内部环境、人员、设施和资源的安全治理；二是对学术信息机构的服务链进行安全治理。在内部治理中，所突出的问题是机构安全规则、安全保障体系、安全保障实施治理和与此相关

的专业人员安全责任管理治理，以及安全事件应急响应、容灾能力等方面的治理。在服务链安全治理中，所突出的问题包括云服务商协议安全治理、数据库服务安全治理、协同安全保障实施环境治理和服务链节点业务组织安全治理等。这两方面的治理，在面向用户的服务组织中存在着整体治理的发展趋势，对此应在服务链安全保障中进行基于法规管理的融合。

④学术信息资源利用安全治理。学术信息资源利用安全治理不仅包括对影响信息资源利用主体（用户）安全的治理，而且涉及国家、公共利益和有关他人的安全治理。对于用户而言，主要是个人信息安全保护治理和用户利用信息或服务中的违规行为治理；对于涉及的国家安全、公共利益和他人安全的治理，不仅需要对用户违规行为进行治理，而且需要对信息服务（特别是软件服务与工具服务）安全监督缺陷进行治理，以防止由于服务本身的缺陷导致的安全隐患出现。学术信息资源利用安全治理结构复杂、涉及面广，需要在全面治理中，强化服务方和用户的安全意识，按法治原则进行利用环境的优化，为全面安全保障的实现提供支持。

在学术信息资源治理组织上，政府主导、公众参与、机构责任、法制治理和行为规范是其中的关键。

①政府主导原则。全球化中的网络安全治理与学术信息安全治理的实施，在国际范围内需要各国政府的协调，在各国的安全治理上政府的主导作用是全面安全治理的根本保证。在学术信息资源安全治理中，政府负责战略上的规划和顶层设计，同时推动信息资源安全法律建设和法规体系的完善，通过行政法规进行国家学术信息资源安全治理的组织。在学术信息资源刑事犯罪的依法处置中，公安部门承担着案件侦破和移送司法处置的责任。在学术信息资源安全治理中，政府部门需要面对的现实问题是，学术信息资源数据安全、相关信息泄露、滥用所导致的安全问题、学术信息资源安全监管规范、信息服务安全监督等。对于全面安全治理目标的实现，需要进一步完善规则制度、条例和标准，加强对第三方安全机构和学术信息资源机构的制度管理。

②公众参与原则。学术信息资源安全是网络安全的重要组成部分，直接关系到国家安全和公共安全，当前存在的个人信息泄露、侵犯、滥用等突出问题，直接影响到大众用户的个人数据安全，不仅使其权益受损，而且带来多方面威胁。因此，保护个人数据和机构数据安全，是互联网为民谋利和保障社会安全环境的重要体现。2019年网络安全宣传周的主题活动，旨在通过宣传发动大众、社会组织、媒体和企业广泛参与，营造网络信息安全的社会氛围，增强信息资源安全意识，提高民众参与安全治理的水平。由于学术信息资源社会

化利用在知识创新和国家文明建设中十分重要，公众参与下的学术网络信息环境治理具有全局性作用。

③机构责任原则。学术信息资源机构在学术信息资源安全治理中的主体作用决定了机构的安全治理责任。这是由学术信息资源组织与服务机制所决定的。与IT环境下的学术信息资源系统安全治理不同，云环境下的学术信息资源安全责任管理，已从系统内组织向社会化开放治理方向发展。然而，在新的组织构架中，鉴于我国学术信息资源的系统部署体制，需要在中央全面管控下进行各机构系统的责任落实，以实现学术信息资源安全治理和网络化建设与服务发展同步。学术信息资源机构责任管理的推进，同时强调以学术信息资源机构为责任主体的安全联盟成员的安全问责。对此，在制度化安全保障前提下，可以通过多种合规责任认定与监管方式进行治理组织。

④法制治理原则。与网络发展和应用同步，国际上的网络安全、法规和条例已涵盖了安全保障的多个方面，虽然存在着实时更新和基于新技术应用的修订问题，但其基本构架和内容已趋于稳定。实践证明，各方面主体责任、行为，以及各个层面上的安全保障问题的处置都必须在法制框架下进行。我国数字学术信息资源法制化治理所面临的现实问题，一是在网络安全和信息安全法律、法规、条例体系基础上，进行面向学术信息资源专门领域的法规和条例的细化，通过司法条款加强网络犯罪的刑事责任追究；二是实现与国际上通用条例的衔接，在保障国家学术信息安全中推进国际学术信息交流与合作。

⑤行为规范原则。学术信息资源安全治理，不仅限于资源内容安全和服务安全，而且需要从学术信息的真实性、合规性上进行主体行为的规范管理，以便对学术信息资源来源进行环境治理，从而达到安全发布、交流、传播与利用的目的。学术信息资源主体活动包括学术研究人员的成果发表、交流和传播，学术信息资源拥有者的资源开发，以及相关主体的学术信息资源采集和利用等。在这些活动中，由主体行为引发的虚假信息发布、信息的非法入侵占有、信息内容无端篡改、抄袭等情况，不仅提出了学术信息资源治理的问题，更重要的是提出了对相关主体行为进行治理的问题。在治理中，除法制管理外，学术规范、道德规范和管理规范是基本的治理原则。

11.5.3　我国学术信息资源治理的组织与实施

按学术信息资源安全治理的原则，我国学术信息资源治理应在中央网络安全与信息化委员会领导下进行部署。

在全国信息安全治理中，中央网络安全和信息化委员会的顶层战略部署确定了我国学术信息资源安全保障与安全治理的实施体系。在国家安全体制下，中央国家安全委员会、国家保密局、公安部、工业和信息化部、国家市场监督管理总局、国家密码管理局、国家标准化管理委员会、国家质检总局、国家知识产权局和中国信息安全测评中心实施对信息安全的全面监管，科技部、教育部、文化和旅游部、国防部、国家发展和改革委员会、国家档案局、中国科学院、中国社会科学院、国家自然科学基金委员会、全国哲学社会科学工作办公室对所属系统和信息资源机构安全治理进行监管。在国家监督管理基础上，国家科技图书文献中心（NSTL）、中国高等教育文献保障系统（CALIS）、国家公共图书馆系统、国家信息中心、中国国防科技信息中心、国家档案局科技信息系统和各行业系统等负责各自系统的安全治理实施；在协同安全治理中，网络设施服务商、通信服务商、数据库服务商、软件服务商、云计算服务商等承担相应的安全保障与治理责任。

图 11-5 所构建的体系适应了信息化中的学术信息资源安全治理的发展需要。在面向安全保障的治理中，针对学术信息资源侵权利用、恶意篡改、学术抄袭、虚假信息发布与传播等问题，需要汇同相关职能管理部门进行综合处置。

①学术信息资源侵权利用治理。学术信息资源侵权利用包括滥用账号或盗取他人账号的学术信息资源数据访问、占有和违规利用，以及越权进行的信息内容采取、处理和传播。其侵权利用直接损害了学术信息资源所有者的权益，破坏了资源利用的正常秩序。对于这类侵权行为的治理，由于发生在学术信息资源机构服务中，应由学术信息资源机构进行合规监测和违规侵权行为处理。在处理基础上的治理，通过侵权动机、行为机制分析，寻找引发侵权的因素，在此基础上健全安全监管规则，治理信息资源的利用环境，按律进行治理实施保障。学术信息资源利用中的侵权还存在于学术信息资源机构之间的合作和学术信息资源机构与数据库提供商或云服务商之间的合作中，其侵权中的冲突主要体现在数据利用权和拥有权使用中的违规或者有关各方合作协议的违背。对于机构之间的侵权处理，需要通过国家职能管理部门、行业组织按律进行治理，学术信息资源机构负责按规执行。

②学术信息资源内容恶意篡改治理。学术信息资源内容的恶意篡改主要存在于学术交流社区活动和学术信息资源开放存取等方面的服务中。由于学术信息交流中对相关信息内容的篡改，导致了信息内容的不实，从而造成对相关主体的损害和对学术信息资源内容的破坏。对于学术交流中的信息内容篡改，可以通过篡改监测追踪确定责任主体，在合规处理基础上进行治理。对于篡改的

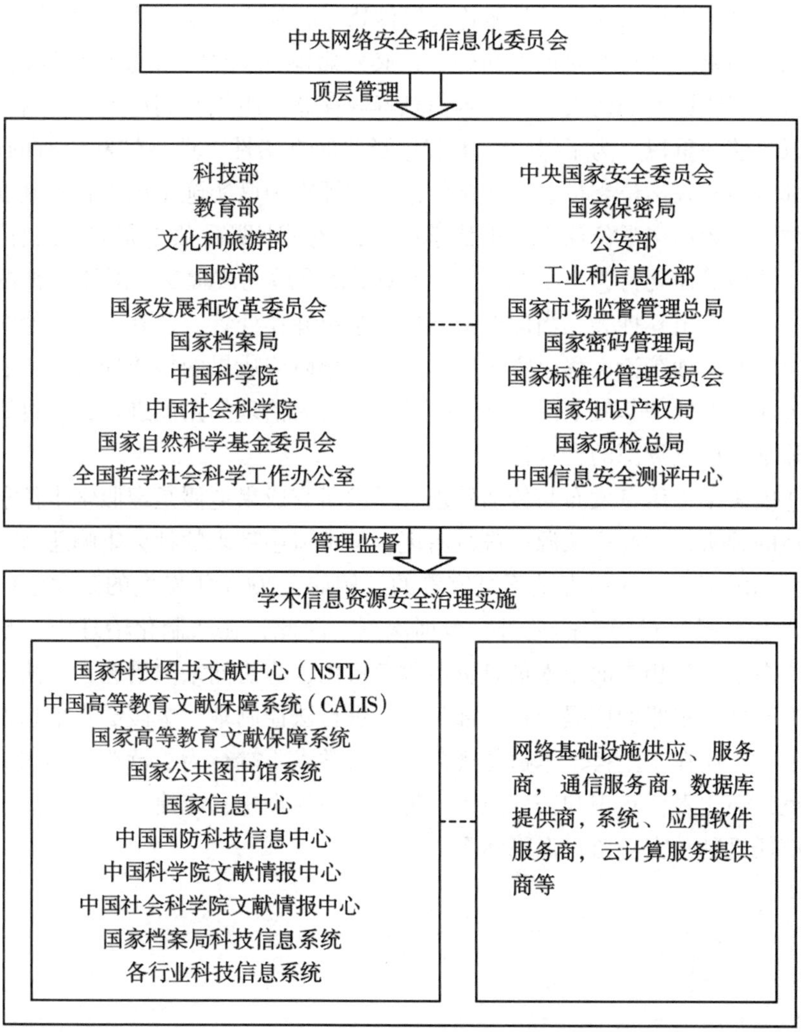

中央网络安全和信息化委员会

顶层管理

科技部 教育部 文化和旅游部 国防部 国家发展和改革委员会 国家档案局 中国科学院 中国社会科学院 国家自然科学基金委员会 全国哲学社会科学工作办公室	中央国家安全委员会 国家保密局 公安部 工业和信息化部 国家市场监督管理总局 国家密码管理局 国家标准化管理委员会 国家知识产权局 国家质检总局 中国信息安全测评中心

管理监督

学术信息资源安全治理实施

国家科技图书文献中心（NSTL） 中国高等教育文献保障系统（CALIS） 国家高等教育文献保障系统 国家公共图书馆系统 国家信息中心 中国国防科技信息中心 中国科学院文献情报中心 中国社会科学院文献情报中心 国家档案局科技信息系统 各行业科技信息系统	网络基础设施供应、服务商，通信服务商，数据库提供商，系统、应用软件服务商，云计算服务提供商等

图 11-5　国家学术信息资源安全治理的组织与实施

治理，应注意行为的违规界定，如果学术讨论社区合规进行学术观点的交互和探索性互动，则属于正常交流应加以保护，如果发生规则不允许的恶意行为，则应及时处置与治理。学术信息资源内容的恶意篡改，还包括恶意入侵者对学术信息资源数据系统的攻击或利用恶意软件破坏其数据结构，对于这种恶意攻击行为，拟通过合规监测进行锁定和取证，最后通过合法途径追究法律责任。与此同时，通过处理进行环境整治。

③学术抄袭行为治理。在国家数字学术资源库中，由于学术研究人员的不端学风，导致所提供交流的学术论文等涉嫌抄袭他人成果的情况发生。对这种抄袭品，如果不进行及时识别和处置，必然影响国家学术信息资源库的信誉，造成对合规资源库的污染。在学术信息资源存储、组织与利用中，对这一问题应予以足够的重视。为了保障学术信息资源的真实性、严谨性和应有的信誉，教育部、国务院学位委员会，在学位论文的评审中已实施了论文查重制度，规定学位申请者提交学位论文并申请学位时，必须声明系独立完成，没有剽窃、抄袭、造假等违规行为，学位论文经 CNKI 查重后完成提交。对于以往的学位论文，一经查出其抄袭，当即取消当事人学位并作处置。此外，学位论文的收藏单位同时将抄袭论文移出资源库。对于科学研究成果的抄袭处理，已引发各方面关注，在处理基础上的治理，拟从学术行为治理的角度进行，通过制度完善保障学术信息资源的合规性。

④虚假学术信息发布与传播治理。学术研究成果造假是虚假学术信息发布和传播的源头，对此应从源头进行治理。学术造假带来的社会影响恶劣，对国家安全和国家利益的损害是不可容忍的。例如，2003 年发生的某大学研究人员"汉芯造假"对国家的危害，教训深刻。因此，在法制化治理中，政府部门、所在单位和相应的学术信息资源收存机构，应协同采取措施，依法进行治理。涉及刑事犯罪的应提交司法部门对其进行法律制裁。虚假学术信息发布与传播治理，还在于坚持学术道德规范，制裁学术不端行为，营造科学求真的学术环境，强化责任意识和公共意识。另外，在治理中，应建立学术信息发布与传播信任机制，完善监督保障体系。

结　　语

　　本书为国家社会科学基金重大项目的成果，围绕国家学术信息资源安全保障体系的形成机制、国家体制基础上的全面安全保障体系构建、全程化安全保障和协同体系的安全保障实施，进行了系统研究，其研究在全球化背景下展开。在研究中，将学术信息资源组织、利用、服务和信息安全保障作为一个有机整体对待，针对当前存在的薄弱环节，进行研究目标的选择、内容安排和研究定位。

　　事实上，云环境下国家数字学术资源信息安全保障形态变化所引发的体制变革，是学术资源信息安全保障系统构建的出发点。以此出发，国家数字学术资源信息安全保障必须面对云服务环境的形成和数字网络的发展，这就需要进行信息安全保障的社会化体系构建。同时，全球化所带来的跨国数据流和开放创新发展需求，决定了我国的基本信息安全保障对策和政策法规体系建设。对这些关键问题的研究和突破，在云环境下数字学术信息资源安全机制的基础上，进行与国家体制相适应的信息安全保障体系架构，从而改变目前处于分离状态的安全保障实施局面。

　　数字学术信息资源安全保障体系研究，旨在揭示信息安全保障的基本关系和在内在机制的基础上进行构架，因此应立足于云环境下数字信息资源服务发展，围绕信息安全保障体系问题进行研究。面对云环境下数字信息资源服务的深化与拓展中的安全问题，其安全保障必须与服务发展同步，因此本书突出了其中的形态问题。立足于数字学术信息资源安全保障的多元主体关系，进行协同体系架构，在协同体系中推进信息安全保障联盟建设。云环境下数字信息资源来源广泛，且具有用户之间、用户与服务机构之间的数字信息多元流通特点，同时存在跨国数字信息流和信息处理的问题，这就需要在全面安全保障的基础上进行社会化安全监督的实现。

　　云环境下数字学术信息资源安全保障，不是单一形式的网络和数字信息资源存储安全保障，这就需要将数字网络安全、资源组织开发安全、云服务利用安全和技术安全作为一个整体加以研究。针对形态变革，在国家信息安全框架下提出的数字学术资源信息安全全面保障理论，强调通过信息安全链构建，将涉及多元主体的分散安全保障进行整体上的环节融合。信息安全保障组织架构上的创新，突出数字学术信息资源安全保障的全程化和全方位安全保障体制的确立，推进基于创新体制的体系建设。

国家数字学术信息资源安全保障体制创新同时体现在数字学术信息资源安全保障的实施上，本书通过协同安全保障实证，为理论模型的拓展应用提供支持，以此明确我国数字学术信息资源安全保障体系变革路径。从信息服务的发展上看，任何一项服务的开展，在为用户带来便利和提升信息利用水平的同时，又会产生新的安全问题，如云服务的私密性问题等，这就需要进行用户安全风险研究。其创新在于，从云环境影响和服务组织机制出发，将服务安全与用户安全进行有机融合，构建安全风险识别模型，在理论和实践上为基于云服务的数字信息资源利用安全监测和控制提供依据。

本书在国家数字学术信息资源安全法制化管理推进中，改变了从安全问题所引发的法律问题研究思路，从理论上进行基于信息安全环境治理的法制化管理研究。其创新在于，从信息安全治理角度进行国家数字学术资源法制管理和法律体系的完善研究，旨在国家安全体制下全面实现数字学术信息资源安全保障目标。

附录（项目阶段性成果目录）

1 项目研究报告目录

【报告一】 国家数字学术信息资源安全保障体制变革

1 云环境对国家学术信息资源安全的影响

1.1 国家学术信息资源安全保障主体的多元化

1.2 国家学术信息资源安全边界的动态化

1.3 国家学术信息资源安全保障的集中化

1.4 国家学术信息资源安全威胁的复杂化

2 数字学术信息资源安全保障体制变革中的关键问题分析

2.1 国内外学术信息资源安全保障现状分析

2.2 云环境下国家学术信息资源安全保障中的规划组织问题

2.3 学术信息资源安全风险管控问题

2.4 学术信息资源安全测评与认证问题

【报告二】 数字学术信息资源安全全面保障理论与实践问题分析

1 基于全程安全保障的国家学术信息资源安全保障体制

1.1 云计算环境下国家学术信息资源安全体制的形成

1.2 云计算环境下国外学术信息资源安全体制变革及启示

1.3 云计算环境下我国学术信息资源安全体制优化模型

2 我国学术信息资源安全保障中的职能管理推进

2.1 国家学术信息资源安全保障中的政府与行业组织职能强化

2.2 国家学术信息资源安全法律法规和标准体系建设

2.3 面向学术信息资源的云服务组织与可信认证

2.4 国家学术信息资源安全保障主体责任划分与融合

【报告三】 基于服务链的科技信息安全保障联盟组织

1 基于安全链的联盟科技信息安全保障体系框架

1.1 基于安全链的科技信息全程保障体系

1.2 面向云共享的科技信息资源网络安全体系

1.3 云环境下科技信息安全联盟组织与保障推进

2 基于联盟的科技信息安全保障的改进

2.1 云计算环境下 CALIS 信息安全保障实践

2.2 云计算环境下 HathiTrust 信息安全保障实践

【报告四】 数字信息资源利用和用户安全风险管理标准化推进

1 云环境下数字学术资源用户权益面临的安全威胁

1.1 云环境下用户对学术信息资源服务的利用权

1.2 云环境下数字学术资源用户的隐私权

2 面向数字学术信息资源云服务的用户安全管理

2.1 数字学术信息资源云服务用户身份安全管理要素

2.2 云服务用户身份安全管理目标

2.3 面向数字学术信息资源云服务的联邦式身份管理

3 数字学术信息资源云服务中用户隐私权的保障与维护

3.1 云计算环境下隐私安全隐患环节分析

3.2 数字学术信息资源云服务中用户隐私权的保障

3.3 数字学术信息资源云服务中的秘密维护

4 云环境下数字学术信息资源利用与用户安全保障标准化推进

4.1 国家学术信息资源云信息系统构建的安全标准化

4.2 国家学术信息资源安全审查标准化

4.3 学术信息资源服务与利用中的安全责任划分标准化

【报告五】 基于等级协议的数字学术信息资源云服务安全保障与认证管控

1 基于等级协议的数字学术信息资源云服务安全构架

1.1 云环境下数字学术资源服务链安全节点与安全保障结构

1.2 数字学术信息资源云服务 SLA 基本框架

1.3 基于服务等级保护的云服务安全管理

1.4 基于协议的数字学术信息资源云服务安全质量管理

2 基于信任传递的学术信息资源云服务安全认证与管控

2.1 基于服务链的学术信息资源云服务安全信任机制

2.2 基于协议信任的学术信息资源云服务安全调用

2.3 学术信息资源云服务安全组织与可信认证

2.4 云环境下学术信息资源安全主体责任管理

【报告六】云环境下数字学术信息资源安全保障监督与法制化管理推进

1 云环境下学术信息资源安全保障与监督机制

1.1 云环境下国家学术信息资源安全要素及其交互作用

1.2 法制化管理框架下的学术信息资源流程化组织机制

1.3 全程安全保障中的学术信息资源安全预警与响应机制

2 基于权益保护的学术信息资源安全保障的法制化管理推进

2.1 法制化管理中的学术信息资源安全全面保障的改进组织与方法

2.2 云环境下国家学术信息资源安全法制化管理的全面推进

2 项目组发表的学术论文

1 公有云存储服务中的用户权益保障

2 基于云计算的数字图书馆学术资源安全探讨

3 云环境下国家学术信息资源安全全面保障体系构建

4 云环境下数字学术信息资源安全保障的标准化推进

5 数字学术信息资源云存储安全保障

6 云服务中的数字学术信息资源安全风险防范

7 基于服务链的数字学术信息资源安全体系构建

8 数字学术信息云服务中的用户安全与权益保障

9 基于综合赋权法的学术信息系统风险识别研究

10 云环境下国家学术信息资源安全保障组织研究现状与问题

11 云环境下国家学术信息资源社会化安全保障的协同推进

12 国外面向数字学术资源的云存储服务安全研究

13　云环境下学术信息资源全程化安全保障机制

14　云环境对学术信息资源安全保障的影响

15　云计算环境下国家学术资源信息安全保障联盟建设构想

16　云环境下国家学术信息资源安全体制建设

17　国外云环境下学术信息资源安全体制变革及启示

18　虚拟社区用户隐私关注研究综述

19　网络知识社区中用户安全全面保障研究

20　云计算环境下学术信息资源共享安全保障实施

21　学术虚拟社区持续意愿的影响因素研究

22　学术信息资源云存储安全保障架构及防控措施研究

23　云环境下学术信息资源安全保障体系构建

24　云计算环境下学术信息资源共享全面安全保障机制

25　数字学术资源用户隐私关注影响因素模型构建——基于扎根理论

26　云计算环境下国家学术信息资源安全控制与管理

27　基于政策文本的我国学术信息资源安全政府治理分析

28　感知风险对个人云存储服务持续使用意愿的影响——转换成本的调节作用分析

29　高校科研人员数据需求管理影响因素框架研究

30　学术社交网络用户的隐私保护研究——以科学网博客为例

31　科研人员学术信息资源云存储服务应用安全障碍分析与对策

32　国内学术资源研究的知识图谱与热点主题

33　学术信息云存储中的安全需求与保障策略研究

34　国内隐私领域研究的热点主题与结构特征

3　相关法律案例库

3.1　相关法律库

3.2　案例查询

参 考 文 献

［1］ Behrouz A. Forouzan. 密码学与网络安全 ［M］. 北京：清华大学出版社，2009.

［2］ 胡昌平，邓胜利. 数字化信息服务 ［M］. 武汉：武汉大学出版社，2012.

［3］ 陈驰，于晶，等. 云计算安全体系 ［M］. 北京：科学出版社，2014.

［4］ 冯登国，赵险峰. 信息安全技术概论（第 2 版）［M］. 北京：电子工业出版社，2014.

［5］ 黄水清. 数字图书馆信息安全管理 ［M］. 南京：南京大学出版社，2011.

［6］ 金华敏，沈军，等. 云计算安全技术与应用 ［M］. 北京：电子工业出版社，2012.

［7］ 唐文，陈钟. 基于模糊集合理论的主观信任管理模型研究 ［J］. 软件学报，2003，14（8）：1401-1408.

［8］ Tony Hey，等. 第四范式：数据密集型科学发现 ［M］. 潘教峰，等，译. 北京：科学出版社，2012.

［9］ 王继林，苏万力. 信息安全导论 ［M］. 西安：西安电子科技大学出版社，2015.

［10］ Winkler J R. 云计算安全 ［M］. 刘戈舟，等，译. 北京：机械工业出版社，2012.

［11］ 韦鹏程. 基于虚拟化技术的云计算架构的技术与实践探究 ［M］. 成都：电子科学技术大学出版社，2018.

［12］ 上海图书馆. 数字图书馆安全管理指南 ［R］. 2010.

［13］ 陈晚华. XML 安全技术在共享数据交换中的应用 ［D］. 长沙：中南大学，2008.

［14］ 涂山山. 云计算环境中访问控制的机制和关键技术研究 ［D］. 北京：北京邮电大学，2014.

［15］包国华，王生玉，李运发．云计算中基于隐私感知的数据安全保护方法研究［J］．信息网络安全，2017（1）：84-89.

［16］曾丽军，姚晓霞，孙维莲．CALIS 文献获取服务类型的实践与探索［J］．图书情报工作，2016，60（S1）：59-62.

［17］陈臣．大数据环境下数字图书馆安全威胁与对策研究［J］．图书馆工作与研究，2014（11）：34-38.

［18］陈秀真，李生红，凌屹东，李建华．面向拒绝服务攻击的多标签 IP 返回追踪新方法［J］．西安交通大学学报，2013（10）：13-17.

［19］陈怡丹，李陶深．云计算环境下虚拟机动态迁移的安全问题分析［J］．计算机技术与发展，2015（12）：114-117.

［20］陈元，张昌宏，付伟，赵华容．基于云存储的安全密文区间检索方案［J］．计算机工程，2018，44（3）：13-18.

［21］程宏兵，赵紫星，叶长河．基于体系架构的云计算安全研究进展［J］．计算机科学，2016，43（7）：19-27.

［22］程慧平，金玲，程玉清．云服务安全风险研究综述［J］．情报杂志，2018，37（4）：128-134，200.

［23］崔旭，赵希梅，王铮，等．我国科学数据管理平台建设成就，缺失，对策及趋势分析——基于国内外比较视角［J］．图书情报工作，2019，63（9）：21-30.

［24］邓仲华，涂海燕，李志芳．基于 SLA 的图书馆云服务参与方的信任管理［J］．图书与情报，2012（4）：22-26.

［25］丁柯允，宋歌笙．《数字图书馆安全管理指南》修订解读［J］．图书情报工作，2016，60（S2）：1-3，8.

［26］丁振国，袁巨星．联邦数字图书馆异构数据集成框架研究［J］．情报杂志，2008，27（1）：61-64.

［27］董雪迪，刘万国，周秀霞．基于云计算的国家数字学术资源多元保存模型构建研究［J］．情报科学，2018，36（6）：35-39.

［28］段志强．混合云安全策略研究［J］．计算机安全，2014（8）：33-37.

［29］范佳佳．论大数据时代的威胁情报［J］．图书情报工作，2016，60（6）：15-20.

［30］方恩光，吴卿．基于证据理论的云计算信任模型研究［J］．计算机应用与软件，2012，29（4）：68-70.

［31］方芳，杨剑．网络空间国际规则：问题、态势与中国角色［J］．厦门大

学学报（哲学社会科学版），2018（1）：22-32.

[32] 冯登国，张敏，张妍，徐震．云计算安全研究［J］．软件学报，2011，22（1）：71-83.

[33] 冯贵兰，谭良．基于信任值的云存储数据确定性删除方案［J］．计算机科学，2014，41（6）：108-112.

[34] 冯婕，蓝才会，郏伯荣，杨小东．强不可伪造的双向代理重签名方案［J］．计算机工程，2015，41（3）：116-119，124.

[35] 付伟，李墨泚，赵华容，吴勇．CRSHE：基于同态加密的新型密文检索方案［J］．计算机工程与科学，2018，40（9）：1540-1545.

[36] 付章杰，束建钢，孙星明，周璐．利用文本鲁棒特征的零知识水印安全检测方案［J］．西安电子科技大学学报，2015，42（4）：176-181.

[37] 高咏先．区域性高校图书馆资源共享运行机制研究——以浙江省高校数字图书馆项目为例［J］．情报探索，2011（6）：70-73.

[38] 顾天竺，沈洁，陈晓红，等．基于 XML 的异构数据集成模式的研究［J］．计算机应用研究，2007，24（4）：94-96.

[39] 郭启全．国家信息安全等级保护制度的贯彻与实施［J］．信息网络安全，2008（5）：9，12.

[40] 何琳．我国区域性高校数字图书馆联盟建设现状调查分析［J］．图书馆，2010（4）：61-63.

[41] 何明，沈军．云计算安全测评体系研究［J］．电信科学，2014（Z2）：98-102.

[42] 胡昌平，吕美娇，林鑫．云环境下国家学术信息资源社会化安全保障的协同推进［J］．情报理论与实践，2018（2）：34-38.

[43] 胡昌平，万莉．云环境下国家学术信息资源安全全面保障体系构建［J］．情报杂志，2017，36（5）：124-128.

[44] 胡春华，刘济波，刘建勋．云计算环境下基于信任演化及集合的服务选择［J］．通信学报，2011，32（7）：71-79.

[45] 胡潜，林鑫．云环境下国家学术信息资源安全体制建设［J］．情报理论与实践，2018，41（1）：33-37，21.

[46] 黄国彬，郑琳．基于服务协议的云服务提供商信息安全责任剖析［J］．图书馆，2015（7）：61-65.

[47] 黄仁全，李为民，张荣江，等．防空信息网络纵深防御体系研究［J］．计算机科学，2011（S1）：53-55.

[48] 黄勇．基于 P2DR 安全模型的银行信息安全体系研究与设计 [J]．信息安全与通信保密，2008（6）：115-118．

[49] 蒋洁，王思义，何亮亮．云端鉴识取证的障碍分析与应对策略 [J]．图书与情报，2015（1）：72-76．

[50] 蒋天民，胡新平．基于云的数字图书馆容灾模式研究 [J]．现代情报，2012，32（6）：43-45．

[51] 李凤媛．CALIS 三期建设之河北省中心服务策略与实践 [J]．科技信息，2013（35）：30．

[52] 李禾，王述洋．拒绝服务攻击/分布式拒绝服务攻击防范技术的研究 [J]．中国安全科学学报，2009（1）：132-136．

[53] 李郎达．CALIS 三期吉林省中心共享域平台建设 [J]．图书馆学研究，2013（2）：78-80．

[54] 刘海燕，张钰，毕建权，邢萌．基于分布式及协同式网络入侵检测技术综述 [J]．计算机工程与应用，2018，54（8）：1-6，20．

[55] 刘梅彦，黄改娟．面向信息内容安全的文本过滤模型研究 [J]．中文信息学报，2017，31（2）：126-131．

[56] 刘颖，王志强，李文武，张良文．国家科技基础条件平台标准化体系研究 [J]．信息技术与标化，2007（11）：49-56．

[57] 马海群，蒲攀．国内外开放数据政策研究现状分析及我国研究动向研判 [J]．中国图书馆学报，2015，41（5）：76-86．

[58] 马晓亭．大数据环境下图书馆敏感数据的识别与保护 [J]．图书馆论坛，2017，37（4）：129-136．

[59] 倪力舜．基于联邦的跨域身份认证平台的研究 [J]．电脑知识与技术，2011，7（1）：53-55．

[60] 邵燕，温泉．数字图书馆的云计算应用及信息资源安全问题 [J]．图书馆研究，2014，44（3）：39-42．

[61] 孙磊，戴紫珊，郭锦娣．云计算密钥管理框架研究 [J]．电信科学，2010，26（9）：70-73．

[62] 谭霜，贾焰，韩伟红．云存储中的数据完整性证明研究及进展 [J]．计算机学报，2015，38（1）：164-177．

[63] 汪玉凯．中央网络安全和信息化领导小组的由来及其影响 [J]．信息安全与通信保密，2014（3）：24-28．

[64] 王爱霞，王鸿信，申贵珍．试论我国数字图书馆侵权责任法律制度的完

善——以《侵权责任法》第三十六条为核心的探讨［J］.情报理论与实践，2017，40（9）：29-32.

［65］王彩芬，徐婷，张玉磊，杨小东.基于可截取签名和属性加密的云存储访问控制方案［J］.计算机工程与科学，2015，37（2）：238-244.

［66］王凤，张玲玲，薛佳玉，张秋柳.基于平台模式的研发型企业商业模式分析——以华大基因为例［J］.管理评论，2019（9）：184-192.

［67］王世伟，曹磊，罗天雨.再论信息安全、网络安全、网络空间安全［J］.中国图书馆学报，2016，42（5）：4-28.

［68］王世伟.论信息安全、网络安全、网络空间安全［J］.中国图书馆学报，2015，41（2）：72-84.

［69］王树鹏，云晓春，余翔湛，等.容灾的理论与关键技术分析［J］.计算机工程与应用，2004，40（28）：54-58.

［70］王焘，张文博，徐继伟，魏峻，钟华.云环境下基于统计监测的分布式软件系统故障检测技术研究［J］.计算机学报，2017，40（2）：397-413.

［71］王笑宇，程良伦.云计算下多源信息资源云服务模型可信保障机制的研究［J］.计算机应用研究，2014，31（9）：2741-2744，2749.

［72］王于丁，杨家海，徐聪，等.云计算访问控制技术研究综述［J］.软件学报，2015，26（5）：1129-1150.

［73］文坤，杨家海，张宾.低速率拒绝服务攻击研究与进展综述［J］.软件学报，2014（3）：591-605.

［74］吴坤，颉夏青，吴旭.云图书馆虚拟环境可信验证过程的设计与实现［J］.数据分析与知识发现，2014，30（3）：35-41.

［75］武志学.云计算虚拟化技术的发展与趋势［J］.计算机应用，2017（4）：915-923.

［76］向军，齐德昱，徐克付，等.基于综合联动机制的网络安全模型研究［J］.计算机工程与应用，2008，44（13）：117-119.

［77］肖小勃，邵晶，张惠君.CALIS 三期 SaaS 平台及云服务［J］.知识管理论坛，2012（3）：52-56.

［78］徐兰芳，张大圣，徐凤鸣.基于灰色系统理论的主观信任模型［J］.小型微型计算机系统，2007，28（5）：801-804.

［79］杨磊，郭志博.信息安全等级保护的等级测评［J］.中国人民公安大学学报（自然科学版），2007，13（1）：50-53.

［80］ 杨丽丽．云计算环境下数字艺术类图书馆面临的信息安全及知识产权保护［J］．情报科学，2019，37（10）：114-119．

［81］ 杨新涯，王文清，张洁，等．CALIS 三期共享域与图书馆系统整合的实践研究［J］．大学图书馆学报，2012，30（1）：5-8．

［82］ 余丽．关于互联网国家安全的理论探讨［J］．国际观察，2018（3）：16-32．

［83］ 袁健，陈冬露．云环境中基于动态监测周期的动态资源管理模型［J］．小型微型计算机系统，2016，37（3）：474-478．

［84］ 袁纳宇．基于云计算技术的信息服务与知识产权保护——由百度文库"侵权门"事件引发的思考［J］．情报资料工作，2011（5）：68-71．

［85］ 张凯，潘晓中．云计算下基于用户行为信任的访问控制模型［J］．计算机应用，2014，34（4）：1051-1054．

［86］ 张坤，杨超，马建峰，等．基于密文采样分片的云端数据确定性删除方法［J］．通信学报，2015，36（11）：108-117．

［87］ 张立新，周秀霞，许亮．基于风险控制的大学信息安全政策体系构建——基于美国 8 所大学的实践分析［J］．现代情报，2016，36（10）：102-106．

［88］ 张曙光，咸鹤群，王利明，于凯杰，张曼．云计算中高效加密数据重复删除方法［J］．通信学报，2018，39（S1）：251-262．

［89］ 张晓杰，刘杰，马志柔，叶丹，高洪涛．基于操作日志的云存储服务多终端同步算法［J］．计算机工程与设计，2013，34（11）：3894-3899．

［90］ 张晓丽，杨家海，孙晓晴，吴建平．分布式云的研究进展综述［J］．软件学报，2018，29（7）：2116-2132．

［91］ 张星，文子龙，沈晴霓，方跃坚，吴中海．可追责并解决密钥托管问题的属性基加密方案［J］．计算机研究与发展，2015，52（10）：2293-2303．

［92］ 赵洋，任化强，熊虎，等．无双线性对的云数据完整性验证方案［J］．信息网络安全，2015（7）：7-12．

［93］ 赵章界，刘海峰．美国联邦政府云计算安全策略分析［J］．信息网络安全，2013（2）：1-4．

［94］ 郑德俊，任妮，熊健，等．我国数字图书馆信息安全管理现状［J］．现代图书情报技术，2010（Z1）：27-32．

［95］ 周亚超，左晓栋．网络安全审查体系下的云基线［J］．信息安全与通信

保密, 2014 (8): 42-44.

[96] 朱光, 丰米宁, 张薇薇. 激励机制下图书馆信息安全管理的投入意愿研究——基于演化博弈的视角 [J]. 数据分析与知识发现, 2018, 2 (6): 13-24.

[97] 朱小玉, 刘琴, 王国军. 云存储中一种支持可验证的模糊查询加密方案 [J]. 电子与信息学报, 2017, 39 (7): 1741-1747.

[98] 公安部信息安全等级保护评估中心. GB/T 22239—2008. 信息系统安全等级保护基本要求 [S]. 北京: 中国标准出版社, 2008.

[99] 中国信息安全研究院有限公司, 等. GB/T 31167—2014. 信息安全技术云计算服务安全指南 [S]. 北京: 中国标准出版社, 2015.

[100] 中国信息安全研究院有限公司, 等. GB/T 31168—2014. 信息安全技术云计算服务安全能力要求 [S]. 北京: 中国标准出版社, 2014.

[101] Benardou A, Dallas C, Dunning A. From Europeana Cloud to Europeana Research: The Challenges of a Community-driven Platform Exploiting Europeana Content [M] //Digital Heritage. Progress in Cultural Heritage: Documentation, Preservation, and Protection. Springer International Publishing, 2014.

[102] Jithin R, Chandran P. Virtual Machine Isolation [M] //Recent Trends in Computer Networks and Distributed Systems Security. Springer Berlin Heidelberg, 2014.

[103] Paul M, Saxena A. Proof Of Erasability for Ensuring Comprehensive Data Deletion in Cloud Computing [M] // Recent Trends in Network Security and Applications. Springer Berlin Heidelberg, 2010.

[104] Scarfone K. Guide to Security for Full Virtualization Technologies [M]. DIANE Publishing, 2011.

[105] Xie I, Matusiak K. Discover Digital Libraries: Theory and Practice [M]. Elsevier, 2016.

[106] Yang S, Wang L, Ge L, et al. Virtual Machine Security Monitoring Method Based on Physical Memory Analysis [M] //Wireless Communications, Networking and Applications. Springer India, 2016.

[107] Abdulrahman A, Hailes S. A Distributed Trust Model [C]. New Security Paradigms Workshop, 1998.

[108] Ajay K M A, Jaidhar. C D. Hypervisor and Virtual Machine Dependent

Intrusion Detection and Prevention System for Virtualized Cloud Environment [C] // TAFGEN-2015. IEEE, 2015: 28-33.

[109] Ateniese G, Burns R, Curtmola R, et al. Provable Data Possession at Untrusted Stores [C] // Acm Conference on Computer & Communications Security. ACM, 2007: 598-609.

[110] Azab M, Eltoweissy M. MIGRATE: Towards a Lightweight Moving-Target Defense Against Cloud Side-Channels [C] // 2016 IEEE Security and Privacy Workshops (SPW). IEEE, 2016: 96-103.

[111] Basu D, Wang X, Hong Y, et al. Learn-as-You-Go with Megh: Efficient Live Migration of Virtual Machines [C] // 2017 IEEE 37th International Conference on Distributed Computing Systems (ICDCS). IEEE, 2017: 2608-2609.

[112] Bethencourt J, Sahai A, Waters B. Ciphertext-Policy Attribute-Based Encryption [C] // null. IEEE Computer Society, 2007: 321-334.

[113] Bhatia S, Singh M, Kaushal H. Secure in-VM Monitoring Using Hardware Virtualization [C] // Proceedings of the 16th ACM conference on Computer and communications security. ACM, 2009: 477-487.

[114] Caplan P, Chou C C H. DAITSS Grows Up: Migrating to a Second Generation Preservation System [C] // Archiving Conference. Society for Imaging Science and Technology, 2011, 2011 (1): 101-104.

[115] Chiba Z, Abghour N, Moussaid K, et al. A Survey of Intrusion Detection Systems for Cloud Computing Environment [C] // 2016 International Conference on Engineering & MIS (ICEMIS). IEEE, 2016.

[116] Cordeiro S D S, Santana F S, Suzuki K M F, et al. A Risk Analysis Model for PACS Environments in the Cloud [C] // IEEE International Symposium on Computer-based Medical Systems. 2015.

[117] Geambasu R, Kohno T, Levy A A, et al. Vanish: Increasing Data Privacy with Self-Destructing Data. [C] // USENIX Security Symposium. 2009: 299-316.

[118] Lewis G A. Role of Standards in Cloud-computing Interoperability [C] // System Sciences (HICSS), 2013 46th Hawaii International Conference on. IEEE, 2013: 1652-1661.

[119] Miller K C. Cloud-based Digital Preservation Services for Small or Midsized

Institutions: Results of a Pilot Study of Archivematica+ DuraCloud [C] // Archiving Conference. Society for Imaging Science and Technology, 2015, 2015 (1): 87-91.

[120] Saxena Archana, Dave Meenu. IAAS Service in the Public Domain: Impact of Various Security Components on Trust [C] // Information and Communication Technology for Sustainable Development, Proceedings of ICT4SD 2018, 2018: 789-797.

[121] Wang C, Wang Q, Ren K, et al. Privacy-Preserving Public Auditing for Data Storage Security in Cloud Computing [C] // INFOCOM, 2010 Proceedings IEEE. IEEE, 2010: 525-533.

[122] Wang G, Liu C, Dong Y, et al. Query Recovery Attacks on Searchable Encryption Based on Partial Knowledge [C] //International Conference on Security and Privacy in Communication Systems. Springer, Cham, 2017: 530-549.

[123] Wang W, Li Z, Owens R, et al. Secure and Efficient Access to Outsourced Data [C] // ACM Cloud Computing Security Workshop, Ccsw 2009, Chicago, Il, Usa, November. 2009: 55-66.

[124] Wohlgemuth S. Resilience by Usable Security [C] // Mensch und Computer 2015 Workshopband Usable Security and Privacy. 2015: 667-676.

[125] York J. Building a Future by Preserving Our Past: The Preservation Infrastructure of HathiTrust Digital Library [C] //76th IFLA general congress and assembly. 2010: 10-15.

[126] Alliance C. Security Guidance for Critical Areas of Focus in Cloud Computing V3. 0 [R]. Cloud Security Alliance, 2011: 1-162.

[127] Cloud Security Alliance. Cloud Controls Matrix Version 3. 0 [R]. 2010.

[128] Communications Security Establishment. The Canadian Trusted Computer Product Evaluation Criteria V 3. 0 [R]. 1993.

[129] ENISA. Cloud Computing Information Assurance Framework [R]. 2009.

[130] ENISA. Cloud Computing: Benefits, Risks and Recommendations for Information Security [R]. 2009.

[131] ENISA. Cloud Security Guide for SMEs [R]. 2015.

[132] ENISA. Procure Secure: A Guide to Monitoring of Security Service Levels in Cloud Contracts [R]. 2012.

[133] ENISA. Security and Resilience in Governmental Clouds [R]. 2011.

[134] ENISA. Security Framework for Governmental Clouds [R]. 2015.

[135] European Communities-Commission. Information Technology Security Evaluation Criteria [R]. 1991.

[136] Meltzer J P. Digital Australia: An Economic and Trade Agenda [R]. Global Economy & Development at Brookings, 2018.

[137] ONF. Software-defined Networking: The New Norm for Networks [R]. 2012.

[138] Smart Cloud Study Group. Smart Cloud Strategy for Appropriate Risk Management by Top Management [R]. 2010.

[139] Alomari E, Manickam S, Gupta B B, et al. Botnet-based Distributed Denial of Service (DDoS) Attacks on Web Servers: Classification and Art [J]. International Journal of Computer Applications, 2012, 49 (7): 24-32.

[140] An Anonymous Data Access Scheme for VANET Using Pseudonym-based Cryptography [J]. Journal of Ambient Intelligence and Humanized Computing, 2016, 7 (1): 63-71.

[141] Andreeva J, Campana S, Fanzago F, et al. High-Energy Physics on The Grid: The ATLAS and CMS Experience [J]. Journal of Grid Computing, 2008, 6 (1): 3-13.

[142] Barsoum A F, Hasan M A. Provable Multicopy Dynamic Data Possession in Cloud Computing Systems [J]. Information Forensics and Security, IEEE Transactions on, 2015, 10 (3): 485-497.

[143] Blaze M, Feigenbaum J, Lacy J. Decentralized Trust Management [C] // Proceedings 1996 IEEE Symposium on Security & Privacy, 1996: 164-173.

[144] Brakerski Z, Vaikuntanathan V. Efficient Fully Homomorphic Encryption from (Standard) LWE [J]. SIAM Journal on Computing, 2014, 43 (2): 831-871.

[145] Chen Y, Martínez J F, Castillejo P, López L. A Privacy-Preserving Noise Addition Data Aggregation Scheme for Smart Grid [J]. Energies, 2018, 11 (11): 1-17.

[146] Cui B, Liu Z, Wang L. Key-Aggregate Searchable Encryption (KASE) for Group Data Sharing via Cloud Storage [J]. IEEE Transactions on

Computers, 2015, 65 (8): 1.

[147] Dong S, Jain R, Abbas K. A Survey on Distributed Denial of Service (DDoS) Attacks in SDN and Cloud Computing Environments [J]. IEEE Access, 2019.

[148] Donno M D, Kavaja J, Dragoni N, et al. Cyber-Storms Come from Clouds: Security of Cloud Computing in the IoT Era [J]. Future Internet, 2019, 11 (6): 1-30.

[149] Elgendi I, Hossain M F, Jamalipour A, Munasinghe K S. Protecting Cyber Physical Systems Using a Learned MAPE-K Model [J]. IEEE Access, 2019.

[150] Goyal V, Pandey O, Sahai A, et al. Attribute-based Encryption for Fine-Grained Access Control of Encrypted Data [C] //Proceeding of the 13th ACM Conference on Computer and Communication Security, 2006: 89-98.

[151] Han Q, Zhang Y, Chen X, et al. Efficient and Robust Identity-based Handoff Authentication for EAP-based Wireless Networks [J]. Concurrency and Computation: Practice and Experience, 2014, 26 (8): 1561-1573.

[152] Huang S H, Sheoran S K, Keskar H. Computer-assisted Supply Chain Configuration Based on Supply Chain Operations Reference (SCOR) Model [J]. Computers & Industrial Engineering, 2005, 48 (2): 377-394.

[153] Hussein R K, Alenezi A, Atlam H F, et al. Toward Confirming a Framework for Securing the Virtual Machine Image in Cloud Computing [J]. Advances in Science, Technology and Engineering Systems, 2017, 2 (4): 44-50.

[154] Jana S, Porter D E, Shmatikov V. TxBox: BuildingSecure, Efficient Sandboxeswith System Transactions [J]. IEEE Symposium on Security and Privacy, 2011, 41 (3): 329-344.

[155] Jeyanthi N, Mogankumar P C. A Virtual Firewall Mechanism Using Army Nodes to Protect Cloud Infrastructure from DDoS Attacks [J]. Cybernetics and Information Technologies, 2014, 14 (3): 71-85.

[156] Jiang T, Chen X, Wu Q, et al. Secure and Efficient Cloud Data Deduplication with Randomized Tag [J]. IEEE Transactions on Information Forensics and Security, 2017, 12 (3): 532-543.

[157] Jøsang A. A logic for uncertain probabilities [J]. International Journal of Uncertainty, Fuzziness and Knowledge-Based Systems, 2001, 9 (3):

279-311.

[158] Kaufman C, Venkatapathy R. Windows Azure™ Security Overview [J]. Published Aug, 2010, 24.

[159] Department of Defense Trusted Computer System Evaluation Criteria [S/OL]. [1985-12-26]. https: //www. zedz. net/rainbow/5200. 28-STD. html.

[160] Lu Y, Xun X. Resource Virtualization: A Core Technology for Developing Cyber-physical Production Systems [J]. Journal of Manufacturing Systems, 2018 (47): 128-140.

[161] Marsh S P. Formalising Trust as a Computational Concept [J]. University of Stirling, 1999.

[162] McFadden K L, Henagan S C, Gowen C R. The Patient Safety Chain: Transformational Leadership's Effect on Patient Safety Culture, Initiatives, and Outcomes [J]. Journal of Operations Management, 2009, 27 (5): 390-404.

[163] Mezgár I, Rauschecker U. The Challenge of Networked Enterprises for Cloud Computing Interoperability [J]. Computers in Industry, 2014, 65 (4): 657-674.

[164] Mietzner R, Leymann F, Unger T. Horizontal and Vertical Combination of Multi-tenancy Patterns in Service-oriented Applications [J]. Enterprise Information Systems, 2011, 5 (1): 59-77.

[165] Nagaraju P, Nagamalleswara R N, Vinod Ch R. A Privacy Preserving cloud Storage Framework by using Server Re-encryption Mechanism (SRM) [J]. International Journal of Computer Sciences and Engineering, 2018, 6 (7): 302-309.

[166] Schwarzkopf R, Schmidt M, Strack C, et al. Increasing Virtual Machine Security in Cloud Environments [J]. Journal of Cloud Computing: Advances, Systems and Applications, 2012, 12: 1-12.

[167] Rawashdeh A, Alkasassbeh M, Al-Hawawreh M. An Anomaly-based Approach for DDoS Attack Detection in Cloud Environment [J]. International Journal of Computer Applications in Technology, 2018, 57 (4): 312-324.

[168] Rehman A, Alqahtani S, Altameem A, et al. Virtual Machine Security Challenges: Case Studies [J]. International Journal of Machine Learning &

Cybernetics, 2014 (5): 729-742.

[169] Rico A, Noguera M, José Luis Garrido, et al. Extending Multi-tenant Architectures: A Database Model for a Multi-target Support in SaaS Applications [J]. Enterprise Information Systems, 2016, 10 (4): 400-421.

[170] Robertson W C, Borchert C A. Preserving Content from Your Institutional Repository [J]. The Serials Librarian, 2014, 66 (1-4): 278-288.

[171] Sahai A, Waters B. Fuzzy Identity Based Encryption [C] //Annual International Conference on the Theory and Applications of Cryptographic Techniques. Springer, Berlin, Heidelberg, 2005: 457-473.

[172] Shacham H, Waters B. Compact Proofs of Retrievability [J]. Journal of Cryptology, 2013, 26 (3): 442-483. Amaral D M, Gondim J J C, Albuquerque R D O, Orozco A L S, Villalba L J G. Hy-SAIL: Hyper-Scalability, Availability and Integrity Layer for Cloud Storage Systems [J]. IEEE Access, 2019: 1-13.

[173] Shim S S Y, Pendyala V S, Sundaram M, et al. Business-to-Business E-Commerce Frameworks [J]. Computer, 2000, 33 (10): 40-47.

[174] Son H, Kim S. Defense-in-Depth Architecture of Server Systems for the Improvement of Cyber Security [J]. International Journal of Security & Its Applications, 2014, 8 (3): 261-266.

[175] VivinSandar S, Shenai S. Economic Denial of Sustainability (edos) in Cloud Services Using Http and Xml Based Ddos Attacks [J]. International Journal of Computer Applications, 2012, 41 (20): 11-16.

[176] Walker D P. HathiTrust: Transforming the Library Landscape [J]. Indiana Libraries, 2012, 31 (1): 58-64.

[177] Wang B, Li H, Liu X, et al. Preserving Identity Privacy on Multi-owner Cloud Data During Public Verification [J]. Security and Communication Networks, 2014, 7 (11): 2104-2113.

[178] Wang C, Shi D, Xu X. AIB-OR: Improving Onion Routing Circuit Construction Using Anonymous Identity-Based Cryptosystems [J]. PloS one, 2015, 10 (3): e0121226.

[179] Wang L, Wang B, Song W, et al. A Key-sharing Based Secure Deduplication Scheme in Cloud Storage [J]. Information Sciences, 2019 (504): 48-60.

[180] Wen Y, Liu B, Wang H M. A Safe Virtual Execution Environment Based on the Local Virtualization Technology [J]. Computer Engineering & Science, 2008, 30 (4): 1-4.

[181] Xu L, Huang D, Tsai W T. Cloud-Based Virtual Laboratory for Network Security Education [J]. IEEE Transactions on Education, 2014, 57 (3): 145-150.

[182] Xu S, Yang G, Mu Y, et al. Secure Fine-Grained Access Control and Data Sharing for Dynamic Groups in Cloud [J]. IEEE Transactions on Information Forensics & Security, 2018, 13 (8): 2101-2113.

[183] Yang P, et al. A Retrievable Data Perturbation Method Used in Privacy-Preserving in Cloud Computing [J]. Wireless Communication Over Zigbee for Automotive Inclination Measurement China Communications, 2014, 11 (8): 73-84.

[184] Yuvaraj M. Determinants of Cloud Computing Applications Adoption in University Libraries [J]. Srels Journal of Information Management, 2014, 51 (5): 279-286.

[185] Zhang F, Liu G, Zhao B, et al. CBase: Fast Virtual Machine Storage Data Migration with a New Data Center Structure [J]. Journal of Parallel and Distributed Computing, 2018 (124): 14-26.

[186] Zhang Y, Xu C, Liang X, et al. Efficient Public Verification of Data Integrity for Cloud Storage Systems from Indistinguishability Obfuscation [J]. IEEE Transactions on Information Forensics and Security, 2016, 12 (3): 676-688.

[187] Badger L, Grance T, Patt-Corner R, et al. SP 800-146. Cloud Computing Synopsis and Recommendations [S]. America: Computer Security Resource Center, 2012.

[188] Common Criteria Project Sponsoring Organizations. Common Criteria for Information Security Evaluation [S]. 1993.

[189] Communications-Electronics Security Group. HMG Information Standards No. 1 & 2 [S]. British: Government Communications Headquarters, 2012.

[190] Eric D. Simmon. SP 500-322. Evaluation of Cloud Computing Services Based on NIST SP 800-145 [S]. America: Computer Security Resource Center, 2018.

[191] Vaulx F J D, Simmon E D, Bohn R B. SP 500-307. Cloud Computing Service Metrics Description [S]. America: Computer Security Resource Center, 2018.

[192] Hogan M, Liu F, Sokol A, et al. 500-291. NIST Cloud Computing Standards Roadmap (v2)[S]. America: Computer Security Resource Center, 2013.

[193] ISO/IEC 27002-2013. Information Technology-Security Techniques-Code of Practice for Information Security Controls [S].

[194] ISO/IEC. 15408-1999. Information Technology-Security Techniques-Evaluation Criteria for IT Security [S]. Geneva: International Organization for Standardization, 1999.

[195] Jansen W, Grance T. SP 800-144. Guidelines on Security and Privacy in Public Cloud Computing [S]. America: Computer Security Resource Center, 2011.

[196] Liu F, Tong J, Mao J, et al. SP 500-292. NIST Cloud Computing Reference Architecture [S]. America: Computer Security Resource Center, 2011.

[197] Mell P, Grance T. SP 800-145. The NIST Definition of Cloud Computing [S]. America: Computer Security Resource Center, 2011.

[198] Murugiah P. Souppaya, Karen Scarfone, Paul Hoffman. SP 800-125. Guide to Security for Full Virtualization Technologies [S]. America: Computer Security Resource Center, 2011.

[199] Bohn R B. SP 500-293. US Government Cloud Computing Technology Roadmap Volume I: High-Priority Requirements to Further USG Agency Cloud Computing Adoption; and Volume II: Useful Information for Cloud Adopters [S]. America: Computer Security Resource Center, 2014.

[200] Technical Committee ISO/IEC JTC1 Subcommittee SC 27, Security techniques. ISO/IEC 27002-2013. Information Technology-Security Techniques-Code of Practice for Information Security Controls [S]. Geneva: International Organization for Standardization, 2013.

[201] Technical Committee ISO/IEC JTC1 Subcommittee SC 27, Security techniques. ISO/IEC 27005-2011. Information Technology-Security Techniques-Information Security Risk Management [S]. Geneva: International Organization for Standardization, 2013.

[202] Grance T, Jansen W. SP 800-144. Guidelines on Security and Privacy in Public Cloud Computing [S]. America: Computer Security Resource Center, 2011.

[203] Almond C. A Practical Guide to Cloud Computing Security [EB/OL]. [2017-10-15]. http://book. itep. ru/depository/cloud/practicalguidetocloudcomputingsecurity681482. pdf.

[204] Australian Government Information Management Office. Australian Government Cloud Computing Policy Maximizing the Value of Cloud [EB/OL]. [2015-05-12]. http://www. finance. gov. au/sites/default/files/australian-government-cloud-computing-policy-3. pdf.

[205] Brunette G, Mogull R. Security Guidance for Critical Areas of Focus in Cloud Computing [EB/OL]. [2019-03-15]. https://downloads. cloudsecurityalliance. org/assets/research/security-guidance/csaguide. v3. 0. pdf.

[206] Cloud Data Management Interface [EB/OL]. [2016-01-12]. https://en. wikipedia. org/wiki/Cloud_Data_Management_Interface.

[207] Cloud Security Alliance. Security Guidance for Critical Areas of Focus in Cloud Computing [EB/OL]. [2017-10-15]. http://www. cloudsecurityalliance. org/guidance/csaguide. pdf.

[208] EPA IWGDD C. Harnessing the Power of Digital Data: Taking the Next Step. Environmental Protection [EB/OL]. [2016-07-12]. http://localhost: 8080/ccsdsdocs/CURATION-sciencedatamanagementwork-shopreport. pdf.

[209] EU High-Level Group on Scientific Data. Riding the Wave: How Europe Can Gain from the Rising Tide of Scientific Data [EB/OL]. [2016-07-12]. http://ec. europa. eu/information _ society/newsroom/cf/document. cfm? action = display&doc_id = 707.

[210] Krill, Paul. Cerf Urges Standards for Cloud Computing. InfoWorld [EB/OL]. [2016-01-12]. http://www. infoworld. com/d/cloud-computing/cerf-urges-standards-cloud-computing-817? source = IFWNLE _ nlt _ cloud _ 2010-01-11 (2010).

[211] LSST. LSST Public Website Sitemap [EB/OL]. [2018-08-12]. https://www. lsst. org/science/scientist_transient.

[212] NIST Special Publication 800-37 Revision 1, Guide for Applying the Risk

Management Framework to Federal Information Systems, A Security Life Cycle Approach [EB/OL]. [2016-03-20]. http：//dx. doi. org/10. 6028/ NIST. SP. 800-37r1.

[213] NSF. Cyberinfrastructure vision for 21st century discovery [EB/OL]. [2019-08-15]. http：//www. nsf. gov/attachments/102806/public/NSFCyberinfrastructure VisionDraft-4. 0. pdf.

[214] OCLC. Advancing our shared mission [EB/OL]. [2019-03-07]. https：// www. oclc. org/en/home. html.

[215] Ohio State University. Cloud Computing Guidelines for Teaching, Administrative Support, and Research [EB/OL]. [2019-10-14]. https：// ocio. osu. edu/policy/standards/cloud.

[216] Open Cloud Manifesto Group. Open Cloud Manifesto [EB/OL]. [2016-01-12]. http：//www. opencloudmanifesto. org/Open% 20Cloud% 20Manifesto. pdf (2009).

[217] Perera. David. "Military Won't Commit to Single Cloud Computing Architecture, Say Panelists." Fierce Government IT：The Government IT New Briefing [EB/OL]. [2016-01-12]. http：//www. fiercegovernmentit. com/story/military-wont-commit-single-cloud-computing-architecture-say-panelists/2011-05-17? utm _ medium = nl&utm _ source = internal # ixzz1RQqkS8Na (2011).

[218] Peter M. Mell, Timothy Grance. The NIST Definition of Cloud Computing [EB/OL]. [2019-01-14]. https：//nvlpubs. nist. gov/nistpubs/Legacy/ SP/nistspecialpublication800-145. pdf.

[219] Pfaltzgraff R L J. The Space and U. S. Security Net Assessment [EB/OL]. [2015-03-12]. http：//www. ifpa. org/pdf/Space_and_U_S_Security_Net_ Assessment_Final_Dec15_08. pdf.

[220] SOCCD：Contract with eNamix for Quality Assurance Service [EB/OL]. The Agenda of the Board of Turstees Meeting at the South Orange County Community College District, https：//www. socccd. edu/documents/ BoardAgendaAug13OCR. pdf. 2013-8-26.

[221] The Whitehouse. International Strategy for Cyberspace [EB/OL]. [2015-03-12]. https：//www. whitehouse. gov/sites/default/files/rss _ viewer/international _ strategy_for_cyberspace. pdf.

[222] Vivek Kundra. Federal Cloud Computing Strategy [EB/OL]. [2015-05-10]. https：//www. whitehouse. gov/sites/default/files/omb/assets/egov _ docs/ federal-cloud-computing-strategy. pdf.